中国古代史

司馬遷「史記」の世界

渡辺精一

はじめに

壮大な中国史の幕開け、つまり中国の古代史を知るための書物として、『史記』を超えるものはない。

いまから二千百年前の前漢の時代、『史記』は司馬遷によって著された。中国古代の歴史書であると同時に、歴史叙述のあり方として後代の手本にもなった。

だからこそ、最初の「正史」と呼ばれるのだが、その堅苦しい響きとは裏腹に、描かれる人々の人生は、実に多様でおもしろい。

たとえば『史記』に、次のような記事があるのを御存じだろうか。

……丞相《じょうしょう》（田蚡《でんぷん》）が人を推薦すると、無官の者がいきなり高官となる。その権力は武帝《ぶてい》より強く、武帝を意のままに動かした。ある時、武帝は言った。

「君の官吏任命はもう全部すんだだろうか。私にも任命してやりたい者がいるのだが」

また、田蚡はある時、国家の武器製造工場の土地を削《けず》って自分の邸宅を拡げたいと申請した。武帝は怒って、

「それならいっそ武器庫ごと全部よこせと言えばよかろうが」

と言った。田蚡はこれで少し慎むようになった（魏其武安侯列伝）。

武帝とは、言うまでもなく漢の武帝である。普通のイメージでは、彼は独裁的権力をふるい、北方の異民族「匈奴《きょうど》」に対して征伐を繰り返し、自分に反対した司馬遷《しばせん》を宮刑《きゅうけい》に処し、何でも自分の思うようにできたと思われがちだが、実はまるで違う。自分の母王太后《おうたいこう》の異父弟田蚡にさからうことができないのである。「私にも任命してやりたい者がいるのだが」とは、ずいぶん情ない姿である。武器製造工場の場合も、怒ってどなってはみたものの、田蚡は少しひかえめになっただけである。武帝が独裁権力者なら、当然その場で田蚡を処刑できなくてはおかしい。つまり、漢の武帝は独裁者などではないのである。自分を、居ならぶ兄弟たちの中から押しあげて皇太子指名をかちとらせ、父（先代皇帝）の次の皇帝としてくれた勢力の「籠《かご》の鳥」である。

この「籠の鳥」という点では、実は秦《しん》の始皇帝《しこうてい》さえも例外ではない。司馬遷は『史記』のあちらこちらに——特に列伝の部分に——こういう裏事情を書いている。本書では、従来あまり注目されることがなかった側面に光をあてて、『史記』の全体像を整理しようと試みた。従来、『史記』は司馬遷が冷静にとらえた歴史の真実よりも、躍動する筆さばきによって活写された英雄の悲劇に目がいき、英雄の悲劇を読めば、ただちに司馬遷が宮刑に処せられた悲痛と重ねあわせる、こういう読みかたばかりが主流であった。だから、『史記』にちゃんと書かれている、さきほどの「もう任命はおすみでしょうか」のような皇帝の姿が、読む者の視野から欠落してしまう傾向にあった。だが、読めば書いてあるのである。本書は、この書いてあることを採《と》りあげているにすぎない。

幸い、『史記』には日本語で書かれた注釈・翻訳も多い。興味を抱かれた方は、ぜひ書店や図書館などで、直接手にとり、お読みいただきたい。本書を通して、『史記』の世界に触れる楽しさを伝えることができれば、著者として望外の喜びである。

令和元年八月吉日

渡辺精一識

目次

図　版　小林美和子
デザイン　五十嵐　徹（芦澤泰偉事務所）

『史記』と司馬遷

司馬遷《しばせん》は、姓が司馬の二字。名が遷である。竜門《りゅうもん》に生まれた。前漢《ぜんかん》の武帝《ぶてい》（在位前一四一～前八七）の時代の人であるが、生没年はわかっていない。およそのところ、前一四〇年代にはすでに生まれていて、武帝とあい前後するころに世を去ったらしい。

司馬遷自身の手になる「太史公自序《たいしこうじじょ》」には、彼の先祖が立派な功績をのこした人々であることが誇らしげにうたいあげられている。その中で最も身近な父司馬談《しばたん》は、太《たい》史令《しれい》の職にあった。太史令は天文・暦法をつかさどる役目で、同時に過去の天文記録などをあつかった。そして、それらのことのみを職務とし、行政の実務にあたることはなかった。

司馬談は、いわゆる教育パパ的な人物で、司馬遷にいろいろな学問を教え、さらに天下各地を周遊させて見聞をひろめさせた。学問は十歳、周遊は二十歳のころから始まった。司馬談は父として、息子に期待するところが大きかったのであろう。

やがて司馬遷が宮中の御用をつかさどる郎中《ろうちゅう》の官にあった前一一〇年、武帝は封禅《ほうぜん》の儀をとり行った。しかし、父の司馬談は、おそらく病気のために、この儀式に参列できなかった。司馬談はこれが残念でたまらず、さらに状態は悪化し、司馬遷の手をとり、涙ながらに、

「私の死後、何としてでも太史になり、私が果たせなかった夢であるこの国の歴史をまとめあげてくれ」

と言った。これはあくまでも仮定の話で、おまえが太史になりえたら、ということであったが、司馬談の死から三年、司馬遷は太史令になった。無念の思いをのこして死んだ司馬談に対する理解が、武帝ら政権中枢部にあったからであろう。太史令は別に世襲のポストではないので、司馬談が死ねば息子の司馬遷が自動的に跡を継げるものではない。そして、天文・暦法に関する能力がなくては、話にならないから、政権中枢部に理解があるだけでは、やはり太史令にはなれない。司馬談に対する理解と司馬遷の能力との両方によって、司馬遷は太史令になりえたのである。

行間を読んでくれ

そして太初《たいしょ》元年(前一〇四)、司馬遷が参加して作成した新しい暦《こよみ》(太初暦)が施行された。はなはだ名誉なことである。このころ壺遂《こすい》との問答で、司馬遷は、孔子《こうし》の『春秋《しゅんじゅう》』のように、まがった世の中をなおす規準とするために父に言われた仕事をし

ているのではなく、ありのままの出来事をありのままに伝えのこすつもりなのだ、と答えたことを記している。壺遂はこの時、「もはや漢は安定した国家で、人材の登用も正しく行われている。孔子の『春秋』のように、社会を矯正する色彩の書を著す必要はあるまい」と司馬遷に言ったのである。この発言の前半は、「だから君も理解され、評価されて太史令として活躍できているのだろう」という裏があり、後半には、「現代社会（漢）の矯正を書中に持ちこむと危険だぞ」の意が隠されている。司馬遷ほどのシャープな頭脳の持ち主が、このへんの寓意を読みとらぬことはあるまい。この点は『史記』を読む場合に重要なヒントを与えてくれる。『史記』は、ドラマチックと言うよりは、ドラマそのもののような叙述をする部分が多い。それなのに、司馬遷はさきほどの壺遂との問答の中で、『論語《ろんご》』述而篇《じゅつじへん》の「述べて作らず」の姿勢で取り組んでいるのだと言っている。史料そのままを書き（祖述）、創作は加えないということである。原史料をそのまま用いて、司馬遷の勝手な解釈・創造をしない。そうは言っても、史料と史料の間をつなげる際には何も書かぬわけにいかないから、あくまでも原則なわけだろうが。

以上のことから考えてみよう。原史料には手を加えません、社会の批判はいたしません、との建前を守り、いったい何が書けるのであろうか。だから司馬遷の筆は、ある時には隠微《いんび》になる。ある時には必要以上にドラマチックになる。ある時には、妙な空転がある。そうすることで、何とか表現しようとしているのだ。我々読者としては、一見したところでは、ドラマチックな展開のみに感じられるけれども、どこかに真意が隠されていないか、こういう読みかたでないと司馬遷の真意はつかめないのではなかろうか、ということである。ひとつの事件が、あちらに書かれ、こちらでも書かれているとき、両者に食い違いがあることがある。それを単純に司馬遷のエラーであると読んでしまうのではなく、わざとそうやって読者に何かを訴えているのではないかという観点を用意する必要があるだろう、ということである。また、当然そこに書かれていなくてはならぬ要素が、そこに見えないことがある。これは司馬遷が書き忘れたとか、つい書き落としたのだと受けとめるべきことではなく、わざと書かぬことによって、その空白域に万感の思いをこめているのではないか、と考える姿勢を持つことである。何かが書かれていた時は、書かれていないのは何かと考える。何も書かれていないように見えた時には、その理由を推理して真意を探ってみる——こういった姿勢が必要不可欠であるはずだが、従来はそれほど強くは意識されなかった。もちろん、そのような読解をしさえすれば、すべての場合で司馬遷の真意がつかめる、と決まっているわけではないが、二十一世紀の読みかたとしては、このあたりへの意識を少し強調しておきたく思う。

宮刑にも負けず

司馬遷の筆は決してストレートではない。そこをふまえたうえで、さらに司馬遷自身の言葉を追っていくと、前一〇五年ごろから、『史記』の著述に打ちこむこと七年、まだ草稿さえ完成できぬうちに司馬遷は李陵《りりょう》を弁護して宮刑《きゅうけい》に遭《あ》った。この李陵にまつわる事件は、本書97に記すのを参照していただきたいが、事件は前九九年のことである。司馬遷は刑に遭ってひどく落ちこんだが、思えば周《しゅう》の文王《ぶんおう》(24)も、孔子(38)も屈原《くつげん》(59)も孫臏《そんぴん》(44)も韓非子《かんぴし》(46)も、みんな苦労をし、あるいは刑罰に遭い、あるいは悲劇を味わっている。司馬遷は、自分が『史記』に書きこむ予定の人々の人生を思い、自分も悲運にめげずに、むしろ屈辱をバネにしてがんばろうと気力を取りもどした。このあと、「太史公自序」は『史記』のこまかい目次と、それぞれの伝の意義について短評を記し、この書を名山に蔵《おさ》め、副本のほうを京師《けいし》に置いて、後世の聖人君子の評価を待ちたいと思うと記し、締めくくられる。ここに言う名山がどこであるのかは定かでない。封禅《ほうぜん》の儀の行われた泰山《たいざん》をイメージしているのかもしれないが、わからない。そして、司馬遷自身のことも、これ以上のことはわからない。『漢書《かんじょ》』に司馬遷伝があるけれども、今まで触れたようなことのほかに、特別な情報が得られるわけでもない。司馬遷にしてみれば、

「私のことは『史記』によって判断してくれ」

ということであるのだろう。つまり、読者である我々の読みかたに委《ゆだ》ねられているということである。

『史記』という書物

『史記』と言えば、司馬遷の『史記』のみを指すのが今日では普通だが、この二文字はもともとは固有名詞ではなく、歴史記録という意味の普通名詞であった。そして、司馬遷自身は、自著を『史記』とは記さず、「太史公自序《たいしこうじじょ》」の中で、「太史公書」と記している。太史公なる官はなく、司馬遷も父司馬談も太史令《たいしれい》であった。司馬遷自身が「太史令さまの書」と誇称することはあるまいから、あとで述べるように、孫の楊惲《ようらん》が祖父の著した書物をたっとんで「太史公書」と直したのかもしれない。あるいは、司馬遷は父をたっとんで「太史公」と読んでいるので、「亡父太史公が夢みた書」のつもりで、司馬遷自身がそう命名したのかもしれない。それが『史記』の二文字になるのは、「太史公書」↓「太史公記」↓「太史記」↓「史記」の順であろうと考えられている。

『史記』の構成は、十二本紀《ほんぎ》（十二篇の帝王および王朝の記録）、十表《ひょう》（十篇の年表。さらに細かい月表も含まれている）、八書《しょ》（音楽や暦、あるいは経済などの変遷を書き記すもの八篇)、三十世家《せいか》(諸侯や功臣の伝記・記録)、七十列伝《れつでん》(功名をたてた人々の伝記七十篇。「太史公自序」はこのうちの一篇である)のすべてで百三十篇、五十二万六千五百字。以上は「太史公自序」の数字をそのままあげたものである。今日に伝わる『史記』の字数とは一致しない。

『史記』は未完成の書か

後漢《ごかん》の班固《はんこ》が著した『漢書《かんじょ》』司馬遷伝には、司馬遷の「太史公自序」が引用されているが、その引用のあとで班固は、

「司馬遷の自序は以上のように言っているが、十篇が欠けており、目次はあるけれども中身の本文が無い」

と注記している。しかし、困ったことに班固は、具体的に、これこれの十篇が欠けていると書いてくれなかった。そして、なぜ十篇が欠けていたのか、その理由も書いてくれていない。だから、後世、いろいろな憶測を生むことになったのである。

どの十篇が欠けているのかを述べたのは三国魏《ぎ》の張晏《ちょうあん》で、唐《とう》の顔師古《がんしこ》の『漢書』の注釈に引用がある。これによると、欠けているのは景帝《けいてい》本紀、武帝《ぶてい》本紀、礼書、楽書、兵書、漢興《かんこう》以来将相年表、日者《にっしゃ》列伝、三王世家《さんおうせいか》、亀策《きさく》列伝、傅靳《ふきん》列伝の十篇で、褚《ちょ》先生なる者が、前漢の元帝《げんてい》(在位前四九~前三三)から成帝《せいてい》(在位前三三~前七)のころ

に補作した。それは武帝本紀、三王世家、亀策、日者両列伝の計四篇であるが、文章がひどく、司馬遷の意図した世界ともかけはなれている、と。

この張晏の注に対し、これを引用した顔師古は、「兵書なんてものは、目次にありはしない。張晏が亡失したというのは、デタラメな話だ」と付け加えている。張晏の注は信頼性の低いものであるから、信じがたいわけだが、このほかに十篇について具体的な記事はないので、とりあえずは、「そうですか」と受けとめておかねばならない。しかし、景帝本紀は、今日の『史記』にある。張晏はいったいどんな『史記』を見てこんなことを言っているのであろう。

それよりも注意すべきは、顔師古の言葉づかいのほうで、「張晏が亡失したというのは」の「亡失」は、「存在していたものが失われた」ことを意味する。つまり、顔師古の感覚では、『史記』は全体が完成していたのだが、そこから十篇が何らかの事情で欠けた、ということであろう。これに対し、『史記』は未完成であったと考える人も、古くからいた。唐《とう》の歴史家劉知幾《りゅうちき》である。劉知幾はその著『史通《しつう》』古今正史篇において、

「十篇は未完成で、目次に載っているだけであった」

と言っている。つまり、完成亡失、未完成の両説は『漢書』司馬遷伝の「十篇が欠けており」の読みかたの違いによっておきたのである。完成説をとる人は、司馬遷が

「太史公自序」に五十二万六千五百字と総字数を挙げているのだから、全体が完成していたはずだ、と考える。しかし、この五十二万六千五百字という数字は不思議な数字で、十二、十三、十五、十八、二十、二十五、二十六、二十七、三十のいずれでも割り切れ、余りがでない。もちろん、「全百三十篇」の百三十でも割り切れる。当時は竹簡《ちくかん》に文字を書いた。その一枚あたりに何文字を書くかは場合によろうが、あらかじめ用意された竹簡の枚数がわかっていれば、天文・暦法のエキスパートである司馬遷にとって、この程度の計算は容易であったろう。ついでに言えば、本書の依頼を受けた時、私は全体の執筆どころか、書き始める前の段階で、全体の分量は四百字詰原稿用紙で七百枚以内。項目数は百。個々の項目の枚数は……という条件のもと、全体の構成を考え、項目一覧を作成した。まだ本文を一字も書き始めていない段階で、である。だから、全体の目次が備わり、全体の字数が記されていても――もちろん、五十二万六千五百というのも概数であろう――その著書全体が完成したことを必ずしも意味しない。

班固の未完成論

一方、未完成説をとると、『史記』のあちこちで生じている人物や地理の食い違いのうち、司馬遷が意図的に行ったのではないものなどの説明がしやすくなる。では、完成説と未完成説はどちらが正しいのであろうか。実は班固はこの答えを既《すで》に明言しているのである。『漢書』司馬遷伝に、「十篇が欠けており」と記していた班固は、同じ司馬遷伝にこう記している。

「司馬遷の没後、『史記』は次第に世に出はじめた（おそらく天官書のような、天文関係の記録を参考としたい者がいたのであろう）。宣帝《せんてい》（在位前七四～前四九）の時、司馬遷の娘の子である平通侯楊惲《へいつうこうよううん》が、『史記』を祖述し、世の中に広めたのである」

と。祖述とは、手を加えることなく、そのままの形で、という条件を満たしながら、述べ伝えることである。この「そのままの形で述べ伝えたもの」と、さきほどの「十篇が欠けており」の二つの条件を同時に満足させるものがあるとすれば、『史記』は司馬遷の段階で十篇が欠けていた。すなわち、『史記』は未完成であった、これ以外にない。班固の記事を信じるならば、『史記』は未完成の書であった。班固のこの記事（とくに祖述の二字）をきちんと読んだからこそ、劉知幾は、『史記』は未完成であったと述べたのであろう。したがって、『史記』の記述内容が武帝の悪口であったので、武帝本紀が抹消されたのだというような妄説には、つきあう必要はないだろう。班固が、欠けた十篇を具体的に記述しなかったのは、未完成の書であるがゆえに、あえて形式面で批評がましいことを言わなかったためであろう。どうして十篇が欠けていたのかの理由にふれないのは、未完成であったから、それ以上、言う必要がなかったからに違いない。あくまでも『史記』完成説そして完成後亡失説を唱えるなら、班固の記事（とくに祖述の二字）を否定してかからなければならない。

『史記』の史料

班固《はんこ》はまた『漢書《かんじょ》』司馬遷伝のおしまいの賛《さん》の部分で、『史記』の材料について触れている。『戦国策《せんごくさく》』『楚漢春秋《そかんしゅんじゅう》』『春秋左氏伝《しゅんじゅうさしでん》』『国語《こくご》』『世本《せいほん》』などである。これらの書物は、今日に伝わらぬものもあり、伝わっていても司馬遷の見たものと同じかどうかわからぬものもありで、しかもこれらの書物の記事をつなぎ合わせただけでは、『史記』の記述のすべてを満たさない。「伝説（伝承）」の領域も、なかなか今日となっては、つきとめようのないものが多い。『荀子《じゅんし》』や『韓非子《かんぴし》』の記事を採用している所も見受けられる。

『史記』の材料がどうあれ、『史記』が未完成であろうが完成していたのであろうが、今日、我々としては、現在のかたちの『史記』を読むしかない。『史記』は怨念《おんねん》の書ではないし、司馬遷は感情にのみふりまわされる人ではない。冷静で、誠実で、それでいてどこか食えない、いかにも官界に巣食うに適した人である。屈辱をバネにして著作に打ちこむ、と自ら言っているけれども、屈辱を受けなければ『史記』を書けなかったというような弱い人間ではなかったろう。しかし、自分は弱い人間だと思う人や、その弱さをあたかも売り物のようにする文学青年たちにとって、『史記』は、そして司馬遷の人生は、そうした自己をぶつけるのにかっこうの対象であった。たとえば『史記評林《しきひょうりん》』の中にちりばめられた無数の思想・批評を見ると、彼らがついつい自己を司馬遷に重ね合わせているらしいものに出くわす。それはそれで、ひとつの読みかたかもしれないが、その態度は、自分に似た者を見つけるとたんに親近感を持って高く評価するけれども、そうでない者には、つれない接しかたしかしないという点で、歴史書の読みかたとしては、少々角度のちがうものだろう。少なくとも司馬遷は長所だけの人を登場させることはなく、善悪功罪の両面を描いているのだから。

我々としては、先入観を持たずに、すなおな態度で『史記』を読むべきであろう。そうした読解のあとで、それぞれの感想・批評を口にすべきであろう。『史記』の世界の扉は、万人に向けて開かれている。

I

神話から人間の時代へ

一　伝説の時代——韓非の社会発展史

　はるかかなたの伝説の時代。司馬遷はいろいろな書物によってイメージを描くことができていたはずだが、『史記』にはこうした古い時代のことはとりあげられていない。したがって、本章は「史記前史」ということになる。『史記』の世界より前の話である。

　とは言っても、伝説の中には、人類が生まれる前の宇宙の創造を語るものがあれば、人類がはっきり人類として誕生する、つまり人間社会のはじまりを語るものもある。おちついて考えてみれば、人類が存在していない時代のことを、人類が「このようであった」と証言することは不可能である。やはり、歴史とは、人類が言葉を使うようになって記憶を言葉で伝え（口頭伝承）、文字を使うようになって記録をのこせるようになってからのものである。普通は、後者の記録を史料として歴史書が記される。記録の中には、口頭伝承（記憶）を文字化したものも含まれるからである。

　それでは、『史記』の世界より前の歴史を見ていくことにしよう。まず、韓非子《かんぴし》

(46)が語る社会の発展についての説明。つづいて唐《とう》の司馬貞《しばてい》が、『韓非子』と『史記』の世界とをつなげるために書いた『補史記《ほしき》』三皇本紀《さんこうほんぎ》。太古の世にどのようにして指導者が生まれ、人間社会がどのように形成され、どのように発展し、そしてどのようにして争いが起きはじめるのかについての素朴な説明である。樹上生活から始まり、火の使用、社会の形成、発展、衰退、崩壊の道筋が巧みに提示されている。蛇身《じゃしん》人首《じんしゅ》の異形《いぎょう》の指導者が登場したりするので、ともすると、科学的に信じられないように思えてしまうが、そうした伝説的装飾に目を奪われないで、根本的なところを見逃さぬよう注意が必要である。

1 有巣氏

韓非の人類発展史

『韓非子《かんぴし》』の五蠹篇《ごとへん》に、こんな記事がある。

「上古の世（大昔）は、人間の数は少なくて、鳥や獣が多かった。人間は、鳥や獣ばかりでなく、虫や蛇にも生活をおびやかされる始末であった。ある時、聖人が出現し、木を組み合わせて巣（住居）を作り、このおかげで人間はいろいろな危害から身を守れるようになった。人々は喜び、彼を天下の王として崇《あが》め、彼を有巣氏《ゆうそうし》と呼んだ」

悲劇の思想家韓非（46）の人類発展史もしくは進化論は、こうして幕が切って落とされるのだが、これは司馬遷の『史記』の場合とは、だいぶニュアンスが違っているように見える。司馬遷は、黄帝《こうてい》（6）なる人物から歴史を書き始めている。韓非は司馬遷より百年以上も昔の人だから、司馬遷は韓非の著書『韓非子』を十分参考にできる立場にある。しかし、司馬遷はそれをしていないらしい。韓非が有巣氏の次に位置づけした燧人氏《すいじんし》も、まったく気にもとめていないかのようである。ひと口で言ってしまえば、司馬遷には、「そんな大昔の話はいいんだよ。どうせ伝説なんだから」という非常にクールな感覚があるようだ。[*1]

司馬遷と韓非の歴史観の相違

司馬遷は、直接的には『韓非子』を参考にしていないかのようだが、実はかなり深い根の部分で、両者の歴史観は一致している。このことは、本書の全体を通じて何度も確認することになるはずである。『韓非子』の有巣氏はつまり、こういうことを言っている。

「人間がいる。集団がある。その集団が困っていること（鳥や獣や虫や蛇の害）がある。それを解決する者（聖人）が出現する。集団は喜び、彼を頂点にいただく。かくて彼を頂点とする社会がまとまる」

このパターンは、多少の変化をともないつつ、ひたすら繰り返される。これが、司馬遷の『史記』の記す歴史であり、その後の中国史である。さきほど根の部分で両者の歴史観は一致していると言ったのは、こういうことである。そして、多少の変化とは、たとえば、集団に害を与えるのが鳥や獣ではなく暴君で、これを倒すために聖人ならぬ正義の人物が立ちあがり、暴君を倒して人々の圧倒的支持を得、新たな君主としてのぞみ、新しい王朝が始まる、というようなことである。

つまり、韓非の英敏な頭脳は、著書のうちの五蠹篇において人類発展史を記しながら、すでに後の世の王朝交代史まで喝破《かっぱ》してしまっているのである。司馬遷は『史記』に韓非の伝記を記しているし、秦の始皇帝《しんしこうてい》がまだ秦王であった時に『韓非子』の五蠹篇と孤憤篇《こふんへん》を読み、「この著者に会えたら死んでもいい」と語ったことも記している。だから司馬遷も当然、『韓非子』を熟読していたことだろう。

人間のいる歴史

表面上は有巣氏と黄帝で、接点はないかのようである。だが、ここに漢籍を読む際の注意点がある。漢文の表現は、言いたいことと全く逆の文字が記されることがよくある。たとえば、秦の李斯《りし》(67)は、おのれの処罰をまぬかれようとして上《たてまつ》った文章の中で、自分の功績をいちいち数えあげながら、わざと「これが私の第一の罪です」「第二の罪です」のように言い、逆に功績を印象づけようとしている。だから、一見、接点がないように見えても、よくよく考えてみなくてはいけない。逆に美辞をつらねて誉めちぎっている場合は、これは本気か、と疑ってみなければならないのである。

先覚に次のような言葉がある。

「中国の褶襞《しゅうへき》の多い人間のあり方は中国の歴史、ことに史書の叙述に無関係ではない。面従腹非《めんじゅうふくひ》はその常態であり、賞賛は皮肉の辞、歎声は軽蔑の声、そのようなからくりは往々にして後世の評価を誤らせるものがある。……かつて中国の史家の多くはこの判定を独自の表現で綴《つづ》っており、紙背に唸《うな》っている怒りと行間に染《し》み出《で》てくる涙とに気づかずに、史料を追いかけ索引に現《うつ》つをぬかしていては、いつまでたっても埒《らち》のあかない彷徨《ほうこう》をつづけることになろう。おそらく多くのアジアの史書は、こう書いているのにそうは読んでくれないと嘆いていることであろう」（増井経夫『アジアの歴史と歴史家』のうち「アジア史と人間」より）

『韓非子』の人類発展史は有巣氏から始まり、『史記』は黄帝から始まる。このほか、『易経《えききょう》』の繫辞《けいじ》伝《でん》・下にも、「上古は穴居して野に処《お》る（大昔は洞穴に住んで、野原で暮らしをたてていた）」と見えているが、これらすべてに共通していることは、人間がいるところから始まっている点である。人間が生まれる前の世界がどのようであったとか、人間は何から生まれたのかというような説明は、そこにない。それらは神話の領域の話である。『史記』にそうした伝説が全くまぎれこんでいないわけではないが、司馬遷が歴史として見つめていたものは、まぎれもなく「人間としての自覚をもった人間のいる歴史」であった。

＊1　『韓非子』においては、堯《ぎょう》（9）や舜《しゅん》（10）より昔の時代に位置づけられている。

2　燧人氏

人は社会的動物

『韓非子《かんぴし》』五蠹篇《ごとへん》は、有巣氏《ゆうそうし》の次の段階として燧人氏《すいじんし》を登場させる。

「住居に暮らすようになった人間は、草の木の実、貝類を食べていた。が、それらは生臭《なまぐさ》かったり、傷《いた》んで悪臭をはなっていたりして、胃腸をこわし、病気になってしまう者が多かった。そこに聖人が出現し、木と木をすりあわせて火をおこし、生臭いものを害のない食べ物に変化させた。人々は喜び、彼を崇《あが》めて天下の王とした。これを燧人氏と呼ぶ」

この段階ではまだ、司馬遷が著した『史記』との接点は、表面上ないままである。唐《とう》代になって、司馬貞《しばてい》が『史記』を補って（『補史記』と呼ぶ）三皇本紀《さんこうほんぎ》を著し、伏犧《ふくぎ》氏《し》（庖犧氏《ほうぎし》とも書かれる）・女媧氏《じょかし》・神農氏《しんのうし》の三人を数えている。彼らについては、次章以降であらためて触れるが、この伏犧氏について、「燧人氏に代わって王として立った」、と位置づけられている。

ここで注意すべきことは、『韓非子』での燧人氏は、有巣氏と同じ時代に王として並び立ったというのではなく、有巣氏のあとの王者空白期に、新たなる聖人として出現している。「有巣氏に代わりて立つ」とか、「有巣氏を継ぎて立つ」と書かれていないのだから、両者は連続していない。これに対して司馬貞は、新たに「代替わり（王の連続交代）」という概念を持ちこんできたのである。

人類の発展史を考えた場合、住居への定住が先か、火の獲得が先かは微妙な問題があるかもしれないが、『韓非子』がとにかくこの順序を示していて、司馬遷が表面上はあい変わらず無関心な様子であることは確かである。

『韓非子』は有巣氏の次に燧人氏を置き、人間の集団が存在することを前提にして話を進めている*1。『韓非子』の著者韓非の学問の師荀子《じゅんし》（42）は、人間社会を次のように考えていた。

「人間の力は牛におよばない。走力は馬にかなわない。それなのに牛や馬が人間に使用されるのはなぜか。その答えはこうだ。人間は集団社会を組織できるが、牛や馬は高度な集団を組織できないので、人間の社会に呑みこまれ、組みこまれざるを得ないのだ」（『荀子』王制篇）

牛や馬を人間社会と対比するこの比喩が、本当にしっくりとくるものであるかどうかはさておき、荀子は、人間が社会的生き物であること、すなわち、社会という組織をぬきにしては人間を語ることができないことを指摘している。もっと極端に言ってしまえば、「人間は、社会の一員であることによってはじめて人間となりうる」ということである。だから、荀子の弟子の韓非が、人類発展史を語る時、すでに人間が集団化している状態から話を始めるのは当然の流れとも言えそうである。

荀子の人間社会論

さらに、その集団に聖人が登場して、当面する困難な課題を解決し、崇められて王となり、天下を治めるリーダーとなる——これも荀子の考え方である。荀子の言う聖人は、たとえば次のように登場する。

「天は万物を生むが、天自身が万物を整理して統治することはできない。大地は人類を上に載せられても、人類を統治することはできない。宇宙の万物、とくに人類のようなものは、聖人が登場してはじめて整理され秩序づけられるのである」[*2]（『荀子』礼論篇）

司馬貞と司馬遷

こう見てくると、司馬遷は『史記』を著すにあたって、『韓非子』五蠹篇《ごとへん》の有巣氏や燧人氏などを顧みることがないかに見えて、その実、根本的なところでの歴史観は一致している。そして、さらに考えてみると、韓非子の師荀子の構想がそのまま根っこのほうにあるわけである。つまり、司馬遷は、『史記』を書きはじめるにあたって、たまたまこうした「伝説のかなたの伝説」のようなところから筆を起こさなかっただけで、知識・教養としては当然、承知していたはずであり、そこに描かれた人類発展のコースが、司馬遷にとっての「現代史（前漢《ぜんかん》時代）」にいたるまで、ひたすら繰り返されてきたことも十分知りぬいていたはずである。逆から言えば、「要するに同じこと」だから司馬遷はもっとあとの黄帝《こうてい》から書きはじめた、とも言えよう。

が、唐の司馬貞は、それでは物足りないと考えたのであろう。さきほど記したように、三皇本紀を著して『史記』を補ってみせている。この三皇本紀の世界は、『韓非子』五蠹篇の有巣氏・燧人氏と、司馬遷の『史記』五帝本紀の冒頭の皇帝との橋渡しを（王の代替わりという連続をもって）するものであるが、もちろん韓非子も司馬遷もあずかり知らぬところである。とは言え、司馬貞は、どういう点について司馬遷に、「もう少し書いておいてほしかった」と思ったのであろうか。このことを考えておくことは無駄ではあるまい。こちらの方面から、『史記』の特徴があぶりだされるかもしれないからである。有巣氏によって、人間社会は住環境が整った。燧人氏によって食生活の安全性が確保された。では司馬貞は、伏犧氏によって何が用意され、整備されたと言いたいのであろうか。

＊1　この人間の集団は、あくまでも素朴《そぼく》な集団と想定されていて、権力闘争のようなこととは無縁の集団であったとして論が進められている。こういう素朴な集団が、時代を経《へ》てだんだんと変化し、成熟し、韓非が孤独な怒りに身をふるわせるような世の中になってゆく。

＊2　この論理によれば、聖人という存在があってはじめて社会（高度な集団）が成立するということにもなる。つまり、社会と聖人とは、同時に満たされるべき条件とされているのである。ところが、時の流れとともに社会は拡大し、変化してゆく。その時には、聖人というものに求められる条件も変わってゆく。韓非子は師の荀子よりも、こうした面に敏感に反応している。

3 庖犧氏(伏犧氏)

八卦で万物を知る

唐《とう》の司馬貞《しばてい》の『補史記《ほしき》』三皇本紀《さんこうほんぎ》は次のように始まる。

「太陽のごとくに徳の明らかなる庖犧氏《ほうぎし》は、風《ふう》という姓であった。燧人氏《すいじんし》に代わって天下を治める王となった。母の名を華胥《かしょ》といい、雷沢《らいたく》という土地で、神のものである大きな足跡を踏んで妊娠し、成紀《せいき》という土地で庖犧を生んだ。庖犧の体は蛇、頭部は人間で、聖徳をそなえていた。庖犧は空を仰いでは太陽・月・星の象を観、大地を見おろしては山や川の形状を観察した。鳥や獣のあや模様を見つくし、地形の高低を見きわめ、近くは自分自身、遠くは事物の形によって八卦《はっか》を作った。この八卦によって神明の徳に通じ、万物の情勢を類型的に整理する道をひらいた」

この場合の足跡のような、神のものに感じて聖王を生む話は、感生帝説《かんせいていせつ》と呼ばれる、伝説のパターンである。たとえば『史記』の周本紀も、これと同じ話である。唐の司馬貞は、『史記』をまねて、『史記』よりも前の話を記しているわけである。

からだが蛇で、頭部は人(蛇身人首)は、昔のことを神秘化して見せたもので、唐代には完全に広まり定着していた仏教の宇賀神《うがじん》の姿である。だから、読者としては本気で信じてかかる必要はない。『韓非子《かんぴし》』の有巣氏《ゆうそうし》・燧人氏《すいじんし》は人間の姿をした聖人であったのに、その燧人氏にかわって王となった庖犠氏のほうが、逆に人間ばなれしているのは、いささか滑稽な感じもある。司馬貞は、読者が自分の書いた『補史記』三皇本紀から読み始め、そのあと、つづけて『史記』五帝本紀を読むことは考えていても、『韓非子』からつなげてこようとする読者を想定していないためもあろう。

人間の神からの独立

さて、庖犠氏は、有巣氏・燧人氏に何を付け加えたのか。まず最初に提示されたのが八卦である。八卦とは、易《えき》(『易経』)の基本の形で、易はこれによって人間の置かれた現在から、進むべき未来への動向を占うものである。「当たるも八卦《はつけ》、当たらぬも八卦」という言葉があるけれども、ここで『補史記』が言いたいのは、そういうことではなく、本来は神の手に委《ゆだ》ねられているはずの運命の世界に、易を通じて人間が食いこむことが始まった、ということである。別な言い方をすれば、人間の神からの独立である。住居を確保し(有巣氏)、火を使いこなし(燧人氏)、しかしまだ天変地異などについては神のなすがままであった人間世界に、蛇身人首の異形《いぎよう》の聖人(庖犠氏)が出現し、ついに神の手をはなれ、自立の道を歩みはじめた。易によって、現状を知り、未来への指針を得る。「これからは、人間のことは人間の手でやらせていただきますよ」という宣言。唐の司馬貞は、こういう流れとして人類発展史を描くのである。

文字・婚姻制・封禅

さらに司馬貞はこう続ける。

「庖犧氏は文字を造り、それまで結縄《けつじょう》によって行われていたコミュニケーションを進化させ、乱脈であった結婚の制度をきちんとしたものとし、獣の皮を交換することを婚姻の礼と定めた。また、網をつくることを教えて漁業の道をひらき、人々がみなその恩徳に服し、彼を伏し仰いだので伏犧《ふくぎ》と呼ぶ。さらに彼は、牛・羊・豚を畜養し、それらを庖廚《ほうちゅう》（台所）でさばき、犠牲としてささげて祖先の霊を祀《まつ》ったので、庖犧（儀）氏とも呼ばれる。三十五本の弦をもつ瑟《しつ》（琴の一種）を作って音楽を楽しみ、泰《たい》山《ざん》に登って土の壇を築き、天を祀った。王位にあること十一年で世を去った」

神の手から離れて自立した人間だから、社会のルールも自分たちで定めなければならない。野合、乱婚というのではなく、婚姻の制度を確立してこそ人間との認識が投影されている。獣皮の交換は結納《ゆいのう》と結納返しにあたる。そして、網を用いる漁業、これは『韓非子』の言う燧人氏が貝類ばかり食べていたかのような記事であるのを（現代の私たちは貝塚を知っているので、もっともな気もするが）、さらに魚類へと話をひろげたものである。次に見える牛・羊・豚の畜養は、そのつど野生の牛などを捕らえてきては犠牲としてささげるのではなく、日常の食用もにらんだうえで家畜とし、神を祀るのではなく、祖先の霊を祀る。これは神の手を離れたのだから当然のことである。しかし、全く神への礼を忘れたわけではなく、泰山においてそれも行う。これは秦漢《しんかん》の封禅《ほうぜん》の儀式の始まりを説明する記事である。さらに、音楽という生活のうるおいまで、庖犠氏は定めた。

かくて、『韓非子』五蠹篇《ごとへん》の有巣氏・燧人氏、『補史記』の三皇本紀の庖犠氏、とこまでくると、はっきりと神からも独立し、だいたいの人間生活の基本は出そろったようである。あと残るのは、農業の始まりであるが、これを担当するのは神農氏《しんのうし》である。しかし、三皇本紀は庖犠氏と神農氏の間にもう一人、女媧氏《じょかし》を数えている。唐の司馬貞は、その女媧氏にいったいどのような役割を果たしてもらおうというのであろうか。

4 女媧氏

希薄な帝王

「女媧《じょか》氏は、庖犧《ほうぎし》氏と同じ風《ふう》という姓であった。からだが蛇で頭部は人間、神に並ぶほどの聖徳の持ち主であったことも庖犧氏に同じ。庖犧氏にかわって王として立った。女希《じょきし》氏と号する。庖犧氏の代で確立した物事を変えたり、新たに自分で創造したことはまったく無く、ただ楽器の笙《しょう》を作っただけであった。だから『易経《えききょう》』にその名が見えないのである」

三皇の第二に挙げられたにしては、あまりはかばかしくない話である。何も変えない、何も創り出さない、だから『易経』にその名が見えない、という。これは『易経』繫辞伝《けいじでん》・下に「包（庖）犧氏没して、神農氏《しんのうし》作《おこ》る」とあって、その間に女媧氏がないことを言うのであるが、ここで唐の司馬貞は、「私の作った三皇本紀は、『易経』繫辞伝・下に女媧氏を加えたにすぎないのですよ」と、逆方向から説明しているのである。実は、前章の庖犧氏の八卦《はっか》のことや文字発明のことなど、すべて『易経』繫辞伝・下の盗作であり、このあとの神農氏に関する記事もそっくり『易経』繫辞伝・下に基づいている。しかし、これは盗作というような意識ではなくて、『易経』という、儒学の権威書の内容に基づいて構成したのだと、むしろ誇らしげな姿勢なのである。現代の知的所有権とはまるで意識がちがう時代の話であることに注意が必要である。それにしても司馬貞も茶目っ気のある人で、女希氏などという別称を紹介している。「女《なんじ》（汝）の存在は希薄である」が匂うではないか。それではどうして女媧氏を、庖犧氏と神農氏の間におかねばならないのか。

洪水伝説――共工と祝融

「ここに特別に女媧氏を挙げたのは、その功績が高く、三皇として数えあげるにふさわしいからである。女媧氏の治世の末年のことだが、諸侯の一人に共工氏《きょうこうし》という者がいて、知恵があり、刑罰もきびしかったので、一方の覇者となった。しかし、女媧氏を倒し、これにかわって王となる野望をあらわにしたところで、彼を抑えようとする祝融《しゅくゆう》と戦い、敗れてしまった。怒った彼は不周山《ふしゅうざん》に頭突きをくらわし、山が崩れてしまった。困ったことに、不周山の上には天空を支える柱があり、山の崩壊でこの柱が折れ、その衝撃で、地中深くで地面を動かぬようにつないでいた維《つな》も切れ、世界が傾いてしまった。女媧氏は青・赤・黄・白・黒の五色の石を練りあわせて天の欠落部分を補い、鼇《ごう》の足を切って、四本の柱として、あらためて天空の支えとした。大地が急激に傾いて揺れ動き、そのために生じた大洪水については、葦《あし》を焼いた灰を集めて収めた。このおかげで、大地は再び平らになり、天空もおちついて、もとのとおりの世界にもどった。女媧氏が世を去ると、神農氏の時代となった」

この部分に見える女媧氏の伝説は、『易経』とは関係なく、前漢時代の、ちょうど司馬遷と同じ時代に成立した『淮南子《えなんじ》』の覧冥訓《らんめいくん》、原道訓《げんどうくん》という巻々に見える話を総合したものである。司馬貞は、このようにして女媧氏は世界をもとにもどした功績は大きい。だから三皇に数えてよいのだ、と言っている。

しかし、そこにだけ注目して、「まあ、伝説なのだから、こんな途方もない話もあるでしょうよ」とすましてしまっては、司馬貞の本意を取りそこなうことになる。司馬貞は重要なことを示唆してくれている。

反乱の発生

神のごとき聖徳をもつ女媧氏の世に、諸侯の一人として着々と力をのばし、女媧氏にとってかわろうとするほどにまで強力になった共工氏がいたということである。ある国家体制の中に、そういう者が育ってくる。やがて反旗をひるがえし、国を乗っ取る。乗っ取りに成功する者もいれば、反旗はひるがえしたものの、誰もついてこず、滅びる者もいる。この共工氏の場合は、国中をまきこむ大反乱になる前に、祝融ひきいる官軍につぶされてしまったわけである。『史記』の描く世界ばかりでなく、そののちの地球上の歴史のすべてに関わりを持つような深刻なテーマである。司馬貞が言いたいのは、こっちのほうであろう。これは、人類にとって当然の道筋なのかもしれない。なぜならば、庖犧氏の時代に「神からの独立」をしてしまっているのだから、人間世界のことは人間の手で片をつけなくてはならない。人間同士の争いについても、人間の手で決着をつけなければならない。このような人類発展史を、司馬貞は提示しているのだろう。女媧氏とは、「女《なんじ》（汝）過《あやま》（媧）てり」で、諸侯の一人共工氏に力を与えすぎた汚点を象徴しているのかもしれない。なお、「女媧氏といっても女性ではない」と断案したのは清《しん》の歴史家趙翼《ちょうよく》だが（『陔余叢考』巻十九）、趙翼も、「ずいぶん昔から女帝だと考えた人が多い」と例を挙げている。

また、女媧の伝説は後漢時代にはすでにかなりの広がりを見せており、順帝《じゅんてい》（在位一二五〜一四四）のころの人王逸《おういつ》は、『楚辞《そじ》』の注釈の中で、「女媧は一日に七十回も姿を変える」と言っている。

5 神農氏

蛇身人首から人身牛首へ

『補史記《ほしき》』三皇本紀《さんこうほんぎ》は、いよいよ神農氏《しんのうし》について書き始める。この神農氏は『易経《えききょう》』に見え、そして司馬遷の『史記』五帝本紀へとダイレクトにつながる伝説の聖王である。

「炎帝《えんてい》神農氏は姜《きょう》という姓である。母の名を女登《じょとう》といい、彼女は有嬌氏《ゆうきょうし》の娘である。少典《しょうてん》という国の妃となり、神竜を見て感応し、神農氏を生んだ。神農氏は、からだが人間で、頭部は牛であった。姜水《きょうすい》の近くで成長したことにちなんで、姓を姜というのである。五行《ごぎょう》のうちの火《か》の徳を持っていた王なので、炎帝と呼ばれる。木を切り、細工して鋤《すき》を造り、人々に耕作の方法を教えた。それで、神農氏と呼ぶ。農業の神様である。彼が農業を天下に広めたことで、蜡祭《ささい》が始まった。また彼は赤い色の鞭《むち》で草をたたき、ありとあらゆる草を食べ、医薬を発見した。五弦の瑟《しつ》も彼がつくった。日中に市《いち》をひらき、万物を交易して、夕方には帰宅するという経済行為も彼が人々に教えたものである。これによって、人々はそれぞれの物をつくっていれば、市の交易があるから暮らしていけるようになった。さらに神農氏は、庖犠氏《ほうぎし》の八卦《はっか》をそれぞれの組み合わせによって六十四卦に拡大し、いっそうキメ細かく天下の事象を知ることができるようにした。はじめ陳《ちん》に都を置いたが、のちに曲阜《きょくふ》に移った。神農氏は、王として立って百二十年にして世を去った」

以上の記事は、『易経』繋辞伝《けいじでん》・下の記事を引用したものである。しかし、べったりそのままではない。まず、この神農氏にいたって、母親の存在がすこし詳しく書かれるようになった点が注目されるが、この部分だけは『易経』繋辞伝・下には見えぬ記事である。特に名前を与えられていないようだが、父親は少典国を治める諸侯ということで、つまり、神農氏は両親がはじめてそろって書かれた聖王である。庖犠氏は母親（華胥《かしょ》）だけだった。それだけ人間に近くなってきているわけだが、神農氏もまた人身牛首の異形《いぎょう》の聖王である。人身牛首とは、仏教に言う地獄の獄卒「牛頭《ごず》」の姿である。ここも仏教の影響と考えるべきであろう。そして、この部分も『易経』繋辞伝・下には見えない。実を言うと、庖犠氏の蛇身人首もそこに見えないのである。司馬貞の神秘化によるものである。しかし、神農氏にいたって、蛇身人首ではなく人身牛首に変化したのは何故か。答えは簡単である。からだが蛇では、鋤をふるって農耕を教えるイメージが出ないからである。からだは人間、そして頭部は神秘化して、農耕に役立つ牛にした、こんなところだろう。

後世社会の祖型を確立

神農氏が火の徳の持ち主だという設定は、彼につづく黄帝が、五行思想で、土《ど》の徳にあたる色の黄を名のるとされているためで、木《もく》↓火《か》↓土《ど》↓金《ごん》↓水《すい》の順に受け継がれたことを示したいためである。この五行思想は、木火土金水の循環によって、天地の運行から王朝の交代などまで説明しようとするものである。戦国時代よりも新しい思想である。だから、庖犧氏は木の徳、女媧《じょかし》氏は影がうすく扱われて同じ木の徳、その後をうけた神農氏が火の徳と三皇本紀に書かれているのは、実に強引きわまりない決めつけかたであり、五行思想がまだなかったはずの時代の話まで、無理やりさかのぼって説明しきろうとする態度である。それゆえ、前の章では触れずにおいたのだが、『史記』の世界の始まりの黄帝とどうつながるのかを述べるためには、やはりこのへんで一応の説明がはぶけない。

さて、農耕が始まり、それが農業として定着して、人間の生活が安定する。その基盤の上に、社会的分業が成りたち、市での交易により、はっきりとした経済活動となる。ここまでくると、いよいよ我々の知っている「人間社会」らしくなってくる。さらに神農氏は医薬（漢方薬）を開発し、人間社会に利益をもたらし、五弦からなる瑟《しつ》も作り、生活にうるおいを与えた。

ここまではいいことずくめだが、少し気になるのは、三皇の流れを通じて、音楽までも正調の麗《うるわ》しい楽しみの範囲におさまっている。しかし、人間社会には、正調があれば破調・乱調はつきもののはずである。ギャンブルのようなものは、いつ、どこから始まるのか。こういった点については、全く記事がないので、あたかも古代は理想社会であったかのような印象が残る。が、これは、「そのように書くからこそ、そのように感じられる」ということで、歴史としての建前がここにあるのである。

また、王の位に在《あ》ること百二十年とは、神秘を超えそうなほどの話であるが、そこは医薬の開祖であるから、長生きもできて当然ということなのだろう。

都を定めた、とは、後世の社会の祖型がここで確立したことを意味する。これは、首都を定め、一ヵ所にいながら、天下中のことを仕切れるということで、交通・情報を含めたネットワーク社会が成立した、と言っているにひとしい。

こうした社会基盤の整備・完成のあとには何が来るのか。三皇本紀の筆者司馬貞としては、「それについては『史記』の本編を読んでくれ」ということだろう。

二　聖王の時代――五人の聖王

『史記』の世界はここから始まる。前章の記事はむろん伝説的ではあるけれども、本章で見る『史記』五帝本紀《ごていほんぎ》の世界も非常に伝説的である。しかし、司馬遷は濃厚な伝説的色彩の向こう側に、深く歴史というものを見すえていた。そして、最も極端に言ってしまうなら、中国史は『史記』五帝本紀を読みさえすれば、すべてがわかるはずである。

なぜなら、ここで黄帝《こうてい》、顓頊《せんぎょく》、帝嚳《ていこく》、堯《ぎょう》、舜《しゅん》という五人の聖王が、その地位を次々に受け渡してゆくのだが、彼らがなにゆえに、いかなる資格をもって、聖王の座にのぼってゆくのかについて、司馬遷の筆さばきを見れば、後世の革命や王朝交代の真相までもが明白となるからである。司馬遷は、聖王が齢《とし》をとり、新たに徳のある人物を自分の後継に指名し、円満なかたちで国をゆずるという形式（禅譲《ぜんじょう》）を記している。これとは違い、武力で国を奪い取る形式（放伐《ほうばつ》）もあるが、たとえ武力で国を奪っても、王位への就任儀式においては禅譲であるかのようによそおうことができる。そうやって表面上、形式だけととのえれば、「禅譲であった」となってしまうのが現実である。

そもそも、聖王と呼ぶにふさわしいほどの徳の持ち主が、前の聖王が齢をとり、つかれてきたころに、ちょうど都合よく、しかも必ず出てくるものであろうか。五帝本紀のように、うまく五人つづけざまに出てくるものであろうか。そして彼らは、たとえば就任の翌年に徳ある者を見つけたら、ただちにその人物に位を譲ってもいいはずだろうに、そういうケースはひとつもない。「伝説なのだから」という面を割り引いても、この不自然さにも目を向けてほしいと司馬遷は願っていたであろう。そしてこの形式と実体の問題が、あとあとの中国史にずっとつきまとっているのである。

6 黄帝

神農氏との争いに勝つ

司馬遷の『史記』は、黄帝《こうてい》を筆頭とする五帝本紀から始まる。前章「伝説の時代」において、韓非《かんぴ》と司馬貞《しばてい》の記す人類発展史をながめたが、司馬貞は彼なりの工夫によって、韓非の描く伝説（有巣氏《ゆうそうし》・燧人氏《すいじんし》）と『史記』の黄帝を接続していた。その工夫によって、どのくらいうまく接続されているか、まずはそのあたりに注意しながら『史記』の世界に踏みこんでいこう。

「黄帝は諸侯の治める少典国《しょうてんこく》に生まれた。姓は公孫《こうそん》、名は軒轅《けんえん》。生まれながらにして神霊を発揮し、赤ん坊のうちから言葉を話し、幼児期から骨格も発達し、成長するにつれて、ますます英敏になり、聡明になっていくいっぽうであった。彼が生まれ育ったころには、炎帝神農氏《えんていしんのうし》の治世も衰え、天下各地の諸侯がお互いに侵略戦争を繰り返し、人民を虐《しいた》げていた。ところが神農氏は、これらを制することができぬほど気力が衰えていた（前に司馬貞が、神農氏は在位百二十年というような無茶な数字を記していた意味がここでわかる）。そこで軒轅は戦術を学び、またたく間にマスターするや、軍を率いて、言うことを聴こうとしない者を征伐しはじめた（天下の王である神農氏の許可を得たとは書いてないので、彼単独の行動である）。各地の諸侯はみな軒轅に従うようになった。この時、諸侯のうちで最も凶暴で、誰も手がつけられなかったのは蚩尤《しゆう》であった。炎帝神農氏は、諸侯がみな軒轅に付いてしまったので、国を奪われてはならじと、蚩尤の力を利用して、軒轅の側に集結した諸侯を侵略し、切り崩そうと考えた。もはや神農氏を見はなした諸侯は、あくまでも軒轅に付き従うことにし、軒轅はいよいよその恩徳を発揮し、軍容をととのえ、五行《ごぎょう》の流れに従い（炎帝は五行の火《か》。黄帝は土《ど》。木火土金水《もくかどごんすい》の移り変わりに従ったということ）、五穀を植えて食糧を確保し、万民をいつくしみ、四方の地勢を把握し、さらに熊、羆（ヒグマ）、貔《ひ》（豹《ひょう》の一種）、貅《きゅう》（あてはまる猛獣がさだかではない文字）、貙《ちゅ》（小型の虎）、虎までも調教して戦いに参加させ、炎帝神農氏の軍と阪泉《はんせん》の原野で戦った。戦いは激戦で、三度の戦闘のすえ、ようやく勝利を得た。軒轅が神農氏に勝ったあとも、蚩尤は黄帝（『史記』のこのあたりの文字の使いかたを見れば、軒轅は神農氏を倒した時点で、みずから帝号を名のっているのである）の言うことを聴かず、黄帝は諸侯から軍を召集して、蚩尤と涿鹿《たくろく》の原野で戦い、ついに蚩尤を捕らえて殺した。諸侯はみな軒轅を尊崇し、天子として戴いた（軒轅はすでに帝号を称していた。この記事は、最後まで残っていた敵の蚩尤を倒した時点で、あらためて即位式を行ったことを意味している）。こうして黄帝は神農氏に代わったのである。これが黄帝である」

司馬遷の醒めた眼

五帝本紀には異説が多く、文字がまちがっていると考えられたり、まことにさまざまであるが、とりあえず『史記』の文字を改めずにひとまとまりのものとして読むと、以上のようになる。黄帝には異形の相はない。終わりのほうは、何だかくどいが、司馬遷はおそらく念を押して読者に訴えかけているのだろう。「王朝の交代なんて言ったって古来、まあ、ざっとこうしたものだよ」と。どの王朝も末期になると、諸侯が言うことを聴かなくなり、「もういつまでもこの王朝じゃあないぜ」と動き出す。「今度はオレだ」と名のり出る者がある。「お前が？　冗談じゃない」と言われる程度の者であれば、早めにつぶされて終わりだが、有力な者だと、「あいつに従って新王朝が建設されれば、オレにとって有利だ」と支持者が集まる。その様子を見ていた者も、「そろそろ誰かに従っておかないと、出遅れる」と焦りはじめる。あるいは「あいつに従わないと攻めつぶされる」と怖れはじめる。その有力者が複数の場合、戦争で決着がつく。今回の話の神農氏は、軒轅の勢力伸長を目のあたりにして、蚩尤を利用して抑えようと考えている。場合によっては軒轅も蚩尤も傷つき、相討ち状態になるかもしれない。そうすれば、衰えた自分の支配力が回復するという政権延命の目もあるかもしれない。こうした姿は、組織と名のつくものには常につきまとっている形であろう。

このあと黄帝は、念を入れて天下中の不服従者を平定し、山を開き、道を通し、休むことなく働いて、草木虫魚にいたるまで彼の徳で感化したと記されているが、司馬遷の本旨は今までの話の中にある。司馬遷は『史記』の冒頭で、すでに歴史を見透かしてしまっているのである。

なお、黄帝に関しては、次のようなことも古来指摘されている。『荘子』斉物論篇の中に、「是《こ》れ皇帝の聴きて熒《まど》いし所なり」という言葉がある。これについて唐の陸《りく》徳明《とくめい》（六〇〇年前後に活躍）がその著『経典釈文《けいてんしゃくもん》』の中で、「皇帝は、古くは黄帝のことを指して言った」と記している。つまり、黄帝は皇帝と呼んでもよかったのである。黄帝は宇宙を支配する神そのもの、もしくは人間界で最も神に近い存在であるという、象徴的な存在であった。今日通行の『荘子』は『経典釈文』の説に従い、今の部分を「黄帝」としてあるものがほとんどである。

7 顓頊

黄帝の治政を継承・発展

黄帝《こうてい》の次に天下を治めた人物は「顓頊《せんぎょく》」であると『史記』は言う。

「黄帝は西陵氏《せいりょうし》の娘を娶《めと》り、彼女が正夫人であった。彼女の名は嫘祖《るいそ》で、二人の息子を生んだ。この二人の息子はどちらも、自ら天下を治めることはなかったが、彼らの子孫は、やがてそれぞれ天下を治めることになった。嫘祖の二人の息子は、一人を玄《げん》囂《ごう》またの呼び名を青陽《せいよう》という。彼は臣下の列に降《くだ》って蜀《しょく》の江水《こうすい》のほとりで暮らした。もう一人の息子を昌意《しょうい》という。彼も臣下の列に降り、蜀の若水《じゃくすい》のほとりで暮らした。昌意は蜀山子《しょくざんし》の娘を娶り、その娘の名を昌僕《しょうぼく》という。昌僕は高陽《こうよう》を生んだ。この高陽は聖徳の持ち主であった。黄帝は世を去り、橋山《きょうざん》に葬られた。そして、黄帝のあとは、彼の孫、すなわち黄帝の息子昌意の子である高陽が継いで、立った。これが帝顓頊である」

『史記』はこのように伝えるが、他の文献では、玄囂を五帝の一人に数え、少昊金天《しょうこうきんてん》氏《し》としていたりする。少昊とは、三皇の一番目の庖犧《ほうぎ》氏《し》を太昊《たいこう》とするのに対応し、庖犠氏のやりかたを学んで世を治めたから、ひとまわり小ぶりの少昊という理屈である。金天氏は、黄帝が五行思想《ごぎょう》の「土《ど》」の帝だから、「木《もく》、火《か》、土《ど》、金《ごん》、水《すい》」の順で、その次は「金」が来なければならないことに対応したものである。

しかし、これはあくまでも『史記』とは違う文献、つまり別の世界の話である。ここでは『史記』とは違う伝説もある、ということを紹介しておくにとどめておこう。

世襲か禅譲か

さて、『史記』の記述によるならば、黄帝の正嫡の息子は、玄囂も昌意も、二人とも黄帝のあとを継いでいない。五帝本紀は、「黄帝には二十五人の息子がいた」とも記している。あとの二十三人は傍系の子たちで、特に後継をめぐって御家騒動が起こりでもしない限り、問題の外に置かれるのが普通である。実際、彼らの名は『史記』に書かれない。そして、黄帝の後を継いだのは、昌意の子の高陽であった。この書きぶりから感じることは、『史記』は——司馬遷は、でも同じことだが、世襲にはしたくないのだな、ということである。「父のあとを、子ではなく孫が継いだって、わずかに変形しただけの世襲であろうが。たいして違わないじゃないか」という感覚も確かにありうる。しかし、この高陽（顓頊）の次の帝嚳《ていこく》は、玄囂の孫の高辛《こうしん》である、と話が運ばれる。継承の際の家系の兄弟順が入れちがっていることも考え合わせると、

五帝本紀系図

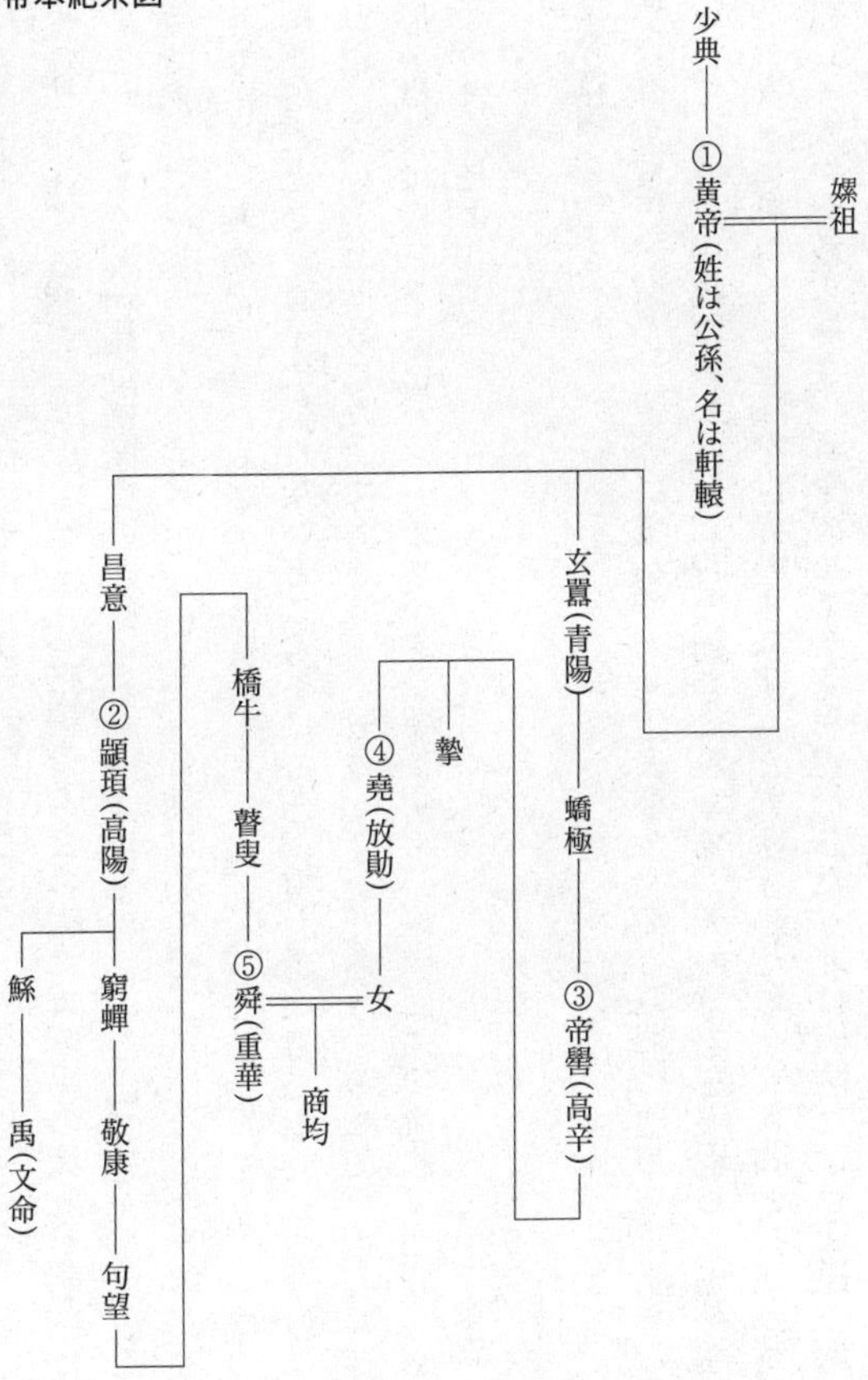

少典
①黄帝（姓は公孫、名は軒轅）
嫘祖
玄囂（青陽）
蟜極
③帝嚳（高辛）
摯
④堯（放勛）
女
昌意
②顓頊（高陽）
窮蟬
敬康
句望
橋牛
瞽叟
⑤舜（重華）
商均
鯀
禹（文命）

そこには「世襲」ばなれしようという歴史家の意図が感じられる。

古代の聖王の条件は、「子孫にではなく、徳の有る者に譲り渡してゆく」という「禅譲《ぜんじょう》（禅も、ゆずる意）」であることを、帝嚳のあとの堯《ぎょう》、舜《しゅん》、禹《う》の流れが明確に示している。つまり、司馬遷は歴史の建前としては、禅譲のあとに出てきた形態としての世襲であってほしいのだ。そうでないと、「昔は世襲で息子に帝王の座を継がせるのが当り前だったのに、徳の有る者に譲るだと？　無理してないか」とか、「徳の有る者に譲るだと？　息子に譲れないところを見ると、実力者に刀でも突きつけられて脅された」といった印象になってしまう。これはまずいだろう。そこで、苦心の結果の変形・世襲ばなれとあいなった次第。こう考えると、『史記』の流れは把握しやすい。つづきを見よう。

顓頊の統治

「顓頊は静かで思慮深く、智謀が豊かであり、人事・物情の万端に通じ、才能ある者を養い育てて地方行政にあたらせ、時の動きに沿って、天の意志を実現し、鬼神をさえ思いのままに動かして正義を世界のすみずみまでゆきわたらせ、人間としての気質を確立して人々を教え導き、身を清めて祭祀《さいし》を実行した。北は幽陵《ゆうりょう》、南は交趾《こうし》、西は流沙《りゅうさ》の地から東は蟠木《はんぼく》にいたるまでの広大な領域におけるすべての動植物、大小の神々まで、太陽と月の照らすかぎりの場所はすべて顓頊に従い、言うことを聴くのであった」

以上の記事を見ても、特別に顓頊が何事かを創造したことは書かれていない。神農氏と似た感じもする。鬼神をも利用するにいたったことは、『補史記《ほしき》』三皇本紀《さんこうほんぎ》の流れを見ても書かれていなかった。しかし、三皇本紀に登場するのは、いずれも蛇身人首や人身牛首の異形《いぎょう》の王たちであったから、彼ら自身が鬼神を兼ねていたようなものである。そのために、顓頊が鬼神を利用するさまを読んでも驚きがうすいのかもしれない。だからといって、『史記』五帝本紀の記事を割り引いて受け取ってはならないだろう。司馬遷は、自分の死後八百年もたってから、『補史記』三皇本紀が書かれることを見通したうえで『史記』を書いていたわけではないのだから。我々読者としては、『補史記』三皇本紀を、『史記』を読む参考としたとしても、『史記』を読む際の先入観としてはなるまい。

そういう心構えで五帝本紀の顓頊の条を読むと、黄帝が築きあげた社会そして秩序を、穏やかに受け継ぎ、発展させるとともに安定させた聖王の姿がある。

8 帝嚳

有徳・聡明の王

顓頊のあとを継いだのは、帝嚳《ていこく》であった。

「顓頊には窮蟬《きゅうせん》という子があったが、顓頊が世を去ったあと、玄囂《げんごう》の孫高辛《こうしん》が立った。これが帝嚳である」

五帝本紀はこのように記している。ここにも、つとめて「世襲」を避けようとしている様子がうかがえる。わざわざ顓頊の子窮蟬と名を挙げておきながら、後を継いで天下を治めたのは彼ではなく、帝嚳であったと筆をヒネっている。もしそうだとすれば、顓頊の後継をめぐっては、表面に出ない暗闘、裏での権力闘争があったことがほのめかされていることになろう。本来なら、顓頊から子の窮蟬へと世襲しても良かったところだろうが、そうはいかなかった。窮蟬よりも後見人の勢力が強い帝嚳が立った。これが後世の歴史なら、君主を擁立した権臣集団の存在があり、その権臣たちが君主の名のもとに、ほしいままの政治を行うという形である。さらに、よくよく考えてみると、黄帝の後を継いだのは、黄帝の子ではなく、孫の顓頊であったわけだ。後世の場合、まだ幼い者を君主にまつりあげ、政治など全くできない幼主の名のもとに、勝手な政治を行うという露骨な形がある。司馬遷は、「黄帝《こうてい》その人が天下の支配者となる道筋」によって、後の世の革命とか王朝交代といったものの基本形を描写しきってみせ、そのついでに、黄帝の後を継ぐ者の記事をもって、一見穏便《おんびん》に見える支配者交代劇の裏側を、我々読者に対して意識的に提示しているのではあるまいか。『史記』の中にも、こういった形は何度も登場する。たとえば秦《しん》の始《し》皇帝《こうてい》だが、彼は独裁権力者以外の何者でもないようなイメージがあるけれども、彼が荘襄王《そうじょうおう》の後を継いで秦の王に立ったのは、わずか数え十四歳の時である。そんな幼い彼を王位に即《つ》かせたのは、背後の呂不韋《りょふい》らの勢力であった。[*1]

しかし、今の呂不韋のような影は、この五帝本紀には見えていない。見えているのは、徳の有る者のリレーである。前にも述べたが、書いていないからと言って、それは必ずしも知らないということを意味しない。わかりきったことだから、わざわざ書かないということもある。五帝本紀の穏やかなる支配者交代劇の裏側は、『史記』のほかの巻を読めば、十分に推測できてしまう。

帝嚳の治世

さて、帝嚳の有徳者ぶりはといえば、

「帝嚳高辛は、黄帝の曾孫（ひまご）である。高辛の父は蟜極《きょうきょく》、蟜極の父は玄囂、玄囂の父が黄帝である。玄囂と蟜極は位に即けなかった（玄囂の二字は、ガーガーとやかましいと読める。蟜極の二字は、驕《おご》りの極《きわ》みに通じると解せる。いずれも天下を治めるにふさわしい有徳者の名ではない）。高辛にいたって帝位に即いた。高辛は顓頊の立場から見ると、同族の子弟で、生まれながらにして神霊を発揮し、うぶ声で自分の名を言った（だから嚳《つげ》る）。天下万物に対して、あまねく利益を与え、自らはその利益に浴しようとしなかった（もし彼が影の権臣に擁立された幼い君主なら、利益はすべて権臣のものとなり、彼自身には、倹約につとめ贅沢《ぜいたく》にふけることのない清潔な王という賛辞のみが与えられた、と読める）。聡明にして遠くの物を知り、微細なことにも気がつき、天の道に従い、民衆の緊急の課題に応じ、仁愛に満ちつつも威厳があり、恵み深く信があり、我が身をよく修めて、天下はみな服従した。大地からの収穫は節約して用い、万民をいつくしみ教育し、太陽や月の運行を暦に作り、鬼神の性質を明らかにして敬《うやま》った。その表情は柔らぎ、高くそびえたつほどの徳があり、行動はすべて時宜にかない、服装は質素であった。帝嚳は中庸にして適正な徳によって天下に君臨し、太陽や月の照らすすべての範囲、雨や風のとどくすべての領域の者が服従した。帝嚳は陳鋒《ちんほう》氏の娘を娶《めと》り、放勛《ほうくん》（勲とも）を生み、娵訾《しゅし》氏《し》の娘を娶り、摯《し》を生んだ。帝嚳が世を去ると、摯が後を継いで立った。しかし、摯は不善の君で、間もなく世を去り、摯の弟の放勛が立った。これが帝堯《ていぎょう》である」

摯と放勛の交替劇

基本的に顓頊と似ていて、暦のことが目立ち、鬼神には何事かをさせるのではなく、敬事するようになっている。重要なのは、兄の摯がダメな君主で、ほどなく世を去り、そのあとに放勛《ほうくん》が立った、という部分である。放勛には放君（君を追放する）が匂う。摯は、捕らわれて手枷《てかせ》をはめられるの意をもつ文字である。摯の母の娵訾には、訾《そしり》を取るが匂う。放勛の母の陳鋒には、鋒《ほこ》をずらりと陳《なら》べるが匂う。これらの匂いを整理すれば、摯はいったん帝位を継いだが、堯にズラリと鋒を並べられて悪く言われ、捕らわれて手枷をはめられたうえ、追放され、その行き先で、もしくは途中で始末された。そのために、ほどなく世を去ったと記されている君主である、ということになるであろう。

登場人物の呼称がいささか出来すぎのような感もあるが、こうしたことが表向きに公表されることなく、あくまでもひそやかに、そしてさり気なく行われるのも歴史というものであるはずだ。

＊1　荘襄王は前二四九〜前二四七の在位三年間。その父孝文王は前二五〇年に即位して在位三日で死去している。呂不韋らの勢力が用済みになった王を始末してゆくさまが看て取れる。呂不韋（65）参照。

9 堯

儒家にとって理想の聖王

伝説の聖王である堯《ぎょう》、そして彼につづく舜《しゅん》・禹《う》については、司馬遷より数百年前に成立していた『論語《ろんご》』の中で、孔子《こうし》がひたすら称賛している。言わば孔子にとっての理想の聖王たちである。しかしこれは、人間の倫理、道徳、教育および政治上、そういう聖王として伝えようとの意図のもとに、年月をかけながら、よりいっそうの「聖王化」がなされたための結果らしい。そしてその「聖王化」は、もっぱら儒家がになう、孔子のあともずっと作業がつづけられたのだが、儒家とひと口に言われる人々の間でも、その足どりは必ずしも一致していなかったようである。

唐《とう》の歴史家劉知幾《りゅうちき》は、その著『史通《しつう》』疑古篇《ぎこへん》に、『孟子《もうし》』の言葉を引いている。

「堯・舜は美化されすぎている。桀《けつ》（14）・紂《ちゅう》（21〜23）は悪く言われすぎている」と。桀は夏《か》王朝滅亡時の、紂は殷《いん》王朝滅亡時の、それぞれ悪逆無道の王とされる人々である。そして、『孟子』は、バリバリの儒家で、みずから「孔子の教えは、この私が実現してみせる」と言わんばかりの熱弁をふるいつづけた人物であるところの孟軻《もうか》の著書である。その『孟子』の中に、さきほどの言葉がある。

「孟子」の中に、さきほどの言葉がある。孟軻は彼自身、先鋭的な儒家でありながら、堯や舜に対する美化が「行きすぎている」と言っているのである。だが、ここにもうひとつのアヤがある。今日、『孟子』として伝わっている本には、さきほどの言葉はない。さきほどの言葉は、後漢《ごかん》の応劭《おうしょう》の『風俗通義《ふうぞくつうぎ》』正失《せいしつ》篇《へん》に、そして『史通《しつう》』に引かれたことで、かろうじて断片をとどめた言葉なのである。つまり、『孟子』という書物が、儒学の古典としてしだいに重んじられるようになると、儒学の足並みを乱すような部分はカットされるということである。これは、都合の悪い部分を抹殺する、とまでの強く明確な意思によるものではなく、「このへんは教科書として使える部分じゃないな」という扱いを受けたものであろう。

堯の治世

「帝堯は放勛《ほうくん》(勲とも)、その仁《じん》は天のごとく、その知は神のごとく、近づけば太陽のような暖かさがあり、仰ぎ見れば慈雨をもたらす雲のようであった。富んでも驕《おご》ることなく、高貴な地位にあっても、人々をバカにして見下すことはなかった。黄色の冠に黒い衣、赤い車を白馬に牽《ひ》かせ、人々をなごませ、親戚一同をよく調和させ、才能あるものを適所に配置し、配置されたものは力を発揮して実績をあげ、天下中の国という国が、ひとつになって楽しんだ」

以上、表面上は理想の聖王と読めるが、裏読みをすれば、摯《し》との権力闘争に勝利させてくれたバックアップ軍団への心配りがよくゆきとどいた人で、その分、自身は質素に暮らすしかなかったのかもしれない。このあと、太陽・月・星の運行にのっとった「農業暦」を人々に授け、春夏秋冬、北から南まで、実りゆたかな社会を実現し、一年を三百六十六日、三年に一回の閏月《うるうづき》をおいたことが、神話伝説調にしるされている。そしてそのあと、堯は譲位を考え、周囲の者と相談する。王位の譲与（禅譲《ぜんじょう》）に際し、堯が単独では後継指名を行えないさまが描かれる。

鯀と舜

「『誰に天下を譲るべきか』と堯が言うと、臣下の放斉《ほうせい》が、『御長男の丹朱《たんしゅ》さまが聡明にあそばされます』と答えた。堯は、『あれは頭が固くて徳が少ない。だめだ』と。別の臣の驩兜《かんとう》は、『共工《きょうこう》（前に三皇（女媧氏《じょかし》）の時に登場した共工とは別）は支持者が多いので、よろしいかと』と言った。堯は、『あれは口はうまいが実行はできず、恭《うやうや》しいようだが、天をなめているからだめだ。ああ、それにしても天下に洪水が多く、人民は憂《うれ》え苦しんでいる。だれか治水事業を行える者はいないか』と言った。臣下たちは、『鯀《こん》なら可能でありましょう』と。しかし堯は、『あれは私の言うことを聴かず、親戚に迷惑ばかりかけている。だめだ』と言った。臣下たちは、『とりあえず、試しにやらせてみてはいかがでしょう』と言い、堯は鯀を任用した。だが、九年たっても洪水はおさまらなかった。堯は、うんざりして言った。『私はもう七十年も位にあるのだ。誰か徳の有る者を挙げてみよ』『民間に妻も持たず暮らす虞舜《ぐしゅん》という者がおります』『朕《ちん》もその名は聞いている。どんな男か』『父は盲人、母はうるさく、弟は放漫ですが、彼らに徳をもって接し、彼らに悪事をさせません』。堯は、『その男を試してみよう』と言うと、自分の二人の娘娥皇《がこう》と女英《じょえい》を嫁《とつ》がせて様子を見たところ、みごとに家庭をおさめた。堯は大いに満足し、模範家庭を作らせた。万民は舜の家庭を見習い、さらに感化は拡がって遠方の諸侯にまで及んだ。また、どのような土地に行かせても、暴風や雷雨にも道を迷わぬ舜を、聖人と認めた堯は、辞退する舜に正式に譲位した」

舜が推挙される部分の話は現実離れがはげしい。「司馬遷は、自分の書いていることを本当の話だと思ってほしくないのだろう」とさえ思えるほどに。

10
舜

ライバルを追放して帝位に

『史記』五帝本紀《ごていほんぎ》は、帝堯《ていぎょう》の記事の中に、気になる部分を織り交ぜている。「堯は舜《しゅん》に政治を手伝わせること二十年、政治をまかせてしまうこと八年、舜に事実上位を譲って世を去った」

その間に起こったこととして、さきほどの堯が天下を譲るべき人物の候補にあがった者やその推薦者たちを、舜が次々に追放（流刑）している記事がある。

「舜は天下の巡守を終えて帰ってから、堯に求めて共工《きょうこう》を北の異民族の地幽陵《ゆうりょう》に流し、驩兜《かんとう》を南の異民族の地崇山《すうざん》に放ち、三苗《さんびょう》を西の異民族の地三危《さんき》に遷《うつ》し、鯀《こん》を東の異民族の地羽山《うざん》に殛《きょく》し（おしこめ）、この四人の刑がすんで、天下はすべて服従した」

この記事を普通に読むならば、舜は自分の徳の感化によって、天下をつつみこむように治めたのではなく、帝位継承のライバル共工、共工を推薦した驩兜、臣下たちの推薦で治水工事にあたった鯀、自分に服従しようとしない三苗らとの権力闘争に勝利を収めた結果の帝位継承であることは明白であろう。堯の子の丹朱《たんしゅ》はどうしたのかと

いうと、

「堯が世を去り、三年の喪《も》があけると、舜は位を丹朱に譲ろうとし、南に居を移してしまった。しかし、朝覲《ちょうきん》に来る諸侯は丹朱にではなく、舜のほうにばかり行った。訴訟も謳歌《おうか》（たたえ歌）もすべて舜にばかり。舜は、『これは天の意志だ』と言うと、あらためて帝位に即《つ》いた（『孟子』万章篇・下に同様の記事がある）」

裏から見れば、何ともあやしい話で、前章にも登場した唐《とう》の劉知幾《りゅうちき》の『史通《しつう》』疑古《ぎこ》篇《へん》には次のように言う。

『汲冢瑣語《きゅうちょうさご》』には、舜は堯を平陽《へいよう》に追放した、とある。また、某書には、囚堯《しゅうぎょう》という城があり、堯がここに幽閉されていたので、この名がある、と見える。『山海経《せんがいきょう》』には、帝堯の子帝丹朱と記されている。現在の『山海経』を見ても、海内南経《かいだいなんけい》の巻に、帝丹朱を蒼梧《そうご》の山の陰《きた》に葬る、とあり、海内北経にも、帝円朱台と見える。舜は堯をやめさせて、いったん堯の子の丹朱を立て、それから諸侯の支持、天の声という手順を踏んで譲位を迫り、その位を奪ったのだろう」

おおかたそのあたりが真実かもしれないが、表向きの記事も読まねばなるまい。

舜の治政

「虞舜《ぐしゅん》は、名は重華《ちょうか》。父の名は瞽叟《こそう》、瞽叟の父は橋牛《きょうぎゅう》、橋牛の父は句望《こうぼう》、句望の父は敬康《けいこう》、敬康の父は窮蟬《きゅうせん》、窮蟬の父は帝顓頊《せんぎょく》、顓頊の父は昌意《しょうい》。窮蟬から舜までは庶民であった。舜の父瞽叟は盲人で、舜を生んだ妻の死後、瞽叟は後妻を娶《めと》り、象《しょう》という子が生まれた。瞽叟らは舜に殺意をいだき、つねに機会をうかがっていたが、舜はスキをつくらなかった。二十歳になった舜は孝行の評判を得、堯に試され、二人の娘（娥《が》皇《こう》と女英《じょえい》）を与えられたのは三十歳の時であった。家庭はみごとにおさまり、歴山《れきざん》に耕せば人々は畔《あぜ》を譲り、雷沢《らいたく》で魚を採れば人々は良く釣れる場所を譲り与えた。一年いれば集落ができ、二年で村、三年で都会ができた。堯が舜のために倉を建て、牛や羊を与えた時、舜を殺そうとした瞽叟は、舜を倉の屋根にあがらせ、下から火を放った。舜は笠を両手に飛びおり、事なきを得た。瞽叟が井戸掘りを命じると、舜は横穴を作り、上から土を落とされても助かるようにしておき、難をのがれる。このようにして、舜は己れの身の安全を保ちつつ、政務にはげみ、着々と治績をあげた。八《はち》愷《がい》・八元《はちげん》の子孫の補佐を得、いよいよ天下はうまく治まる」

舜は百官の制度から勤務評定までもととのえ、天下のすみずみに徳がゆきわたる。

司馬遷は舜の事蹟を次のようにまとめている。

舜から禹へ

「舜は二十歳で孝行ぶりが知られ、三十歳で堯に挙げられ、五十歳で帝の代行をし、五十八歳のとき堯が世を去り、六十一歳で帝位に即いた。以来三十九年、南方に巡守して蒼梧《そうご》の野において世を去った。舜は江南《こうなん》の九疑《きゅうぎ》に葬られた。はじめ舜は帝位に即くと、あらためて恭《うやうや》しく父の瞽叟に仕え、弟の象《しょう》を諸侯に封じた。舜の子の商均《しょうきん》は、舜に似ず、徳の少ない人間であった。そこで舜は前もって禹《う》を天に薦《すす》め、自分の後継と定めた。その後十七年、舜は世を去り、三年の喪《も》があけると、禹は舜の子の商均に対し、舜が昔、堯の子の丹朱にしたのと同じように商均に帝位を譲った。今度も諸侯は禹のほうにばかり支持と恭順を寄せ、禹はそのあとで帝位に即いたのである。堯の子の丹朱、舜の子の商均、いずれも領土を保有し、先祖の祭祀《さいし》をとり行った。彼らは帝の賓客《ひんかく》として待遇され、謁見《えっけん》を許された。帝の側でも彼らを臣下という扱いにしないで特別の待遇をしたのは、天下を自分一人の私有物のようには考えていないということを示したのである」

舜の次の禹も、舜の場合と同じようであったのなら、裏から見れば、例の、一度は謙譲して諸侯の支持を確認するという手続きを踏んだということである。天下をおのれの私有物とはしないことを、ことさらにパフォーマンスしてみせたようにも見える。

三　夏王朝——ここから世襲が始まる

前章の『史記』五帝本紀《ごていほんぎ》の世界において、司馬遷は、後世の革命や王朝交代の雛型《ひながた》を描いてしまっていた。本章からは、その本番とも言うべき、王朝の歴史がはじまる。そのはじまりの王朝は夏で、禹が初代である。禹は舜の後を継いで王となった。それまでの聖王の時代とちがうのは、禹の次に王位に即《つ》く者の候補者として、最も天下の支持を集めたのが、禹の子の啓《けい》であった点である。それまでの聖王の時代においては、聖王の息子たちがいずれも凡庸《ぼんよう》で、たとえば堯《ぎょう》は帝嚳《ていこく》のできの悪い息子の摯《し》に代わって立ち、舜は堯のできの悪い息子丹朱《たんしゅ》に代わって立ったのであった。

ここであらためて考えてみると、五帝の不自然さは前章に記したことばかりでなく、聖王の息子がそろいもそろって不出来な者ばかりだったという点も数えられよう。こう考えると、禹の息子の啓がすばらしい人物であったとしても、むしろ自然な感覚で受けとめられる。「いい人物だったら、何もむりにほかに徳ある者を探して立てなくてもいいだろう」と。

かくて、夏は王朝として代々世襲のかたちになった。しかし今度は、「啓のあとも子々孫々、よい人物ばかりだったのか？」という疑問が生まれる。

現在のところ、夏王朝は実在したと考えるのが中国の考古学界であり、一方かなり慎重に、ということは実在を疑う傾向が強いのが日本の学界である。実在がすでに確認された殷《いん》の文化の高さから見て、いきなり殷が出現したのではなく、その前にもかなりの高さの文化があったと考えるほうが自然であろうが、今後の考古学的発見によって、またイメージがくつがえされるようなことも起きるにちがいない。

11 禹

洪水対策で舜に認められる

前章の舜《しゅん》までが『史記』五帝本紀で、本章の禹《う》から王朝の歴史となる（『史記』夏本《かほん》紀《ぎ》）。それまでの帝王の交代が、裏の事情はどうであれ、表向きには徳の有る者に円満に譲位していく形であったのに対し、ここからは世襲の王朝の歴史となる。父から子へ、子から孫へと順に継承される流れに変わる。そして、帝王の座の争いは、「子の中で誰が一番徳が有るか。誰が一番次の帝王たるにふさわしいか」を競う形になる。しかし、そのように形を変えたとしても、事実上は、「このおぼっちゃまこそ一番でございますよ」とバックアップする者が多い者が競争に勝つ。逆に言うと、「あのぼっちゃんをかつぎあげるのが一番我々にとって好都合だ」と考えるもの（臣下）たちが集中する人物が、後継争いに勝利することになる。あまり頭が良すぎては、せっかくかつぎあげたのに、バックアップ軍団（影の権臣）の言うことと衝突をおこす惧《おそ》れがある。さりとて、あまり頭が悪すぎては、「あれが帝王だって?」と天下万民に対して説得力がない。示しがつかない。できれば、ほどほどに頭がよくて、できるだけ幼少の子に後を継がせるのがよい。しかし、幼少の子をかつぎあげると、たしかに初めのうちは操りやすいが、成長につれて言うことを聴かなくなるかもしれない。そして、幼君の成長とともに、バックアップ軍団も年をとり、世代交代が起きる。「次の権臣はオレだ」と、足の引っぱり合いが起きる。こうしたことが「王朝」の内部に、連続的に起きていく。王朝の内部構造と言ってもよいかもしれない。

「夏禹《かう》は、名は文命《ぶんめい》。禹の父は鯀《こん》。鯀の父は顓頊《せんぎょく》。顓頊の父は昌意《しょうい》。昌意の父は黄帝《こうてい》。つまり禹は黄帝の玄孫《げんそん》（やしゃご）であり、顓頊の孫である。昌意と鯀は帝位に即《つ》かず、臣下の一人であった。堯の時、鯀は春夏秋冬をつかさどる役人たちの推薦で、天下の洪水を治める工事にあたったが、全く実績があがらず、舜によって羽山《うざん》に流され、そこで殺された。天下の人々は、この処刑は当然と受けとめた。舜は鯀の子の禹に治水事業を継続させた。禹は英敏で勤勉、間違いがなく、人を惹《ひ》きつけ、言葉に偽《いつわ》りがなく、声を出せば美しい音律でひびき、肉体の動き自体がすべての手本となり、基準となった。父鯀の無念を晴らさんものと懸命に努め、家を出たまま十三年、各地で作業の指揮にあたり、たまたま家の門前を通りすぎても、決して中にはいらず、衣食も倹約にして、すべてを工事費につぎこんだ。陸は車、水上は船、ぬかるみには橇《そり》、山歩きには檋《きょく》（かんじき）、水準器と墨縄《すみなわ》を左手に、物指《ものさし》とコンパスを右手に持って、天下の九つの州を測量して秩序づけた」

夏王朝の成立

　このあと、各州におけるようすが長々と描かれ、有力者である契《せつ》（殷《いん》王朝の祖。16）、益《えき》、后稷《こうしょく》（周王朝の祖）、皐陶《こうよう》らにも謙譲しつつ地歩を固めた。后稷は禹の指示を受けて動き、舜の前で意見が合わない点もあった皐陶も、禹を高く評価するさまが描かれているが、これは「ポスト舜」への布石として、禹が派閥をまとめ、固めていくさまを象徴していると読める。不可解なのは禹は黄帝の玄孫とする系図で、もしそうなら禹は舜よりはるかに古い人間ということになってしまう。玄孫とは、広い意味で「子孫」「後裔」を表すだろう。

　完璧に治水を仕上げた禹に、舜は位を譲る。「帝舜は禹を天に薦《すす》めて、正式の後継とし、その後十七年して世を去った。三年の喪《も》があけると、禹は辞退し、舜の子商均《しょうきん》に位を譲って陽城《ようじょう》に身を隠した。天下の諸侯は商均の所にではなく、すべて禹の所に集まった。そこで禹は帝位に即いた。国号は夏《か》后《こう》。姓は姒《じ》氏。禹は皐陶を挙げて政治を彼に譲ろうとしたその時、皐陶が死んでしまったので、皐陶の子孫を英六《えいろく》の地に封じた。のち、益《えき》を挙げて政治を代行させること十年、禹は東に巡守して会稽山《かいけいざん》で世を去った。天下の事を益に譲った。益は禹の子啓《けい》に譲り、箕山《きざん》に身を隠した。啓は賢者であったので、天下の諸侯はみな、我が君は帝禹の子その人なりと、益にではなく、啓のもとに参集した。そこで啓が帝位を継いだ。夏后帝啓と呼ぶ」

舜と丹朱《たんしゅ》（尭《ぎょう》の子）の場合に見えた形と同じである（『孟子《もうし》』万章篇《ばんしょうへん》・下に同じ内容の記事があること、舜の場合と同様）。前章で唐《とう》の劉知幾《りゅうちき》の『史通《しつう》』に触れたが、『韓非子《かんぴし》』説疑篇《せつぎへん》にも、「舜は尭に譲位を偪《せま》り、禹は舜に偪る」と見えている。

また禹は、自分と意見の合わぬ点のあった皐陶に譲らんとし、その時あまりにもタイミングよく皐陶が死ぬ。「始末されたのかな」と疑問に思うのが普通であろう。そして、益を帝王として戴くより、啓を戴くほうがいいと判断した諸侯たちの圧倒的支持によって、啓が禹の後を継ぎ、世襲の王朝が誕生した。諸侯の思惑によって誕生したのだから、王朝の運営は前途多難に思われる。なお、『戦国策』燕策《えんさく》には、「禹は天下を益に譲った。年老いた禹は啓には天下をまかせられぬと考え、益に譲ったのだが、啓は仲間とともに益を攻め、天下を奪い取った」という異説が見えている。[*1]

＊1　この異説については次項12の注も参照。

12 啓

有徳者の実態は

前節のごとくにして、禹《う》の子の啓《けい》が、天下の諸侯の圧倒的支持を受けて禹の後継として立った。[*1] そして、啓のあとは代々、子が後を継ぐ世襲の王朝となった。子が聡明で、すぐれた徳の持ち主であれば、天下中の誰よりも後継者にふさわしいわけだから、無理に別の誰かに譲る必要はないはずである。しかし、子が聡明でなかった場合はどうするか。[*2] その時こそ、別の誰かに譲るべきであろう。だから、何代か世襲がつづいたあとで、別の誰かに切り替わってもよし、その別の誰かの子がすぐれた徳の持ち主であれば、そこで世襲してもよし、ダメな子ならまた別の誰かが後を継いでもよし、である。この形がずっと続いてゆく時、世襲がつづいている間を「王朝」と呼び、別の誰かに切り替わる瞬間が「革命」、その別の誰かの座をめぐって争いがつづき、いまだに誰か一人にしぼりきれぬ間が「乱世」ということになる。

そして、実際の歴史の流れの中では、いろいろな変形が起こる。たとえば、ある王朝の途中で、「ダメな息子だが、何とか後を継がせてやりたい」というような親馬鹿な帝王が、このままの状態ではいずれ国を奪いそうな有力者に、「君が私の息子の後見人という形で、何とかお願いできないだろうか」と頼んだり、何らかの手段を講じ、罠《わな》におとしいれるなどしてその有力者を抹殺しにかかったり、それをいちはやく察知した有力者が、先手を打って臣下集団を抱きこんで、逆に帝王を急病として片付けてしまったり、というようなことである。

そういう変形が生じたとしても、その当時に真相が表向きに公表されることはなく、次の王朝が確立したあとで、歴史書に真相が記される。「前の王朝はこんなにひどいことをしたのだから、倒されて当然なのだ」という角度から。しかし、たいていの場合、どの王朝も、革命の際には、その前の王朝と同じ手口で国を奪うから、真相を文字に記すにあたっては、その手口に対する推測がなされぬように慎重に記される。こう考えてくると、古代の聖王たちの政権交代（禅譲《ぜんじょう》）に関する理想的美談は、後世の王朝に、「国を奪った時には、こういう書きかたをして記録に残せばいいんだよ」と手本を示していることにもなるだろう。

反対勢力を滅ぼして即位

『史記』夏本紀《かほんぎ》の記事を見てみよう。

「夏后帝啓は禹の子で、母は塗山氏《とざんし》の娘である。啓が後を継いで立ってから、有扈氏《ゆうこし》

夏系図

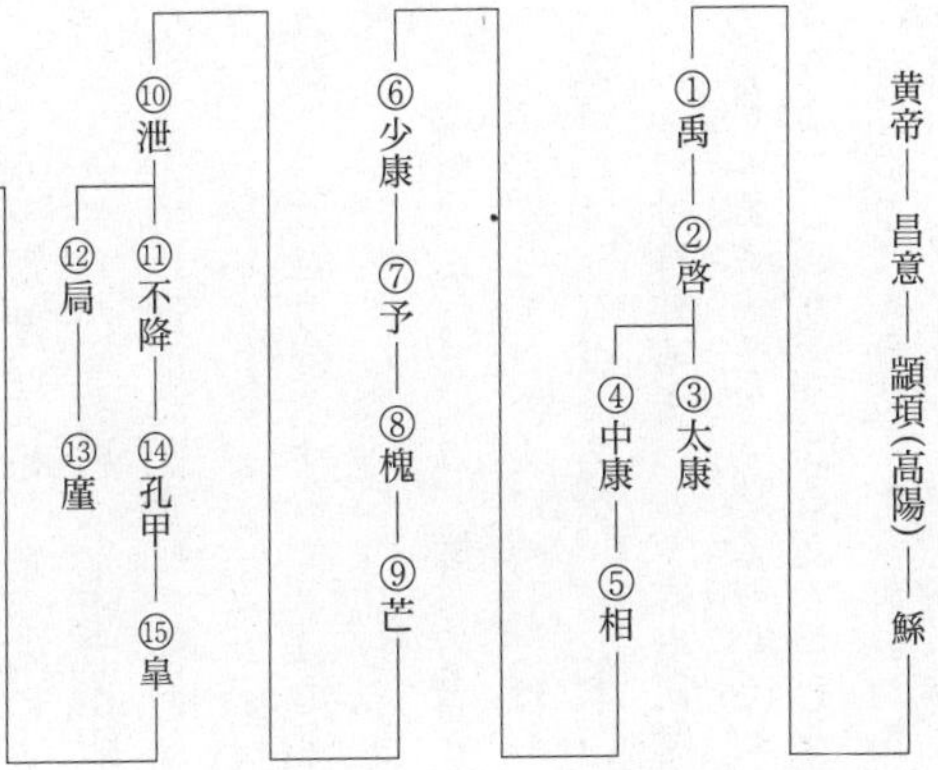

が服従しなかったので、啓はみずから軍を率いて征伐をし、甘《かん》の地において激戦となった。この甘の地での戦いの開戦まぎわに、啓が誓いの言葉（以下の文章は『書経《しょきょう》』甘誓篇《かんせいへん》そのままである）を述べた。ああ、お前たち六つの軍の総軍に誓いの言葉を告げよう。有扈氏は木火《もくか》土《ど》金水《ごんすい》の五行《ごぎょう》を乱し、天地人の三つの道を廃棄したので、天は有扈氏の勦滅《そうめつ》を命ぜられた。今、私は慎んでその天の命令を受け、天に代わって有扈氏を罰せんとするものである。兵車の左に位置する者は射よ。右に位置する者は矛《ほこ》で刺せ。怠《おこた》る者は天の命令の違犯者である。兵車の馭者《ぎょしゃ》よ、巧みに馬をあやつらねば、汝《なんじ》も天の命令の違犯者である。天の命令に従うものには褒美を与えよう。従わぬ者は、土地の神を祀《まつ》る社《しゃ》において死刑に処する。そればかりではない。その妻子について

も、死刑に処する、と。かくて有扈氏は滅ぼされ、天下の諸侯はみな参朝するようになった。帝啓が世を去ると、子の帝太康《ていたいこう》が立った」

実に不思議な話で、前節で、啓が禹を継いで立つことになったのは、天下の諸侯がすべて心を寄せ、支持したことによって、ライバルの益《えき》に勝ったからであったはずである。ところが、有扈氏なる者が服従しないで、かなり大規模な戦争になってしまっている。では前節の記事は一体何なのか。司馬遷は、かくもチグハグな話を平然と書きならべているわけだが、おそらく、「伝説時代のことは、諸説紛々《しょせつふんぷん》たる状態で、どれか一つにだけ依拠することはできない」ということを、わざとチグハグな記述を並べることで表現しているのであろう。

一番気にかかるのは、徳有る者として圧倒的な支持を受け、帝位に即《つ》いたはずの啓が、軍に対して、将士に対してばかりではなく、その妻子に対しても死刑をチラつかせて脅《おど》している点である。もし本当に有扈氏がメチャクチャな悪人であるなら、こんな締めつけは要るまいし、本当に徳有る啓にばかり人々が心を寄せたのなら、有扈氏のために働こうとする者などいるはずがなかろう。司馬遷の「実体はこんなものでしょうよ」という声が聞こえてきそうである。

が、仮りに司馬遷がそう言いたかったのだとしてもあるいは、そうは言いたくなかったにしても、重要な点について、司馬遷は書きおとしている。「益を蹴落として啓を帝位に即かしめた背後の勢力の元締は、いったい誰なのだ」ということである。それとも、「そんな存在など無かった」と言うつもりなのであろうか。

いずれにしても、禹から啓へという世襲に対しては、かなりの抵抗があり、血なまぐさい権力闘争があったことは、『史記』の文面からだけでも十分にわかる。

＊1『韓非子』外儲説《がいちょせつ》・右下《みぎげ》に、「禹は益を親愛して天下をゆずったが、重権は啓のほうにあり、やがて啓は一党の者とともに益を攻めて天下を奪った」と見える。前項に引いた『戦国策』と同じ話である。

＊2『韓非子』説疑篇には、啓の子の五観《ごかん》（『竹書紀年』では武観）はできの悪い子であったことが見えている。『史記』とは別の伝承である。

13 夏の諸帝たち

衰亡に向かう夏王朝

啓《けい》の後を継いで、子の太康《たいこう》が立ち、世襲はつづく。しかし、太康は「太《はなは》だ康《やす》し」と読める名を持ちながら、まるで素行がおさまらなかった。『史記』夏本紀《かほんぎ》は、

「帝太康、国を失う。弟たち五人は洛水《らくすい》の北岸で太康の帰るのを待ちながら、『書経《しょきょう》（尚書）』に収める五子之歌《ごしのうた》を作った。太康が世を去ると、弟の中康《ちゅうこう》が立った。これを帝中康と呼ぶ」

としか書いていない。「五子之歌」を読めば、背景もわかるから、わざわざここに同じことを書いておかなくてもいいだろうとの判断のようである。そこで、「五子之歌」を見ると、次のように書かれている。

「太康は帝位に即《つ》いたものの、まるで脱《ぬ》け殻《がら》のように何もせず、ただ遊びほうけていて、王朝の徳を台無しにした。万民は支持を寄せなくなったが、それでも太康の邪遊《じゃゆう》は限度がなく、洛水の南で狩りをして百日間も帰って来なかった。有窮国《ゆうきゅうこく》の君羿《げい》が民衆の我慢も限度を超えたとして軍を発動し、川の北に陣を張って太康を帰れぬように

した」

そして、このような状況のもと、太康の弟たち五人が歌を歌ったというのである。啓の代で、はやくも世襲の王朝はおかしくなっていたのに、その子太康はますますひどい様相を呈してしまった。この太康のような姿は、後世の王朝にもしばしば登場する。そのほとんどの場合、背後の権臣の力が強すぎるので、君主には遊びほうける以外、する事がないのだが、司馬遷は、啓の場合もそうであったように、この太康の場合についても、そうした権臣の姿を描こうとしていない。ひょっとすると、軍を出して狩りから帰れなくした羿がそれだと言いたいのかもしれない。でもそれはあくまでも「五子之歌」の記すことである。司馬遷の筆はそのへんの事情の一切を省略してしまっているので、よくわからない。さらに司馬遷は、中康からあとの系譜も、きわめてあっさりとしか記さない。

夏王朝の系譜

「中康のとき、天文暦日をつかさどる羲氏《ぎし》と和氏《かし》が酒におぼれて職務を怠り、暦が乱れた。胤国《いんこく》の君が羲氏・和氏の征伐をすると称して立ちあがった。『書経』の「胤《いん》征《せい》」がその時の作品である。中康が世を去ると、その子の相《しょう》が立った。相が世を去ると、その子の少康《しょうこう》が立った。少康が世を去ると、子の予《よ》が立った。予が世を去ると、子の槐《かい》が立った。槐が世を去ると、子の芒《ぼう》が立った。芒が世を去ると、子の泄《えい》が立った。泄が世を去ると、子の不降《ふこう》が立った。不降が世を去ると、弟の扃《けい》が立った。扃が世を去ると、その子の廑《きん》が立った。廑が世を去ると、不降の子の孔甲《こうこう》が立った。孔甲は即位後、鬼神の道におぼれ、淫乱なことにのみ血道をあげた。かくして夏后氏《かこうし》の徳は衰え、諸侯は全く言うことを聴かなくなった。この時、天が二匹の竜を下界に降《くだ》らせた。雄と雌の竜であった。孔甲はこの竜をうまく養育できない。豢竜氏《かんりゅうし》と呼ばれるところの、竜の飼育がうまい人間も見つからない。はるか昔の堯《ぎょう》の子孫の陶唐氏《とうとうし》の一族に劉累《りゅうるい》という者がいた。彼は豢竜氏から竜のうまい飼育法を習ったことがある。そこで帝孔甲に仕えることとなり、孔甲は彼に御竜氏《ぎょりゅうし》という姓を与え、さらに彼に豕韋《しい》の地を与えた。やがて、二匹の竜のうち、雌のほうが死んだ。

竜の死は一体何を意味するのか。明《みん》の方苞《ほうほう》は、『とくに意味はなく、前漢帝国の姓の劉を出しておきたかったのだろう』と言う。

竜の肉を喰らう

劉累は、竜の肉を孔甲にたてまつって食べさせた。孔甲はその味を気にいり、もっと寄こせと求めた。しかし、雄の竜を殺して肉をたてまつるわけにもいかず、咎《とが》めを怖れた劉累は、いずこへか姿をくらましてしまった。孔甲が世を去ると、その子の皐《こう》が立った。皐が世を去ると、その子の発《はつ》が立った。発が世を去ると、その子の履癸《りき》が立った。この履癸が、桀《けつ》である」

酒でしくじる義氏と和氏は、直接には中康の責任ではなく、監督不行届ということであるが、要するに、もはや王朝のたががゆるんでしまっていることの象徴的表現である。「胤征」は、前節の啓のところで見た「甘誓《かんせい》」と似たような表現の作品で、義氏・和氏の職務怠慢を責め、天に代わって罰を行うから、一同のものよ、奮《ふる》い起《た》てと歌われる。一種の定型的作品である。

そのあとは、ひたすら系図的記述がつづき、孔甲にいたって、二匹の竜の話が挿入され、少し変化する。しかし、この話によって一体何が言いたいのか、と考えると、あまり良い答えは出そうにない。すみずみまで理屈で説明しきろうとするのでなければ、とりあえず、天が竜を地上に降してみて、夏王朝がどの程度か試したのだ、とおおざっぱに考えておけるだろう。だが、雌の竜を死なせたことや、その肉を食ってしまったことに対して、いかなる天の怒りがあり、いかなる罰が用意されているのかは、はっきりしない。夏王朝を滅亡させる履癸（桀）は、孔甲の曾孫（ひまご）である。「それ見ろ。そんなことをするから天罰が降るのだ」と言うにしては、少し時間を置きすぎているように思われる。

14 桀

桀は暴君だったか

夏《か》の桀王《けつおう》（履癸《りき》）は、殷《いん》の紂王《ちゅうおう》（辛《しん》）と並ぶ暴逆非道の君のイメージが強い。後世の文献に、「桀紂」とひとまとめにして、ひたすら非難されているので、それ以上考えないのが習慣になってしまっている。しかし、司馬遷が彼らについて、どれほどひどいことを書いているか、あらためて確認してみると、桀の場合には、拍子抜けするほど簡素な記事しかない。

「桀の時代は、孔甲《こうこう》以来、そむく諸侯が多かった。しかし、夏の桀王は自分の徳をみがこうとせず、人民を武力で痛めつけ、言うことを聴くよう迫るだけで、人民はその苦痛に耐えられなかった。その時、桀は人民が心を寄せる湯《とう》を召し、いきなり湯を捕らえて夏台《かだい》と呼ばれる獄にぶちこみ、『こいつは悪人であるから、信じたりしてはならぬ』という宣伝をして、人民の支持熱をさまそうとした。桀は一度このように宣伝しておけばいいだろうと、湯をほどなく釈放した。出獄した湯はますます徳をおさめ、天下の諸侯はみな湯に心を寄せるようになった。湯はそこで軍を率いて桀に戦いを挑んだ。敗れた桀は鳴条《めいじょう》の地で捕らわれ、追放刑に処せられて死んだ。桀はある人に向かい、『私は、湯を夏台で殺さなかったために、こんなことになってしまった。残念だ』と語った。湯は帝位に即き、夏王朝に代わって、天下の諸侯の入朝《にゅうちょう》を迎える立場になった。湯は桀の子孫に領地を与えた。桀の子孫はそのままずっとつづき、周《しゅう》の時代になって、杞《き》の地に領地を移された」

以上が、『史記』夏本紀の桀に関する記事のすべてである。この記事によって浮かびあがる桀の人間像は、人のよい無能力者といった程度で、積極的に人民をいたぶり、その苦しみを見て喜ぶような根っからの悪人ではない。「湯のやつめ、自分はあいつを殺さずに釈放してやったのに、あいつはこの私を追放の名のもとに殺すのか」と、事態を割り切ることができぬ哀れむべき人間である。そう描いてみせた司馬遷は、すでに今まで見てきたように、革命の名のもとに政権が交代する時には、前の政権の座にあった者に対しては、徹底的な罵倒《ばとう》がなされ、新たに政権を得た者に対しては、徹底的な賛美がなされるものだという歴史の定型を繰り返し書いていた。そのうえで、「桀王に関する話はさまざまあるでしょうが、それはそれとして、歴史の真相としては、まあこんなところでしょうよ」と言っているのだろう。前に、堯《ぎょう》の節で、「桀・紂は悪く言われすぎている」と言う孟子《もうし》の言葉を紹介したけれども、司馬遷も節度ある筆さばきによって、桀の歴史的位置づけを記していると考えられる。

暴君にしたのは誰か

実は、桀や紂の悪業については、後世になるほど、つまり、現在に近づくにつれ、その悪業の度合はひどくなる。このことは昔から知られた事実だが、司馬遷より前の文献に記される桀王の様子を少し見ておこう。

『荀氏《じゅんし》』の中には、桀についての記事がかなり多いが、抽象的に「悪い」というのではなく、具体的に書かれている例を見ると、

「桀は愛妾の末喜《まつき》と佞臣《ねいしん》の斯観《しかん》に目をくらまされ、忠臣関竜逢《かんりゅうほう》の価値を見ぬけなかった」(『荀子』解蔽篇《かいへいへん》)

関竜逢は、豢竜逢とも書かれる。つまり、前節の孔甲《こうこう》のところに見えた、竜の飼育にあたる豢竜氏の変形である。「桀は関竜逢を殺した非道の君」というのは、どうやら古い伝説に手を加えて、あらためて作った新たな伝説のようである。末喜は妹喜などとしてほかの文献(『国語』晋語一、『呂氏春秋《りょししゅんじゅう》』慎大覧《しんだいらん》)にも見えるが、斯観についてはさっぱりわからない。せっかく愛妾の名が出て、いくらかは具体的になったかと思えば、結局変形伝説である。そして、『荀氏』は、「桀紂」ではなく、「桀跖《けっせき》」と、古代の大盗賊盗跖《とうせき》と並べている。『韓非子《かんぴし》』を見ると、「関竜逢を殺した」とあり(十過篇《じっかへん》)、「桀には侯侈《こうし》という佞臣《ねいしん》がいた」とあり(説疑篇《せつぎへん》)、「桀は酒におぼれ、酔って

ばかりいたので、天下を失ったのだ」とある（説林篇《ぜいりんへん》・上）。こちらもまた、桀の残虐ぶりを、これでもかと書くようなものではない。それどころか、「斉《せい》の桓公《かんこう》（31）は、斉の国の国家予算の半分を自分の費用とした。桀・紂よりもぜいたくがひどかった」という記事もある（難篇《なんへん》・三）。

こう見てくると、司馬遷が仮りに、後世のイメージのように桀を必要以上に悪く書こうとしても、文献上にはその材料がなかったとも考えてよさそうである。しかし、もし材料が豊富にあったとしても、司馬遷は桀について、これでもかこれでもかと桀の悪逆のさまを書きつらねることはなかったであろう。なぜならば、司馬遷は、「湯を夏台で殺さずに釈放してやったのに……」という桀の言葉を記している。もし桀が「根っからの悪人」ならば、とっくの昔に湯を殺してしまっているはずだから、こんな言葉を吐くはずがない。

異説としては、「桀は剛力で、鉄をねじ曲げ、牛を押しのけられるほどだった」というものがある（『淮南子《えなんじ》』主術訓《しゅじゅつくん》）。桀は傑、すごい人物だったというのである。

15 夏の滅亡

夏王朝は実在したか

夏《か》の桀王《けつおう》は、具体的な悪徳の例示なくして悪逆の王と決めつけられ、罵《ののし》られているわけだが、問題はその先にある。そもそもこの夏王朝なる政権は実在していたのか、それとも伝説が造りあげた架空の王朝なのかという問題がひとつ。これについては、中国の考古学界は「実在した」と考え、日本の考古学界は「まだ実在したと言いきるわけにはいかない」と慎重な姿勢をとっている。殷《いん》の遺跡や遺物については確認ずみであるので、今日その実在を疑う者はないが、その前の夏王朝となると判断がわかれてしまう。殷代の出土品に示された文化的レベルの高さから考えて、そのような高度なものが突然、殷になって造られはじめたとは考えにくい。そして、河南省偃師県《かなんしょうえんしけん》の二里頭《にりとう》遺跡から、殷より古い年代の青銅器が出土している。その青銅器は、まだ金属の精錬に未熟なところがあるので、夏王朝時代のものと考えてまちがいない。そう考えると、もう夏王朝の実在は確認できたような気がしてしまう。

しかし、そのような青銅器は、天下を掌握した大きな政権のもとで造られたのではなく、もっと小さい単位の国があって、そこで製造されたものかもしれない。つまり、少し未熟な青銅器は、そのような小さな国によって造られはしたけれども、そうした国々をその上から支配するような政権＝王朝は存在していなかった、とも考えられる。この立場に身をおくなら、「もっと絶対確実な証拠が出現する時まで、判定は待とう」となる。現在のところ、まだこの判定ができてしまうような考古学的発見は報告されていないので、この一つめの問題については、これ以上考えてもしかたがない。

二つめの問題は、桀王を倒した湯《とう》についての問題である。桀王は悪人で、これを善人の湯が倒したという今回の図式は、実は今まで見てきた「歴史の定型」と少し違うものである。「徳の有る者」に円満なかたちで譲る「禅譲《ぜんじょう》」はここに見えなくなった。仮りに、真相はどうあれ、表向きの形式として「禅譲」の儀式を行った、というのでもない。司馬遷が五帝本紀《ごていほんぎ》以来、筆にしてきた形式は、夏王朝の始まりとともに「世襲」となって形式が変わり、夏王朝滅亡のところでもまた、形式が変わったわけである。湯は桀の「禅譲」を受けておらず、桀に戦争をしかけ、捕らえ、追放して殺している。「禅譲」に対する「放伐《ほうばつ》」である。

臣下が王を殺しても可か？

この「放伐」の語は、『孟子《もうし》』梁恵王篇《りょうけいおうへん》・下において、斉《せい》の宣王《せんおう》が孟子に、

「湯が桀を追放し、周《しゅう》の武王《ぶおう》が殷の紂王《ちゅうおう》を征伐したという伝えは本当か。臣下が主君を殺すなんてことが許されるのか」

と問うた言葉に基づいている。孟子は、

「悪逆のひどい人間は、王などではなく、ただのつまらぬ人間です。わたくしは、ただのつまらぬ人間である紂を誅殺《ちゅうさつ》したことは聞いていますが、臣下の身である者（武王）が王の紂を殺したとは聞いておりません」

と、まことに苦しまぎれの応答をしている。いかに苦しまぎれであるかは、答えの中で紂だけにしか触れることができていないことによっても明白である。桀の具体的悪徳については、ここで物語を新たにデッチあげなければ、今の答えの中に引用できないのだ。何とか紂だけで答えをすまそうと、孟子の口調は力んでいるようだが、斉の宣王の立場なら、

「じゃあ桀王についてはどう説明する？」

と問いたくなる。しかし『孟子』の記述は、さきほどのところで切れてしまっている。『孟子』という書物の特徴は、孟子の勢いこんだ口調を記すと、そこで話を切ってしまい、あたかもその議論に孟子が勝利したかのような印象を残す点である。「こうであるに決まってるじゃないか！」で記事を止めてしまい、「でも、こういう場合は？」以下がないのである。『孟子』という書物は、『孟先生論争勝利集』を意図する

面がぬぐいがたくある。

『孟子』ばかりでなく、『荀子《じゅんし》』を見ても事情は変わらず、苦しさ一杯である。「桀は天の支持をすでに失った者だから、事実上、王ではない。だから臣下の湯が主君を殺したことにはならない」などと言うばかりである[*1]（正論篇）。孟子も荀子も儒家である。その儒家が尊重してやまない文献（『書経《しょきょう》』）に、「湯が桀を追放し、殺す」記事がある（仲虺之《ちゅうきし》誥篇《こうへん》）。この話は、君臣の信義を説く儒家にとって実に痛いのだ。孟子にしても荀子にしても、「なぜ湯は禅譲の形式を踏んでくれなかったのだ」と少しうらめしかったのではなかろうか。

湯は桀を追放し、殺したが、全く禅譲の形式をとらなかった。王朝の交代も、あけすけになったものである。でもこれは、表面上をとりつくろわなくなった分、外面だけ禅譲に見せる陰険さはなくなったわけである。そしてこれは同時に、ことさら禅譲を演出しなくても、自分たちへの天下の支持がゆらぐことはない、という自信に満ちあふれた王朝が誕生したことを意味する。おそらく司馬遷が言いたい歴史上のポイントは、こういうことなのであろう。

＊1　荀子のように言ったとしても、下位の者が上位の者を殺してもよいという証明には

ならない。また、これが親と子であったらどうするか。天命を失った親だから、親を殺したことにはならないとでも言うつもりなのか。そもそも天命を失ったことをどう客観的に証明できるのか。そういう天命を失った主君をつくってしまった臣下たちに責任はないのか。仮りに武力で迫っても、形式上は円満なかたちにするのが、『史記』も今まで書いてきた伝統である。このようにいかない場合は、双方の勢力がともに強い対立構造であったことを考えながら読むべきである。

四　殷王朝――甲骨文字で確認された王朝

殷王朝は、その実在が確認された王朝である。一八九九年、王懿栄《おういえい》とその食客劉《りゆう》鶚《がく》が、漢方薬として売られていた竜骨（竜の骨というのは実在しない。獣《けもの》の骨）の表面に文字を発見した。そしてこの竜骨を収集し、研究をはじめた。その結果、獣の骨ばかりでなく、亀の甲羅《こうら》にも文字を刻んであることがわかり、「甲骨文字《こうこつもじ》」と総称され、その後、多くの学者がこの解読・研究に従事し、そして『史記』殷本紀《いんほんぎ》に記されている王の名が、甲骨文字の記載とかなりの確率で一致していることがわかった。完全に一致しているのではなく、一致していても『史記』の順序とは違う即位順であったことが知られたりしたのだが、これによって、『史記』殷本紀はかなり正確なのだと評価が高まった。もちろん、甲骨文字の史料性の高さは疑いようもない。

しかし、『史記』の記事を読んでいくと、ある一定の流れに従って記されているだけで、どこか類型的である。夏王朝最後の桀王《けつおう》が無道の君であったので、殷の湯王《とうおう》がこれに代わり、やがて殷の最後の紂王《ちゆうおう》が無道の君であったので滅びた。これは、各王朝が滅ぼされるたびに繰り返されるパターンに過ぎない。そして司馬遷は、五帝から夏王朝へという移り変わりの流れの中で、すでにこのかたちを描いてしまっている。ひょっとすると、司馬遷は殷本紀を書きながら、あまり楽しく筆をすすめていなかったかもしれない。王朝の始まりに決まって登場する名君と名臣。王朝の末期に決まって登場する悪逆無道の君と忠義を貫かんとして悲劇の死をとげる諫臣《かんしん》。そして、その次の王朝の始まりにも決まって登場する名君と名臣。「歴史なんて、こんなものさ」とつぶやきながら、少し違った場所にある真実を書きこめる日を想像しながら、筆を動かしていたように思える。

16

湯王

殷王朝の成立

夏《か》の桀王《けつおう》を倒して天下を取った湯《とう》の勝因は何であったのか。この点に関しては、『孟子《もうし》』離婁篇《りろうへん》・上に「桀が天下万民の支持を失ったからだ」と言い、『荀子《じゅんし》』彊国篇《きょうこくへん》に、「桀は正義を棄《す》て、信義にそむいたからだ」と言う歯切れの悪い言葉があるだけで、これを逆にした「湯には正義と信義があり、天下の支持があったからだ」が勝因となる。実に抽象的な話である。『史記』殷本紀《いんほんぎ》の記事を見てみよう。

「殷の始祖契《せつ》は、簡狄《かんてき》を母として生まれた。簡狄は有娀氏《ゆうじゅうし》の娘で、帝嚳《ていこく》の側室であった。三人づれで水浴びに行ったところ、燕が卵を地上に落とした。簡狄はその卵を拾って呑んだところ、妊娠して契を生んだ。成長した契は、禹《う》の治水工事を助けて功績をあげ、帝舜《ていしゅん》から司徒《しと》に任命され、商《しょう》の地に封ぜられ、子氏《しし》という姓を賜った。契が世を去ると、子の昭明《しょうめい》が後を継ぎ、昭明の後をその子の相土《しょうど》、相土の後をその子の昌《しょう》若《じゃく》、昌若の後をその子の曹圉《そうぎょ》、曹圉の後をその子の冥《めい》、冥の後をその子の振《しん》、振の後をその子の微《び》、微の後をその子の報丁《ほうてい》、報丁の後をその子の報乙《ほういつ》、報乙の後をその子の報丙《ほうへい》、報丙の後をその子の主壬《しゅじん》、主壬の後をその子の主癸《しゅき》、主癸の後をその子の天《てん》乙《いつ》が継いだ。この天乙が成湯《せいとう》である。契から湯までの間に八回首都を移し、湯の代になって初めて帝嚳ゆかりの地亳《はく》に移り、『書経』に収められる「帝誥《ていこう》」（この篇は今日に伝わる『書経』の中にない）を作って帝嚳の霊に報告した。湯はこのあと諸侯を征伐したが、これは祭祀《さいし》を怠った葛伯《かつはく》の征伐が最初のものであった。湯はこう言った。『私は以前に言ったことがある。水に映して見ることで、人は自分を見ることができる。民衆の様子を見ることで、世の中が治まっているかどうかを見ることができる』と。名宰相の伊尹《いいん》が言った。『御聡明にあそばされますことよ。今の御言葉は民衆の心に染《し》み透《とお》り、正しき道がさらに先へと進みましょう。どうか国君として、民衆を子どものように可愛がってくださいませ。善をなす者は王に慕い寄り、官に就《つ》いて王をお助けするでありましょう』と。湯は言った。『諸侯どもよ。我が命令をつつしんで受けないならば、私は容赦なく罰を下し、絶対に赦《ゆる》さぬぞ』と。この時作られたのが、『書経』の湯征篇《とうせいへん》（これも今日に伝わる『書経』の中にない）である」

諸侯を武力で統制

司馬遷は、湯が桀を倒すより前に、自分の治める領域および亳に隣接する葛の地に対し、今のような行動をとっていたことを記している。夏《か》の帝啓《ていけい》の「甘誓《かんせい》（甘の地の

殷系図

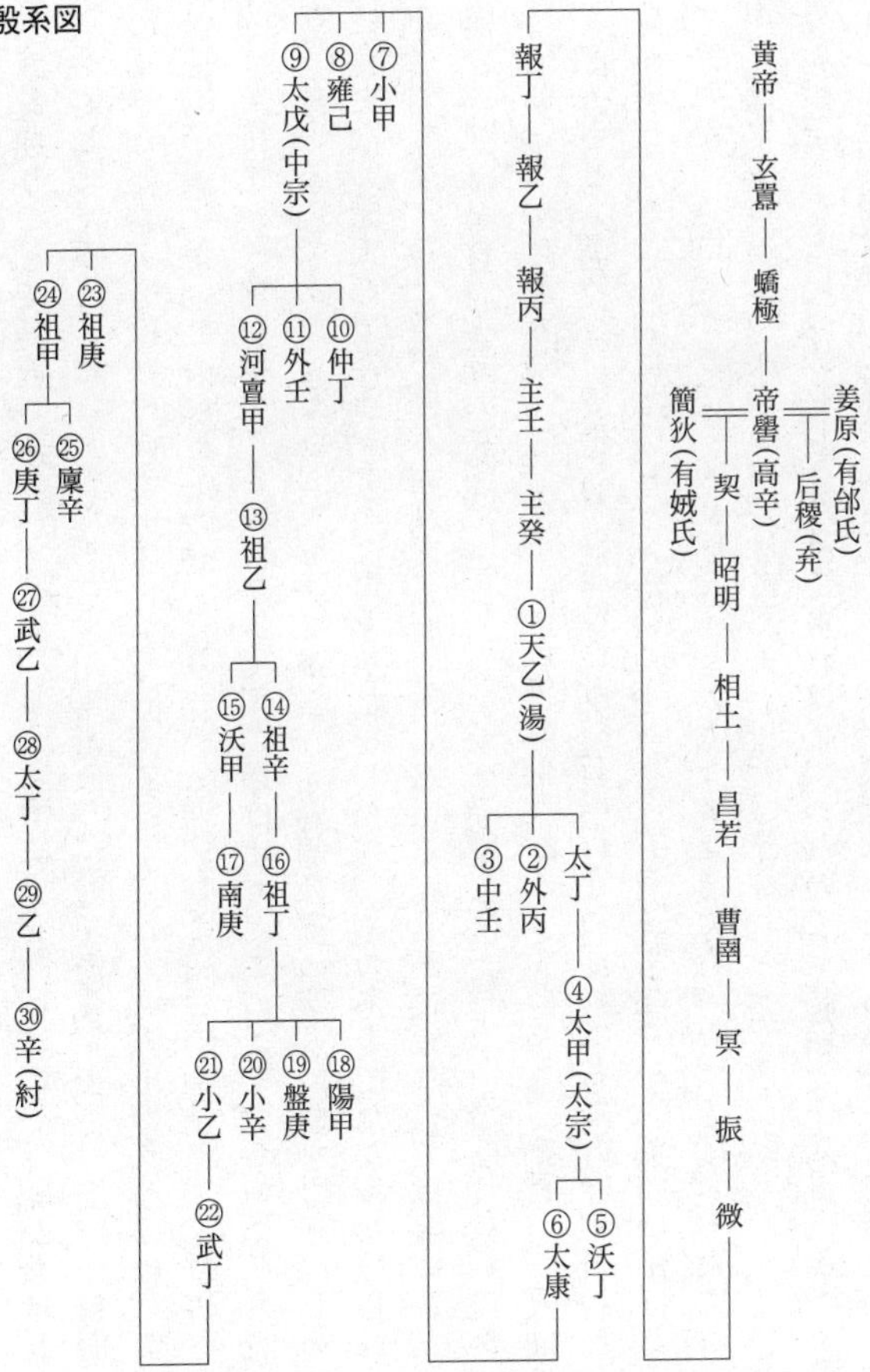

黄帝
玄囂
蟜極
帝嚳(高辛)
姜原(有部氏)
后稷(弃)
簡狄(有娀氏)
契
昭明
相土
昌若
曹圉
冥
振
微
報丁
報乙
報丙
主壬
主癸
①天乙(湯)
太丁
②外丙
③中壬
④太甲(太宗)
⑤沃丁
⑥太康
⑦小甲
⑧雍己
⑨太戊(中宗)
⑩仲丁
⑪外壬
⑫河亶甲
⑬祖乙
⑭祖辛
⑮沃甲
⑯祖丁
⑰南庚
⑱陽甲
⑲盤庚
⑳小辛
㉑小乙
㉒武丁
㉓祖庚
㉔祖甲
㉕廩辛
㉖庚丁
㉗武乙
㉘太丁
㉙乙
㉚辛(紂)

誓い)」と同様、武力をチラつかせて言うことを聴かせようとする態度である。これは示威を通りこして脅迫である。「おとなしく言うことを聴けばよし。聴かなければ攻めつぶしてやるぞ」と言うのだから。司馬遷は、正義・信義・天下の支持の裏側に、このような要素がへばりついていることを明記してみせた。「天下の支持」は、たとえ脅迫的手段によって得られたのだとしても、それを得た側は、「見よ、この私を熱狂的に支持する民衆の数を」と表現する。司馬遷はすでにこのことをハッキリと読者に教えているのである。そうしておいてから、司馬遷は湯の聖人ぶりを書きはじめる。実に食えない歴史家である。そんな書きかたをしたら、そのあとでたたみかけられる記事に対して、ことさら聖人ぶりをアピールしているとしか見えないではないか。

「湯は、猟師が野原で網を四面に張り、『天下の四方の獲物よ、みな我が網にかかれ』と祈っているのを見て、『ああ、それでは捕り尽くしてしまう』と言い、三面の網を撤去させ、『左に行きたければ左に行け。右に行きたければ右に行け。引っかかる愚か者だけ、この網にはいれ』と祈った。諸侯はこの話を聞いて、『湯の徳はここまで来たか。人間ばかりでなく禽獣《きんじゅう》にも恩がおよぶようになった』と嘆賞した」

司馬遷はさらにこの記事につづけて、

「夏の桀王はひどい政治をし、淫乱で荒れはてていたので、諸侯の一人昆吾氏《こんごし》が反乱を起こした。湯は武力で昆吾氏を倒すべく、諸侯を率いて立ちあがり、昆吾氏の征伐を終えると、桀の征伐にうつった」と記している。ここで引用される『書経』湯誓篇の「桀の罰を天に代わって糾《ただ》すのだ」という湯の言葉は、前に述べたように、「甘誓」の場合と同様、「私の今の宣言に従わなければ、容赦なく死刑に処するぞ」で結ばれる。湯は、こうしてひとまとまりになった諸侯を従え、桀を鳴条《めいじょう》で破った。桀の処置はここで繰り返すまでもあるまい。湯はその勢いに乗り、三㚇《さんそう》を討伐し、そこにあった宝玉をぶんどっている。むろん、諸侯の戦功への褒美とするためである。

以上のようにして湯はすべての諸侯を支配下に置き、位に即《つ》いた（殷の湯王と呼ぶ）。暦をあらため、官吏の序列を示す服の色を変え、朝議は昼間に行うことにし、制度も一新した。しかし、湯王の時代が決して完璧な安定政権でなかったことは、『荀子《じゅんし》』の富国篇や大略篇に、「湯王の時代に七年も旱《ひでり》がつづいた」とあり、天の祝福を受けて支配者になったにしては、はかばかしくない伝承があることで知られる。*1

＊1　『荀子』は儒家であるが、殷《いん》の湯王《とうおう》について賞賛ばかりしている書物ではない。が、よく考えてみると、孔子も『論語』の中で湯王礼賛に明け暮れするような姿ではない。周の文王や周公旦《しゅうこうたん》は、それこそ誉めちぎっているけれども。

17 伊尹

歴史に残る名宰相

湯王《とうおう》が殷《いん》王朝をひらいたのは、紀元前一五五〇年ぐらいであったかと考えられている。湯王は伊尹《いいん》を宰相として、理想的な国づくりをしていった。このことは、儒家の文献（『論語《ろんご》』『孟子《もうし》』『荀子《じゅんし》』など）ばかりではなく、『韓非子《かんぴし》』のような法家の書にも記されていて、伊尹をけなすような悪口は、まず聞こえてこない。歴史上の人物としては、『史記』の中に登場する屈原《くつげん》(59)、三国時代の諸葛亮《しょかつりょう》（字《あざな》は孔明《こうめい》）と並んで、賞賛ばかり受ける人物の代表格である。

「伊尹は、公平を保つことにちなんで阿衡《あこう》という官名を与えられた人物だが、湯王に採用してもらいたいと思ったものの、何のつてもなかった。そこで有辛氏《ゆうしんし》の娘が湯王に嫁入りをする際に、付き人の一人として鼎《かなえ》や俎《まないた》を背負って行き、うまい料理を作って、これをきっかけに湯王と話をし、用いられることになった。そして、湯の王道を完成させたのだが、別な伝えによると、伊尹は全く無位無官の人間であった。湯王は伊尹が賢者であると聞き、仲介役を伊尹のもとに派遣すること五回、伊尹はようやく出仕を承知した。伊尹は、徳は有れども位に即《つ》くことのない素王《そおう》のことや、古来の聖王たちのことを話した。すると、湯王は、『お前が我が国の政治にあたってくれ』と政務をゆだねようとした。伊尹は、それはごめんだと湯王のもとを去り、夏に行《か》った。しかし、夏王朝の政治を憎み、再び亳《はく》の地の湯王のもとへ帰った。この際、亳の北門からはいり、女鳩《じょきゅう》と女房《じょぼう》の二人の賢者に逢った」と。

そしてこのあと、伊尹は湯王に従い、夏の桀王《けつおう》を倒し、殷王朝をひらく。『史記』のこのへんの記述は、『書経《しょきょう》』各篇に従って書かれているが、今日に伝わる『書経』には存在しないものも混じっている。

伊尹の政治的働きは、湯王の時代においては、前節で見たような暦の改定、官吏の位に応じて着用する衣服の色の改定、朝議は昼のうちにすることにしたこと、が数えられるだけである。

伊尹の出自

ここまでの記述で気がつくことは、まず伊尹はいわゆる名家名族の出ではないということである。そういう出自《しゅつじ》であれば、湯王に対するつてが全くないということにはならないだろうから。つまり、伊尹はまず登場からしてシンデレラボーイであった。後世、伊尹に対して賞賛ばかりがなされるわけだが、そのうちの何割かは、「ああうらやましい。何て運がいいんだろう。自分にもそういう幸運がおとずれないだろうか」という、あこがれであろう。後世のいろいろな書物への引用も、「一介の料理係からの大出世」が特筆されている。

司馬遷が記したもうひとつの伝えによれば、伊尹は出仕をしたくないそぶりである。仲介役が五回も行ったり来たりしてようやく、という形は、三国時代の劉備《りゅうび》と諸葛孔明との「三顧《さんこ》の礼《れい》」の故事を連想させる。伊尹の場合のほうが回数が多いが、諸葛孔明の場合は劉備自身が足を運んでいるので、いい勝負といったところか。もっとも、古典の中に出てくる数字は必ずしも実数を指していないので、数字にばかりとらわれてはいけない場合が多い。いずれにせよ、劉備の「三顧の礼」は、この伊尹の故事の線上に位置している。賞賛のみがなされる伊尹と諸葛孔明に共通項があることは確かである。

「北門から亳の地に帰って来た」ことには、特別な意味、たとえば呪術的な「出もどりの場合には北から入らないといけない」といった意味はなさそうで、夏の都から見て亳は地理的に南に位置していたので、そうなったのだと考えられている。夏王朝自体実在したか、どこに都があったかは今のところ定まっていないし、実のところ亳の地理的位置も確定しているとは言いきれない。これ以上の追求はあまり意味がなかろう。

忠臣の裏側

次に伊尹の特徴的なことは、卑賤《ひせん》の地位から大出世したわけだから、彼には「自分は陰に身を隠し、表向きは湯を王位に即かせて、権力は自分がふるう」という匂いは薄い。ここにも、彼が歴代、賞賛のみに包まれる理由がありそうである。我が国に、藤原伊尹《ふじわらのこれただ》という人物がいるが、その名は伊尹にあやかってつけられたのであろう。藤原伊尹のほうは娘が冷泉《れいぜい》天皇の女御《にょうご》で花山《かざん》天皇の生母、彼は外戚《がいせき》として力をふるったが、伊尹は結婚式の料理係にすぎないので、外戚のような条件はまるでない。つまり、伊尹には「忠臣の鑑《かがみ》」という条件ばかりそろっているわけである。

疑問として残るのは、伊尹が料理係となってまで湯王に仕えたがった話と、何度も仲介役に足を運ばせ、ようやく出仕する話、一見正反対に見える話を並べて記した司馬遷の意図はどのへんにあるのだろうか、ということである。これは「自分の真意をわざと反対の表現をして伝える呼吸」で説明できそうである。一度湯王のもとを去って夏に行ったのは、これから倒すべき夏に対する敵状視察ではなかったか。「あれなら倒せますよ」と。

18 太甲の追放と復帰

目的が善なら王追放も可？

卑賤《ひせん》の身分から大出世をはたし、その後も臣下として忠節をつらぬいた伊尹《いいん》であるが、やがて王者の代替わりを迎え、それまでは補佐の臣であればよかったものが、新たな王者の後見人のような立場になる。その時、いいチャンスだとばかりに、まだ幼い王をあやつって、やりたい放題のことをするという悪の道があるわけだが、伊尹はそのようなことはしなかった。しかし、何の変化もないままでもなかった。

『史記』殷本紀《いんほんぎ》は次のように言う。

「湯王《とうおう》が世を去った。世嗣に決まっていた太丁《たいてい》は、王位を継承する前に世を去ってしまったので、太丁の弟の外丙《がいへい》が立った。これを帝外丙と呼ぶ。外丙は位に即いて三年で世を去った。そこで外丙の弟中壬《ちゅうじん》を立てた。これが帝中壬である。中壬は即位して四年で世を去った。伊尹は太丁の子（湯王の孫）の太甲《たいこう》を立てた。太甲は湯王の正嫡の孫である。これを帝太甲と呼ぶ。伊尹は「伊訓《いくん》」「肆命《しめい》」「徂后《そこう》」を作って、太甲に政道を教えた。ところが太甲は三年もすると、暴虐の王と化し、湯王の手法を無視した。そこで伊尹は桐宮《とうきゅう》の地に太甲を追放して監視し、三年間、反省させた。その間、政治は伊尹が代行し、あい変わらず諸侯は殷王朝を敬《うやま》い、参朝した。太甲は桐宮に暮らすこと三年、みずからの過《あやま》ちを悔《く》い、善人にもどった。伊尹は太甲を桐宮から迎え、再び王として政治にあたらせた。太甲は徳を修め、諸侯もみな殷に帰服し、天下万民も安楽に暮らせた。伊尹はこれを祝福して「太甲訓」三篇を作り、太甲を誉めて太宗《たいそう》と呼んだ。太宗が世を去ると、その子の沃丁《よくてい》が後を継いだ。この沃丁の時代に、伊尹は世を去った。伊尹は亳《はく》の地に葬られた」

伊尹は、太甲が悔い改めるまで、三年間とは言え、自分が臣下として仕える立場にありながら、主君を投獄したようなものである。この「臣下の立場にありながら」というのが、やっかいな点で、太甲を王位に復帰させたからよいようなものの、「臣下がそこまでやっていいの？」と問われると、なかなか説明は苦しい。『孟子《もうし》』尽心《じんしん》篇《へん》・上で孟子は、「伊尹のように、あくまでも一時的な『教育的指導』であればいいけれども、そうでなければ国を簒《うば》う行為である」と言わざるを得なくなっている。しかし、こういう言いかたをしても、「伊尹のように国を奪う気がないのであれば、臣下はかなりのことをやってもいいのか？」という問題がすぐ次に来る。「ここからここまでなら」と線を引けるような問題ではないのだ。今の太甲の場合、彼を王位に即かしめたのは、伊尹自身ではないのか。そもそものようなダメな人物を王に立てた責任はどこに行くのであろうか。

後世の悪しき例に

そうしたことには、あえて目をつぶるとしても、さらに大きな歴史上の問題がある。もし、臣下たちが、帝王に対する「教育的指導」あるいは「処分」をする際に「我々臣下一同は、古《いにしえ》の名臣伊尹のやりかたにならって、ダメな王を指導（あるいは処分）するのである」と称したらどうするのか。事実上は、臣下たちが勝手なことを行いながらも、表向きの名分だけは立ってしまう。伊尹は、歴史上のこうしたやりかたに対し、かっこうの「御手本」を示したことになる。

たとえば、実際、前漢《ぜんかん》時代にこんな例がある。霍光《かくこう》は帝位に在《あ》る劉賀《りゅうが》を、「淫乱な行いがひどい」として帝位からひきずりおろし、昌邑王《しょうゆうおう》に格下げしている。この霍光の例にならうのだとして、後漢《ごかん》の末に董卓《とうたく》が皇帝の廃立を強行している。伊尹はこうした場合の、一定のレールを敷いてしまったと言うこともできるだろう。そもそも湯王が殷王朝をひらいた当初は、「禅譲《ぜんじょう》」の形式を採らず、

「悪い桀王は滅ぼした。さあ、我々の時代だ」

と、あからさまにやっても、天下は言うことを聴くという自信にあふれていたはずである。ところが、それを代々「世襲」してゆくことはむずかしい。世嗣の太子が湯

王の後を継いで即位するまえに死んでしまったことや、その後を継いだ者たちが、わずか三年（外丙）、四年（中壬）で次々に死ぬことから見て、その後の太甲が立つにあたっては、何らかの陰謀があってもおかしくなさそうである。しかし、『史記』からは、そうした「裏側」はうかがえない。これまで司馬遷は、さまざまな筆づかいによって、いろいろなことをほのめかしていたけれども、伊尹に関してはそうしたことをうかがわせない。伊尹は名臣である、とのみ意識的に書こうとしているようである。司馬遷は、みずからの記す歴史の内容が、後世の人々への教訓となりうるようにと、意識していたのかもしれない。帝王と臣下とは、このようにうるわしい関係であるべきだ、と。

いろいろなことを疑う唐《とう》の歴史家劉知幾《りゅうちき》も、「名臣伊尹」については、ベタ誉めの状態である。しかし、劉知幾は、『竹書紀年《ちくしょきねん》』という書物に、「伊尹は、帝太甲を桐宮に追放して、自分が王位に即いた。帝太甲はひそかに桐宮を脱け出し、伊尹を殺した」と記されていることを指摘している（『史通《しつう》』疑古篇）。

19 殷の中興

伊陟・巫咸の補佐

伊尹《いいん》と太甲《たいこう》が、『史記』殷本紀《いんほんぎ》に記すような「理想的な関係」であったか、『竹書紀《ちくしょき》年《ねん》』に記すような「乗っ取りと復讐」の物語であったか、決定的な証拠は、今日となっては挙げられない。仮りに前者が真実であったとしても、その当時、「伊尹は帝太甲の身柄を桐宮《とうきゅう》に移して、反省を求めたなんて言っているけど、あれは嘘だぜ。とっくに帝太甲は殺されちゃっているんだ」といった噂は囁《ささや》かれたであろう。このような噂が、どこかに記録されたり、あるいは深く記憶され、伝承されれば、いつでも『竹書紀年』に記されるような物語は出来あがりそうだ。

しかし、いずれにせよ、太甲の代で殷王朝が滅亡したわけではなく、まだ命脈《めいみゃく》を保っていた。伊尹が沃丁《よくてい》の時に世を去り、亳《はく》の地に葬られたその先の記事を見ていこう。

沃丁が世を去った。その弟の太康《たいこう》が後を継いだ。これが帝太康である。太康が世を去ると、その子の小甲《しょうこう》が立った。小甲が世を去ると、その弟の雍己《ようき》が立った。雍己の時代になると、殷の権威は衰え、諸侯の中には殷を軽く視《み》て参朝しない者がいるようになった。雍己が世を去ると、その弟の太戊《たいぼう》が立った。太戊が立った時、補佐の臣（相）となったのは伊陟《いちょく》であった。太戊の時代、亳の地に怪事件が起きた。桑の木と穀《こうぞ》の木が抱き合うようにして生え、一夜にして両手でかかえるほどの太さに生長した。しかも、その場所は朝廷の前庭なのである。懼《おそ》れおののいた太戊は、伊陟に「どうすればよいか」とたずねた。伊陟はこう答えた。

「わたくしが聞くところによりますと、妖異が徳に勝つことはないはずであります。政治に何か欠けた点があるので、かのようなものが出現したのではないでしょうか。どうか徳をお修めください」

太戊はこれに従い、徳をみがかんとつとめた。すると、怪しい桑と穀は枯れて消滅した。

伊陟は巫咸《ふかん》（ここでは殷王朝の臣。『楚辞《そじ》』の離騒《りそう》には、巫咸という同じ名前の占師が出てくる）を誉めたたえ、「巫咸が努力して王家を治め、実績をあげた」と言うと、「咸《かん》艾《がい》」「太戊」の二篇を作った。太戊は伊陟の功を評価し、代々の祖を祀《まつ》る廟《びょう》に対し、「伊陟はもはや臣下ではないので、国政をゆだねたい」と報告した。伊陟はへりくだり、辞退して「原命《げんめい》」を作った。こうして殷は権威を盛りかえし、諸侯はすべて殷に帰服するようになった。太戊は殷を中興したので、中宗《ちゅうそう》と呼ばれた。

中興とは、王朝が代々受け継がれるその途中にあって、落ちかけた権威をとりもどす役割を果たした人物について、「中興の主」とか「中興の祖」などと呼ぶもので、歴史上、お決まりのように記される。実際そのような政権のトップの座ばかりでなく、長くその生業を受け継いでいる家系にも、

「ただ先祖からやってきたことを繰り返しているだけじゃ、だめだ」

と新風を吹きこみ、がんばる者が出てくるのは当然のことかもしれないから、「中興の主」は、歴史家がパターンとして書くからそうなるのだとも言いがたい。しかし、中興はあくまでも王朝の存続のほうが前提条件である。王朝の世襲がその後も続いていくのでなければ、世襲以前の歴史と同じように、「徳の有る者が代わって立つ」ことの繰り返しになる。

さて、ここに登場した伊陟は、前節の伊尹の子孫だと古来考えられている。つまり、殷王朝が帝太戊によって中興したのに対応するように、伊尹の家系も伊陟の代に中興したということである。君臣一体の感が深い。

徳を修めれば国は治まるのか

しかし、話としては非常に漠然としていて、なぜ桑と穀《こうぞ》の木が抱き合わなくてはならないのか、古来はっきりとした説明はない。ほかの木、たとえば松と梅ではなぜいけないのか。よくわからない。呂不韋《りょふい》(65)が編纂させた『呂氏春秋《りょししゅんじゅう》』本味の条に、

伊尹は空桑（中がうろになった桑）から生まれたという伝説がある。これと何らかの関係があるのか。そして、徳を修めたことによって、桑と穀は枯れて消滅した。一夜にして両手でかかえる太さに生長したのも不可思議なら、具体的にどういうことをしたのが「徳を修める」ことなのか、一切記事がないのに、桑と穀は枯れて消滅した。「どうやったら立派な成果があげられますか」の問いに、ただ「努力です」とだけ答えたようなもので、「何をどうすればいいのですか」については何もわからない答えである。

実は、この話には、別の伝えがあり、後漢《ごかん》の班固《はんこ》の『漢書《かんじょ》』五行志《ごぎょうし》には、この事件は同じ殷王朝でも、次節で触れる武丁《ぶてい》の時に起こったことだと伝えている。班固は司馬遷より百年以上ものちの人だから、『史記』を読む際には、無視することもできなくはないかもしれないが、『呂氏春秋』季夏紀《きかき》・制楽《せいがく》には、この怪事件は湯王の時のこととされている。もしそうだとすれば、妖しい桑と穀ではなく、太戊の中興のほうが消滅してしまうことになる。ちょっと用いる史料を変えるだけでこんなことが起きる。

歴史とは何とあやういものなのだろう。

20 武丁と傅説

国の復興に名臣あり

太戊《たいぼう》（中宗《ちゅうそう》）によって殷《いん》王朝は持ちなおしたが、そのまま盛運を維持できたわけではなかった。しばらく、良くなったり悪くなったりを繰り返す。

「中宗が世を去ると、その子の仲丁《ちゅうてい》が立った。仲丁は隞《ごう》の地に都を遷《うつ》した。仲丁の弟の一人河亶甲《かたんこう》は相《しょう》に住んでいた。この仲丁に関しては、『書経《しょきょう》』に伝えが欠けていて十分ではない。仲丁が世を去ると、弟の一人外壬《がいじん》が立った。外壬が世を去ると、河亶甲が立った。この河亶甲の時、相の地に都を遷し殷はまた権威が衰えた。河亶甲が世を去ると、その子の祖乙《そいつ》が立ち、邢《こう》（耿）に都を遷し、殷の権威は回復した。実はこの時、巫賢《ふけん》が国政を補佐したのであった。祖乙が世を去ると、その子の祖辛《そしん》が立ち、祖辛が世を去ると、その弟の沃甲《よくこう》が立った。沃甲が世を去ると、その兄である、先代の祖辛の子の祖丁《そてい》が立ち、祖丁が世を去ると、今度は沃甲の子の南庚《なんこう》が立ち、南庚が世を去ると、祖丁の子の陽甲《ようこう》が立った。この時、殷の権威は衰えた。ふりかえってみれば、仲丁以来、正式の嫡男を廃して、弟の家系の中でその子を立てあったりしたのだ。そうした弟や子がそれぞれ後継の座を争い、かわるがわる立ち、九代にわたって乱れた。そういう状態であったから、天下の諸侯はみな参朝しなくなってしまった」

衰えてはまた盛りかえす系譜を見ると、その中に「盛りかえす時代には名臣がいる」という図式がある。「中興」の太戊の時には伊陟《いちょく》と巫咸《ふかん》が、祖乙の時には巫賢がいた。この図式を、「帝王が無能でも、補佐の臣が有能ならば国の権威は保たれる」と読むべきか、「有能な臣下を見出だし、その能力を生かす名君があっての話だ」と読むべきかは微妙なので、個々の場合について、そのつど吟味する必要がある。このあとの記述を追うと、

「陽甲が世を去ると、その弟の盤庚《ばんこう》が立った。盤庚は湯王《とうおう》が都としていた西亳《せいはく》の地へと都を遷した。殷は湯王のとき南亳から西亳へ、仲丁のとき西亳から隞へ、河亶甲のとき隞から相へ、祖乙のとき相から邢（耿とも書かれる）へ、盤庚のとき邢（耿）から西亳へと五回の遷都を行い、安定した感じがなかったので、民衆は怨《うら》み嘆《なげ》いて遷りたがらなかったが、盤庚が告諭を行って遷都を敢行したところ、殷の権威は復興し、はじめは反対していた人民も喜び、諸侯も参朝するようになった。湯王と同じ土地で、湯王と同じ政治を行ったからである。盤庚のあと、弟の小辛《しょうしん》が立ったが、殷の権威はまた衰え、人民は盤庚の時代をなつかしがった。小辛が世を去ると、弟の小乙《しょういつ》が立ち、小乙のあとは、その子の武丁《ぶてい》が立った」

武丁の時代

衰退と復興の繰り返しの中、盤庚は遷都して湯王風の政治で盛りかえした。しかし、次の帝小辛はまたダメで、二代はつづかなかったらしい。そして、武丁の代を迎える。

「武丁は、殷の権威を取りもどしたいと積極的に考えていたが、補佐の臣に頼むべき者がいない。三年間、政治に口を出さずにがまんしていたが、ある夜、夢に説《えつ》という名の聖人を見た。しかし、すべての臣下の中に、夢で見た聖人の姿はなかった。そこで人相書をつくり、全国にその姿を探し求めたところ、傅巖《ふがん》で道路の工事をしていた囚人の中に、説という者がいるとの報告があった。帝武丁はその囚人を召し寄せ、一目見て、『まちがいない。彼だ』と言うと、囚人と話をし、確信を深めた。そこで彼を百官の長に抜擢した。殷国は天下太平の時代となった。そこで、傅巖にいたことにちなんで、傅を姓とし、傅説《ふえつ》と呼んだ」

ここでも補佐の名臣は国の復興に不可欠であった。武丁自身も自覚のある王であった。

「武丁が湯王の祭りを行ったところ、飛来した雉《きじ》が鼎《かなえ》の耳に止まり、クーと鳴いた。武丁は、悪い知らせかと懼《おそ》れた。祖己《そき》が、

『御心配にはおよびません。まず政治にはげまれますよう。天は、王者が不徳の者で

あると、災害をくだし、警告を与え、あるいは罰するのであります。しかし、王は民衆を幸せにしておられます。でも、何か反省するべき点があるのを見落としてはいないか、礼を失してはいないか、妖異の原因を作ってしまってはいないか、御注意あそばされますよう』

と言った。武丁はますます注意深く政治を行い、民衆に恵みを与えた。天下は大歓迎し、殷の権威は復興した」

傅説を得て太平の世を実現したのだから、祖己の話で「殷の権威が復興した」というのはダブりのようである。が、これは武丁が積極的に「殷を復興しよう」「幸せな世の中をつくろう」とする志を持った王であったことを、念を押しているわけである。やはり、司馬遷の立場は、名臣だけがいてもダメで、志のある王者の存在があって、はじめて世の中は良くなるのだという考え方を支持しているのだろう。

しかし、司馬遷は、武丁と傅説の事績について、今まで紹介した以上には何の具体的な事も書いていない。理念あるいは理想とは常に抽象的なものであるからか。

21 無道の王武乙

滅びに向かう殷王朝

殷《いん》王朝はその後、衰退の一途をたどる。『史記』殷本紀《いんほんぎ》の記すところによれば、前節の武丁《ぶてい》が殷王朝の最後の栄光をはなったのを一期とし、あとは滅亡への道をひた走りはじめる。

「武丁が世を去ると、その子の祖庚《そこう》が立った。武丁時代の功臣祖己《そき》は、鼎《かなえ》の耳に雉《きじ》が止まって鳴いたのをキッカケとして、武丁が徳を修め、殷の権威を取りもどしたことを記念して廟《びょう》を建て、「高宗《こうそう》」の称号を追贈した。そのことを表現したのが『書経《しょきょう》』の「高宗肜日篇《ゆうじつへん》」である（この篇は現存する。肜は祭りの翌日の祭り）。祖庚が世を去ると、その弟の祖甲《そこう》が立った。祖甲は淫乱で、殷の権威はまた衰えてしまった。祖甲が世を去ると、子の廩辛《りんしん》が立ち、廩辛が世を去ると、弟の庚丁《こうてい》が立ち、庚丁が世を去ると、子の武乙《ぶいつ》が立ち、殷はまたも亳《はく》の地から黄河《こうが》の北に都を遷《うつ》した」

司馬遷は、『史記』を著すにあたって、考古学的史料は使わず、もっぱら『書経』を中心とした文献史料を用いていた。この殷本紀の末尾に「太史《たいし》公曰《こういわ》く」として、

「湯王以来の殷の歴史は、『書経』と『詩経《しきょう》』に材を採って記した」と明記している。今日までのところ、考古学方面の史料として、前節の武丁より後の「甲骨文《こうこつぶん》」「金文《きんぶん》」が発見されている。これらの出土史料によって、殷代の祭祀《さいし》や占いのようすが知られるのだが、そこから浮かびあがる殷王朝の王たちのようすと、司馬遷の筆が奏《かな》ではじめた「滅亡への序曲」との間には、かなりの差がある。司馬遷は、ある程度意識的にこの「滅亡への序曲」を演奏しはじめているらしい。「滅亡にいたったのには、わけがあるのだ」と言いたいらしいのである。殷のあと、天下を取る周《しゅう》王朝を賛美する文献史料が山のように存在していたのだから、[*1] それらに依って歴史を記述すれば、当然そうなるのであろう。

「武乙は無道の君であった。人形を作り、これを天神《てんしん》（天にいる神）だということにし、この人形を相手に双六《すごろく》をし、人形に介添人を立てて采《さい》をふらせ、駒を進めさせた。そして、天神が負けると、罵《ののし》り、バカにして喜んだ。さらに、革（なめしがわ）で嚢《ふくろ》を作り、中に動物の血をいれて高い所につるし、『天を射るのだ』と称して、矢を射るということまでやった。武乙はある日、黄河《こうが》と渭水《いすい》の間で狩りをしたが、急に空が曇って落雷がおこり、武乙は雷に打たれて死んだ。その子の太丁《たいてい》（甲骨文によると文《ぶん》丁《てい》。湯王の子で、王位継承前に死去した太丁がいるので、文丁のほうが正しいのだろう）が立ち、次には子の乙《いつ》が立ったが、殷の権威はひたすら衰える一方であった。乙の長男は微子《びし》啓《けい》、しかし、啓の母親は出身が卑賤であったので、乙の後を継ぐことができず、末っ子の辛《しん》が後を継いだ。辛の母は正夫人であった。この辛のことを天下の人々は紂《ちゅう》と呼んだ」

武乙はそれほどの暴君か

ここまでくれば、司馬遷による殷王朝滅亡への序曲は、すでに序曲ではなくフィナーレに向かって一直線に進んでいることがわかる。殷は紂王の時に滅亡する。滅亡時に政権の頂点に立っていた者が、あとで浴びせられる罵声《ばせい》については、いたしかたなしという面があろうが、武乙も相当のことをやったと描かれている。しかし、武乙は本当にそれほどのことをやった人物なのであろうか。甲骨文史料からは、天に対して侮辱を与えているどころか、反対に、広く天地自然を祀《まつ》っている王であったことが知られている。殷王朝は、祖甲の時代に、それまでの祭祀のやり方を変え、祖先についてばかり祀り、天地自然の神を祀らなくなっていたらしい（彼はさきほど、淫乱で殷の権威を落とした王とされていた）。そして、武乙の時代になると、反対に、祖先の祭祀のほうが影をひそめてしまい、天地自然の神の祭祀が復活し、こちらが中心となっている。『史記』の言うこととはまるで違う。このような武乙が、さきほどのようなことをする人物だとは、考えにくい。「祖先の祭祀をかろんじた点がとがめられているのだ」とも考えにくい。やはり祖甲は祭祀を祖先中心に切り替えた王なのに、淫乱で殷の権威を落としたと悪く書かれているからだ。となると、司馬遷は、甲骨文などの史料については、見ることがなかったと考えておくほうが良さそうである。

また、甲骨文史料によれば、武乙は遷都していない。『史記』のほうが間違いのようである。さらに、「天を射る」ことは、『戦国策』宋策《そうさく》には、宋の康王《こうおう》のこととして伝えられている。実は、『史記』も「宋微子世家（微子はさきほど登場した微子啓）」の巻で、宋国滅亡の君主の子偃《しえん》（康王と同じ人物）の条で、武乙と全く同じ事を書いている。これは、武乙と子偃が同じことをやったのではなく、『旧約聖書』の「創世記」に登場する狩人ニムロド（ニムロデとも）にまつわるメソポタミア地方の民間伝説が中国に伝わったものだとするアンリ＝マスペロの説がある。この説の当否は別として、その国に固有の話だと思っていることが、案外、世界各地に広く分布している可能性のあることは忘れてはなるまい。

＊1　『書経』『詩経』をはじめ、『論語』『孟子《もうし》』『荀子《じゅんし》』のような儒教の書物は、いずれもそういう内容を持っている。

22 紂王の悪逆

桀とならぶ暴君

ついに殷《いん》王朝は滅亡の時を迎え、夏《か》の桀王《けつおう》とひとまとめにして「桀紂《けっちゅう》」と呼ばれる悪逆無道の王、紂の時代となった。司馬遷はこの紂王の悪い点を描き、「何ゆえに殷王朝が滅びたのか」を明らかにしようとしているが、紂王の美点を書くことを忘れてはいない。

「紂は生まれつき頭が良くて弁舌にすぐれ、見聞した物事について英敏な判断をくだした。才能ばかりでなく体力も並みはずれていて、猛獣と素手で格闘して捩《ね》じふせることができた。知恵はいかなる諫《いさ》めの言葉に対しても堂々の反論をして押しきれたし、言葉たくみに己《おのれ》の非を言いつくろうことなど朝飯前であったから、臣下一同に対して、おのれの才能を誇り、天下中自分の評判でいっぱいのはずだと驕《おご》り高ぶっていた。そして、「天下で一番すぐれた人間は、この私だ」と考えていた。紂王は酒好きで淫乱で、美しい婦人とたわむれ、中でも妲己《だっき》を寵愛《ちょうあい》して、彼女の言うことは何でも聞いてやった。師涓《しけん》に命じて、新しく淫《みだ》らな曲北里《ほくり》の舞《まい》、靡靡《びび》の楽《がく》を作らせた。税を重くして鹿台《ろくだい》に銭を集め、鉅橋《きょきょう》に米などを貯え、犬、馬をはじめとして、天下から珍しい器物を集めて宮殿を宝物館のようにしてしまい、沙丘《さきゅう》に以前からあった宮殿を増築拡大して、こちらには野獣・野鳥の自然動物園を作った。鬼神に対しては全くバカにし、沙丘に臣下を集めて遊びたわむれた。池をつくって、そこに水ではなく酒を満たし、木々に肉をつるしてジャングルのようにし（これを酒池《しゅち》肉林《にくりん》という）、裸の男女にそこで追いかけっこをさせて喜んだ。宴会は昼夜の区別なく、ひとたび催されれば、いつ果てるとも知れぬありさまであった。人民は怨《うら》みながらこの様子をながめ、諸侯は参朝しないだけにとどまらず、公然と反旗をひるがえしはじめた。すると紂王は、すでに重かった刑罰の規定をさらに苛酷なものにし、ついに「炮烙《ほうらく》の刑《けい》」まであらわれた」。この炮烙の刑とは、炭火をカンカンにおこした上に、油を塗った銅の柱をわたして、この柱の上を歩かせ、罪人がすべり落ちて焼け死ぬのをながめるという残酷なものである。

忠臣を粛清

そんな紂王に、三公と呼ばれる補佐の重臣がいた。九侯《きゅうこう》・鄂侯《がくこう》・西伯昌《せいはくしょう》（姫昌《きしょう》）の三人である。九侯には美人の娘がいたので、紂王はその娘をほしがった。しかし娘は淫乱なことが嫌いで、紂王を拒否した。怒った紂王は、その娘を殺し、ついでに九侯も殺して遺体を塩漬けにした。鄂侯は紂王を強く諫め、びしびしと悪事を指摘したので、紂王は鄂侯を殺し、乾《ほ》し肉《にく》にした。西伯昌は、あまりのひどさに、溜め息をついた。これを崇侯虎《しゅうこうこ》なる者が紂王に告げ口し、紂王は西伯昌を羑里《ゆうり》に閉じこめた。西伯昌の臣閎夭《こうよう》とその一党の者が、美女・奇宝・名馬を探し求めて紂王に献じ、西伯昌は釈放された。西伯昌は洛水《らくすい》の西側の領土を紂王に献じ、「どうか炮烙の刑だけは廃止してください」と訴えた。紂王は許可し、あらためて軍権委任のしるしである斧《ふ》・鉞《えつ》（まさかり）を与え、征伐の任にあたらせた。姫昌は実はこの時から「西伯（西の伯爵の）昌」と呼ばれるようになったのである。

西伯昌が軍を担当するようになったことで、三公は一人もいなくなってしまった。そこで、紂王は費中《ひちゅう》に内政を担当させた。この費中は諂《へつら》いがうまく、自分の利益しか考えない人間であったので、殷の民衆は費中に支持を寄せなかった。紂王は別に悪来《あくらい》を用いたが、悪来は人の悪口ばかりを言う人間だったので、諸侯はますます殷王朝を見放すようになっていった。西伯昌は紂王とは反対に、黙って己《おのれ》の徳を修め、善行にはげんだ。諸侯の多くは殷を見限り、西伯昌を盛りたてようと傘下《さんか》に集って来たので、西伯昌の勢力は拡大する一方で、紂王はこうして権威を失ってしまったのである。紂王は王子の比干《ひかん》が諫めても聴かず、人々が親愛する賢者商容《しょうよう》も罷免してしまった。殷の臣で西伯昌の強大化を心配した祖伊《そい》が、急いで紂王に訴えた。

「わが殷朝の天命は、今まさに尽きようとしております。明智の者の観察にも、亀の甲の占いにも、吉兆は出ません。これは先祖代々の王の御魂《みたま》が助けを与えてくれないためではなく、王御自身が淫虐であるために、みずから天命を断ち切らんとしておられるためであります。今や、人民どもは口々に、『どうして天はこの国を罰してくださらないのか。どうしてこの国を滅ぼしてはくださらないのか』と言っております。王よ、どうなさるおつもりですか」

するとて紂王は、

「こういう性質の私を生んだのも天ではないか。私が私のやりたいように生きてゆくことこそ、天の望みに称《かな》うはずだ」

と答えた。なるほど理屈ではある。まさに諫めの言葉にも反論をして押しきる実例である。祖伊は退出してから、

「紂には何を言ってもムダだ」

と言うのだった。

司馬遷は、紂は武乙と違い、天にも天下にも万民にもそむいたので武乙よりもひどく、国を滅ぼすことになったのだ、と言いたいらしい。

23 微子と箕子と比干

逃げた微子

『史記』殷本紀《いんほんぎ》によれば、紂王《ちゅうおう》は、西伯昌《せいはくしょう》のもとに結集した大勢力が、「紂、討つべし」と動きはじめたにもかかわらず、淫楽にふけるばかりであった。この時期における人間の生きかたについて、司馬遷は抜かりなく描いている。紂王（辛《しん》）は先代乙《いつ》の末っ子であった。[*1] 乙の長男でありながら王位を継げなかった微子啓《びしけい》はどうしたか。

微子啓は、祖伊《そい》と同じように、「紂には何を言ってもムダだ」と思っていたが、自分の生きかたとして、殷王朝に殉《じゅん》じて死のうか、それとも逃げて生きながらえる道を選ぼうか、迷っていた。そこで微子啓は、太師《たいし》、少師《しょうし》に相談することにした。太師が答えるには、

「天はいよいよ殷に災いを下し、滅ぼさんとしておられます。しかし、紂にへばりついている者どもは、天の威光をおそれることもなければ、徳の有る長者や経験の豊かな老人の言うことに耳を傾け、教えを受けようともいたしません。今や、神々への祭祀《さいし》も、心をこめて行われるわけではありません。今、あなたが仮りにこの国を治める

立場を得られ、あなたの努力によって、この国が良い方向に向かって行けるのであれば、そのために命をささげられたとしても、恨みはなかろうと存じます。しかし、もしあなたが命を捨てても、結局はこの国が立ちなおることが無いのであれば、この国を去られ、命を全うされるのがよろしいのではないでしょうか」と。微子啓はこの言葉によって、殷から逃亡したのであった（『史記』殷本紀。宋微子世家）。微子啓には、自分も先代帝乙の子なのだという自覚と責任感もあったのだろう。それに、もし紂王とその取り巻きグループだけが滅ぼされることになれば、自分の出番もあるかもしれない。この意味からも、国を離れにくいものがあったろう。はたから見ていて、「さっさと逃げてしまえばいいじゃないか」と判断できるほどには、歴史上の人物も気楽ではない。

残った箕子と比干

次に、同じ殷の一族である箕子《きし》はどうしたか。箕子は、紂王が象牙《ぞうげ》の箸《はし》を作った時点で、紂王と殷王朝の命運が尽きゆくことを知り、「彼（紂王）は、象牙の箸を作った。次には玉《ぎょく》の杯がほしくなるに決まっている。玉の杯を作れば、次には遠い所から珍菓を運ばせて食べたくなるに決まっている。そうなれば馬車を贅沢《ぜいたく》に飾り、次には宮殿を壮麗にしたくなるに決まっている。こんなことを始めたら、もう終わりだ」

と嘆いた。しかし、箕子は諌《いさ》めた。もちろん、紂は聴かない。「この国を去られるべきです」

と人から勧められたが、箕子は、

「私は臣下なのだ。自分の諌めが聴かれないからといって、国を去るのは、王が悪者であることを天下に表明し、自分は、この国を倒そうとする敵側の人々から歓呼を受ける、そういう行為にほかならない。私にはとてもそんなことはできない」

と言うと、髪をバラバラにふり乱し、平静を失ったふりをして政界から離れ、奴隷に身を落とし、やがて彼がどこへ行ったか、知る者がいなくなった。*2 そのあと彼は琴をひき、悲しげな曲を作った。その曲は、「箕子操《きしそう》」として伝わった。「箕子操」とは「箕子の操《みさお》」、すなわち彼なりの忠義のあらわしかたという意味である。

微子は紂王が倒されると、周の武王に降《くだ》り、もとの職分に復帰するものの、その後は政治的に利用されることとなる。「周王朝はすばらしい王朝で、微子のような人を殺したりせず、優遇している」という宣伝に使われた。箕子も再び姿を現し、周の武王によって朝鮮に封地を与えられる。その後、帰って来て殷の廃墟に立ちつくし、またも嘆きの歌（麦秋《ばくしゅう》の歌）を作る。

心臓をえぐりだされた比干

もう一人、殷の一族の王子比干《ひかん》はどうしたか。彼は、箕子が奴隷に身を落とすのを見て、心を決めた。

「王の過ちは、死を賭《か》けて諫めるべきだ。なぜなら、王の過ちによって苦しむのは罪もない人民なのだから」

そして彼はその諫めを実行した。紂王は怒り、

「聖人の心臓には穴が七つあるとのことだ。お前ならそうに違いない。確認させてもらおう」

と言って比干を殺し、心臓を調べた。

微子と箕子と比干は三者三様の姿を見せている。「逃亡」と「隠遁《いんとん》」と「死」である。この三つのパターンは、王朝滅亡時ばかりでなく、ここに「順応」と「抵抗」を加えれば、その後の歴史上、いつでも見られる姿がそろう。

ところで、武乙の場合のように、甲骨文史料が示す紂王の姿は、いかがだろうか。紂王時代は、天地自然の神への祭祀《さいし》ではなく、祖先の霊へのきわめて厳格な祭祀が、一年を通して行われていたことが知られている。さらに東南方面への持続的遠征を行ってもいるので（そのための増税があったかもしれないが）、殷の国力はかなり充実していたと考えられている。どうやら殷王朝は、紂王の代で少し上っ調子に戦争（遠征）

を行い、そこを周の勢力に足もとをすくわれるかっこうで倒されてしまったらしい。

＊1　末っ子が王として即位するということは、本来なら影に権臣集団の存在があり、その集団の力で王にまつりあげられたことを想定すべきであるかもしれない。しかし、『史記』殷本紀《いんほんぎ》には直接そうした記述は見えない。司馬遷の時代からみて千年も前の話だから、詳細な史料があるのではなく、種々の伝承でまとめあげたのであろうから、これ以上の追究は無理である。

＊2　『荀子《じゅんし》』には、箕子は囚《とら》われの身となっていたと記されている（儒効篇、成相篇、大略篇）。『史記』とは違う伝承である。

Ⅱ

周から春秋戦国時代へ

五　周王朝——儒家の賛美する王朝

「夏《か》・殷《いん》・周《しゅう》三代」と呼ばれることもあるが、司馬遷の史料は何であったろうか。夏についていては「伝承」であっただろう。彼が遺跡を発掘したとか、甲骨文字を読みこなしていたとは思われないから、殷についてもやはり「伝承」であったろう。そしてその「伝承」は、古く「書」と呼ばれた『尚書《しょうしょ》（宋《そう》代になって書経《しょきょう》）』に書きとめられているものが主であったろう。しかし、今日に伝わる『書経』と、司馬遷が読んだ『書経』とが、どの程度同じで、どの程度ちがっているのかは、確かめようがない。一方、司馬遷が周本紀を書くにあたって、影響を受けずにすまなかったであろう書物として『論語《ろんご》』がある。そこには、周の文王らに対する賛美が記されている(24)。さらに、『孟子《もうし》』『荀子《じゅんし》』『韓非子《かんぴし》』などにもさまざまな記事がある。つまり、夏・殷・周と時代が司馬遷に近づくにつれ、史料がふえていく傾向にある。

周王朝については、はじめのところでは姜原《きょうげん》という女性が、野原で巨人の足跡を踏んで、周の始祖の后稷《こうしょく》を生んだという感生帝説《かんせいていせつ》が記されるが、これはあくまでも伝説

（伝承）の世界。周王朝がひらかれる初期段階に対して、孔子《こうし》をはじめとする儒家の賛美がある。孟子などは、都合が悪くなると『書経』の記事さえデタラメだと主張している（24）。史料がふえ、いろいろな観点からの言説があるとき、歴史家として司馬遷は、自分が受けるべき影響をどのように選んでいたのだろうか。周本紀あたりから、この点に注意しながら『史記』を読んでいく必要がありそうに思われる。司馬遷は実に冷静である。孔子らは周王朝を理想として賛美したが、事実上は棚の上の置き物のように、形式的に存続しただけであったことを、はっきり書いている。

24 文王と武王

殷の滅亡と周王朝の成立

殷《いん》の紂王《ちゅうおう》を直接倒したのは、西伯昌《せいはくしょう》（姫昌《きしょう》）の子の姫発《きはつ》（周《しゅう》の武王《ぶおう》）であった。西伯昌は自分で紂王に戦いを挑むことなく世を去り、彼の死後に姫発が牧野《ぼくや》の地での大激戦の末に紂王を倒し、西伯昌に「周の文王」の諡《おくりな》が贈られたのである。『論語《ろんご》』泰《たい》伯篇《はくへん》には、孔子《こうし》(38)が、

「周の文王は、天下の三分の二を有しながら、臣下として殷に仕えていた。周の徳はこの上ないものだ」

と評した言葉が見える。孔子をはじめとして儒家は、孟子《もうし》も荀子《じゅんし》も周王朝の時代に生きていた。事実上は各地の諸侯が独立国家のようになっていて、周王朝は棚の上の置き物のように、ただ形式的に上に置かれているだけであった。しかし、形式的とはいえ、前二五六年に秦《しん》が周を滅ぼすまでは、「周の世の中」なのである。当時の儒家たちには、各地の諸侯はその「周の世の中」を乱している「困った連中」という意識であった。だから儒家たちが、口をそろえて周王朝を賛美するのは、当然すぎるほど

- 文王
  - ①武王
    - ②成王
      - ③康王
        - ④昭王
          - ⑤穆王
            - ⑥共王
              - ⑦懿王
                - ⑨夷王
                  - ⑩厲王
                    - ⑪宣王（前八二七～前七八二）
                      - ⑫幽王（前七八一～前七七一）
                        - ⑬平王（前七七〇～前七二〇）
                          - 洩父
                            - ⑭桓王（前七一九～前六九七）
                              - ⑮荘王（前六九六～前六八二）
                                - ⑯釐王（前六八一～前六七七）
                                  - ⑰恵王（前六七六～前六五二）
                                    - ⑱襄王（前六五一～前六一九）
                                      - ⑲頃王（前六一八～前六一三）
                                        - ⑳匡王（前六一二～前六〇七）
                                          - ㉒簡王（前五八五～前五七二）
                                        - ㉑定王（前六〇六～前五八六）
            - ⑧孝王

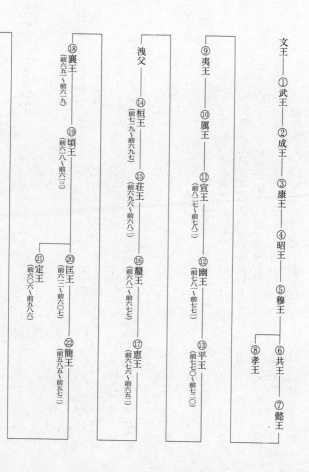

周系図

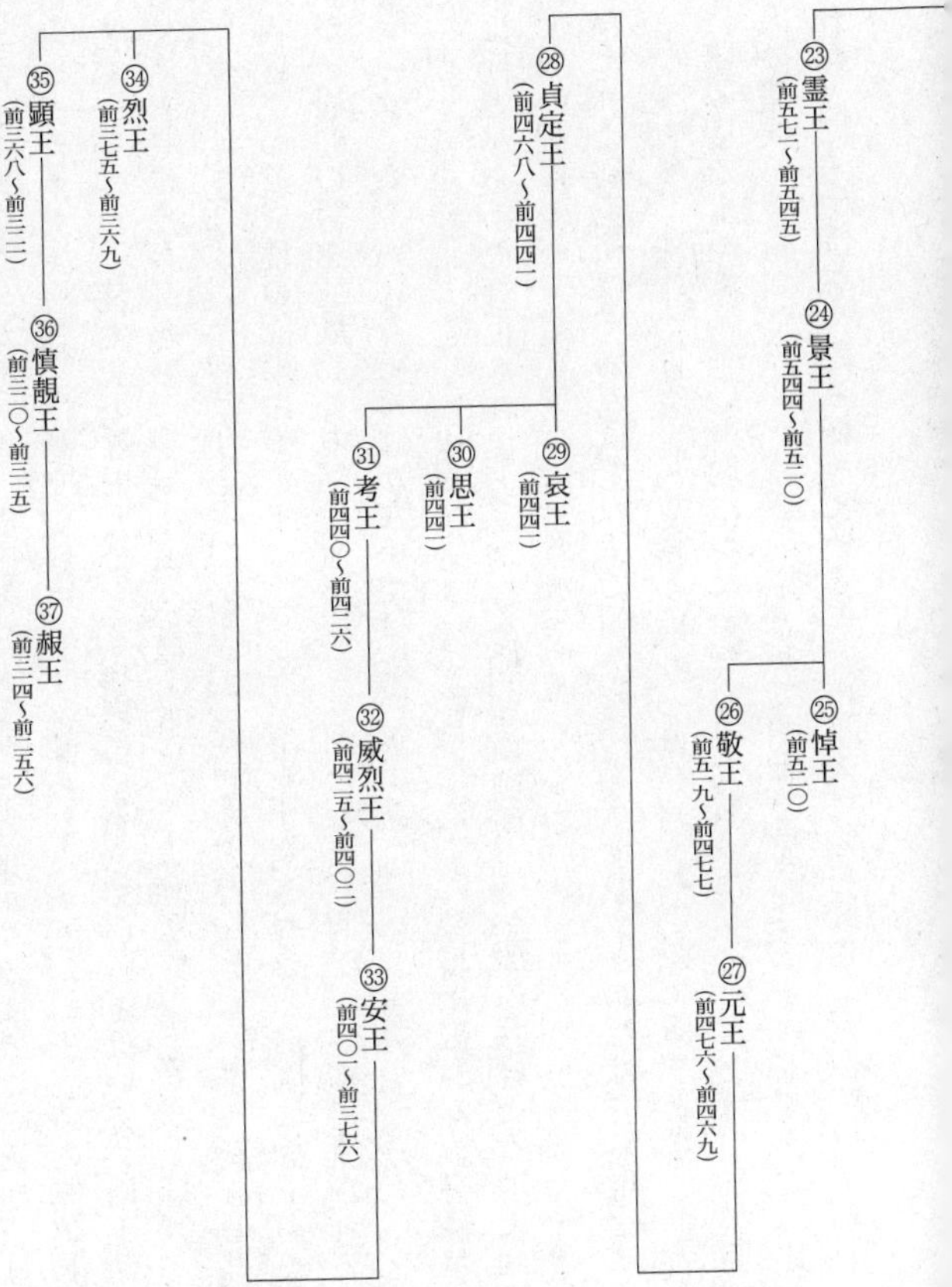

㉓霊王（前五七一～前五四五）
㉔景王（前五四四～前五二〇）
㉕悼王（前五二〇）
㉖敬王（前五一九～前四七七）
㉗元王（前四七六～前四六九）
㉘貞定王（前四六八～前四四一）
㉙哀王（前四四一）
㉚思王（前四四一）
㉛考王（前四四〇～前四二六）
㉜威烈王（前四二五～前四〇二）
㉝安王（前四〇一～前三七六）
㉞烈王（前三七五～前三六九）
㉟顕王（前三六八～前三二一）
㊱慎靚王（前三二〇～前三一五）
㊲赧王（前三一四～前二五六）

当然なのである。「昔の治まった世の中にもどすべきだ」と秩序と人間性の回復を訴える立場にある儒家が「だめだよ、周王朝なんてサ」と否定するようなことが言えるはずはない。だから、今日、甲骨文《こうこつぶん》史料によって知られるような紂王当時の充実した殷の国力については否定してしまわないと、現実には衰えているとはいえ、周王朝を上に戴《いただ》く者として都合が悪い。『孟子』尽心篇《じんしんへん》・下に、すごい言葉が載っている。

「『書経《しょきょう》』の記事をすべて信じるくらいなら、『書経』など存在しないほうがましだ。私は『書経』の武成篇《ぶせいへん》の記事については、ごく一部しか信じない。最高に徳の有る周の武王が、最悪の紂を征伐したのだ。血が流れて河となり、盾《たて》が浮かんで流されていったというような激戦になるはずがないではないか」

都合の悪いことは信じない、と息まいているわけである。今日に伝わる『書経』の武成篇は何者かの手で訂正されていて、今の問題の箇所は、「殷の兵はそろって向きを変え、周の側について紂を攻めた」となっている。

いずれにせよ周王朝は、周の武王の手で開かれた。武王のやりかたは、無理をせずに着々と力を蓄え、天下の諸侯達の支持を取りつけ、「これで勝てる」となったときに開戦に踏み切るもので、戦いの理にかなったものであった。そのことは、まず盟津《めいしん》に八百人の諸侯が集結した際に、時期尚早として開戦を見送り、その二年あとに比干《ひかん》が殺されたところで開戦に踏み切っていることによって知られる（『史記』周本紀）。

紂王は追いつめられ、宝物庫としての宮殿鹿台《ろくだい》に逃げこみ、金銀宝石をありったけ身にまとって焼け死んだ。武王は箕子《きし》を奴隷の身分から解放して名誉を回復してやり、比干の墓を整備し、紂王の子の禄父《ろくほ》に封地を与えて、先祖代々の祭祀《さいし》をつづけさせた。

それだけでも「徳の有る正義の勝利者」のアピールとなるが、武王は、鹿台に蓄えられていた厖大《ぼうだい》な財宝を人民に分け与え、穀物倉庫の鉅橋《きょきょう》も開いて民間に分け与えた。

武王の病気と政権の動揺

天下の諸侯が支持を寄せ、民衆にも今のようなありがたい恵みがあったのだから、周は安定政権であったように見える。が、実際は、充実した力の相手を、力ずくで激戦のすえに倒したわけだから、各地にはまだまだ殷の残党がいて、ゲリラ戦を行っていたりしていたのであろう。

「武王が病気にかかった。天下はまだ安定したとは言いがたく、群臣一同は怖れて占いをたててみたりして、落ちつかなかった。武王の弟の周公旦《しゅうこうたん》は身を潔《きよ》めたうえで、天の神に対し、『自分が身代わりになって死ぬから、どうか王の病を治したまえ』と祈った。そのかいあって武王の病は一度回復した。しかし、そのあと武王は結局亡くなった。太子の誦《しょう》が後を継いで立った。これが成王《せいおう》である」(周本紀)

この記事は、周王朝成立当時の状況を正確に伝えているものであろう。武王の病気がなぜそれほどまでに深刻に心配されなければならなかったのか。後継の誦がまだ幼少であったという事情があったためである。歴史上、周の文王（西伯昌）と武王は、いかなる役割を果たしているかについて、ここで触れておかねばなるまい。彼らは政権取りを準備し（文王）、それを実際に成し遂げた（武王）という父子である。これが後世の歴史にどういう影を落としたかというと、『三国志』袁術伝《えんじゅつ》で、みずから帝位を称せんとする袁術を諫める閻象《えんしょう》が、

「天下の三分の二を有していた周の文王でさえ、殷に臣下として仕えていたのです」

と言っている。『論語』泰伯篇《たいはくへん》での孔子の賛美の延長である。この場合、周の文王は袁術の驕慢《きょうまん》へのブレーキである。一方、『晋書《しんじょ》』宣帝紀《せんていき》では、司馬懿《しばい》が曹操《そうそう》に、

「閣下は天下の十分の九を得ておられます。これは周の文王より上。ぜひ御考えを」

と、国を奪うよう勧めている。こちらはアクセルであり、周の文王は国を奪う目安になっている。やはり「歴史は裏表」である。

25 周公と召公

周公旦、摂政となる

周《しゅう》の武王《ぶおう》が病気にかかった時、政権中枢部にひどい動揺がはしったのは、当然のことであった。周公旦《しゅうこうたん》の祈りによって一時的に回復したものの、武王は世を去る。後に残った太子の誦《しょう》は、まだ赤ん坊であった。殷《いん》を滅ぼして二年、天下は安定していない。武王の子がそういう状態だから、武王の弟たちが何とか社会体制を支えていかねばならない。武王の兄弟は、文王《ぶんおう》の正室太姒《たいじ》を母に十人いた。長男が伯邑考《はくゆうこう》、次男が武《ぶ》王発《おうはつ》、三男が管叔鮮《かんしゅくせん》、四男が周公旦《しゅうこうたん》、五男が蔡叔度《さいしゅくど》、六男が曹叔振鐸《そうしゅくしんたく》、七男が成叔武《せいしゅくぶ》、八男が霍叔処《かくしゅくしょ》、九男が康叔封《こうしゅくほう》、十男が冄季載《ぜんきさい》。この中で発と旦が特にすぐれていて、文王は長男の伯邑考ではなく、発を太子に指名した。発が文王の後を継いだ時には、伯邑考はすでに世を去っていたので、この時点で御家騒動は起きなかった（『史記』管蔡世家《かんさいせいか》）。

しかし、今度はだいぶ様相がちがう。嬰児の誦（周の成王）を周公旦が補佐するようになると、兄弟たちの中に黙ってはいない者が出現した。これは補佐ではなく、周公旦がすべての政治を動かすことにほかならないからである。[*1]

禄父の乱

特に三男の管叔と五男の蔡叔、周公旦のすぐ上と下が、敵意をあらわにした。彼らは、

「周公旦は、成王を廃し、自分が王になろうとしているのだ」

との流言を天下にバラまき、自分たちが面倒をみることを命ぜられた紂王の子の禄《ろく》父《ほ》（武庚《ぶこう》禄父とも呼ばれる）とともに、反乱を起こした。周公旦は「握髪吐哺《あくはつとほ》」、洗髪中に来客があれば、そこで洗髪をやめて水気をしぼり、食事中に来客があれば、食べかけたものを吐き出してでも、急いで客を迎え、相手をすることを心がけた人間だった。太公望《たいこうぼう》(26)や召公《しょうこう》は、周公旦の「自分がやるしかない」という志を認め、納得したが、反乱を起こした管叔、蔡叔とは、本格的な戦争になり、結果は周公の勝利で、気の毒にも管叔らにかつぎあげられるかたちになった禄父は殺され、管叔も殺され、蔡叔は馬車十台と従者七十人のみを与えられて追放された（管蔡世家）。殷《いん》の祭祀《さいし》は、殷から亡命した微子啓《びしけい》が行うことになった。

この戦争は終結までに三年間かかった（周本紀）。周公旦は成王の成長するまで七年間、政治を執《と》り行ったあと、成王に政治権力を返し、臣下の列にくだった。しかし、

その時点でも成王は数えで八歳。仮りに管叔らとの戦争の期間を加えたとしても十一歳。小学生が一国の政治をすべて動かすようなものだから、周公があい変わらず政治を補佐しなくてはならない。このへんが、後世の歴史に口実を与えた点で、

「私も周公の志をもって、幼君の補佐にあたっているのだ」

と言えば、表面が取《と》り繕《つくろ》えてしまう。

臣下の列にくだったあと、周公は東方を征伐し、平定を終えると、雒《らく》（洛陽《らくよう》）の地を新たに都と定めた。さらに官職制度を整理し、その職務分担を明確にした。やがて病気にかかり、

「私が死んだら、成周（雒）の地に葬ってくれ。成王をずっと見守っていたいのだ」

と遺言して世を去った。

召公の治世

周王朝成立期のもう一人の名臣召公奭《しょうこうせき》は、周の一族で姓は姫《き》だが、周公旦の兄弟ではない。文王の時代から有能ぶりを知られ、武王が殷を滅ぼすと、すぐに燕《えん》の地に封ぜられている。

しかし、武王が世を去り、周公が政治をするようになると、「周公はとりあえず成王を位に即《つ》けておいて、それから位を奪うのではないか」と疑った。周公は「君奭《くんせき》」

という文章に、「殷の湯王《とうおう》の時の伊尹《いいん》、太戊《たいぼう》の時の伊陟《いちょく》・巫咸《ふかん》らのような者がいてこそ、国運が盛りあがるのです。よこしまなことを考える臣下では、そうはいかないはずです」と訴えた。召公は納得し、雒より西方の地（周公は雒より東の地）を治め、大いに治積をあげた。

召公は村里を巡回し、ある所の甘棠《かんとう》（ヤマナシ）の木の下で訴訟を聴いて裁《さば》いたり、政務をこなしたところ、人々は諸侯から一般の人まで、生きる希望を持って働くようになった。召公が世を去ると、人々は召公をなつかしく思い出し、「ここが召公のいらした所だ」と「甘棠の詩」を作った。

周公旦に国を奪う気があったかなかったかという問題よりも、「いくら兄弟が多くても、ごく限られた身内だけで天下を治めることはできない」ということのほうが大事であろう。召公も同族なのだから、身内には違いないわけだが、周公旦は十人兄弟であった。武王発《ぶおうはつ》と伯邑考《はくゆうこう》をのぞいても八人いる。しかし、天下は広い。その広い天下を、ごく限られた身内だけで私物化しようとしても、結局おさまらない。多くの、広い支持者たちによってこそ、王朝は支えられる。そのために、上層部にあって王朝を支える臣下にも優秀な人材が必要となる。召公奭のような人によってこそ、民衆の熱い支持が得られる、ということだろう。

＊1　『荀子』儒効篇には、摂政というよりも、「天子（帝王）を代行した」と記されている。さらにその態度は「これ（天下）を固有《こゆう》（個人所有）するがごとくすれども」、天下の人々は彼の志を知っているので、周公旦が権力をむさぼっているとは考えなかった、と見えている。

26 太公望

太公が望んだ人

周《しゅう》の武《ぶ》王《おう》が、殷《いん》を倒して周王朝をひらくにあたって、その補佐をして功を成したのは、周公旦《しゅうこうたん》や召公奭《しょうこうせき》らばかりではなく、ほかにも重要な人物がいる。その代表が太公《たいこう》望呂尚《ぼうりょしょう》である。しかし、いささか謎めいた人物で、『史記』にも異説を並記するかたちで記述をすすめている[*1]。

太公望呂尚は、東の海浜地帯の人であった。祖先は禹《う》に従って洪水をおさめ、功績をあげ、舜《しゅん》から禹に交代する時代に、呂の地に封ぜられた。本来の姓は姜《きょう》であったが、封地の呂にちなんで姓を呂に変えたのである。呂尚はずっと貧乏で、ずいぶん老齢になってから、周の文王（当時は西伯《せいはく》）に見出された。ある時、西伯が狩りに出ようとして、占いをたてると、

「獲物は竜でなく彲《みずち》でなく、虎でもなく羆《ひぐま》でもない。天下の覇者を補佐する者だ」

と出た。そして実際に西伯が狩りに出てみると、渭水《いすい》の北岸で呂尚に出会った。西伯は話をしてひじょうに喜び、

「私の祖父の太公（古公亶父《ここうたんぽ》）は、『聖人が周に来られ、周はその力によって勢力を飛躍的に高めることであろうぞ』と予言されたと耳にしたことがあります。あなたのような人物を、太公は長く望んでおられたのです」

と言って、呂尚に「太公望」の称号を与えた。今日、釣好きの人を太公望と呼ぶのは、この時、呂尚は渭水に釣糸をたれていたとのイメージによるものである。

別の説によると、呂尚は博学をもって名を知られ、殷の紂王《ちゅうおう》に仕えたことがあった。しかし、紂王があまりに無道なので、見限って各地の諸侯に遊説をしてまわった。誰も呂尚を認めなかったが、最後に西伯のもとを訪ね、ようやく評価され、身を寄せることになったのだ、と。

さらに別の説がある。呂尚はすぐれた人物であったが、誰にも仕えることなく、海辺で暮らしていた。西伯昌が紂王によって羑里《ゆうり》に閉じこめられた時、呂尚と前々から友人であった閎夭《こうよう》と散宜生《さんぎせい》が呂尚を招いた。呂尚は、

「西伯はすばらしい人物で、老人を大切にすると聞いている。私のような老人の面倒もよく見てくれるに違いない」

と言うと、二人と合流し、計三人で西伯を救出するために、美女や珍奇な宝物を集めて紂王に奉り、西伯を釈放させることに成功した。

以上の三説をならべたあとで、司馬遷は、

「呂尚が周に仕えるようになったいきさつについては、諸説いろいろだが、呂尚が西伯や武王発《ぶおうはつ》の軍師となった点はすべて一致している」と付け加えている（斉太公世家）。

羑里から出た西伯昌は、呂尚と秘計をねり、人民に徳を施し、殷を倒そうと考えた。この秘計は武力と軍事上の奇計で、後世、兵法を論じて殷周交代期に話がおよべば、「そもそもこの兵法の元祖は太公望呂尚である」と言うのが習いとなった。また、西伯が虞国《ぐこく》と芮国《ぜいこく》の境界争いの際、西伯の治める地域では、皆、人々が譲りあいの精神で暮らしているのを見て、虞国も芮国も互いに譲り合って解決してしまったことや、天下の三分の二を有する大勢力になったことも、太公望の策が働いたことによるものである。また、いよいよ紂王との決戦に踏み切らんとして亀の甲で占いをたてたところ、「不吉である」と出たばかりでなく、突然に暴風雨がおこり、群臣一同、恐怖におののいたが、太公望はただ一人、決戦をうながし、武王はそれで牧野《ぼくや》へと出発し、激戦に勝利したのであった。太公望の、軍師としての呼び名は「師尚父《ししょうほ》」、文献にはこの表記で現れることも多い。

太公望、斉を治める

太公望は、周王朝がひらかれるとき、斉《せい》の営丘《えいきゅう》の地に封じられた。悠々と領地に向かって旅を始めた。すると、途中のある宿屋の主人が、

「時は得がたくして、また失いやすいもの。あのお客さまは初めての御国入りにしては、ずいぶんと落ちついていらっしゃる」

と言うのが聞こえた。太公望はガバとはね起き、夜中に出発して夜明けに営丘に着いた。

ちょうどそこへ殷の残党萊侯《らいこう》が攻め寄せ、営丘の奪い合いとなったが、太公望はこれを一蹴し、内政に着手した。土地の風俗を考え、礼儀作法は簡略にし、商工業の発展に力を注いだ。海をひかえた土地であることを利して、魚や塩を各地に積極的に売りさばくようにして、経済を豊かにした。すると、その経済力によって人口が増え、斉は大国となった。管叔《かんしゅく》・蔡叔《さいしゅく》の反乱が淮《わい》の地に起きると、太公望はその北に位置する関係で討伐を命ぜられ、これに成功して、さらに勢力の強い大国となった。太公望はその後、百余歳で世を去った。

太公望の秘計とは具体的にどういうものか、全くわからない。その神秘性が、後世になって、太公望が鬼神を自在に駆使して周の軍を勝利に導く『封神演義《ほうしんえんぎ》』となって拡大結晶してゆく。殷の紂王との牧野の戦いは、甲骨文史料から、そして、孟子《もうし》が読んだ『書経』武成篇においても大激戦であったはずが、儒教の書では周の大楽勝となっている。この大楽勝は軍師の太公望が鬼神を自在に駆使したからだ、という形の「合理化」が働いたものである。

＊1　『史記』が記さなかった異説として、『韓非子』外儲説《がいちょせつ》・右上に、太公望は斉の国に封ぜられたとき、狂矞《きょういつ》・華士《かし》という隠者の兄弟を殺した。これをとがめる人があったが、太公望は、「馬だって言うことを全くきかぬものには体をあずけられぬ。社会の秩序の中にはいることを拒否する人間を臣下とすることはできない」と答えたという話がある。

27 伯夷と叔斉

節義に死す

殷《いん》から周《しゅう》への交代期に、ちょっと変わった存在がいた。ふつうの感覚では、周の側について殷を倒そうとするか、あくまでも殷の側について周を防ごうとするか、その対立の構図にばかり目がいくであろう。当時にあっても、「殷か、周か」「どっちが勝つか」と、目の前で起きる大軍事衝突の行方を見守っている人間が圧倒的多数であったろう。そして、やがて勝利者（この場合は周）が決まる。戦功をあげたヒーローが満場の喝采《かっさい》を浴びる。だが、そこにのみ集中して歴史を描くと、そこにいるのは、「倒されるべき悪者」と「それを倒すヒーローたち」しかいなくなってしまう。これでは、王朝が交代するたびに、歴史家は、「善が苦難をのりこえて悪に勝つ」という勧善懲悪の軍記物語ばかりを繰り返し書かなければならない。それがはたして歴史と言えるであろうか。つまり、歴史家が書くべき人物はほかにもいるはずではないか、これが司馬遷の主張である。司馬遷は「列伝《れつでん》」のはじめに、「伯夷《はくい》列伝」を置いて、「節義も高く、歴史的に意味のある人々が、『経書《けいしょ》』に全く登場していないのは、なぜか」と疑問を表明している。裏返せば、「歴史がそういう人々のことを書き伝えなければ、後世に伝わらなくなってしまう」という意識である。その「意識」こそ、歴史家の「自負」でもあるわけだが、司馬遷のそうした意識が、『史記』の列伝の部分に色濃く投影されている。

「伯夷《はくい》と叔斉《しゅくせい》は、孤竹君《こちくくん》の子のうちの二人である。君主は、自分のあとを叔斉に継がせたく思っていたが、君主が死ぬと、叔斉は兄の伯夷に譲ろうとした。伯夷は、『亡《な》き父のお気持ちを無視してはいけない』と言い、逃亡してしまった。叔斉も位にのぼることをいやがって逃亡し、孤竹国では、しかたなく、別の子を新君と仰ぐこととなった。伯夷と叔斉は、周の西伯昌《せいはくしょう》（文王《ぶんおう》）が老人をたいせつにすることを聞き、西伯昌のもとに身を寄せた。西伯昌が世を去ったあと、武王発《ぶおうはつ》は西伯昌の木主《ぼくしゅ》を車に乗せ、殷の紂王に戦いを挑んだ。伯夷と叔斉は、武王の乗る馬の手綱《たづな》にすがりついて引きとめ、

『亡き父君の葬儀もすんでいないのに戦をするのは、親不孝であります。臣下の立場にある者が主君を伐《う》つのは、不仁《ふじん》であります』

と諫《いさ》めた。側にいた者が二人を斬ろうとしたが、太公望が、

『彼らは正義の人である』

として、伯夷・叔斉をその場からかかえるようにして去らせた。その後、周は殷を

倒し、王朝をひらいた」

伯夷・叔斉は、「恥ずべき行為によって得た天下だ」として、自分たちはあくまでも筋《すじ》を通したいと考え、首陽山《しゅようざん》に隠れて薇《わらび》（ぜんまいとも、のえんどうとも）を採って食べ、

「餓死したとしても、周王朝の禄《ろく》は食《は》まぬ」

という姿勢を示した。やがて飢えが迫り、歌を作った。*1

首陽山の薇

西の首陽山に登って、薇を採る
暴力で暴力を倒し、天下を取る
その非道が、なぜわからぬ
神農氏《しんのうし》　舜《しゅん》　そして禹《う》
彼らは遠い過去の人だ
私はどこに身を寄せられよう
ああ　それでも行かねばならぬ
衰えし運命よ

彼らは結局、首陽山で餓死してしまった。

天道か、是か非か

さて、彼らは世の中を怨《うら》んでいただろうか。それとも、自分の節義を最期まで貫いて死ぬことができたのだから、怨んではいなかったであろうか。

このあと司馬遷は、「天はいつも善人に味方する」と『老子』に言うが、本当かと記す。今の『老子』の言葉が正しければ、伯夷・叔斉は天に味方してもらってはいないので、悪人なのか、ということである。そして、有名な、「天道《てんどう》、是《ぜ》か非《ひ》か（天のやることは、正しいのか、正しくないのか）」の言葉を吐く。この言葉は、自分が不運だとか、不遇だと思っている人間や、ドロドロとした情念が好きな人間には、「非に決まってるだろうが」と言っているように響く。反対に、自分が幸運だとか、恵まれていると思っている人間や、余計なことを考えずに、ひたむきに自分の道を、毎日充実感を持って生きている人間には、「是なんじゃない？」と聞こえる。人生のリトマス試験紙のようなものである。

従来、宮刑《きゅうけい》に遭《あ》った司馬遷が、その怨みをぶつけた部分だと解する人が多いようだが、司馬遷はそこまで卑屈な人間ではなかろう。彼は、天道が是であろうが、非であろうが、営々と、そして堂々と『史記』の完成に向けて人生をひた走った人である。*2その生き方は、「どんな苦難があっても己《おのれ》の信ずる道を貫いて死ぬ」点において、伯夷・叔斉に通じる。伯夷・叔斉は極端な生き方をしたが、司馬遷は、天の意向にかまわず、ひたすら志を貫こうと努力する人間がいれば、その姿を記録することこそ歴史家の役目なのだと考えていたに違いない。

＊1　内容からすると臨終の歌ではなく、「私は首陽山に行くのだ」と言って出発する時の歌のようである。

＊2　『荀子《じゅんし》』の天論篇に「天の運行は決まった法則で動いてゆくもので、聖王堯《ぎょう》のために動くのではないし、悪逆の桀王《けつおう》のために止まったりしない」との言葉がある。これは荀子の警句であって、「人間にできることは、人間としての努力以外に何もない。しかし、この努力をできるのが人間なのだ」ということを言いたいのだ。司馬遷も、そこに人間の尊厳を見出した人であるに違いない。

28 厲王と幽王

厲王の出奔・逃走

周《しゅう》王朝も、殷《いん》王朝と同じように、代をかさねていくにつれ、衰退と復興を繰り返した。儒家が理想化して賛美するのは、創業期の文王《ぶんおう》・武王《ぶおう》・成王《せいおう》期で、そのあとの王たちには、だいぶ地金《じがね》が露出するようになる。第十代の厲王《れいおう》は、位に即《つ》いて三十年、暴虐を行う一方で、みずからの生活は奢《おご》り、性格も傲慢《ごうまん》であった。召公《しょうこう》が、

「民衆は、王の命令には従いきれぬと苦しんでおります」

と諫《いさ》めると、厲王は怒り、衛《えい》の地出身の巫《みこ》を召しかかえて自分の悪口を言う者を見つけ出させるや、ただちに捕らえて殺した。これで王の悪口を言う者はパタッと姿を消し、一方、天下の諸侯は参朝しなくなった。王の三十四年、ますます取締りを強化したので、人民は言葉をかわすこともなくなり、道路で会うと、お互いに目で合図をするだけになってしまった。厲王は、

「私の悪口を言う者はいなくなったぞ」

と喜んだ。召公は、

「これは押さえつけただけです。民衆の口を無理やりふさぐことは、治水の場合よりもひどい結果となります。川も、流れを完全に堰《せ》きとめてしまうと、やがて決壊して大洪水となり、かえって大きな被害が出てしまいます。川を治めるには、水の出口を作ってやり、民衆にも言いたいことを言わせてやるようにすべきです」

と言った。厲王がこれを無視して三年後、民衆は大規模な反乱を起こし、厲王は彘《てい》の地に出奔《しゅつぽん》した。

召公と周公の共和制

この事件は、前八四一年のことであったが、考古学的に年代がはっきりするのは、現在のところ、この年からとされている。『史記』の記述にどのくらいの真実性があるか、いまだ完全に確認されているわけではないが、厲王の国外逃亡は事実である。共伯和《きようはくわ》なる人物が厲王のあとの政権を担当したという出土青銅器の銘文の記事が、『史記』では、さきほどの召公と、周公旦の子孫の周公とが「共和制」によって国を治めたと書かれている。考古学的史料から考えると、厲王も『史記』に書かれるほどの無道な王ではなく、税収を増やし、国の状況を建て直そうと励んだ王らしい。しかし、金のあるところから税をしぼろうとすると、既得権を持つ貴族や各地の土豪との摩擦を生じるわけで、これがどうやら厲王出奔の実情らしい。

この厲王の次の宣王《せんおう》（在位前八二七〜前七八二）は努力の人で、周王朝建て直しをはかったのだが、やはりうまく行かず、次の幽王《ゆうおう》（在位前七八一〜前七七一）の代になって、ついに周王朝は破綻《はたん》を生じる。

傾国の美女褒姒

幽王の二年（前七八〇）、大地震があった。伯陽甫《はくようほ》が、「これは滅亡の兆《きざ》しだ。この国はあと十年も持つまい」と予言したが、幽王は褒姒《ほうじ》を寵愛するばかりで、まったく気にしなかった。それどころか、褒姒の生んだ伯服《はくふく》を自分の後継にしようと、すでに太子に定めてあった宜臼《ぎきゅう》を廃し、事のついでに宜臼の母の、正室の申后《しんこう》も廃し、褒姒を正室に立ててしまった。周の歴史官は、「もう終わりだ」と嘆いた。宣王の時代に、不思議な歌をうたう童女がいて、「桑の木の弓と、柳の枝で編んだ箙《えびら》が、周を滅ぼすだろう」と。

宣王は夫婦でこの二品を売る者がいると聞いて捕らえようとした。この夫婦は逃げる道すがら、美しい赤ん坊を拾い、そのまま褒《ほう》の国へ逃げこんだ。そののち、褒の国の王が罪を犯し、そのつぐないにと、美しく成長した、さきほどの赤ん坊を周に献上した。この美女は、褒の国で育ったことにちなんで褒姒と名づけられた——こういう因縁があったのである。しかし、この褒姒は全く笑うことのない女性で、幽王は、

「この美人の笑顔はどれほどすてきだろう」といろいろ手をつくしたが笑わない。

ある時、まちがって緊急用の烽火《のろし》があがってしまい、諸侯が大あわてで駆けつけて来たが、何事もないので、がっかりして帰るという事件が起こった。何と、この様《さま》を見た褒姒が笑ったので、幽王は大喜びで、しばしば烽火をあげた。諸侯は、「またか」と信用しなくなり、誰も来なくなってしまった。この様子を見て、廃された申后の父の申侯《しんこう》が動いた。犬戎《けんじゅう》などの異民族を仲間に引きいれ、一気に幽王に襲いかかった。幽王は誰の応援も得られず、驪山《りざん》のふもとで殺された。天下の諸侯は申侯を支持し、もと太子の宜臼が立てられた（平王《へいおう》）。平王は鎬京《こうけい》から雒《らく》（のちの洛陽《らくよう》）へと都を遷《うつ》した。両都の地理上の位置から、西にある鎬京を都にしていた幽王までを「西周（西の周）」、平王以降を「東周（東の周）」と呼ぶ。そしてこの事件のあった前七七一年が、「西周滅亡」の年である。

褒姒の物語が実話であるとは考えにくいが、すでに周王朝の支配権は、黄河《こうが》流域の一部にほぼ限定されており、各地の諸侯が自分勝手に活動していたということは、学界の定説となっている。出土した青銅器の銘文も、幽王らの記念であるよりは、貴族階級にある者たちの記念品として、それらが作られたことを物語っている。

29 周王朝の衰退

名目だけの王朝

前七七一年に周《しゅう》の幽王《ゆうおう》が殺され（西周滅亡）、翌前七七〇年、幽王の子の平王《へいおう》が雒《らく》（のちの洛陽《らくよう》）の地で王位に即《つ》いた（東周成立）。しかし、これによって「周王朝は続いているのだ。天下の者どもよ、我に従え」と呼びかけることは不可能であった。いや、呼びかけること自体はできる。「はい。わかりました」と従属する者がいないだけだ。もはや周王朝は「とりあえず存続はしている」だけのものでしかなく、各地の諸侯は独立国家のようにして利権を争い始めていた。*1 周王朝が必要とされるのは、各地の諸侯が戦う時の名目として、「周王朝に対する反逆者め、許さんぞ」と、言葉上つかわれる時に限定されていたと言ってよい。そう言われた相手も、「何を言うか。反逆者は貴様のほうではないか。周王朝に代わって懲《こ》らしめてやる」とやりかえすわけである。そして各地の諸侯は争い、やがて有力者がしぼられ、最終勝利者が決まる。その最終勝利者は、周王朝に、「天下各地の逆賊どもは、すべて、わたくしが平定いたしました」と形式上の報告をする。周王朝は、「天下を平定し、万民のために平和な世の中をもたらしたお前は、この上ない有徳の人物である。かような有徳の人物に国を譲ることこそ、天の命である」と「禅譲《ぜんじょう》」の形をとって、円満に王朝交代となる――こんなコースを思い描きながら、各地の諸侯は、戦っていたと考えて間違いはない。問題は、最終勝利者が、いつ、誰になるのかという点である。十年後か、五十年後か。実際この戦いは、前二五六年に秦《しん》が周を滅ぼし、前二二一年に天下統一をするまで、五百数十年の時間をかけて決着した。秦が「禅譲」という形をとらなかったことについては、次節で触れる。

自滅の道を歩む周王朝

なぜ、この戦いに五百年以上の時間がかかってしまったのか。それは、歴史というものが単純な一直線の流れで進むものではなく、各人の思惑が複雑にからみあいながら、大洪水、旱《ひでり》など天候異変のような偶発的事象に影響されつつ、うねるようにして進んで行くものだからである。今まで何度も使った比喩《ひゆ》だが、周王朝は棚の上の飾り物のようなものであった。しかしある相手を「周王朝に反逆する賊め」と言おうと思っても、自分は周王朝に租税などを送っていなくて、相手がまじめに毎年、租税を送って表面上の恭順を周王朝に行っていたとしたら、相手を「賊め」と罵《ののし》れないであろう。となると、周王朝は、飾り物のようでいて、けっこう資金もあり、各地の諸侯に対して、裏工作を仕かけることも不可能ではないだろう。そこに各地の諸侯どうしの思惑があり、民衆の動向も加わる。

民衆は、税ばかり取られ、軍に徴発され、戦闘の影響を受けて耕地を荒らされ、掠奪を受け、ではたまらない。自衛の手段も講じようし、いよいよとなれば、負担の軽い国に集団で逃亡してしまう。その空地となった村に、別の国が戦争で捕虜とした者たちを送りこんで耕作させる——こういった細かい出入りも起こる。ここにも天候条件が影響し、せっかく捕虜にした者たちを送りこんでも旱つづきでは収穫は得られず、つまり軍を支える食糧が尽きてしまい、戦闘をつづけられない。「では、しばらく休戦としよう」で手が打てる場合もあれば、相手がその条件を承知せず、こちらに大攻勢をかけてくる場合もある。これではこちらは崩壊かと思えば、さにあらず。相手の背後の国が、「おや、こいつ、兵力をあっちに集中したぞ。背後はガラ空きだ。しめた」と襲いかかったりすることがあるし、背後の国に、「これこれの条件で、どう？背後から襲いかかってくれませんか」と働きかけることもできる。駆け引き、また駆け引きである。これが天下中で起きているのだから、全体が落ちつくまでに五百年以上かかっても、決して遅くはないのである。

孔子《こうし》(38)が著した『春秋』が前七二二年から始まり、孔子の死が前四七九年、これにちなんで、もう少し前後をひろげ、東周成立の前七七〇年から、有力諸侯の一つである晋《しん》の国が三分する前四五三年までを「春秋時代」と呼ぶ。そのあと、秦の天下統一の前二二一年までを「戦国時代」。戦国時代の始まりについては諸説があるが、それはさておき、周王朝衰微のようすを『史記』周本紀に見てみよう。

「前七一九年、平王が世を去った。太子の洩父《せつほ》は早くに死去していたので孫の林《りん》が立った。桓王《かんおう》（在位前七一九～前六九七）である。桓王は鄭《てい》の荘公《そうこう》が参朝した際、礼遇しなかったので、怒った荘公は魯《ろ》の国に圧力をかけ、許《きよ》の地の田（農地）を手に入れた。ここは天領で泰山《たいざん》の祭祀《さいし》に用いる所であったので、公然たる妨害である。魯は魯で、隠公《いんこう》が殺され、桓公《かんこう》が立ち、周は鄭の妨害に怒り、鄭を征伐したが、桓王は矢傷を受けて逃げ帰り、十年後、世を去った。子の荘王（在位前六九六～前六八二）が立ったが、周公黒肩《こくけん》は、荘王を殺して弟王子の克《こく》を立てんとして謀議があらわれ、殺された。王子克も燕《えん》に逃亡した」

内紛、陰謀、戦争。全盛時の周のおもかげはどこにもない。

＊1　『史記』周本紀には、「平王の時、周室衰微《すいび》し、諸侯の彊《つよ》きものは弱きものを并《あ》わせ（并合すること）、斉《せい》・楚《そ》・秦《しん》・晋始《しんよう》やく大なり。政《まつりごと》は方伯《ほうはく》（諸侯の中のリーダー格）に由《よ》れり」と、このへんの様子をはっきりと書いている。司馬遷は五帝本紀以来、歴史とはこうしたものであることを示しつづけているわけだから、別に今に始まったことではない。

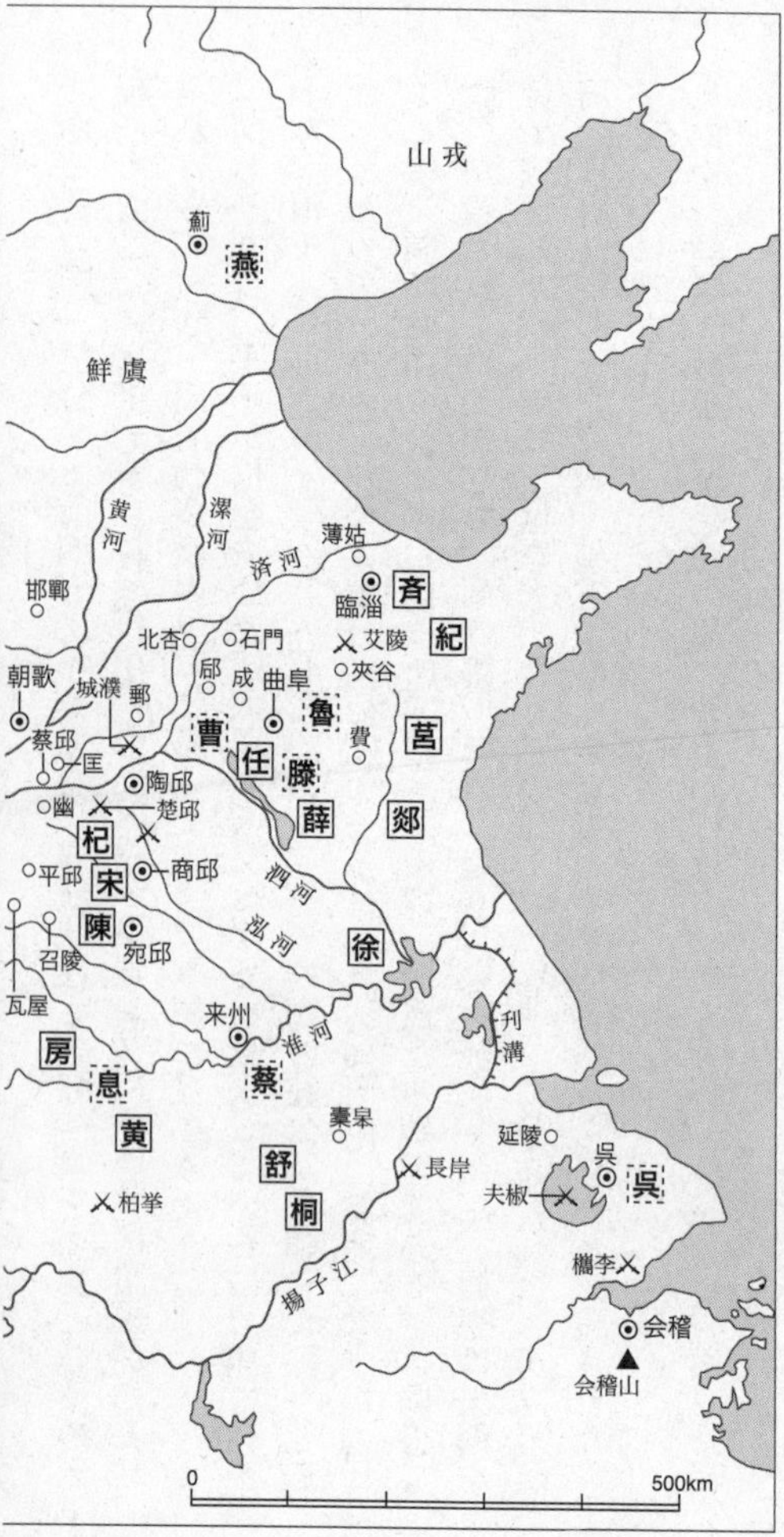

山戎
薊
燕
鮮虞
黄河
漯河
済河
薄姑
臨淄
斉
紀
艾陵
夾谷
邯鄲
北杏
石門
郈
成
曲阜
魯
朝歌
城濮
鄄
蔡丘
匡
曹
任
滕
費
莒
陶邱
幽
楚邱
薛
郯
杞
平邱
宋
商邱
泗河
陳
宛邱
召陵
泓河
徐
瓦屋
来州
淮河
邗溝
房
息
蔡
黄
橐皋
延陵
呉
呉
舒
桐
長岸
夫椒
柏挙
檇李
揚子江
会稽
会稽山
0
500km

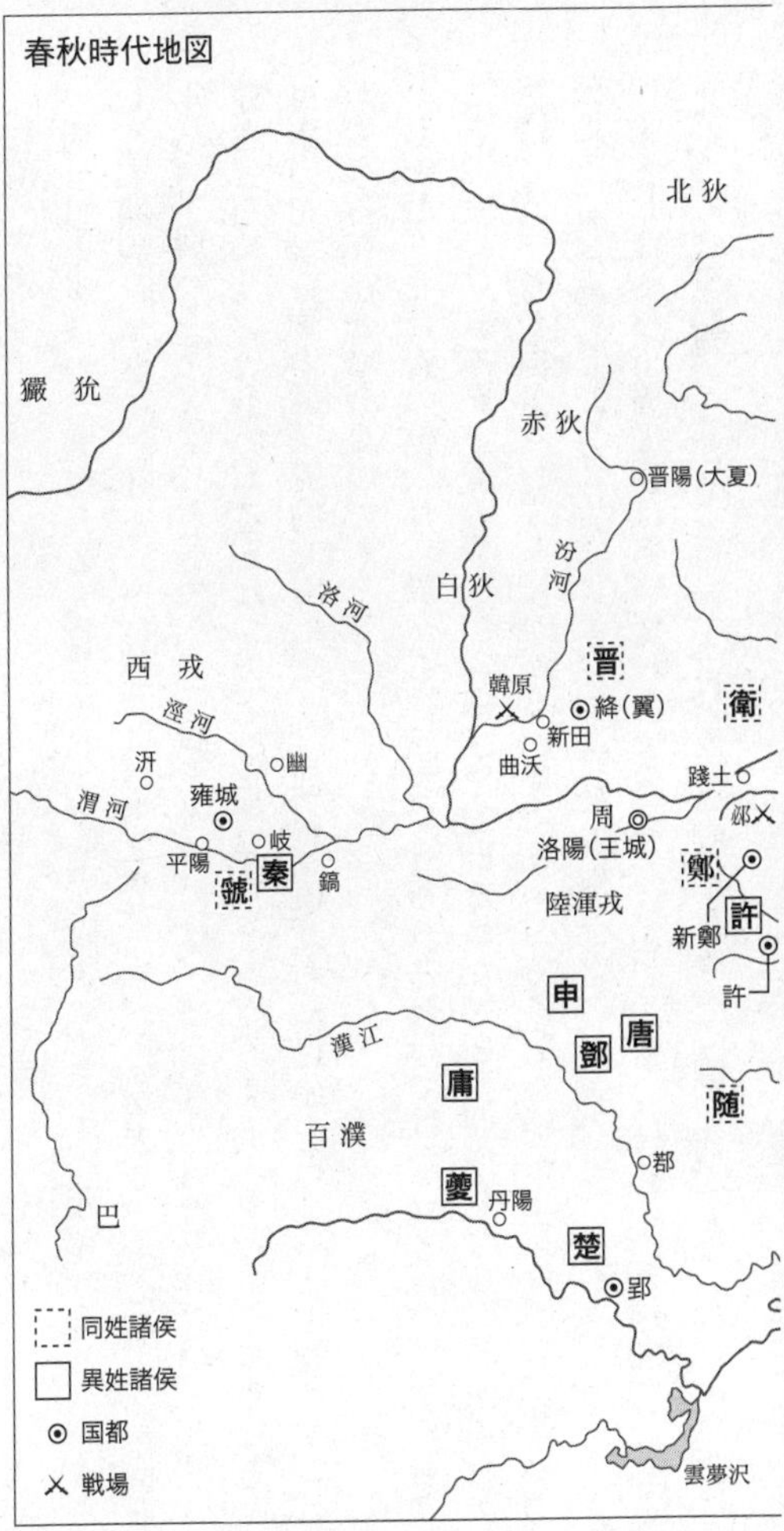
春秋時代地図
北狄
玁狁
赤狄
晋陽（大夏）
汾河
白狄
洛河
西戎
晋
衛
韓原
絳（翼）
新田
曲沃
涇河
豳
汧
渭河
雍城
践土
周
邲
洛陽（王城）
平陽
岐
秦
鎬
虢
鄭
陸渾戎
許
新鄭
許
申
唐
鄧
漢江
庸
随
百濮
鄀
夔
丹陽
巴
楚
郢
同姓諸侯
異姓諸侯
国都
戦場
雲夢沢

30 周の滅亡

権威の失墜

周公旦《しゅうこうたん》の子孫と考えられる人物（黒肩《こくけん》）までが陰謀に走って誅殺《ちゅうさつ》されるとは、まさしく末期症状である。荘王《そうおう》（在位前六九六～前六八二）が世を去り、子の釐王《きおう》（在位前六八一～前六七七）が立ったが、この釐王の時には、はや斉の桓公《かんこう》（31）が、天下の覇者《はしゃ》となった。天下の覇者とは、天下の諸侯のまとめ役、リーダーということである。軍事力を含む国力の圧倒的充実により、他の諸侯たちに自分の言うことを聴かすことができる存在となったのである。

しかし、まだ斉の桓公は、周から禅譲《ぜんじょう》を受けられるわけではない。斉の桓公の言うことは受けいれるが、斉の桓公が「禅譲を受ける」などと言い出したら、諸侯連合が組織され、斉の桓公をつぶしにかかる。周王朝も、そうした様子を見ながら、斉の桓公に、「君は頼もしい存在だ」と信任を寄せるのである。

そうしながら、周王朝はあい変わらず内紛つづきで、釐王のあと、子の恵王《けいおう》（在位前六七六～前六五二）が立つ。恵王は重臣の園地を奪って囿《ゆう》を造った。怒った重臣は仲間と五人で反乱し、燕《えん》・衛《えい》の二国の助勢を得て恵王に襲いかかった。恵王は敗れて温《おん》の地に出奔《しゅっぽん》し、鄭《てい》の櫟《れき》の地に落ちついた。重臣たちは恵王の弟の頽《たい》を周の王に立てた。その四年後、恵王は鄭と虢《かく》の君の力を得て逆襲し、頽を殺して復位した。恵王ははじめの即位から十年目、斉の桓公を正式に伯《は》（覇《は》）と公認した。

孔子《こうし》の生まれるより百年以上まえから、周王朝はこんな状態であった。[*1] だから、孔子、孟子《もうし》、荀子《じゅんし》ら儒家にとって、自分たちの「現実」としての周王朝は、祖の徳を賛美したくても賛美できるような状態ではなかった。だから、彼らが賛美を寄せ、理想化して語るのは、周の文王、武王、成王の時代に限定せざるを得なかったのである。

周王朝の内紛はまだつづく。

恵王の次は、子の襄王《じょうおう》（在位前六五一～前六一九）が立ったが、恵王の後妻の子、叔《しゅく》帯《たい》と争いになる。叔帯は異民族の戎《じゅう》と手を組んだが襄王に敗れ、斉に逃げこんだ。斉の桓公は、名宰相管仲《かんちゅう》らに命じて周の領内に残った戎を平定させた。これは、斉の桓公が周王の兄弟げんかを仲裁し、さらに戦後処理もうまくしてやったということで、覇者たるにふさわしい働きである。

しかし、斉の桓公の死（前六四三）の後、叔帯が逆襲に転じ、翟《てき》の国の軍の力を得て襄王を伐《う》ち、襄王は鄭に出奔、叔帯が周の王となる。すると、今度は襄王が逆襲をはかり、晋《しん》の文公《ぶんこう》(33)に助けを乞うた。文公は襄王の身柄を受けいれ、軍を出して叔帯を伐ち、殺した。復位した襄王は晋の文公の功をたたえ、正式に伯（覇）の認定を行い、珪《けい》（玉）・鬯《ちょう》（香草）・弓矢を与え、さらに河内《かだい》の地を与えた。このあとは『史記』周本紀の文章を訳して示そう。

「晋の文公は、周の襄王を召した。襄王は命令を受けて河陽《かよう》の践土《せんど》という地に出かけた。そこには天下の諸侯が全員、晋の文公のために参朝していた。孔子が著した『春秋』には、実態を書くのをはばかって、『天命を受けた周の襄王が、河陽の地で狩りをした』とだけ記している」

ついにここで司馬遷は、中国の歴史記録の裏と表について明記してみせた。「記録にはこう書いておくものですよ。でも実態は……」と。晋の文公が、襄王を「召《め》」したというのは、文公が襄王に対し、「お前、ちょっと顔を出せ」と呼びつけたことを意味する。そういうことができる人を伯（覇）と呼ぶのである。事実上、天下の王と同等の存在である。しかし、本気で「国を奪う」と言いだしたら、反覇者連合との大戦争が起きますよ、それに勝てますか、という状態である。

名君・名臣も出ず

さて、周王朝はこのあとも内紛を繰り返し、景王《けいおう》（在位前五四四～前五二〇）から悼王《とうおう》（前五二〇）、敬王《けいおう》（在位前五一九～前四七六）の時代は、在位年を見てわかるように、民衆の支持のあった悼王はすぐ殺され、悼王を殺した子朝《しちょう》も晋の軍に殺され、晋が丐《かい》（敬王）を立てた、御家騒動の時代。ちょうど孔子の人生と重なる時代である。

このあと、周は各地の有力諸侯とからみながら、命脈《めいみゃく》をつないでゆくばかりである。周本紀の文面には、諸侯の国々とどうした、こうしたという折衝の機械的な記事だけが増えてゆく一方で、周王朝にこんな名君・名臣が登場したというような話はまったく出てこなくなる。そして、いよいよ、秦の勢力が強くなり、周王朝は滅亡の時をむかえる。

周の赧王《たんおう》（在位前三一四～前二五六）の在位五十九年、秦が韓《かん》の領内の陽城《ようじょう》の負黍亭《ふしょてい》を取った。赧王は天下の諸侯と約束を定め、連合軍を組織して秦に攻めかかった。怒った秦の昭王《しょうおう》（63）は逆襲し、赧王は秦に出向いて正式の謝罪をして、邑《ゆう》三十六、人口三万人を秦に献上した。秦の昭王は赧王の身柄のみ、周に帰らせたが、赧王はこの年に世を去り、周の領内で暮らしていた民衆は東方に逃亡し、周はここに滅亡した。

こういう経緯だったので、秦の昭王は、もし天下取りが可能だったとしても、禅譲《ぜんじょう》の儀式のほうが執《と》り行えない状態であった。

＊1　前項29の注で触れたように、事実上は孔子の生まれる二百年以上前からそうであったと司馬遷は記している。

六　覇者の時代――周王朝の衰退

周《しゅう》王朝の衰退とは、本来はその支配下にあったはずの各地の諸侯の力が増し、露骨に言うことを聞かなくなったことにほかならない。この意味から、前章において、周王朝は棚の上の置き物のようになったとの比喩《ひゆ》を用いた。一見したところでは、飾りたてられ、祭り上げられているかのようだが、支配力は無いにひとしい。まさしく、権力は棚上げされてしまっている。

なぜそうなるのか。周の王が優秀で、人々の圧倒的支持を得られるような人物であれば、彼を支える軍事力も強いし、王個人のカリスマ性の発揮のしようもある。ところが、代々の王がみんなそういう人物であるとは限らない。「次の王」の座をめぐって抗争が起こったりするうちに、おかしくなってくる。各地の諸侯も、中央政府がおかしいと、まじめにやろうとしてもうまくいかない。諸侯の国が飢饉《ききん》でも、「この際、あの諸侯をいじめて力を削《そ》いでやろう」などと税の上納額を増したりすれば、すぐ不和は生じる。覇者《はしゃ》というのリーダー、仕切り屋は、こういうところから出現する。

「まあまあ、ここはひとつ私の顔を立てていただいて……」と言いながら、自分の力量（軍事力を含む）を誇示し、周王朝と諸侯の間の、あるいは諸侯と諸侯との間の調停を行う。そして「あいつには逆らえない」と諸侯たちに思わせる。周王朝は形式上、たてまつられながら、実態はこうである。そして、最も根本の問題は、覇者なる者の力は、周王朝への納税をまともに行わぬことによって得られた富によっても支えられている点である。

政治の世界は駆けひきの世界である。周王朝のほうでも、棚上げされながらも、各諸侯の力のバランスを見て、たくみに存続をはかる。

31 斉の桓公

後継者争いに勝利して即位
周《しゅう》王朝が実権を失い、天下を仕切る力として機能しなくなったとき、伯《は》（覇《は》）という存在が明確に現れた。この覇者《はしゃ》たちをひとまとめにして「春秋《しゅんじゅう》の五覇《ごは》」と呼びならわしている。『荀子《じゅんし》』王覇《おうは》篇《へん》に、

斉《せい》の桓公《かんこう》（在位前六八五〜前六四三）
晋《しん》の文公《ぶんこう》（在位前六三六〜前六二八）
楚《そ》の荘王《そうおう》（在位前六一三〜前五九一）
呉《ご》王闔閭《おうこうりょ》（在位前五一五〜前四九六）
越《えつ》王勾践《おうこうせん》（在位前四九六〜前四六五）

の五人を数えていることに基づくものであるが、他の書物と五人の一部に違いがあったり、今の五人も全く同じことをしたわけではないので、「数合わせ」にすぎぬ面があることは否定できない。しかし、いずれも有力な人物であったことは確かで、ある時には、警察のように天下各地にニラミをきかし、秩序の維持にひと役買っていた

ことは事実である。

その一番目に数えられている斉の桓公は、名を小白《しょうはく》という。彼はすんなりと父の後を継いだわけではなかった。

先代の襄公《じょうこう》は淫乱な人物で、魯《ろ》の桓公に嫁いだ自分の妹と通じ（妹の結婚前からの関係）、魯の桓公を殺した。襄公は無知《むち》に殺され、その無知もみずから位に即《つ》いたものの、遊びに出かけた先で彼を怨《うら》む暴漢に殺されてしまう。後継の座をめぐって、小白（鮑叔《ほうしゅく》が守役）と糾《きゅう》（管仲《かんちゅう》が守役）の争いとなり、小白は管仲の射た矢を帯鉤《たいこう》（帯をとめる金具）に受け、死んだふりをして逃げるひと幕もあった。しかし、斉の国内で先に態勢をととのえた小白のほうが即位に成功する。この時、鮑叔は、敵側にいて小白に矢を射かけた管仲の才を力説し、管仲を補佐の臣として召しかかえるよう勧めた。小白（桓公）はこれに従い、管仲に国政をゆだねた。このおかげで桓公は国力を伸ばし、覇者となりえたのである。

桓公、覇者となる

覇者の地位を支える軍事力も充実し、即位の翌年（前六八四年）には、以前、自分を粗末に扱った小国の郯《たん》（譚）を一気に攻め滅ぼしてみせた。前六八一年には魯を攻め、土地の割譲を条件に和睦の申し入れを承知したが、その調印の席上、魯の曹沫《そうかい》が

斉系図（部分）

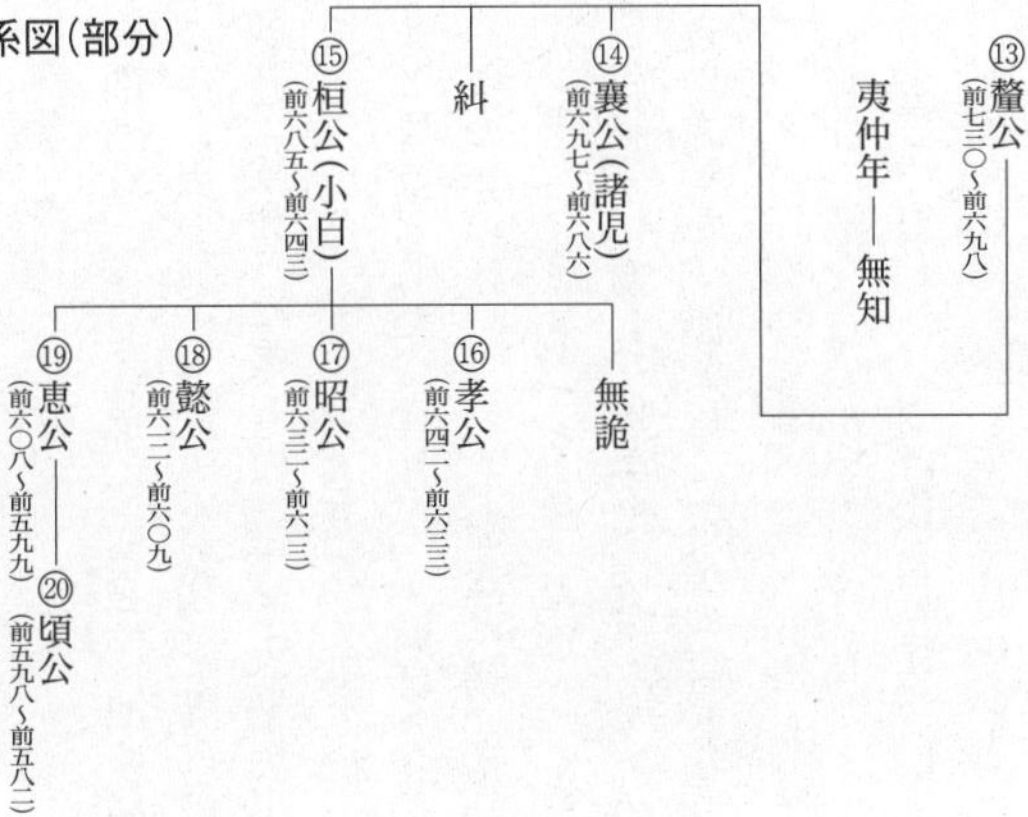

匕首《あいくち》を手に桓公に、「土地を返せ」と脅した。「わかった」と言った桓公だが、曹沫が下がると、土地が惜しくなる。それを見た管仲が、「一度承知したことをひるがえしては、天下の信用を失います」と進言し、土地をすべて魯に返した。天下の諸侯は桓公の懐《ふところ》の深さを知り（と同時に、桓公は今後用心するはずだから、二度とこの手は通用しないことを知り）、おそれいるのであった。

この二年後（前六七九年）、桓公は甄《けん》の地に天下の諸侯を呼び集め、「覇者」となった。即位六年後のことだから、国力伸張がいかに目ざましいものであったかがわかる。

その後、異民族に攻められて助けを求めて来た燕《えん》の国を救援し、魯の国に嫁いで御家騒動を起こした自分の妹哀姜《あいきょう》を殺し、内に対しては善政を敷いて国力増強、外に対しては正義の守り神の役をひきうけ、順調きわまりない前進をつづけた。

覇者の驕り

前六五一年夏、桓公は葵丘《ききゅう》の地に諸侯を集合させた。周《しゅう》の襄王《じょうおう》は宰孔《さいこう》を使者に、この年に周の文王と武王を祭った際に供え物とした肉、赤い色を塗った弓矢、周王朝に朝覲《ちょうきん》（挨拶）に来る時に乗る大型馬車を授け、「わざわざ中庭まで下りて拝礼をせんでもよいぞ」と伝えさせた。桓公は、「そうか。じゃあここで」と座敷で一礼してすませようとした。管仲が、「いけません」と言い、あらためて正式の拝礼をするこの年の秋、またも桓公は諸侯を葵丘に集めた。桓公の驕った態度に、諸侯も、「いいかげんにしてもらいたいね」と服従しない者も出て来た。病気で期日に遅れた晋《しん》の献公《けんこう》に対し、途中で出会った周の使者宰孔は、「行かれる必要はありません」と言いきった。献公はこのあと亡くなり（前六五一年のうち）、桓公は晋に介入して後継を定め、ますます驕り、

「封禅《ほうぜん》の儀を行いたい」

と言い出した。周に代わって、自分が天下の支配者になるということである。管仲が必死に止め、とりあえずは思いとどまったが、前六四五年、管仲が亡くなると、桓公は糸の切れた凧《たこ》のようなもの。管仲が遺言をして、「絶対にこの三人を近づける

な」と言った易牙《えきが》（雍巫《ようふ》とも）・開方《かいほう》・竪刁《じゅちょう》を親愛して権力を与えてしまう。[*1] あとはお決まりの御家騒動で、桓公の後継の地位を五人の息子が争い、前六四三年、桓公が世を去るとすぐ内戦状態となり、桓公の遺体は六十七日間、寝台の上に放置された。遺体にわいたウジ虫が部屋の外まではい出て来た、と『史記』は伝えている（斉太公世家）。このあと、生前の桓公・管仲から依頼を受けていた宋《そう》の襄公《じょうこう》が斉に攻めこんで悪党を駆逐し、ようやく事態はおさまった。桓公の繁栄も一代限り。「覇者に世襲なし」というところか。否《いな》、世襲しうるだけの力のある覇者が「新しい王朝」をひらくのだ。

＊1　易牙は自分の赤ん坊を殺して料理し、「珍味でございます」と取りいろうとした。開方は自分の親にそむいて取りいろうとした。竪刁はみずから去勢して宦官《かんがん》となり、桓公に近づこうとした。

32 管仲

友をえて飛躍

斉《せい》の桓公《かんこう》を覇者《はしゃ》たらしめたのは、管仲《かんちゅう》の力であった。むろん管仲一人だけの働きではなく、他の臣下たちや国民の努力の結果であるわけだが、管仲がいなかったら、桓公は覇者になれたかどうか。このことを考えた場合、やはり管仲の力は偉大であったことを認めざるを得まい。

管仲の「仲」は字《あざな》で、名は夷吾《いご》である。潁水《えいすい》のほとりに生まれ育ち、鮑叔牙《ほうしゅくが》（鮑叔の二字のみで呼ばれることが多い）と友人となった。鮑叔は管仲の才能を高く評価し、一緒に商売をした時、貧乏な管仲が売り上げをごまかして自分の取り分を多くしても、何も言わなかった。やがて、管仲は斉の公子（政権継承有資格者）の糾《きゅう》に仕えるようになり、鮑叔のほうは公子の小白《しょうはく》に仕えるようになった。糾と小白の両者は、政権を争い、小白の勝利となる。前節に記したように、管仲の放った矢が、小白の帯鉤《たいこう》（帯をとめる金具）に当たるという、きわどい一瞬もあったが、結局、小白が位に即《つ》き、糾は死に、管仲も投獄された。この時、鮑叔が小白に懸命の推薦を行ったおかげで、管仲は獄から出、さらに能力を評価されて、宰相《さいしょう》の地位にまでのぼった。『史記』管仲伝は、次のような言葉を、管仲自身に語らせている。

管鮑の交わり

「私は貧乏だった若いころ、鮑叔とともに商売をしたことがある。私は自分の分け前を多く取るようなズルイことをしたが、鮑叔は私を『欲張りめ』とは一度も言わなかった。私が貧しいことをよくわかってくれていたからだ。私はそんなころ、鮑叔のためにと思って、あることを計画し、実行したのだが、うまく行かず、大損して鮑叔にまで迷惑をかけてしまったが、鮑叔は『バカな奴だな』とは言わなかった。私の気持ちを理解し、その時々に運不運、利不利があるものだということをわかってくれていたからだ。私は三人の主人に仕え、三回とも、すぐクビになったが、鮑叔は、私を『仕えるべき相手を見ぬけぬ愚《おろ》か者《もの》め』と言ったりしなかった。私に飛躍の時がまだ来ていないことを、わかってくれていたのだ。私は三回戦争に従軍し、三回とも敗れ、逃亡したが、鮑叔は私を『節義に死ねない臆病者め』とは言わなかった。私には老いた母がいて、自分の都合だけで死ねないことを知ってくれていたからだ。公子の糾が敗れ、この時、仲間の召忽《しょうこつ》は殉死《じゅんし》した。私は捕らわれ投獄される恥をさらしたが、鮑叔は私を『恥知らずめ』とは言わなかった。私が、耐えしのんで生きのびることを恥とせず、天下に大きな足跡を残さず無駄死にすることのほうな恥とする人間であることをわかってくれていたからだ。私をこの世に生んでくれたのは父母だが、私を本当にわかってくれているのは鮑叔だ」

鮑叔は管仲の推薦者であったけれども、ずっと管仲より下の位に身を置いた。そして彼の子孫は十代も斉の国に名を知られる大夫《たいふ》でありつづけた。天下の人々は、管仲の賢明な政治手腕を誉《ほ》めるよりも、鮑叔に、人間の価値を見ぬく眼力のあったことを賛美した。

管仲の富国強兵路線

宰相としての管仲は、斉が海辺の国であることを生かし、魚や塩の交易の利によって、富国強兵の路線を進めた。この点、太公望《たいこうぼう》と同じ手法に見えるが、国民の要求を肯定し、皆が富んでゆけるような政策、今風に言えば、インフレ政策、あるいは高度成長経済といったところで、うっかりするとバブル経済にもなりかねないような拡大路線をとった。彼の「倉廩《そうりん》（倉庫）実《み》ちて則《すなわ》ち礼節を知り、衣食足りて則ち栄辱《えいじょく》を知る」（『管子』牧民篇）は、ひじょうに有名である。管仲は別に、どこかの大学で経済理論を学んだわけではないが、人間の欲望が経済を動かすことを知りぬいていた。礼節（道徳）は社会が豊かになってから言え。社会が豊かになると、恥ずかしい気持ちが生じ、それが経済を煽《あお》る。日本も戦後の高度成長期までは、破れを繕《つくろ》ったシャツ、ズボンで平気だった。みんなが清潔でサッパリした衣服を着るようになると、衿《えり》に汚れの付いたシャツなど恥ずかしくて着ていられない。何が「栄」で何が「辱」かを気にするようになる。そうなれば、さらに内需拡大、経済加速。経済が繁栄する国には、そうでない国から安い労働力が流れこむ。桓公はこの味をしめてしまったわけだから、「ぜいたくは止めましょう。身を慎みましょう」と、堕落《だらく》しないように働きかけても無理かもしれない。管仲の死後、桓公がどうにもならぬ君主になってしまうことこそ「歴史の必然」と考えるべきであろう。

斉にはこの百年後、晏嬰《あんえい》という別のタイプの名宰相が登場する。節約・倹約・緊縮型の宰相で、国政の引き締めをしようとした。管仲が右上がりのバブル型宰相ならば、晏嬰はその後始末に登場した財政再建型の宰相と言えそうである。

孔子も管仲に対し批判的であったが、

「管仲なかりせば、吾《われ》それ被髪《ひはつ》左衽《さじん》せん（管仲がいなかったら、私も髪をザンバラに、着物を左前に着ていただろう）」

と、その中国文化の確立に果たした役割を認めている（『論語』憲問篇）。

33 晋の文公

驪姫の禍

「春秋《しゅんじゅう》の五覇《ごは》」の二番目に数えられる晋《しん》の文公《ぶんこう》は、まだ位を継がぬころ（前六四四年）、斉《せい》を訪れ、桓公《かんこう》の公女を妻の一人としたことがあるので、桓公とは義理の父子関係にある。斉の桓公がすんなりと位を継げたわけではなかったように、晋の文公もまた楽な人生行路ではなかった。

晋の献公《けんこう》が前六七二年に驪戎《りじゅう》を改め、驪姫《りき》とその妹を手に入れ、二人とも寵愛《ちょうあい》したのが、そもそもの始まりで、この寵愛ぶりを見て大臣の士蔿《しい》が、前六六九年、「公子の数が多すぎます。誅殺《ちゅうさつ》して数を減らさないと、あとあと乱のもととなるでしょう」と進言し、献公は次々に公子たちを殺した。公子たちは逃げ出し、前六六五年、いよいよ驪姫が男の子奚斉《けいせい》を生む。献公はすでに太子に定めてあった申生《しんせい》を廃し、奚斉に後を継がせようと考えた。申生の生みの母も斉の桓公の娘（斉姜《せいきょう》）であったが、彼女は早く亡くなっていた。献公の子の中では、太子の申生と、重耳《ちょうじ》（のちの文公）、夷吾《いご》（管仲《かんちゅう》とは別人）の三人がすぐれていたのだが、献公は驪姫を得て以来、この三人を三人とも疎《うと》んずるようになった。驪姫は、ある時には泣きつき、ある時には、みずから毒を仕こませておいた肉を、「確かめないと危険です」と言って犬に与え、犬は死ぬ。これを、「太子の申生の陰謀です。彼が毒を盛って、あなた（献公）を殺そうとしているのです」とやってみせた。太子の申生は、「他国へお逃げください」と言われたが、「このような汚名を着せられた私を受けいれてくれる国はあるまい」と、自殺してしまった。*1 残った重耳と夷吾は驪姫に讒言《ざんげん》されて逃亡を余儀なくされた。

放浪の王子

重耳は蒲《ほ》の城に逃げこんだが、献公の軍が迫り、さらに逃げて生母の出身した翟《てき》の国へ行き、必死の防戦となる。幸い翟の抵抗は強く、重耳は無事でいられた。前六五一年、斉の桓公が葵丘《ききゅう》に天下の諸侯を集合させる。晋の献公は病気で遅れ、周の使者宰孔《さいこう》から「桓公の驕慢《きょうまん》はひどすぎる。出席する必要はない」と言われる。献公がほどなく病死すると、

晋系図（部分）

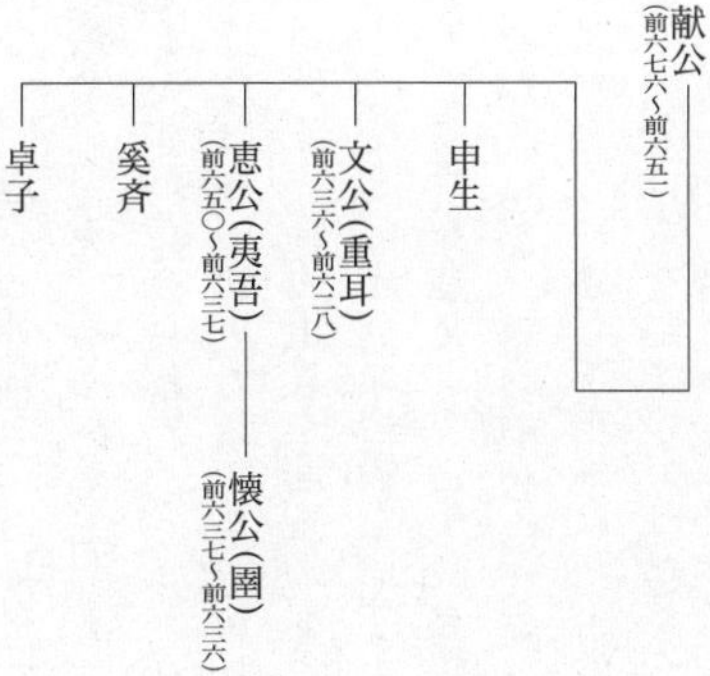

晋国の大臣里克《りこく》と邳鄭《ひてい》が、重耳を迎えて位に即《つ》かせようと反乱し、里克は服喪中の奚斉を殺す。里克はつづいて奚斉の弟卓子《たくし》（驪姫の妹が生んだ）も殺し、重耳を迎えようとしたが、重耳は拒否し、そこで里克は夷吾を迎えて即位させる（晋の恵公《けいこう》）。夷吾の即位は周の襄王の承認も得られた。しかし、夷吾は即位すると、「重耳は現在、国外にいる。その重耳を迎えようとした里克が、やがてまた反乱を起こすのではないか」と心配し、里克に自殺を命ずる。里克は剣にからだを投げかけて自殺した。里克とともに重耳を迎えようと反乱を起こした邳鄭は秦《しん》に使者として出向いていたので、難をのがれたが、秦の穆公《ぼくこう》に、「晋君（恵公）を追放して、重耳を晋に入れて位に即かせれば、恩に感じて重耳は、王のお望みの河西《かせい》の地を献上するはずです」と持ちかける。穆公は軍を出すのではなく、邳鄭を帰らせ、金品で晋国内の大臣たちを抱きこみ、重耳帰国を謀《はか》らせようとした。しかし、大臣たちは、「邳鄭の奴、我々に協力だけさせて、あとで始末してしまおうと考えているな」と考え、邳鄭らを殺したため、計画は空振りに終わる。

その後、晋と秦は食糧援助をめぐって戦争となり、恵公は捕虜となる。しかし、穆公の夫人は恵公の姉。政略結婚も役立つことがあり、夫人は穆公に泣きつき、恵公は命が助かる。恵公はどうしても重耳の存在が邪魔なので刺客を送る。重耳は斉に逃げた。

逃亡十九年、やっと帰国・即位

前六三七年、恵公が世を去り、太子の圉《ぎょ》が後を継いだ（懐公《かいこう》）。しかし、圉は秦に人質として来ていたのに、勝手に逃げ出して位に即いたので、ついに秦は怒って軍を出し、晋に攻めこみ、重耳を立てた。ようやくのことで「晋の文公」が誕生したわけだが、重耳は前六九七年の生まれだから、数え六十二歳になっていた。長く重耳に従っていた狐偃《こえん》が、重耳の晋国入りを目前に、

「私は過ちの多い者。ここで失礼します」

と逆な言い方で自分の功をアピールし、それを見た節義の人介之推《かいしすい》が嘲笑して、隠《いん》遁《とん》するひと幕もあった。

晋の文公は前六三二年、周王朝が公認した覇者となったが、斉の桓公に比べればその力は弱かったろう。たまたま秦の穆公が、重耳を晋の文公たらしめた背後の力でありながら、みずからはキングメーカーの座にとどまって重耳の背後に身を隠していたので、重耳は覇者として振る舞うことができたのである。晋の文公に盾つくことは、ついでに秦の穆公をも敵にまわすことに他ならない。実際、前六三〇年には、晋・秦共同で鄭《てい》を攻めたりしている。「周の滅亡」の条で記したように、晋の文公が諸侯を集めた場に周の襄王を「召《め》」した陰には、こうした力関係があった。してみると、晋

の文公は、棚の上の飾り物と化した周王朝の前で、覇者として踊る、齢六十を越えた「操《あやつ》り人形」であったかもしれない。

＊1　『国語《こくご》』晋語《しんご》一・二や『韓非子』備内篇《びないへん》には、優施《ゆうし》（俳優の施《し》）が驪姫と通じていて、中生を殺して奚斉を立てる陰謀を行ったという話が見えている。

34 楚の荘王

三年鳴かず飛ばず

「春秋《しゅんじゅう》の五覇《ごは》」の三番目に位置するのが、楚《そ》の荘王《そうおう》（在位前六一三〜前五九一）である。斉《せい》の桓公《かんこう》が、周の武王《ぶおう》の軍師太公望呂尚《たいこうぼうりょしょう》の封地として歴史をはじめ、晋の文公が周の武王の子で、成王《せいおう》の弟である唐叔虞《とうしゅくぐ》に始まるのに比べると、周の成王の時代になってから楚に封地を与えられた熊繹《ゆうえき》に始まる歴史は、すこし周王朝との密着度が弱い。

近年、考古学的な発掘によって、南方の長江《ちょうこう》（揚子江《ようすこう》）流域にもひじょうに古い文化が存在していたことがわかってきたが、まだ発掘は途上の段階である。全貌が明らかになるのは、ずっと先のことである。しかし、楚の荘王が、『荀子《じゅんし》』に覇者の一人として数え上げられるだけの下地が、古くから存在していたことがわかったのも事実である。いきなり楚の荘王が覇者として飛び出して来たのではなく、南方の楚には楚なりの個性的な文化が古くから存在し[*1]、それを基礎として力の誇示であったのである。

荘王は、『史記』楚世家によると、即位後三年は何もせず、淫楽にふけることを仕事としているような、だらしのない王であった。そればかりか、国じゅうに触れを出

し、

「私を諫《いさ》める者は、容赦なく死刑にする」

と通達してあった。伍挙《ごきょ》なる者が、命をかけて諫めようと参内《さんだい》した時も、荘王は左手で鄭《てい》の国の美女、右手で越《えつ》の国の美女を抱き、鐘や太鼓に囲まれて音楽を聴いていた。伍挙は直接の諫めをせず、「謎々あそびをいたしましょう」と切り出した。

「小さな山の上に鳥がいますが、三年間、飛びもしなければ鳴きもいたしません。どんな鳥でしょうか」[*2]

「三年間飛ばなくても、いざ飛べば天空の果てまで飛ぶのだ。三年間鳴かなくても、いざ鳴けば天下を驚かすのだ。わかっている。さがれ」

その数ヶ月後、さらに遊蕩《ゆうとう》のひどくなった王を、蘇従《そしょう》が諫めようと参内した。

「お前は、諫めんとする者は死刑だと布告したのを知らんのか」

「私の肉体はほろびても、我が君のお心が明らかになられれば、本望でございます」

こう言われた荘王は、遊びをやめ、国政にはげんだ。粛清した臣下は数百人、代わって昇進・登用された能臣数百人。[*3]伍挙と蘇従の二人に国政をゆだね、楚の国民は大喜びした。楚の荘王は、一力茶屋《いちりきぢゃや》の大石内蔵助《おおいしくらのすけ》よろしく、遊びほうけるふりをしながら、自分のために命を棄てても働く臣下を得ようとしていたことになろう。そして、伍挙・蘇従がそろったところで、「今こそ好機」と国政の刷新をはかった。こういう君主を、儒家の荀子はけなさず、肯定する。

鼎の軽重を問う

『荀子』の書を読むと、楚の荘王は「大量殺戮《さつりく》（粛清）を行った悪王」ではなく、賢明な人物と評価されている。『荀子』君道篇には、「楚の荘王は腰の細い美女を好んだので、後宮《こうきゅう》の女性は物を食べずに餓死する者が出た」と悪口と見られる言葉もあるが、これは、遊びほうけていた最初の三年間の出来事であろう。

しかし、荘王は前六〇六年に陸渾《りくこん》の地の異民族を攻め、そのまま周の都成周《せいしゅう》（洛《らく》陽《よう》）の郊外に軍を駐《とど》め、その威容を誇ってみせた。周の定王《ていおう》が王孫満《おうそんまん》をつかわして慰労すると、荘王は、周に代々伝わる王朝のしるしである九つの鼎《かなえ》の重さを質問した。こ「私が持って帰れない重さではないと思うが」と、暗に譲位を要求したのである。これは、順調すぎる国内改革、対外軍事の成功に、荘王に驕《おご》りの心が生じたと読むべきものであろう。王孫満が、「周の徳は衰えたりとは言え、まだ天命は尽きていませんぞ」と応じると、天下の諸侯たちをすべて力でおさえることはできないと冷静な判断にたちもどり、荘王は帰国した。

これがケチのつきはじめか、翌年（前六〇五）、宰相《さいしょう》に任じた若敖氏《じゃくごうし》が反乱を起こし、荘王みずから平定にのぞみ、若敖氏一族を皆殺しにした。三年の間、鳴きも飛びもしなかった鳥は、その鳴きはじめ、飛びはじめの段階では勢いがあり、国民の支持も得られたが、いざ飛びつづけると、どう羽ばたけば最も高度を維持できるか、迷いを生じたということであろう。

このあと、荘王は鄭の国に襲いかかり、勝利を得るが、鄭の襄公が降伏すると、「このような良い君主のいる国を滅ぼすことはできぬ」と軍を退《ひ》き、あらためて和睦を取り結んだ。荘王はこのような乱暴な手続きによって「太っ腹な仁君」の姿を演じたのである。そして、前五九四年にも、宋《そう》を攻め、城を包囲する。城内は食糧が尽き、互いに子を交換して食べ、その骨を燃料にするほどで、宋の華元《かげん》が出て来て実情を訴えた。荘王は「君は君子《くんし》であるなあ」と言って軍を退いた。本音のところでは荘王は今の言葉を自分に対して言ってほしかったのだ、とも読めるが、軍隊は、維持のため、ある程度は戦って勝ち、将兵に褒賞を与えつづける必要があるものである。荘王は本気で鄭や宋を滅ぼそうとしたのではなく、「わかっている。軍は、時々こうしないと、いざという時に役に立たんよ」と醒《さ》めた表情でつぶやいていたのだろう。

＊1　『韓非子』外儲説《がいちょせつ》・右上には、楚の荘王の独特の法律があったことが記されている。内朝と外朝をへだてる門（茅門《ぼうもん》。茆門とも）の所にある雨だれ受けを馬が踏んだ場合は、

その馬車の轅《ながえ》を切って馭者《ぎょしゃ》を殺す定めであった。

＊2　この話は『韓非子』喩老篇に見える。おそらく、この原話。

＊3　『史記』循吏《じゅんり》伝に、楚の荘王に仕えた名臣孫叔敖《そんしゅくごう》のことが載っている。

35 呉王闔閭

いとこを暗殺して即位

「春秋の五霸」の四番目に数えられる呉王闔閭《ごおうこうりょ》（在位前五一五～前四九六。闔廬とも表記されるので、コウロとも読まれる）は、遠く周王朝の親戚に系図を発している。その始祖の太伯《たいはく》と弟の仲雍《ちゅうよう》は、周の太王《たいおう》（古公亶父《ここうたんぽ》）の長男と次男で、季歴《きれき》の兄にあたる。この季歴の子が西伯昌《せいはくしょう》（周の文王《ぶんおう》）である。古公亶父は、季歴に自分の後を継がせたいと考えていたので、太伯と仲雍は南方に逃れ（追放されたとも、殺されてはたまらないと逃げ出したとも解釈できる）、体に刺青《いれずみ》をして髪はザンバラ、後継者であることを主張しないとの姿勢を示した。

太伯は南方の異民族たちの支持を受け、呉の太伯となった。つまり、今まで太伯と書いてきたけれども、呉の太伯と呼ばれたことから、彼を太伯と呼ぶようになったのが事の順序で、彼の本当の名が何なのかは定かでない。呉の国がある程度かたまってきた段階で、「我らの祖先はかくも偉大であった」と説明するために作られた伝説であると見るほうがよさそうである。

太伯が亡くなると、弟の仲雍が後を継ぎ、その後、周章《しゅうしょう》の代に、武王《ぶおう》が殷《いん》の紂王《ちゅうおう》を滅ぼし、正式に周王朝が開かれ、周章はそのまま呉の地に封ぜられることとなった。

呉は不思議な国で、王の寿夢《じゅぼう》（在位前五八五〜前五六一）の後、長男諸樊《しょはん》以下、余祭《よさい》、余昧《よまい》（夷昧《いまい》、夷末とも書かれる）が、四男の季札《きさつ》に国を譲ろうとし、季札が拒否すると、「しかたがない。とりあえず諸樊が王位に即《つ》き、次に位を受け継いで最終的に季札に渡そう」ということになる。これを末子相続制のあらわれと見る向きもあるが、臣下集団にとってみれば、幼年者が後を継ぐことのほうが自分たちの好きにやれて有難い[*1]。だから、年かさの兄たちには、「臣下一同、末っ子どのに支持が集中しているのですが、どうなさいます？」と、やんわりと語りかける。これでたいてい「わかった。末弟に譲るよ」と言い出す。この場合の末弟季札は、「冗談じゃない。ぼくは利用されるのはイヤだ」と飛び出してしまった。

前五二七年、余昧が亡くなったが、季札はやはり逃亡してしまい、余昧の子の僚《りょう》が後を継いだ。これを不快に思ったのが諸樊の子の光《こう》である。光は地下室に軍をひそませておき、勇士の専諸《せんしょ》に命じ、焼き魚の腹中に匕首《あいくち》をかくして、王の僚を酒宴に招き、専諸に僚を刺殺させ、みずから王となった。これが呉王闔閭である。

越王勾践に敗れて無念の死

光は呉王となると、楚から亡命してきていた伍子胥《ごししょ》(37)を起用して楚《そ》を攻め、兵法家孫武《そんぶ》(44。孫子の兵法で有名な人物)の協力も得て、楚を撃破した。楚の昭王《しょうおう》は都の郢《えい》を脱出した。その後、楚は秦と連合して呉軍を攻め、呉軍が動けなくなった時、異変が生じた。闔閭の弟の夫槩《ふがい》が、みずから呉王は私だと勝手に即位してしまったのである。闔閭はあわてて帰国し、夫槩は敗れて楚に逃げこんだ。

前四九六年、呉は越《えつ》に侵攻した。越王勾踐《こうせん》は巧みな戦法を用い、姑蘇《こそ》の地で呉軍を破り、闔閭は指に矢傷を受け、これがもとで死亡した。毒が塗られていたのかもしれない。闔閭は亡くなる前、太子の夫差《ふさ》を呼び、位を継がせてから、

「お前は勾踐が父を殺したことを忘れるなよ」

と強く言い遺した。この言葉は、例の表現法で、「勾踐が父を殺したことを忘れるか」という疑問文で表されている。

さて、『史記』呉太伯世家に記される呉王闔閭の事績はこのようなもので、斉の桓公、晋の文公、楚の荘王らと比べてみた場合、霸者というような迫力もなく、周王朝から公認された伯《は》でもない。「五霸」というふうに、「五」という数字に合わせて歴史の中から人物を選ぶことには、やはり多少の無理がつきまとうものである。次節の越王勾踐の伝記である『史記』越王勾踐世家には、前四八二年、呉王夫差が黄池《こうち》に諸侯

を集合させた記事が見える。だから、『史記』を見るかぎりでは子の夫差を「五覇」に数えたほうがよいような感もある。

さらに、闔閭が楚の昭王を破ったことも、表面上は景気のよい話だが、郢の都を呉軍が陥《お》としたあと、伍子胥と伯嚭《はくひ》は、楚の昭王の先代の平王（在位前五二八～前五一六）の墓をあばき、その屍《しかばね》を鞭打っている（死者を鞭打つの語源）。伍子胥は父と兄を、伯嚭は祖父を、それぞれ平王に殺されているので、言わば「個人的な怨み」である。闔閭は、その怨みに奉仕してやったかっこうになっているのだ。『史記』の記述によるしかない我々と、何か別の史料や伝説を知っていたかもしれない荀子との間に横たわる溝は、想像以上に深いものがあるかもしれない。

闔閭の後を継いだ夫差（在位前四九五～前四七三）は復讐に燃え、前四九四年越王勾践に勝利し、勾践は会稽山《かいけいざん》に立てこもり、必死の命乞いをする。夫差は伍子胥が止めるのも聴かず、勾践を赦《ゆる》してしまう。それどころか、その後は斉への攻撃に夢中になり、讒言《ざんげん》を信じて伍子胥に自殺を命じてしまう。そして前四七三年、越王勾践によって滅ぼされてしまうのである。夫差は「あの世で伍子胥に会わせる顔がない」と言い、顔に布をかけて自殺した。

＊1　伯夷《はくい》と叔斉《しゅくせい》も似たような形であった。彼らの場合は、彼らの間の兄弟が後を継いだ。

36 越王勾践

胆を嘗めて復讐を誓う

「春秋の五覇」の五番目の越王勾践《えつおうこうせん》(在位前四九六〜前四六五。勾は句とも書かれる)は、『史記』の中で「越王勾践世家」と、一人だけで巻を割り当てられている。越の系図上の始祖は、禹《う》の子孫で、夏《か》王朝の帝康《ていこう》の妾腹《しょうふく》の子だ、と。そして、会稽《かいけい》の地に封ぜられ、呉《ご》の太伯《たいはく》・仲雍《ちゅうよう》の場合と同様、体に刺青《いれずみ》、髪はザンバラで、荒れ地を切り開いて集落を作っていった。

それから二十代あまりのちに、允常《いんじょう》という王がいて、彼が呉王闔閭《こうりょ》と戦争をはじめ、以来、呉と越はいがみ合いの間柄となった。この允常の子が勾践である。

前四九六年、勾践の元年、呉王闔閭は允常の死を機会と見て、越に攻撃をしかけ、檇李《すいり》の地で矢傷を受け、死亡した。その遺言を受けた呉王夫差《ふさ》は、昼も夜も軍事教練を行い、復讐の機をうかがった。前四九四年、勾践は呉に先制攻撃をしかけようとする。ブレーンの范蠡《はんれい》が止めたが、勾践は聴かずに出兵し、夫椒《ふしょう》の地で敗れ、勾践は兵五千とともに会稽山に立て籠る。勾践は范蠡に詫《わ》び、策を問うた。そして、夫差の側近の太宰《たいさい》（宰相）の伯嚭《はくひ》を美女と宝物で口説き、ようやく脱出に成功する。

会稽山に包囲された恥を忘れまいと、王の座の側に胆《きも》を置き、飲食のときにはこれをなめて、

「会稽の恥を忘れたか」

と、繰り返す日々を送り、みずから農作業にはげみ、夫人も機織《はたお》りに精を出し、食事は一菜（おかず一品）、質素な衣服に身をつつみ、賢者にへりくだり、国民と労苦をともにすること七年、国力は回復した。勾践は呉に復讐しようと思ったが、逢同《ほうどう》なる大夫《たいふ》が、

「今、呉に直接戦いを挑むのではなく、斉と呉を戦わせ、呉の力が落ちたところで伐《う》つべきです」

と進言したので、さらに二年、チャンスを待った。

一方、呉でも越のようすは気にかかる。しかし、呉王夫差は斉との戦いに気がいってしまっている。見かねた伍子胥《ごししょ》が、「気をつけるべきは越のほうです」と諫《いさ》めたが、夫差は聴かない。かえって讒言《ざんげん》を信じ、伍子胥を裏切り者と思い、自殺を命じてしまう。

会稽の恥を雪ぐ

その後、斉《せい》や晋《しん》との戦いに消耗した呉のようすを見すまし、前四七八年、越は呉の攻撃に出た。連戦連勝で、そのまま三年間、呉国内にとどまって呉の都を包囲しつづけ、ついに夫差は姑蘇《こそ》の山に立て籠ることとなった。二十数年前は会稽山に勾践を包囲していた夫差が、逆に包囲される身となったのである。夫差は使者を送り、「会稽山では赦《ゆる》してやったではないか」と訴える。勾践は赦そうかと思ったが、范蠡が強硬姿勢を崩さず、ついに夫差は自殺して果てた。

このあと、越は徐州《じょしゅう》に諸侯を集め、周王朝に貢ぎ物を送った。周の元王《げんおう》は正式の使者を立てて勾践に伯《は》の称号を贈った。これが越王勾践が「五覇」の一人に数えられるゆえんである。勾践は、淮水《わいすい》沿岸の土地を楚に与え、呉が宋《そう》から奪い取った土地は宋に返還してやり、魯《ろ》にも百里四方の土地を与え、と天下の区画整理のようなことを行った。これにより、天下の諸侯の祝辞が勾践に集中し、彼は「覇王」と呼ばれた。

問題はこのあとである。越王勾践は宿敵呉王夫差を破り、同時に呉の国も滅ぼしてしまった。彼は、この日のために、くる日もくる日も執念を燃やし、復讐を夢見ていた。そして二十数年後に、その日が来た。復讐は終わった。だが、復讐を終えた勾践に何が残っていたか。彼は復讐にすべてを懸けて生きてきたのだ。それ以外に、人生の目標がなかった。もし彼が、天下を統一するとか、もっと大きな目標を持っていれば話は違っていたかもしれない。しかし、彼はそうではなかった。こうした越王勾践の姿を見せつけられると、目標を持って生きるタイプの人生は、努力、努力で生きてゆくから、その目標が充足されないうちこそが華で、かえって目標の充足を見たとたん、執念の脱《ぬ》け殻《がら》だけが空しく残るおそれがある。司馬遷は、大上段にふりかぶって、こうした人生訓を教えようとしているわけではないだろうが、サラッとほのめかしてはいるようだ。というのは、勾践は復讐の対象であった夫差の存在が無くなってしまうと、今度は身近な者の中に憎悪の対象を探しはじめる。そのことを、いち早く察知して、斉の国に逃げ去ったのが范蠡であった。范蠡は斉の国から、越の功臣、大夫種《たいふしょう》に、手紙を送った。[*1]

「蜚《ひ》（飛）鳥《ちょう》尽きて良弓蔵《おさ》められ、狡兎《こうと》死して走狗《そうく》烹《に》らる（ウサギがいなくなれば、猟犬は煮て食われてしまう）という諺《ことわざ》がある。[*2]越王は頸《くび》が長く、カラスのような口をしている。ああいう人は患難《かんなん》をともにできても、楽しみをともにはできないものだ。早く国外に逃げ出したほうがいい」

と。しかし、大夫種は国外脱出ではなく、国内で引退生活を送ろうと、病気を理由に朝廷に出ないことにした。そして折を見て辞職せんとしたのだが、これが仇《あだ》となり、「大夫種は病気と称し、ひそかに反乱を企てている」と讒言され、自殺に追い込まれてしまった。

＊1　彼ら二人は越の国にとっての忠臣であり、『韓非子』説疑篇に、伊尹《いいん》（17）や周公旦《しゅうこうたん》（25）らと並んで「覇王《はおう》の佐《さ》（補佐の臣）」としてふさわしい人々であったと記されている。

＊2　『韓非子』内儲説《ないちょせつ》・下・六微によると、この文句の手紙を大夫種に送ったのは呉の太宰嚭《たいさいひ》で、呉が完全に滅亡したら、謀臣のあなたはもう不要。消されてしまいますよ、と訴えている。

37

范蠡と伍子胥

うまく逃げた范蠡

越王勾践《えつおうこうせん》と呉王夫差《ごおうふさ》の戦いは、全く違ったタイプの臣下の姿を生んだ。范蠡《はんれい》と伍子《ごし》胥《しょ》である。范蠡は越、伍子胥は呉と敵味方の関係にあったが、前節に見た越の功臣大《たい》夫種《ふしょう》も、伍子胥のタイプであった。戦いには「このへんで」という手の打ちどきがあり、君主には「次の世代への受け渡し」を考え定めるべき日が来るように、臣下の立場に身を置く者にも、身の引きどきがある。要は、どのへんでそれを見定めるかということで、これにも巧拙《こうせつ》がある。范蠡を巧とすれば、伍子胥と大夫種は拙であった。

范蠡はどこの人なのか。『史記』には記述がないが、『呉越春秋』によれば、字《あざな》を少《しょう》伯《はく》といい、楚《そ》の国の宛《えん》の生まれであった、と。*1 若いころのようすはよくわからない。会稽《かいけい》の恥を雪《すす》がしめ、越王勾践を覇者の地位に押しあげた功で、上将軍《じょうしょうぐん》の称号を与えられたが、范蠡は「このような大きな名称の下に長く居られるはずがない。呉王夫差を倒したことで、憎悪《ぞうお》の対象がなくなった勾践とともにいては危ない」と勾践に別れを告げて船で斉《せい》の国へ逃げ去った。勾践は「お前の功績に対し、国土を半分与えようと思っているのに、逃げる気か」と言ったが、范蠡はサッサと荷物をまとめ、去ったのである。

海辺から斉の国に至った范蠡は、鴟夷子皮《しいしひ》と名のり、*2 海辺の土地を耕し、懸命に働いて財をなした。斉の国では賢者であるとして、宰相に任じた。范蠡は不吉だとして、またも貴重品だけを身につけると、すべての財産を知人・隣人に分け与え、立ち去った。そして当時の物流の拠点陶《とう》の地に来て朱公《しゅこう》と名のり、またも財をなし、「陶朱《とうしゅ》公《こう》」として知れ渡った。

ある日、彼の次男が楚の国で人を殺し、捕らえられた。范蠡は、陶の地に来てから生まれた三男に黄金を托して楚に行かせ、旧友の荘生《そうせい》にこれを渡して次男を助けようとした。ところが長男が「自分が行く」と言って譲らない。范蠡はしかたなく長男を行かせた。長男は荘生に会って事情を話したが、荘生があまりにみすぼらしい住居に暮らしているのを見て失望し、「あの人じゃダメだ」と残りの金を楚の有力者にバラまいた。荘生は清廉な人物として知られていたので、楚王に説くと、王はすぐ赦免を承知する。楚の有力者が赦免の情報を范蠡の長男に伝えると、長男は、荘生とは別の方面から赦免が決定したのだと思いこみ、「この前あずけた黄金を返してくれませんか」と求めた。怒った荘生は、はじめから黄金を受け取る気がなかったので、「勝手に持って行け」と応じると、再び楚王のもとへ行って、范蠡の次男の刑を執行させた。

涙にくれる家族に、范蠡は「三男は富の中で成長したから、黄金をポンと棄てても惜しむ心がない。長男は苦労の中で育ったので、どうしても黄金を惜しく思ってしまう。だから三男を行かせると言ったのだ。私には最初から結果はわかっていた」と言って笑うのだった。「物語」であろうが、人間の心理を読むことに長《た》け、それゆえに人生を全うした范蠡の面目躍如といったところである。

逃げおくれた伍子胥

一方、伍子胥は、名を員《うん》といい、先祖の伍挙《ごきょ》は楚の荘王(34)に仕えた人物で、名家の出であった。父伍奢《ごしゃ》と兄伍尚《ごしょう》を讒言《ざんげん》によって殺され、伍子胥は楚の平王《へいおう》(在位前五二八~前五一六)の太子建《けん》と鄭《てい》へ逃げ、建が鄭で殺されると、建の子の勝《しょう》と逃避行をかさね、呉で公子光《こう》(のちの呉王闔閭《ごおうこうりょ》)と知り合い、勇士の専諸《せんしょ》を推薦して呉王僚《りょう》を殺し、公子光を王位にのぼらせた。そして、呉王闔閭のもとで軍事に適切な進言を行い、「春秋の五霸」の一人に数えられるような人物にまで持ちあげ、楚を攻撃させて撃破する。楚の平王の墓をあばいて屍《しかばね》に鞭打って父と兄の怨《うら》みを晴らしたことは、前述の通り[*3]。しかし、この瞬間、伍子胥は、のちに呉王夫差を倒して目標が充足し、執念の脱《ぬ》け殻《がら》となった越王勾践と同じように、すこし心に空洞を生じたらしい。闔閭の死後、後を継いだ夫差の代に、越王勾践を会稽山に追いつめ包囲しながら、越からの贈物で勾践のために弁をふるう太宰《たいさい》（宰相）の伯嚭《はくひ》（彼も祖父を殺した楚の平王の屍を鞭打ったことで、目標がなくなり脱け殻状態。そこに金と美女、容易に抱きこまれる素地があったのは皮肉である）を、命がけで説き伏せて、勾践を殺させるまでに至らなかった。さらに伯嚭に先回りをされ、夫差に、「伍子胥が王の斉征伐を止めようとして、越王勾践の脅威を持ち出すのは誤った考えで、実は彼は斉と裏で手を結んでいるのです。彼は使者として斉におもむいた時、斉の鮑牧《ほうぼく》（鮑叔《ほうしゅく》の子孫）に息子をあずけたのが何よりの証拠」と讒言された。事実、伍子胥は「自分の言うことを聴かない呉の国は終わりだ」と思っていたのだが、夫差に自殺を命ぜられ、「私の墓に梓《あずさ》の木を植えよ。いずれ越に滅ぼされる呉王の柩《ひつぎ》とするのだ。眼球をえぐって呉の東門に載せておけ。越軍が侵入して呉国を滅ぼすのを見てやる」と言いのこして果てた。伍子胥の遺体は、鴟夷《しい》（皮袋）に入れられ、川に捨てられた。伍子胥にうまく逃げ出すタイミングがあったかどうかは、微妙なところであろう。

＊1　唐代の注釈『史記正義』の注の指摘による。
＊2　子《し》は先生の意。俗に訳せば、「皮袋皮吉先生《かわぶくろかわきち》」のようなもの。あとの伍子胥の死にざまとも関係するような名のりである。

＊3　この時の心境を、伍子胥は、「私は日暮れて途《みち》遠し、もう老い先みじかいのだ。だから倒行《とうこう》して逆施《げきし》す、道理にそむいたことでも、やれるうちにやってしまわずにおかないのだ」と語っている。有名な言葉だが、実際のところ、彼が何歳であったかはわからないので、人生の実感があるのか、それほどの老齢でもないのに、「人間いつ死ぬかはわからないのだ」と言っているのか、定かではない。

七　諸子百家の時代——儒家・道家・墨家・法家……

戦国乱世といっても、毎日戦争だけに明け暮れしていたのではなく、しばらく安息の時もあった。天下の諸侯は、自分こそは覇者《はしゃ》たらんと争っていたが、どの諸侯にも決定打が出ず、早期の収拾、つまり天下統一は成らなかった。ボクシングなどであれば、互いに最後まで決定打がでなくても、判定によって勝ち負けがつくけれども、戦国乱世には、判定勝ちによる天下統一は望めない。そして、何ラウンドでその試合は終わりということもなく、決着がつくまでは、いつまでも殴りあっていなければならない。これが諸子百家《しょしひゃっか》の舞台であった。

孔子《こうし》、孟子《もうし》、荀子《じゅんし》らの儒家は、人間性の恢復《かいふく》と、その自覚・修練によってこそ乱世に終止符を打てると考えた。老子《ろうし》・荘子《そうし》ら道家は、人間性よりさらに前の段階に思索の領域を定め、人間の欲望の無意味さを指摘した。孫氏《そんし》らの兵家は、人命をそこなうことなく勝つことこそ最善最高の勝利であると主張した。商氏《しょうし》や韓非子《かんぴし》ら法家は、富国強兵のはてに天下の安定があるとし、それを成し遂げるには法律の厳密な運用が不可欠であると考えた。そして、天下統一後も、法律によって治めるなら天下の安定は万全のものとなる、と。墨子《ぼくし》は、人間愛にこそ人間の尊厳があると主張し、その愛を拡大することで平和な世界を実現すべきであるとした。

彼らは、規準も規範も崩壊した世の中に生き、人間の真実がどこにあるのか追い求めてやまなかった人々である。司馬遷は、困難な時代にこそ、人間を見つめ、懸命に思索する思想家の存在が必要であるということを、彼らの伝記を通じて、我々に訴えかけているようである。彼らが高らかに歌いあげた人間賛歌は、いつの時代にも、反省と勇気とを与えてくれるはずである。

38

孔子

乱世で生かされる学識

「春秋の五覇」の五番目に位置づけられる越王勾践《えつおうこうせん》が宿敵呉王夫差《ごおうふさ》を倒し、呉を滅ぼしたのは前四七三年のことであった。儒学の祖孔子《こうし》（前五五二／前五五一～前四七九）の人生は、ちょうどこの「呉越の戦い」の時期にかさなり、その決着の六年前に世を去っていることになる。そして、孔子が生まれるよりも百三十年以上前の人物が「五覇」の筆頭斉《せい》の桓公《かんこう》（31）である。「霸者《はしゃ》」とは、「周王朝を上に戴《いただ》いてはいるものの、事実上は天下の仕切り屋」という意味である。孔子の人生は、すっぽりとこの時期に覆われてしまっている。無力化した周王朝、天下には仕切り屋が存在し、さらに「次の仕切り屋になるのはオレだ」「いや、オレだ」「オレは仕切り屋になり、さらに周の禅譲《ぜんじょう》を受けて天下を取ってやる」と力を競い合い、各地で戦争がつづいている。ひと口で言えば、乱世である。孔子はこの乱世の中に生まれ、生き、そして死んだ。このことが、彼の思想的立場の決定に重大な影響をおよぼすことになる。もし彼が、「無力化した周王朝など、もはや何の役にも立たぬ。何者かが周を倒し、天下を統一して安定した世の中をつくらねばならぬ」という立場をとるのであれば、「打倒周王朝」を掲げ、「霸者」の中から、次の安定的かつ平和的な世界を創り出すべき人物を期待すれば、それでいい。この「王朝破壊から新しい王朝の成立」こそ、ずっと過去から繰り返されてきたコースである。

現実への絶望と未来への希望

しかし、孔子には、当時の「霸者」や「次の霸者の座をねらう諸侯」の中に、期待できる人物像を見いだせなかった。その理由は、「富（金）がすべてだ」という人間ばかりであったからだ。孔子は、晋の文公を評価せず、斉の桓公は評価した。[*1]だが、斉の桓公を霸者たらしめた管仲《かんちゅう》については、その業績を評価しながらも「邸宅を三つも持つ贅沢《ぜいたく》をした器《うつわ》の小さい人間だ」と落胆をかくせなかった。[*2]管仲は桓公を霸者にのし上げたものの、その後は世の中の平和安定のために人生をささげるのではなく、個人的な贅沢に流れてしまった。なぜ天下の人々のことを考えないで個人的欲望に流され、支配されるのだ。結局は金が目的で、より多く金を集めるために戦い、勝てば贅沢にふけるばかりで、人々のことを顧みない。そのくせ、戦争をする時の大義名分は「悪の支配者から人々を解放するのだ」である。孔子には、政治における大義名分と実態の乖離《かいり》（言行不一致）が許しがたいものだった。しかし、孔子の人生の舞台は、言行不一致の見本市会場のような乱世であった。いやというほど、「現実」を見せつけられながら、孔子は育ち、いく度となく「絶望感」を味わいながら生きてゆかねばならなかった。

そこで孔子は、未来への希望を託すに足る人材の育成に情熱をそそいだ。その人材とは、各諸侯のもとで役人として働きながら、少しずつでも社会を良い方向に進めていける若者のことである[*3]。当然、その教育は、「上に立って人々を支配する階層」を育てるものになる。一般民衆を教育したら、無力化した周王朝の建て直しができる、もしそうなら、孔子もそうしたかもしれない。司馬遷は、乱世に身を置きながら、人材育成という道を貫いた孔子の姿勢に敬意をあらわして、孔子の伝記を「世家」の中に書いている。孔子はそのような立場の人物ではない。魯《ろ》の国の昌平郷《しょうへいきょう》の陬《すう》の町に生まれたが、父 叔梁紇《しゅくりょうこつ》と顔氏《がんし》の娘との野合によっての誕生で、生まれた時、頭頂部がくぼんでいたので丘《きゅう》と名づけられた。姓は孔。孔子の「子」は、先生の意。つまり孔子とは孔先生ということである。

晩年の悲劇

孔子は若いころ、町の会計係を務めたが、魯の国政の乱れを嫌い、斉《せい》にいったこともある。数え三十七歳ごろ、魯にもどって人材育成をはじめ、五十五歳で魯の国政に参与して治績をあげた。しかし、それも続かず、鄭《てい》、衛《えい》、宋《そう》、陳《ちん》、蔡《さい》などの国々をさまようことになる。政治の現実を変えようとすれば、「現実」の中で甘い汁を吸う勢力と衝突するのは当然のことで、どこへ行っても受け入れられない放浪の旅がつづいた。後年、こうした苦難の日々を振りかえり、孔子はこんなことを言った。

「私が陳・蔡の国で苦しんだ時、一緒にいた者たちは皆、巣立ってそれぞれの所へ行ってしまった。徳行にすぐれた顔淵《がんえん》（顔回《がんかい》）、閔子騫《びんしけん》、冉伯牛《ぜんはくぎゅう》、仲弓《ちゅうきゅう》。弁舌にすぐれた宰我《さいが》、子貢《しこう》。政務にすぐれた冉有《ぜんゆう》、季路《きろ》（子路《しろ》）。文学にすぐれた子游《しゆう》、子夏《しか》」

門を巣立っていった有為《ゆうい》の者たちを思い出しながら、「元気で活躍してくれているとよいが……」と静かな期待を語る。しかし、顔淵は出世することなく若死にし、子路は衛の国で乱に巻きこまれ、殺されてしまう（前四八〇年）。翌年に孔子は亡くなるので、最晩年の悲劇であった。乱世にあって、昔の周王朝[*4]のような世の中にならないものかと考えての人材育成は、乱世に対抗する孔子なりの「抵抗」であった。孔子が編集した歴史書『春秋』も、「現実の歴史」に対する抵抗のあらわれと言うべきであろう。

＊1　子《し》曰《いわ》く、「晋の文公は譎《いつわ》りて、正しからず。斉の桓公は正しくして、譎らず」（『論

語』憲問篇)。いろいろな読み方があるが、通常は桓公のほうを高く評価したと読まれる。「譎」は「いつわり」ではなく、「当座の切り抜け方」の意だとする説もある。

＊2　子曰く、「管仲の器《うつわ》は小なるかな」「管子に三帰あり」(『論語』八佾《はちいつ》篇)

＊3　孔子は、秩序を維持しつつ、人間としての温かい心がかよう世界を理想とした。彼は、仁《じん》(心のあたたかさ)、義《ぎ》(正義)、礼《れい》(礼節)、忠《ちゅう》(忠義)、孝《こう》(親孝行)、信《しん》(まこと)などの必要性を強く説いた。

＊4『論語』には、周の文王や周公旦をたたえる孔子の言葉があちこちに見える。

39 老子

孔子も礼を問う

老子《ろうし》は謎の人物である。老子とは、「老先生」の意にほかならない。『史記』の老子伝によれば、楚《そ》の苦県《こけん》の厲郷《らいきょう》の曲仁里《きょくじんり》の人で、名は耳《じ》、字《あざな》は聃《たん》、姓は李《り》である、と。出身地の細かい所までわかっているようでありながら、「曲仁里」とは一体何を意味するのか。「仁」は孔子《こうし》の主張する、人間としての徳のひとつ。「曲」は「こまかく、くわしい（委曲をつくすの曲）」ことを言いたいのか。それとも、「仁」に対して、「ヘソを曲げる（曲解の曲）」ことを意味するのか。司馬遷はそうしたことにはおかまいなく、老子に対して孔子が「礼」について質問をするために、わざわざ周に出向いたと記す。老子は周王朝の蔵書室の役人であった。老子は孔子に、

「君が理想として語る人々は、もう骨さえも朽《く》ちはてている。[*1] りっぱな人物は、在庫を持ちながら、店頭に見せびらかすことがない商人や、徳を持ちながら、外見は愚か者のように見える聖人のことだ。君は、理想に燃える高慢さと、他者に対する過剰なアピールをやめるべきだ。君にとって、これらの要素はムダである。私が言ってやれ

ることはこのくらいだ」

と喩《さと》した。孔子は、自分の弟子たちに、

「竜のような人物だ。どうやっても、つかまえる方法がない」

と言うのだった。

司馬遷は、老子を孔子の先輩、つまり、年代的に見て古い人だとして書いているのだが、思想史的には、老子のほうが後だ（今日に近い）と位置づける説が主流である。その主張が、孔子を筆頭とする儒家の主張をからかうような趣があるからである。

思想の本質は

「人間世界に、基本的な道が失われたので、仁や義が主張される。なまじ知恵を持つから、他人を偽《いつわ》り、あざむくのだ。親類縁者が仲良くしないから、孝行息子や慈愛ぶかい親が誉められるのだ。国家が乱れるから、忠臣が目立つ」（『老子』第十八章）

逆説的思想と評される老子の思想だが、その解釈は単純にはいかない。老子は、孔子らの主張をからかってはいるが、否定はしていない。

問題はこの先で、老子は、

「よせ、よせ、そんなこと。無理をして立派な人材をつくり、世の中に働きかけて少しでも世の中を良くしようなどと。そんなこと何もしなくていいのだ。今は乱れているかもしれないが、ほうっておいても、いずれまた落ちつく時だって来るさ」と、人間に対する、歴史に対する、底知れぬ、無限の、手放しの信頼を、時代の現実のかなたに見すえていた、とも読める。[*2] もし、老子がこうした底知れぬ信頼を隠し持っていたうえで、孔子らをからかっているのなら、いかにも孔子より先輩らしいではないか。老子の思想に、人類の歴史への無限の信頼を読みとったからこそ、司馬遷は孔子の先輩として位置づけたのではあるまいか。老子は、

「天地は冷たいもので、すべての物を、祭りの時のワラ人形のように扱う。聖人も冷たいもので、民衆を祭りの時のワラ人形のように扱う」(『老子』第五章)

とも言う。「聖人」を理想とし、そうした聖人に一歩でも近づこうとする人材を育成し、政治を変えていこうとすることは、その過程において、どれほどの差別を生むか。聖人をめざす良い役人の恩恵に浴せる人と、浴せない人が生まれる。聖人なるものが、すべての人を全く平等・公平に救うことがあるのか。祭りの時のワラ人形は、祭りが終われば捨てられ、焼かれて終わりである。聖人なるものは結局、民衆をワラ人形のように扱うに過ぎないのではないか。

ある国のある町で、孔子の弟子が良い政治をする。その恩恵に浴せない別の町の人々は、羨《うらや》ましいと横目で見つつ、生涯を送る。こういう状況をつくり出しながら、「自分はよいことをしているのだ」とだけ考えて、自分を立派だと美化する単純さを、

老子はからかうのだろう。孔子の弟子がふえ、良い政治をする役人がふえ、天下中が良い政治ばかりになる日は来るのか。その日が短時間で絶対確実に来るのならまだよいが、それほど単純でないとすれば、「私は良い政治を心がけています。どうです、偉いでしょう」という一個の思いあがりにすぎない。その空《むな》しさを、老子はおそらく笑うのだ。

こういう歴史への無限の信頼は、同時に、「何もせずにいて滅びるのなら、またそれもいい」という立場を内包する。だから、著作によって天下の人々に訴えるのは、少し方向が違う行為であるはずである。『老子』という書物は、老子が周を去り、いずこかへ行ってしまう間際に、関所の役人が無理に頼んで書き残してもらったのだ、と『史記』は伝えている。その真偽はさておき、老子の思想的立場からすれば、いかにもと思える話である。司馬遷は、「一つだった秦と周が五百年後に分かれ、その七十年後に覇王が出る」と予言した周の太史儋《たん》を老子に擬《ぎ》する説があることも記している。歴史への手放しの信頼は、どこかで予言とつながる、と言いたいらしい。

＊1　孔子が理想としているのは、周王朝の始めのころの周の文王《ぶんおう》、周公旦《しゅうこうたん》であること、前項38の注参照。孔子より五百年も前の人であるから、老子はこう言った。老子はいろい

ろなことを懐疑的に批判するが、「歴史というもののウソ」を指弾することはしていないようである。つまり、周公旦のうるわしい事績などウソだから信じるな、というような言いかたはしていない。

＊2　司馬遷は、人間の手の届かない天の運行について、「天運は三十年で小さく変化し、百年で中規模な変化をし、五百年で大変化する」と認識している（『史記』天官書）。人間の生活や政治がどうあれ、この変化は避けられないという認識である。

40 荘子

儒家・墨家を非難攻撃

司馬遷は、老子《ろうし》の伝記につづいて、荘子《そうし》の伝記を配置している。荘子は宋《そう》の国の蒙《もう》という土地の出身で、名は周《しゅう》。蒙の漆園《しつえん》の役人であった。魏の恵王《けいおう》（在位前三七〇～前三三五）や斉《せい》の宣王《せんおう》（在位前三四二～前三二四）の時代に生きた人物で、あらゆる方面の学識を有し、思想の要点は、老子と同じところに帰着している。著書『荘子』は十数万字におよぶが、その大半は「寓言《ぐうげん》（架空のたとえ話）」である。著書の中で、孔子をはじめとする儒学の徒を悪く言い、老子の考え方を明らかにし、さらには架空の人物を創りあげて思想を語らせる。これらは事実を記したものではない。しかし、事実ではないと言っても、文章がすばらしく上手で、内容を的確に表しており、そのすばらしい文章でもって、儒家《じゅか》や墨家《ぼくか》の主張を攻撃し、その欠点をあからさまにしてみせた。当時の大学者でも、この攻撃を論破することはできなかった。だから、荘子の言葉は、誰にもわずらわされることなく、果てしなく好き勝手にひろがってゆくばかりで、王公や高位高官の地位にある者も、彼を器《うつわ》として評価し、使いこなせる者はいなかった。

ある時、楚《そ》の威王《いおう》（在位前三三九～前三二九）が、「荘周という賢者がいる」と聞いて、使者をつかわし、莫大な金品を持って行かせて彼に、「君を大臣に任じたいのだが」と言わせた。荘周は笑って、使者に対し、

「金はありがたいもので、一国の大臣というのも、まことに尊い地位であるけれども、あなたも祭祀《さいし》にあたって犠牲にささげられる牛を御存じだろう。犠牲としてささげられるまでは、たっぷりと栄養を与えられ、美麗な刺繡《ししゅう》のある衣をかけてもらうが、最後の行き先は自分が殺される場所だ。いよいよその時になって、『自分は小豚になりたい』と言ってみても、できぬ相談だ。どうかお帰りくだされ。私は汚れたドブの中で遊び戯《たわむ》れているほうが楽しいのだ。いかなる国の君主にも患《わずら》わされることなく、生涯、出世しないで快適に過ごしたいのだ」

と応じるのであった。

書物の『荘子』の中にも似たような話があるが、要するに、突然抜擢《ばってき》されて高い地位につけば、それまで権力を持っていた勢力とぶつかるであろうし、何か大きな問題が生じた時、いわゆる「トカゲのしっぽ切り」で、「この荘周の奴が悪かったのです」と始末されるのではたまらない。孔子の時代でもとっくに乱世であった。荘子の現在も、よりひどくなりこそすれ、改善する見こみなどたたぬ世の中である。彼は、

精神的な安堵感を大事にする思想家であった。

人生は幻だ

彼は「万物斉同《ばんぶつせいどう》」(『荘子』人間世篇)と言う。繁栄をきわめ得意の絶頂にある者も、今苦しんでいる自分も同じなのだと考えよう、あそこで得意になっている者がいる、あれは私でもあるのだ、そう考えよう。生も死も、同じなのだ。区別はない。世の中とは、ひとつの混沌《こんとん》とした固まりのようなもので、その中に、金持ち、貧乏人、貴族、奴隷といった無数の幻影がチラチラ浮かんでいるにすぎない。実はみんなひとつの同じものなのだ。羨《うらや》む必要もないし、悲しむ必要もない。なぜならば、あいつも私も同じひとつのもので、金があってうれしい、金がなくて悲しいといった感情は、どちらもまぼろしにすぎないからだ。荘子はここで寓言を持ち出す。

「私は夢で胡蝶《こちょう》になった。ひらひら、ぱたぱた、気持ちがよくて、この夢を見ている間は、自分が荘周であるなどと考えもしなかった。しかし、目が覚めると、私は、あたりをキョロキョロと見まわしている荘周だ。だが、これは本当に荘周が夢で胡蝶になったのだろうか。ひょっとして、胡蝶が今、荘周になった夢を見ているのではないか」

この話は、自分は今、貧苦にあえいでいるが、ひょっとすると大金持ちが長い夢を見ていて、夢の中で貧苦にあえいでいるのではないか、というような応用もできるだろう。要するに荘子は「人間は心の持ちかたしだいで、楽にもなれる（なる、ではない）し、苦しくもなれる」と言いたいのだろう。司馬遷は、荘子の思想は、老子の思想に帰着すると記しているが、哲学的には、荘子のほうが数段深刻である。

荘子は「幸福」「不幸」、「金持ち」「貧乏」のような、とりあえず相手と比べて、自分のほうが不幸だ、というような相対的なところで悩んだり、悲しんだりしてもしょうがないと言う。でも、その一方で、逆に絶対的な物差しもないんだよ、と言う。「お前は絶対にダメなんだ」と決めつけるような絶対的な物差しはない。人間は一人一人――ここから先は、ひょっとすると誤解を生じる言いまわしになるが――自分の人生という幻を、誰に恥じることなく生きてゆけばいいわけだ。荘子は、ともすると虚無の世界に遊ぶ現実否定の思想家と評されるが、実は彼の思想くらい、人間に愛と希望を与えてくれるものはない。彼は「無用之用《むようのよう》」を力説する。どんな役立たずと思われる物も役に立つ――これは、「この世の中に役に立たないものなど、ひとつもないのだ」という、無限大の愛の叫びにほかならない。

41 孟子

性善説の提唱者

孟子《もうし》は、みずから孔子《こうし》の後継者であるとし、孔子の理想を孟子の時代の現在に実現せんとした思想家である。『孟子』の書は、孟子の対談・対論集といった趣が強く、孟子がその議論に勝利したと見えるような所で文章が切れている場合が多い。読者としては、「しかし、こう言いかえすと孟子はどうするつもりなのだ？」と思うことがままあるので、落ちつかない。その主張に、「なるほど」と安心して身をゆだねられないのである。たとえば、有名な性善説。人間は本能の段階からして善なる存在だとする。孟子は、次のように言うことで、性善説を証明しえているかのように言う。

「人間には、誰にでも、他人の不幸を見すごせない美しい心がある。たとえば、幼い児が井戸に落ちそうなのを見れば、誰でも思わず、『危ない。かわいそうだ』と思って、手をさしのべようとする。その瞬間には、『この子を助ければ、この子の両親と交際がはじまるだろう』とか、『人命救助で、友人や村の人に誉《ほ》められるぞ』とか、『助けてやらなかった不人情な奴だと悪く言われてはこまるからな』などとは考えて

いないで、あくまでも自然に手がのびているはずだ」(『孟子』公孫丑篇・下)
しかし、「罪もない幼児」ではなく、井戸に落ちようとしているのが、村じゅうの人から嫌われている「悪人」であったらどうするのか。「いい気味だ」「ざまあみろ」と思う瞬間は、人間には絶対無いとでも言うつもりなのだろうか。『孟子』には、「そこで取り上げられた話題のみについてなら成り立つ」という類《たぐい》の論がよくある。そのために、『孟子』を読んでも、スッキリしないのである。

諸国を遊説

孟軻《もうか》は鄒《すう》の出身で、子思《しし》の門人に学問を教わった。一人前になると、斉《せい》の宣王《せんおう》のもとへ行き、しばらく逗留《とうりゅう》した。が、宣王は孟子を用いられず、孟子は次に魏《ぎ》の恵王《けいおう》のもとに行った。恵王も孟子の言うことを実行することはなく、「あまりに現実とかけ離れている」と考えた。当時、秦《しん》は商君《しょうくん》(45)を用いて富国強兵の道を突き進み、楚《そ》や魏でも、兵法家の呉起《ごき》を用いて戦争に勝利を重ねていた。斉の威王《いおう》や宣王も、兵法家の孫臏《そんぴん》や名将田忌《でんき》を用いて強い力を振るい、各地の諸侯は「朝貢《ちょうこう》」の形式をとって斉を持ちあげていた。さらに蘇秦《そしん》(51)の合従策《がっしょうさく》や張儀《ちょうぎ》(52)の連衡策《れんこうさく》が世の中を支配する原理であり、戦争に勝つ者が「賢者」と呼ばれる時代であった。そこに孟子は、堯《ぎょう》だとか舜《しゅん》、夏《か》、殷《いん》、周《しゅう》の徳について、熱弁をふるいつづけた。だから、どこへいっても相手にされなかったのである。そこで孟子は身を退き、弟子たちとともに、『詩経』『書経』の本文を整理し、孔子の主張を正しく後世に伝えようと、七つの篇からなる『孟子』を著したのである。

以上が『史記』孟子伝の記事のすべてである。孟子については、「孟母《もうぼ》三遷《さんせん》」「孟母《もうぼ》断機《だんき》」の故事が有名だが、いずれも『史記』には見えず、『列女伝《の》』に載る。

乱世に理想論をいっても

孟子は、前節の荘子と同じ時代の人である。孟子が「我こそはその後継者」と主張する孔子の時代でさえ、周王朝の権威はどこへやらといった覇者の世の中であった。孟子の時代にもまだ周王朝はつづいてはいたが、さきほど司馬遷が孟子の伝記に記していたように、富国強兵、弱肉強食の度合はいっそうひどくなっていた。[*1] そういう時代に、あえて「孔子の道」を宣揚しようというのだから、ほとんど時代錯誤に近い。

しかし、「乱世」は見方によっては、経済活動が活発な時でもある。軍隊は金食い虫である。日々の食糧、衣服、武具その他の需要が平常時より増大する。そのため物流も活発で、商人は「死の商人」を含めて潤《うるお》う。戦争に勝てば、相手国からたっぷり巻き上げられるので、それを見越して、余剰資金が、強そうな諸侯のもとに集まってゆく。資金が集まった諸侯は、余裕があれば、孟子のような人物をも招いて接待する。

実際、孟子を招くのは高かった。『孟子』滕文公篇《とうぶんこうへん》・下には、孟子が数十台の車を従え、数百人の弟子と一緒に諸侯の間を渡り歩いていたことが記されている。だから、孟子一行をもてなすとなると、大変な資金がいるはずである。しかし、戦国時代の「乱世」の諸侯には、これが可能であったのだ。つまり、諸子百家の時代を支えたのは、諸侯の経済力であった。

戦国時代の諸侯が、孟子を招いて話を聞いたのは、「現在は役に立たなくとも、いずれ安定する時が来て、自分がその時期の天下の主となった場合にそなえて、安定の時代の政治的心構えを聞いておくことも、ひとつの参考になるだろう」ということである。世の中が落ちついたら、天下に「仁《じん》」の心をひろめ、殺伐《さつばつ》とした時代のことは忘れてもらい、しかし「義」はきちんとし、「忠」は大歓迎……。だから、孟子が懸命の熱弁をふるっても、一時的に稼《かせ》げはするが結局はカラ回り。孟子が当時の「現実」に期待できぬとすれば、後世に期待して著書をのこすしかない。司馬遷はすべてを見抜いている。

＊1　たとえば魏《ぎ》の恵王《けいおう》は、孟子に会うなり、「利益になる話はあるか」と露骨に聞いている（『孟子』梁恵王篇・上）。

42

荀子

性悪説の提唱者

性善説の孟子《もうし》に対して、性悪説の荀子《じゅんし》といわれる荀子だが、その時代は孟子より百年近く遅れているので、両者は直接会ってはいないであろう。『史記』は荀子伝と呼ばずに荀卿伝《じゅんけいでん》としている。「子」が学問の先生であるのに対し、「卿」は出仕して重要な役についたという意味の敬称である。いろいろな古い書物に、「孫卿《そんけい》」とも書かれ、彼の姓は表記上、どちらもあったらしいが、「孫卿」とか「孫子」と書くと、後節の兵法家の孫子とまぎらわしいので、「荀卿」「荀子」と書くのが普通である。

彼は趙《ちょう》の国に生まれ、五十歳のとき、はじめて斉《せい》の国に来て学問で身を立てた。一説には、「五十歳」は「十五歳」の誤まりで、斉《せい》の宣王《せんおう》の時代に荀子は十五歳で斉に学問を教わりに来たのだ、とする。こう考えておくと、孟子と同じ時代にいたことになり、性善説と性悪説の対比が面白くなる。一方、孟子をものすごく長生きしたと考えて、そっちのほうから孟子と荀子を同じ時代におこうとする説もある。何もそこまで無理して両者を同じ時代に生きていたとしなくてもよかろう。司馬遷は、こう続ける。

斉の襄王《じょうおう》の時代になると、いろいろな説をなして有名だった淳于髡《じゅんうこん》、騶衍《すうえん》、田駢《でんべん》らは世を去ってしまっていて、荀子が学壇の老先生の地位にあった。斉では列大夫《れったいふ》の欠員の補充として、三度、臨時に荀子を祭酒《さいしゅ》に任じた[*1]。しかし、荀子のことを讒言《ざんげん》する者がいたので、斉から楚《そ》へ逃げた。楚の春申君《しゅんしんくん》（50。?～前二三八）は荀子を蘭陵県《らんりょうけん》の令《れい》（知事）にした。荀子は春申君の死後も、そのまま蘭陵県に住みつづけ、秦《しん》の始《し》皇帝《こうてい》の天下統一を支えた李斯《りし》（67）も荀子の弟子であった。しかし、弟子の李斯に対して、荀子がどのように評価し、その将来にどう期待していたか、あるいは、「こいつは将来栄達をするだろうが、最後には失敗するであろう」というような予言を行ったとかいうことはない。李斯もどれほど優秀な弟子であったかなど、詳細は一切わからない。

『史記』によれば「荀子は汚れた時代の政治が嫌いであった。亡国の乱君が次々に登場し、本筋を顧みることなく占い師に政治方針をたずね、吉か凶かで大騒ぎするありさまである。儒学の徒に対しては、小さなことに拘《こだわ》りすぎると低く評価し、荘周《そうしゅう》らはと言えば、おかしなことを主張して世を惑わすばかりである。荀子は儒学を中心として、墨子《ぼくし》や老荘《ろうそう》などの説の興廃について論じ、数万言の書『荀子』を著してこの世を去った。荀子はそのまま蘭陵の地に葬られた」

と。

荀子の荘子批判

荀子は荘子の説が嫌いだったらしい。『荀子』解蔽篇《かいへいへん》で、「荘周は天にばかり注目して、人間をわかっていない」と非難している。荀子は天とか天命というものに対して、少し突きはなしたような感覚を持っていた。

「天の運行は、それ自体の法則によって動いてゆくものであり、聖王の堯《ぎょう》の時代だから動き、悪逆の桀王《けつおう》の時代だから止まってしまったというようなものではない」(『荀子』天論篇)

荀子はつまり、人間には、人間として徹底的に努力をして自分を高めていく以外に方法はないのだ、という立場である。黙っていて天から幸運が降ってくることはない。何の努力もせずに幸運を期待してはいけない。五十歳まで出世できなかった人らしい人生観かもしれない。さりとて、荀子は鼻もちならないイヤらしさの持ち主ではなく、「自分はとにかく努力しつづけた。だから五十歳で花を開くことができたのだ」という思考法の持ち主であったことは、『荀子』を読めばよくわかる。それゆえ、荘子の「無用之用《むようのよう》」のような人間愛の叫びを聞いても、

「しかしね、無用と思われているものが、何もしないでいて役に立つということはあ

るのか。無用と思われていたものに対して、『いや、これは役に立つのだ。すばらしいのだ』と発見し、積極的に評価し、発言する人間がいて、はじめて役に立つことが知られるのではないのか。天にまかせておけば、無用と思われていたものが自動的に役立ってくるのではなく、そこに人間が介在してこそ役に立ちはじめるのではないか」

のように反論する立場なのである。そして、荀子は、人間は努力をし、人間の持つ価値をみずから確認して生きてゆける社会的動物であると考える。『荀子』王制篇には、「個々の運動能力では、力は牛に劣り、走力は馬に劣る人間が、牛や馬を飼いならし、彼らの主人として彼らをあやつれるのは、ひとえに人間が組織社会を営む力を持つからに他ならない」と言っている。だが、時代はまだ乱世、荀子の生きていた時に、秦の昭王が周王朝を滅ぼしている（前二五六）。荀子は周王朝の滅亡を見ているのである。人間の本性は善だなどと呑気《のんき》なことを言っていられる時代ではない。「人間はだまっていれば悪いことをするに決まっている」と立場を定め（性悪説）[*2]、「礼」によって社会秩序を恢復《かいふく》しようとした。厳罰をチラつかせた「法」によるのではなく、「礼」によって、としたところに、荀子の人間への期待があらわれている。

＊1　さきほどの、五十歳は十五歳の誤りだとの説によると、この時、荀子は九十歳になっている。いくらなんでも引退しないで現役をつづけている年齢ではない。

＊2　孟子(41)の性善説と対比されるが、荀子は人間の本性は悪以外の何物でもないなどと決めつけて言っているのではない。今の豊かな世の中では、だまって放置しておいては、一度ほしいと思ったらがまんができず、盗んででも自分のものにしたがる人間ばかりになってしまう、と憂慮するところからスタートする。そして、しつけ、教育、人格の陶《とう》冶《や》を考えようとするのである。こうしたことで、りっぱな人間になってゆけるのだ。ということはつまり、荀子は人間というものに期待しているのである。

43 墨子

謎の思想家

墨子《ぼくし》は謎の多い思想家で、その活躍の時代についても諸説紛々《しょせつふんぷん》としていて、現在のところ定論を見ない。書物としての『墨子』も、文字の乱れ、脱落などが全巻を通じて多く、どう読んだらいいのか、よくわからぬ文献となっている。『史記』での記述はごく短く、「墨翟《ぼくてき》は宋《そう》の国の大夫《たいふ》であったと思われる。防禦の策に巧みで、*1 国家の費用の節用(倹約)を主張した。孔子《こうし》と同じ時代の人物だとする説がある一方、孔子より後だとする説もある」

と、これだけである。この記事によると、姓が墨で名が翟のように思われるが、「墨」は建築の際に用いる墨縄《すみなわ》のような道具のことを言い、墨子とは、そうした建築にたずさわる人(工人)の集団リーダーであったのだとする説もある。

また、墨子が生きた時代について、孔子と同時代、いやその後だと二説並記されているが、多くの場合、その二説を並記した筆者は、あとのほうの説に信頼感を持っているか、あとのほうの説に魅力を感じているものである。墨子の場合、『論語』には直接その姿が見えないが、[*2]『孟子』の中では、非難の対象となっている。

「聖王は出現しないし、諸侯は勝手放題。『このような国には仕えぬ』と主張する処士も、まるで実りのない議論を吹聴するだけで、楊朱《ようしゅ》や墨翟の言葉ばかりが大流行している。天下中が楊朱の口まねをするのでなければ墨翟の類似品と化している。楊朱は徹底した利己主義者で君臣の秩序を無視し、墨翟は徹底した愛他主義者で、自分の父と他人の父を区別しない。これではどちらも人間社会とは言えず、鳥や獣と同じだ。楊・墨の流行を終わらせないと、孔子の理想とした道は実現のしようがない。邪説は、仁や義のような、人間らしい性質を、ふさいで外に出なくしてしまう」（『孟子』滕文《とうぶん》公篇《こうへん》・下）

「楊子（楊朱）は徹底した利己主義で、毛一本を抜けば天下に利を与えられるとしても、抜かない。墨子（墨翟）は兼愛《けんあい》を主張し、自分を愛すると同じだけの愛を他者にほどこせと言う。自分の頭を磨《す》り減《へ》らし、そのまま踵《かかと》まで磨り減るとしても、天下に利を与えられるのなら、やると言うのだ」（『孟子』尽心篇・上）

孟子には、利己も愛他も、ここまで徹底すると、社会をメチャクチャにすると考えられたらしいが、具体的に、「彼らのこういう議論は、こういう点で、このようにいけない」と語ってくれていない。しかし、『孟子』に非難されていることから見て、墨子（墨翟）の年代は孔子より後と考えられることにはなる。

荀子の墨子批判

次に、荀子《じゅんし》がどう言っているかを見ると、

「現在、邪説を飾り、巧みな姦言《かんげん》を弄《ろう》し、おおげさでデタラメな話をして、天下を混乱させ、どうやったら治まった正しい世の中が来るか、わからなくさせている連中がいる。……天下を統一して国家を建設するには規準が必要であるのに、ただ功利と倹約だけを主張し、秩序としての差等《さとう》（段階づけ）を認めず、区別をつけることも知らず、君も臣も一緒にしてしまう。ところが、話だけ聞くと、筋道があるように聞こえてしまうから、頭が働かない人間は、すっかりだまされてしまう。墨翟がこれだし、宋銒《そうけい》もそうだ」（『荀子』非十二子篇《ひじゅうにしへん》）

と、孟子と同じ観点から非難している。が、荀子はもっと具体的な批判をしている。

「墨子は、壮麗な音楽は金がかかるからやめろと言うが、これでは天下は乱れる。墨子は節用（倹約）を言うが、これでは天下は貧しくなってしまう。なぜなら、墨子が天下の主となるにせよ、小さな国の君となるにせよ、彼が自らの主張のとおり生きるのだとしたら粗末な服を身につけてまずいものを食べ、音楽をたのしむことさえするまい。こんなことをすると、国家の経済はふるわず、不景気となり、国民は所得が減って、ほしいものも買えなくなる。国民がほしいものを買えないようなら、税も集まるはずがないから国家も貧しくなり、恩賞を与えようとしても不可能となろう。……かくて、軍を減らし、官吏の数を減らし、国威もなくなる。悪い者を罰する力もなくなり、賢者に良い待遇を与えることもできなくなる」*3（『荀子』富国篇）

荀子は、ビジョンもなくただ倹約を主張するのは、国の経済を失速させ、かえって貧困をまねくと批判している。墨子はこのあと（楊朱のほうは荀子の時点ですでに）支持者を失ったらしい。乱世に愛を説き、節用（国家予算縮小）を主張すれば、重税感を持つ民衆の支持を得られたのであろう。しかし、それによって民間に還流するはずの資金もとどこおってしまうと、結局、みんなで貧しくなってゆくばかり。公共投資が打ち切られれば、仕事がなくなる人が出る。これが平和時に行われようとする政策であるならまだしも、乱世のさなか、国境にはいつ他国の軍が攻めこむやらわからぬ時代の話である。孟子や荀子のような、乱世に道徳を説いてまわる時代錯誤的な（しかし、やむにやまれぬ）立場の人の目から見ても、ズレていた。おそらく司馬遷は、墨子については、『孟子』や『荀子』にきちんと書かれているから、特に書かなくてもよかろうと思ったのであろう。

＊1　墨翟の守りということで、「墨守」の語がある。『墨子』公輸篇には、模擬戦で公輸《こうしゅ》般《はん》の城攻めをみごとに防ぐ墨子の姿がある。

＊2　『論語』学而篇《がくじへん》に、「節用」の二字が見えている。孔子の言葉として、「用を節して人を愛す」と。この言葉と墨子の思想は似たものがあるので、孔子と同時代との説が生まれたのだろう。

＊3　この中で荀子は、『墨子』には賢者を尚《たっと》べという尚賢篇があるが、それは「墨子は自分で自分の主張をさまたげている」と批判している。

44

孫子

二人の孫子

「孫子《そんし》の兵法」として有名な孫子は、『史記』によると、孫武《そんぶ》と孫臏《そんぴん》の二人で、両者の年代差は百年である。しかし、『孫子』という書物は一種類。そこで古来、書物の『孫子』は、二人の孫子の説が入り混じっているのだろうとか、書物の『孫子』は偽作で、孫武も孫臏も架空の人物であろうとか、いろいろな疑惑・臆説があった。一九七二年に、山東省臨沂県銀雀山《さんとうしょうりんぎけんぎんじゃくざん》の前漢《ぜんかん》時代の墓から、多量の竹簡《ちくかん》が出土し、その内容を整理してみると、今日に伝わっている書物の『孫子』と一致するものと、孫臏に関係するものの二種類があることがわかった。そこで、『史記』の記事に二人の孫子を伝えていることは信用してもよいと考えられるようになった。しかし、整理の際の考えかたによっては、少し違う結論にならないわけでもない。

孫武、闔閭に仕える

孫武は斉《せい》（山東省）の人で、兵法の妙を買われ呉王闔閭《ごおうこうりょ》(35)に面会した。その時

のやりとりを『史記』はこう伝えている。呉王闔閭は、

「先生の御著書十三篇（この篇数は今日の『孫子』と一致する）は全部読ませていただきました。ここで実際に兵を動かしてみていただきたい」

と言った。承知した孫武は、呉の後宮《こうきゅう》の美女百八十人を二隊に分け、闔閭の特にかわいがっている二人をそれぞれの隊長とし、全員に戟《げき》（槍の一種）を持たせ、命令を伝えた。「前」といったら胸を、「後」と言ったら背中を見よ、「左」と言ったら左の手、「右」と言ったら右の手を見るのだぞ、と。これを何度も繰り返し、太鼓をドンと打って、「右」と言った。美女たちは笑ってしまう。孫武はもう一度、命令を繰り返し、太鼓を打ち、「左」と言った。美女たちはまたも大笑いするばかり。孫武は、

「総大将の命令はいきわたっている。命令が実行されないのは、隊長の責任である」

として、隊長二人を斬りすてようとした。闔閭は、愛妾を斬られてはかなわぬと止めたが、

「軍の場においては、現場の大将がすべてを決めるのです」

と言って二人を斬り、新たに二人を隊長に命じ、太鼓を打って命令を発した。今度は誰一人、声を発せず、約束したこと以外に跪《ひざまず》かせることも立たせることも自在であった。孫武は、

「もうこれで、水や火にも飛びこみます」

と言ったが、闔閭はげんなりしてしまう。しかし、結局、闔閭は孫武を採用し、楚《そ》を破って天下に威を示した。

孫臏、龐涓を破る

百年後の孫臏も斉の人で、孫武の子孫である。龐涓《ほうけん》とともに兵法を学んだが、龐涓は才能がおよばないことから孫臏を嫉《ねた》み、無実の罪をデッチあげて孫臏を両足切断の刑に陥れた。[*1] この刑のことを「臏」というので、孫臏は本名ではなく、「両足切断の目にあった孫さん」の意と考えられている。足を切られ、顔に入れ墨をされた孫臏は斉の将軍田忌《でんき》に用いられ、競馬の三番勝負の勝ち方を教えて、高く評価される。こっちの上の馬を相手の中に、中の馬を相手の下に、下の馬は相手の上にぶつければ、二勝一敗でこっちの勝ちとなる。田忌は孫臏を威王《いおう》に推薦し、軍師として用いられることになる。

やがて、孫臏は仇敵龐涓との戦いの日を迎える。龐涓は魏《ぎ》の将軍であった。孫臏は退却を繰り返しながら、かまどの数を十万、五万、三万と毎日減らしてゆく。龐涓は追撃しつつ、かまどの跡を数えながら、

「敵は逃亡兵が出ている」

と大喜びをする。孫臏はある日、魏軍の足どりから見て、夕暮れどきに馬陵《ばりょう》という

谷あいの地に魏軍が殺到してくるであろうと判断した。孫臏は、馬陵の両側の山に兵をひそませ、

「日が暮れて、下に火がともったら、その火を目がけて、いっせいに矢を射かけよ」

と命じた。そして、谷にはえた大木を削り、「龐涓、此《こ》の木の下に死なん」と書かせ、じっとその時を待った。やがて龐涓は現場に到着した。あたりは暗い。ボンヤリと白く浮かぶ大木に、何か書かれている。龐涓は火を付け、何と書かれているのか、読もうとした。その瞬間、斉の軍の矢がいっせいに射おろされ、魏軍は壊滅してしまう。龐涓は、

「あいつに名を成さしめたか」

と言って、みずから首を刎《は》ねて死んだ。斉の軍はこの勢いに乗って魏軍を連破し、魏の太子の申《しん》を生け捕って帰還した。

孫武の仕えた呉王闔閭は孔子と同じ時代の覇者であり、孫臏は斉の威王に仕えた。仇敵龐涓は魏の恵王に仕え、この魏の恵王を訪ね、仁義を力説したのが孟子であった。孫武—孔子に対して孫臏—孟子という対比の構図があるわけである。当時の世に最も必要とされたのは兵法であった。

しかし、司馬遷は二人の孫子の伝記に、今のような話だけを記し、その著作そのものについて触れるところは、ほとんどない。結局、司馬遷は、思想家たちの思想につ

いては、思想そのものは伝記ではないのだから、それぞれの著作で読むべきだと考えているのだろう。[*2]

＊1　これはひとつのパターンである。李斯と韓非（46）、蘇秦と張儀（52）もこれである。古代の伝記や説話はいくぶんの単純化をしつつドラマを展開する。その後の展開はいろいろになっても、とりあえず対立の構図が与えられるところから舞台の幕が上がると、わかりやすい。

＊2　『韓非子』五蠹篇《ごとへん》には、『孫子』の書は、同じ兵法書の『呉子《ごし》』とともにどの家にもあるほどだが、実際の戦いとなると、昔に比べて弱くなる一方である。甲冑《かっちゅう》を身につけずに、知識だけをふりまわすからである、と当時の『孫子』の読まれかたが記されている。

45 商子

法で人民を統制

商子《しょうし》（?—前三三八）は、姓は公孫《こうそん》、名は鞅《おう》。衛《えい》の国の出身なので、衛鞅、のちに商の地に封ぜられたので商鞅、あるいは商君と呼ばれる。その著作とされるものが伝わっているので、商子（商先生）という呼びかたもある。彼は衛の国の王族の子であったが、衛の国に仕えるのではなく、魏《ぎ》の恵王《けいおう》の宰相公叔座《こうしゅくざ》に仕えていた。公叔座が世を去ると、「恵王が自分を用いるはずがない」と、秦《しん》の孝公《こうこう》に仕えるようになった。実は公叔座は、恵王に彼を推薦し、「もしお用いになられぬのなら、あれほどの人物です。他の国が用いることのないように、殺してください」とまで言いのこしていたのであったが、恵王は全く相手にせず、結局、商子は秦に行ってしまったのである。

秦の孝公も、はじめは商子の才能を評価しえず、話しながら居眠りしてしまった。しかし、商子がまず帝道、王道、次に覇道、その次に国を強くする術を説いていくと、ついに我を忘れたかのように、数日間、語り合いつづけた。孝公は、とにかく短期間のうちに国を強くしたいと考えていたので、古代の聖人君子の話ではなく、現実問題としての強国策を渇望《かつぼう》していた。[*1]

商子の富国強兵策

採用された商子は、論者の反対を押しきって、法制改革に着手し、人民を五戸あるいは十戸単位のグループに分けて相互監視させることにした。グループ内の悪事を訴え出た者は、戦争で敵の首ひとつを取ったのと同じ褒美を与え、反対に、訴えずに隠した者は腰斬《ようざん》に処する。農業や織物などの手工業を奨励し、税金を優遇する一方、怠《なま》けて貧乏になった者は奴隷に落とす。貴族でも軍功がなければ、一族の名簿に名を記すことは許さず、軍功がある者はその功の大小によって爵位を授けられることとする。このようなアメとムチ（信賞必罰）を厳密に施行することで国内を引き締めようとしたのである。

新しい法令を徹底させるため、高さ十メートルほどの木を都の南門に立て、「この木を北門に運んだ者には十金を与える」と布告した。人民は怪しんで、誰もやろうとしなかった。そこで五十金に値上げし、一人の者がやってみると、ただちに五十金を与えた。あるとき、太子が法を犯したので傅《ふ》（お守り役）の公子虔《こうしけん》を身代りに罰し、学問の師（侍講）の公孫賈《こうそんか》を黥《げい》（いれずみ）の刑に処したことで、秦国内が一度に引き締まった。

その後、商子は咸陽《かんよう》を秦の新たな首都とし、行政区画の改定を行った。やがて、魏は龐涓《ほうけん》が斉《せい》の孫臏《そんぴん》に馬陵《ばりょう》で敗れ、痛手を受ける。商子は魏攻撃を提案し、みずから魏の公子《こうし》卬《こう》率いる魏軍と対峙《たいじ》するが、自分が以前、魏の国にいたときのなじみである公子卬に手紙を送って言った。

「お互い旧知の仲、ここは酒宴でも設けて軍を退《ひ》くこととしましょう」

ところが、宴席には秦の伏兵がいて、公子卬を生け捕ってしまった。商子の策略であったのだ。魏の恵王は、やむなく領土を割譲して和睦をした。この時、「公叔座の言うことを聴かなかったばかりに、こんなことになってしまった」と悔やんだが、後の祭りであった。

自らの定めた法で死ぬ

こうして商子は、秦の国内改革を推進し、富国強兵の実をあげ、みずからの地位は宰相。得意の絶頂をむかえたが、趙良《ちょうりょう》なる人物が警告を発した。遠回しな言いかたであったが、

「厳しく改革を進めてきたので、怨《うら》んでいる人物は公子虔や公孫賈だけにはとどまりませんぞ。孝公が世を去りでもしたら、あなたはひどい目に遭われるはずです。今のうちに引退を」

と。

しかし、商子はこれに従わなかった。その五ヵ月後、孝公は亡くなり、太子が位を継いだ（恵文王《けいぶんおう》）。それまで八年間、門を閉じて外出もしなかった公子虔らが、「商子は反乱を企てている」と訴え、商子に捕縛の手がのびた。商子は逃げ、ある関所の近くまで来て、宿屋に泊まろうとした。すると、宿屋では、

「商君さまの法律によりまして、正式の旅券をお持ちでないと、お泊めできません。私どもも一緒に罰せられてしまいます」

と言って、宿泊を拒否した。商子は溜め息をついて、

「法律の害は、ここまで来たのか」

と言い、宿泊をあきらめて魏へ逃げこんだ。魏では、商子を「公子卬をだました悪人」と怨んでいたので、商子を捕らえると秦に送還した。商子は領地の商で軍を組織して抵抗を試みたが、結局敗れ、車裂《しゃれつ》された。秦の恵文王は、

「こいつのように謀反《むほん》をするでないぞ」

と言い、商子の一族も皆殺しにされた。

因果はめぐる、と言うか自業自得というか、末路は哀れなこととなった。『史記』は例によって、商子の著作（『商子』。『商君書』とも）については本文で触れることなく、「太史公曰《いわ》く」として伝記を総括する部分で、開塞・耕戦の二篇の名にさらりと

触れるのみである。今日に伝わる『商子』とその内容が同じかどうかは微妙なところである。

＊1 秦の孝公と直接会って話をすることは容易ではない。まず孝公の寵臣景監《けいかん》に仲介を頼む。もちろん手数料を渡さなければならない。『史記』ばかりでなく、こうした面会には、文章上に書かれていなくても、仲介者があるものとして読まねばならない。

46 韓非子

富国強兵を説く

韓非《かんぴ》（?～前二三三）は、韓の国の公子の一人で、姓が韓、名が非である。これに「先生」の意の「子《し》」をつけるときは、孔丘《こうきゅう》を孔子、荘周《そうしゅう》を荘子とするように、姓の韓に「子」を付けて「韓子」とすればよいわけだが（司馬遷は伝中で韓子と書いている）、普通「韓非子」と、姓名に「子」を付けて呼ぶ。この理由は、唐《とう》の時代の韓愈《かんゆ》のことを、宋《そう》代に尊敬して「韓子」と呼んだので、こちらと混同することを避けて、韓非のほうを「韓非子」と呼ぶようになったのである。『史記』は、韓非は吃音《きつおん》であったと記しているが、おそらく本当の話ではなくて、書物の『韓非子』に説難篇《ぜいなんへん》という巻があるので、「説」が「難」なら吃音だったのだ、との俗説が生まれ、これが『史記』にまぎれこんでしまったものだろう。

韓非は、荀子《じゅんし》の弟子で、李斯《りし》と同門であった。のちの秦《しん》の始皇帝《しこうてい》の天下統一を支える李斯だが、「自分は、韓非の才能にはとても及ばない」と思っていた。一方、韓非は、自分の国である韓がすっかり弱体化し、いくら王に[*1]諫言《かんげん》をたてまつってもダメであるという現状に苦しんでいた。王には実質上、権限がなく、取りまきグループが政治をすべて支配している。これでは富国強兵など夢のまた夢である。儒者は人間味ばかりを強調するから、法律がきちんと実行されない。任侠の徒は、武力をきちんと国のために役立てるのではなく、禁令を破るために使う。王とその周囲の者は、かりそめの平和安定時には、名士を招いてチヤホヤして喜ぶが、いざ戦争の緊急時となると、武装兵士をかき集めようとしてオロオロするばかり。真の賢者とはいったい誰であるのかを見きわめ、その賢者の力を借りて国を建てなおさねばならない時なのに、王は取りまきグループに支配され、あやつられるばかりで何もできない。怒りと悲しみの持って行き場のない韓非は、孤憤《こふん》、五蠹《ごと》、内外儲説《ないがいちょせつ》、説林《ぜいりん》、説難《ぜいなん》など十余万字の書を著した。

やがて、この書（『韓非子』）が秦《しん》の王（嬴政《えいせい》。のちの始皇帝《しこうてい》）まで伝わった。嬴政は孤憤、五蠹の二篇を読み[*2]、

「ああ、私はこの著者に会って楽しい時を過ごせるなら、死んでも恨みはない」

と言うのだった。秦の始皇帝と言えば、独裁権力者のイメージが強いが、それは彼の背後の、彼を取りまく集団の用意したセリフを、強くはっきりとした、ためらいのない語調で読みあげるからで、彼もまた、韓非が憂憤してやまない韓の王と同様、あやつり人形であった。よく考えてみれば、嬴政は王の位を継いだ時、数え十四歳であ

る。これで、すべての政治を独裁できようはずがない。彼を王の位に即《つ》かしめたのは、背後の実力者呂不韋《りょふい》である。政治はすべて呂不韋とそのグループが動かす。嬴政が即位して十年目、呂不韋が失脚する。では、それで、数え二十三歳の彼がすべての実権を掌握できたかというと、そうではない。本書の後のほうで詳しく触れるが、今度は李斯らが呂不韋グループに代わって、彼を取りまいた。これはあたかも、後漢《ごかん》の末期、董卓《とうたく》によって位に即かされ、ようやくその支配から脱出できたかと思えば、今度は曹《そう》操《そう》の手中に取りこまれた献帝《けんてい》と同様の展開である。そういう立場の嬴政だからこそ、思わず、「韓非と会って楽しく過ごせたら、死んでも（殺されても）恨みはない」と言ったのである。もし彼が、独裁者なら、ここまでせっぱつまった言い回しをする必要はない。李斯を呼びつけ、

「お前とこの韓非は同門だそうだな。私は韓非が気に入った。三日以内に連れて来い」

このくらいの無理をふっかければよいではないか。

李斯、韓非子を謀殺

韓非は秦への使者として秦に来た。才能の点でかなわぬと知っている李斯は、

「あいつは韓の国の公子の一人で、これから我が国が攻め滅ぼそうとしている国の親

戚であります。韓の国のために尽くすことはあっても、我が秦の国のために身をささげることはありえません。今、王におかれては、韓非をお用いになられないのでしたら、留めて置いては危険です。法によって始末いたしましょう」[*3]

と申し上げる。嬴政はこれに同意し、韓非は投獄され、李斯はすかさず毒薬を届けさせ、自殺させた。韓非が死なねばならなかったのは、秦王嬴政の並はずれた評価のためであった。それがなければ、韓非の人生はもっと違ったものとなっていたはずである。しかし、嬴政の並はずれた評価は、今日の目で思想史的に見なおしたとしても、全く誤っていない。決して誉めすぎではない。それくらい韓非の分析と洞察は深かった。だが、自分自身の人生への分析と洞察はいかがであったろう。司馬遷は、巻末の「太史公曰《いわく》」の部分にお決まりの評語を書きつけるほかに、わざわざ、

「私は、韓非子が自ら説難篇を著し、諸侯との駆け引きのむずかしさをみごとに分析しながら、自分自身の危難をのがれられなかったことを、ひたすら悲しく思う」

と書いている。

＊1　韓非の生年がわからないので、明確にはならないが、あてはまる王として桓恵王（在位前二七二～前二三九）、韓王安（在位前二三八～前二三〇）あたりであろう。

＊2　『史記』がとくにこの二篇に限定していることに注意。この二篇は、取りまきグループが国をあやつり、国家の利権をむさぼるというテーマである。「嬴政の立場を考えてみろ」、との司馬遷のメッセージである。
＊3　李斯らのグループに取りまかれる嬴政が、韓非を用いることは事実上不可能である。

八　侠客の世界——信義に生きる

侠客《きょうかく》というと、裏社会の存在と思われがちだが、司馬遷は『史記』において、堂々とその姿を描いている。本章に見える孟嘗君《もうしょうくん》、平原君《へいげんくん》、信陵君《しんりょうくん》、春申君《しゅんしんくん》は、わざわざ個別にひと巻ずつの伝記が立てられていて、このほかに「游侠列伝」を別に立てて何人もの侠客を描いている。

司馬遷のこうした姿勢に対し、歴史とは規範を教えるべきものだから、そうした裏のことを堂々と、誰にでも読めるように記したのはけしからん、と非難する古人もあった。しかし、司馬遷はそのような表面的な形式主義に立つことはなかった。本章の四人は侠客とはいうものの、王族であり、自分の私的なスタッフとして、何千人もの食客《しょっかく》を養っていた。その資金の出所は、王族として与えられる領邑《りょうゆう》からの税、あるいは副業としての貸金業などの収入であった。そして、彼らは「信義」をモラルとし、乱世に確固たる地位を築いた。もし何か事があれば、彼らの食客たちは、彼らの率いる私兵集団と化し、いきなり軍隊として機能しうるものであった。

また、彼らの特徴としては、独特の情報ネットワークを持っていたことが挙げられる。彼らと「信義」で結びついた食客たち、その食客たちとそれぞれ「信義」で結びついた者たち、とネットワークが広がれば広がるほど、情報力が増すわけである。こうした情報力に司馬遷はすでに注目していた。平和な時には、王族とそこに集まり、養われる食客。戦乱時には国軍に協力する私兵集団。情報ネットワークは、情報の収集のみに役立つのではなく、向こう側に通信を送り、協力を呼びかけるのにも役立つ。となると、彼らの果たした役割は想像以上に大きかったことが知られる。そうした人々のことを、司馬遷は数々の逸話を中心に記述するようなふりをしつつ、読者に訴えかけている。

47 孟嘗君

食客三千人

戦国の世には、経済力のある貴族が、客《きゃく》をかかえこみ、その客の数を競い合うかのような趣があった。客の数が多ければ、それだけ懐《ふところ》に余裕がある大親分。少なければ、それなりの親分ということである。

しかし、数だけ多くかかえていても、それらの客が役に立てばよいが、ほとんどの場合、それらの客の大多数は役に立つ機会もないままに養われつづける、つまり無駄飯を食いつづける。食わせるほうは大変であるが、ここにもアヤがあり、食うほうも何か活躍を演じて雄飛しないことには、待遇は良くならない。だから、食客が三千人もいたと伝えられる孟嘗君《もうしょうくん》も、いつ役に立ってくれるかわからない食客たちを食べさせつづけなければならない空《むな》しさを心のどこかに感じていたはずであろうし、食客たちは食客たちで、活躍の機を待ちながら、一定の低い待遇に甘んじつつ雄飛の時を夢み、「どこか別の親分のところへ移ったほうがいいかな」と迷ったりしていたはずである。

孟嘗君は、姓は田《でん》、名は文《ぶん》。斉《せい》の国の人で、太公望呂尚《たいこうぼうりょしょう》（姜氏《きょうし》）の子孫から国を奪った田氏の子孫である。父の田嬰《でんえい》は斉の威王《いおう》の末っ子で、宣王《せんおう》の弟（諸説あり）であった。田嬰は、田忌《でんき》や孫臏《そんぴん》とともに馬陵《ばりょう》で魏《ぎ》の龐涓《ほうけん》を破った人物で（前三四一）、田文（孟嘗君）は田嬰の四十人以上いる息子のうち、最も寵愛のうすい妾の子で、しかも五月五日に生まれた。[*1] 田嬰は「殺せ」と言ったが、ひそかに育てられ、あとで驚き怒る田嬰に、田文は、

「もし父上のおっしゃるように、五月五日生まれの子が、家の出入口の鴨居《かもい》に背が届くと親を殺すといって不吉なのでしたら、出入口のほうをどんどん高く改修してゆけばよいでしょう」

と言って納得させてしまう。そして、田嬰の後を継いで薛《せつ》の地を領有するや、どんな人物でも客として歓迎したので、食客の数は増える一方であった。

鶏鳴狗盗

孟嘗君は食客たちと全く同じ食事を摂《と》ったことからも支持を集め、評判を聞いた秦《しん》の昭王《しょうおう》は、孟嘗君を秦に招く。しかし、昭王は、「孟嘗君は斉のためにしか働きませんよ」と臣下に言われ、孟嘗君を殺そうと考えた。これを知った孟嘗君は、昭王の愛姫に取りなしを頼む。愛姫は、「あなたがお持ちの白狐の脇の下の毛だけで造った裘《きゅう》

（皮衣）をわたしにくれるなら」と言う。しかし、それは天下に二つとない物で、しかもすでに昭王に献上してしまっていた。困った孟嘗君に、従っている「食客」の一人が、「私が昭王の宝物庫から盗んでまいりましょう」と名のり出た。その食客は狗《く》盗《とう》（怪盗犬小僧といった感じ）で、みごとに白狐の裘を盗み出し、これを愛姫に献じ、愛姫は昭王に孟嘗君を赦《ゆる》し、斉に帰還させることを承知させた。

急いで国境に向かう孟嘗君一行だが、まだ関所は一番鶏《いちばんどり》が鳴かないので門は閉ざされている。そこへ、再び気が変わった昭王が差し向けた追っ手が迫って来た。この時、食客の中では下位に置かれる物まねの達人がニワトリの声を発すれば、あたりのニワトリもいっせいに呼応し、関所の門は開き、孟嘗君は無事に帰還できた。以前、孟嘗君がこの二人を食客の列に加えた時、ほかの食客たちは、二人と同格にされたことを恥じた。しかし、今回の脱出劇はこの二人なくしては考えられないものであったので、孟嘗君の人を見る目の確かさに、一同おそれいった。

王からみると脅威

孟嘗君の集団は、一方では荒っぽいことを行っている。趙《ちょう》の平原君《へいげんくん》（48）が孟嘗君を招いた時、趙の人民は、孟嘗君の評判を聞いて、見物に出かけた。そして、実際に孟嘗君を見ると、

「ものすごく立派な人かと思ったが、小柄で全く見映《みば》えがしないね」と笑いながら言った。孟嘗君が怒ると、食客たちが突然、車から飛び降りて、人々を斬り殺してまわり、さらに暴れまわって、とうとう県をひとつ全滅させてしまった。

馮驩《ふうかん》なる者は、下級の待遇（伝舎）に対し、「帰ろう、帰ろう。食事に魚が付かぬ」と歌い、魚が付く待遇（幸舎）にしてやると、「帰ろう、帰ろう。外出に車が付かぬ」。車が付く待遇（代舎。この上はない）にしてやると、「帰ろう、帰ろう。家族と一緒に暮らせない」と歌う始末である。孟嘗君は、薛の領地からの税金だけでは食客三千人を養えないので、金貸し業も営んでいた。このうち返済不能の分につき、馮驩を取り立て人として派遣した。馮驩は現地へ行くと、取り立て可能な分だけ集め、ほかの証文はすべて焼きはらい、宴会を開いて腹一杯飲み食いさせて帰って来た。そして、「これで、殿の名声は高まる一方です」と言う。孟嘗君は、一度は腹を立てたが納得した。

しかし、孟嘗君の名声が高まるほど、斉の国の王にとっては脅威となる。*2 湣王《びんおう》は孟嘗君を免職してみたり、復職させたり、孟嘗君も魏に逃げたり、薛の地で中立を宣言してみたりと迷走を繰り返した。孟嘗君は斉の襄王《じょうおう》（在位前二八三〜前二六五）の時代に世を去り、子孫は斉・魏連合に滅ぼされ、絶えた。

＊1　理由はわからないが、五月五日生まれを不吉とする考え方があったらしい。この考え方は後世までつづき、我が国にも伝わった。『大鏡《おおかがみ》』の夏山繁樹《なつやましげき》も、「私は十番目の子で、しかも五月五日に生まれたので育てられない」と、生みの親によって他人に売られた、と語っている。

＊2　『荀子』臣道篇には、「斉の孟嘗君は簒臣《さんしん》である」という。国王の権力をおびやかし、国を奪いかねない存在だと考えている。

48 平原君

濁世の佳公子

平原君《へいげんくん》（?～前二五一）[*1]は、姓は趙《ちょう》、名は勝《しょう》。趙の武霊王《ぶれいおう》（在位前三二五～前二九九）の公子の一人で、武霊王の後を継いだ恵文王《けいぶんおう》の弟である。彼は、恵文王を含めた兄弟の中で最も賢く、数千人の食客《しょっかく》がいた。恵文王と次の孝成王《こうせいおう》の時代に、三度、宰《さい》相《しょう》の位をやめ、三度復帰した。

平原君の屋敷内の楼閣は民家を見おろす位置にあり、ある日、足の悪い男が水を汲み、ヨイコラヨイコラ懸命に桶を運んでいた。平原君の妾の一人がこの姿を見てケラケラ笑った。その翌日、足の悪い男は平原君の屋敷の門を叩き、

「あなたは妾よりも才能ある士を重んぜられるとのこと。願わくは、わたくしを笑った女の首を頂戴いたしたいのですが」

と言った。平原君は承知して男を帰らせたあと、

「一度笑ったぐらいで、あの男は私の女を殺したいのだと。ちょっと度が過ぎているな」

と言って、そのまま何もしなかった。すると、客たちは一年あまりのうちに半数以上が立ち去ってしまった。事態をいぶかった平原君が残っている者たちにたずねた。

「足の悪い者を笑った女を殺されませんでしたので、才能ある士より女を大事にされるのだと考え、去って行ったのです」

すると平原君は女の首を斬り、みずから足の悪い者の家を訪ねて謝罪した。その後、しだいに客は集まって来るようになった。

嚢中の錐

趙の都邯鄲《かんたん》が秦軍に包囲された時[*2]、平原君は、猛者二十人を従えて楚《そ》に使者として行き、楚の孝烈王《こうれつおう》に、軍を出して応援するように求める役を仰せつかった。あと一人が足りなく思われていたところへ、毛遂《もうすい》なる者が自薦してきたので、つれて行くことにした。

現地で平原君は必死に楚の孝烈王を説得するが、なかなか同意が得られず、空しい時が流れた。毛遂は突然、剣を手にしながら階上の会見場にズカズカとはいりこみ[*3]、平原君に、

「いつまでかかるのですか」

と言った。楚の孝烈王は、

「何者だ。無礼だぞ、さがれ」

と怒ったが、毛遂は平然として、

「警護の武者をたのみとして大声を出されるが、武者たちが私を斬るより先に、王は命を失うはず。秦をおそれて戦おうとせぬ腰ぬけに未来などありませんぞ」

と言い放ち、ついに孝烈王の同意をひき出した。毛遂は自薦の際、平原君に、賢者は「嚢《ふくろ》の中の錐《きり》」のように必ず頭を出すはずだが君は三年も何もしていないと言われ、

「わたくしは頭だけでなく錐の根元まで突き出してごらんにいれましょう」

と豪語しただけの活躍をしてのけたのである。平原君は、

「今まで千人近くの人材を見出したつもりで自慢気にしていたが、毛先生については正しく評価しえなかった。もう私は人物鑑定ができるなどとは言うまい」

と語った。

平原君一行が趙領内にもどると、楚の孝烈王は春申君《しゅんしんくん》(50)に命じ、軍を率いて邯鄲の救援に向かわせた。魏《ぎ》の信陵君《しんりょうくん》(49)も自分の一存で救援に向かった。しかし、両軍の到着前に、邯鄲は窮乏をきたし、降伏してしまうのではないかと心配される状態となった。宿駅の長の子李同《りどう》が進み出て言った。

「趙が亡びても平気でいらっしゃいますか」

「趙が亡びれば、私も捕らわれ、おしまいだ。平気なわけがあるか」

「邯鄲城内では、子を取りかえて互いの子を食うほどに追いつめられていますが、殿の奥向きには美女が百人以上いて、高級な食べ物が腐るほどあります。兵卒にまじり、苦難をともにされ、屋敷内の物を放出して士卒にお与えなされば、恩に感じ、命をなげうって働く者も得られましょう」

平原君はこれに同意し、かくて三千人の兵が得られた。李同はこの三千人を率いて秦軍に挑んだ。死ぬ気でかかって来る李同の軍に、さすがの強壮をもって鳴る秦軍も三十里退却し、楚・魏の援軍が間に合った。秦軍はようやく帰って行ったが、李同は戦死していた。

平原君を盛りたてたのは食客たちで、李同も以前は平原君のもとにいた人物かもしれない。彼らの力が平原君を支え、平原君は彼らを養い、という関係がはっきりと見られる。司馬遷は、平原君を「濁世《だくせい》の佳公子《かこうし》」と評している。これは、孟嘗君《もうしょうくん》ほどには力を持たず、国の脅威とはならなかった点を評価してのことかもしれないが、国家の危急の際に、私財をなげうつことができたこと、危急時でなくても、食客の言うことによく耳を傾けたことを評価した部分が大きかろう。このことにより、平原君は「自分の欲望充足のための力とするために、食客を集めまくった人物」という評価から脱しえた。『荀子《じゅんし》』臣道篇に、平原君は「輔《ほ》」、すなわち国家を輔《たす》けた人物と評価されている。平原君の子孫も、孟嘗君の場合とは違い、趙の滅亡（前二二八）まで長らえている。

＊1　没年は趙世家では前二五二年。

＊2　この年代については、前二五九年とするものと前二五七年とするもの、また計算を「数え」でするか「満」でするかによっては、前二五八年という年も『史記』の中で浮かびあがってくる。

＊3　こういう会見は、殿上で行われ、従者は階下の中庭に居ならぶ。そこでこの場合、毛遂が階上にあがってゆくのである。剣を手にするのはひじょうにぶっそうな姿である。

49

信陵君

王よりも有名な男

信陵君《しんりょうくん》（?〜前二四三）は、姓は魏《ぎ》、名は無忌《むき》。魏の昭王《しょうおう》の末っ子で、安釐王《あんきおう》の腹違いの弟である。自分の身分を鼻にかけず、あらゆる人物に腰を低く接し、天下から食客が三千人も集まった。彼の存在ゆえに、他の諸侯は魏に戦争をしかけなくなった。

人材もさることながら、彼の特徴をあらわす逸話として次のようなものがあることを『史記』は記している。

ある日、魏の昭王と信陵君が双六《すごろく》遊びをしていた時のこと、国境から、「趙《ちょう》軍が領内に侵入しようとしている」との報が舞いこんできた。昭王は、緊急会議を催そうとしたが、信陵君は、

「趙の王は*1狩りに出ただけですから、御心配にはおよびません」

と言って双六をつづけた。昭王は落ちつきを失ったままであったが、やがて、

「侵略ではなく、趙の王は狩りをしただけでありました」

との第二報がはいった。昭王は今度は驚いた。

「お前、なぜわかったのだ」

「わたくしの客の中に、趙王の動静を知る者がおりまして、何らかの動きがあれば、わたくしに知らせてくれるのであります」

隠士侯嬴

しかし、この日以来、昭王は信陵君のあまりの情報力にかえって不安になり、国政に参与させなくなった。

また信陵君は魏の都大梁《たいりょう》の夷門《いもん》(東門)の門番で、七十歳になる侯嬴《こうえい》と近づきになりたいと思った。侯嬴はわざと無礼にふるまったり、途中で立ち話をしていて信陵君の表情をうかがったりしたが、信陵君の顔に変化はなかった。

魏の安釐王の二十年(前二五七)、秦《しん》軍が趙の都邯鄲《かんたん》を包囲するという大事件が起こった。信陵君の姉は趙の平原君《へいげんくん》の夫人で、平原君は魏に何度も援軍を要請した。安釐王は将軍の晋鄙《しんぴ》に十万の大軍を与えて出発させたが、秦を怖れ、晋鄙を途中の鄴《ぎょう》の地で駐《とど》まらせた。邯鄲はいよいよ危うくなってきた。信陵君は侯嬴に知恵を授けられ、安釐王の寵愛する如姫《じょき》に兵符《へいふ》を盗ませ、さらに侯嬴が推薦した朱亥《しゅがい》(世をしのぶ仮の姿として肉屋を営んでいた英傑)をともなって、鄴の地に向かった。しかし、これは安釐王の命令ではなく、信陵君の勝手な行動で、あとになってどんな咎《とが》めを受けるかも

しれない危険があった。侯嬴は、

「もし晋鄙が軍の引き渡しを拒否したら、朱亥に殺させなさい。私は王の命に反するような知恵を授けてしまったので、あなたが鄴の地に到着されるころ、自ら首を刎《は》ねて死にます」

と言って、信陵君を送り出した。信陵君は、

「晋鄙は忠義者だから、引き渡しを拒否するに違いない。その忠義者を殺さねばならないのか」

と涙を流す一幕もあったが、結局、晋鄙を殺して軍を奪い、秦による邯鄲包囲も解けた。

だが、信陵君は重大なる命令違反者ゆえ、魏に帰れず、十年間も趙にとどまることになる。その間、博徒《ばくと》に身をやつした毛公《もうこう》と、果汁のしぼり売りをしていた薛公《せっこう》（孟《もう》嘗君《しょうくん》とは別人）と親しくなった。平原君は、「あまり良いつきあいではなかろう」と注意した。すると信陵君は、

「昔から名声を聞いていたあの二人なのに。あなたがそんなに小さい人だとは思いませんでした」

と言って立ち去ろうとし、平原君はあわてて謝罪した。

この一件で、平原君の食客の半分ほどが信陵君のもとに移り、天下の名士も信陵君

のほうにばかり集まるようになってしまい、信陵君の勢いのほうが強くなった。

信陵君が趙に居つづけていることを知る秦は、その留守を衝《つ》いてしばしば魏に軍を差し向ける。対応に苦慮する安釐王は、何とか信陵君に帰国してもらえないものかと使者を送る。毛公と薛公は、しぶる信陵君に、

「魏国が滅び、先祖代々の廟《びょう》も破壊されたら、あなたはどの面《つら》をさげて天下の人々に会う気ですか」

と進言した。信陵君は決意し、帰国して上将軍《じょうしょうぐん》の位を与えられ、秦軍と対決する。天下の諸侯も、信陵君が軍を率いると聞いて援軍を出し、秦軍は敗走した。この戦果に対し、諸侯の客から兵法の書を献上され、信陵君は「公子の兵法」と名づけて、自身の著作とした。世に言う『魏公子兵法』である——と司馬遷は記しているが、残念なことにこの本は伝わらない。

公子の兵法

敗れた秦では、「魏の国を支配しているのは信陵君であって、王ではない。いずれ位を奪うに決まっている」との流言をふりまかせた。安釐王は不安になって信陵君を将軍職からはずした。信陵君は病気と称して自宅に籠り、二十四時間酒びたりで婦人と遊びつづけること四年、ついに酒に中毒して亡くなった。同じ年（前二四三年）、安

釐王も世を去り、魏は秦に侵食される一方となる。前漢の高祖劉邦《こうそりゅうほう》は信陵君を尊敬し、前一九二年、毎年季節ごとに信陵君の墓の祭りを行う家五軒を選定した。*2

＊1　年代的に、趙の武霊王《ぶれいおう》と恵文王《けいぶんおう》のいずれの場合もありうる。

＊2　司馬遷は大梁《たいりょう》に出向き、わざわざ侯嬴《こうえい》と信陵君の出会いの場である夷門《いもん》を訪ねたことを信陵君の伝（魏公子《ぎこうし》列伝）の末尾に記している。そして、身分の尊卑《そんぴ》に関わらぬ心の交際をむすんで乱世に飛躍したところに、劉邦と信陵君の共通点を感じたようである。

50 春申君

実は幽王の本当の父

春申君《しゅんしんくん》（？～前二三八）は、姓は黄《こう》、名は歇《あつ》。楚《そ》の人である。その行き先の史料はないが、遊学して博《ひろ》い見聞を得、楚の頃襄王《けいじょうおう》に仕えた。ちょうどそのころ、秦《しん》は昭王《しょうおう》の時代で、昭王は白起《はくき》（55）を将軍として各地の諸侯に軍事的圧力を加えていた。すこしあとになるが、秦軍による趙《ちょう》の都邯鄲《かんたん》包囲もこの時期であり、楚の懐王《かいおう》も、秦の誘いに乗って秦へ行き、身柄を拘束されてしまう。懐王が秦国内で生きているのに後を継ぐことになった頃襄王は、春申君の弁舌を買って、秦への使者とした。春申君は秦の昭王に書簡をたてまつり次のように言った。

「王におかれては、楚を攻めようと考慮しておいでですが、現在、天下において強国と言えば、まっさきに秦と楚が数えられます。つまり、両国は二頭の虎のごとくであり、もし両虎が戦うようになれば、両方とも傷つき疲れ、つまらぬ犬にさえ制せられてしまうでしょう。両国は誼《よしみ》をむすび、韓《かん》、魏《ぎ》、斉《せい》、燕《えん》、趙《ちょう》を順に攻めてゆくことこそ上策ではありますまいか」

かくて秦と楚は同盟をむすび、楚は春申君と太子の完《かん》[*1]を人質として秦に置くことにした。やがて頃襄王が病むと、春申君は太子を楚からの使者の御者の扮装をさせ、楚に送り出してしまってから、

「さあ、死刑にしていただきましょう」

と居直ってみせた。昭王は激怒したが、范睢《はんしょ》(53)が、

「彼こそ忠臣。帰国した太子が王位を継げば、我が国の影響力が残ります。この黄歇(春申君)を帰国させれば、恩を感じる太子は黄歇を重く用いるはずですから」

と取りなし、春申君は楚に帰った。

孝烈王《こうれつおう》の即位とともに、春申君は宰相《さいしょう》となった(前二六二)。そして四年後、秦軍による趙の邯鄲包囲が起きるが、春申君の直接の活躍はない。春申君はさらに四年後、周公旦《しゅうこうたん》の封国にして孔子の国である魯《ろ》を滅ぼし、その一方で、儒者の荀子《じゅんし》を用い、蘭《らん》陵県《りょうけん》の知事とした。[*2]魯を滅ぼしたことで楚の勢力は拡大し、春申君もまた力を増した。

趙の平原君からの使者が来た時、春申君は特別の宿舎に迎えいれた。平原君の使者は、見せびらかして自慢してやろうと、玳瑁《たいまい》のかんざし、剣の鞘《さや》には真珠を飾りたてて挨拶にのぞんだ。ところが、春申君の客三千余人のうちの上等の者はみな真珠をびっしり付けた靴をはいていた。平原君の使者は色を失った。

欲心が身を滅ぼす

時は流れ、秦は荘襄王《そうじょうおう》の時代で、呂不韋《りょふい》(65)が宰相となり、他の諸侯に対する攻撃が強まった。春申君は、楚の王を長《ちょう》に戴く諸侯連合の軍事顧問として、すべてを指揮したが、戦いはうまくいかず、しだいに孝烈王の信頼がうすらいでいった。

このとき春申君の心に魔がさした。子のない孝烈王に、趙の李園《りえん》なる者の妹をすすめたのだが、彼女の腹にはすでに春申君の子が宿っていた。このまま妊娠を隠し、孝烈王にあてがい、生まれた子が男なら、めでたく御世継としてしまう。こうすれば、李園の妹は正式の王后に立てられようし、李園も出世する。そして彼は次の王の実父なのだから、春申君も権力を維持してゆける。*3 しかし、この誘惑のかげで、李園の心の底に、何があるのか、春申君は見ぬけなかった。やがて孝烈王が病気になる。春申君が宰相となって二十五年目(前二三八)であった。客の朱英《しゅえい》が春申君に警告を発した。

「世の中には願ってもない福と、思いもよらぬ禍《わざわ》いがあるものです。閣下は宰相たること二十余年。名目は宰相ですが、実質は楚王でいらっしゃいます。現実の楚王は、近々世を去られましょう。まだ幼い太子を立てて、閣下が実質的に国を支配しつづける。昔、伊尹《いいん》や周公旦《しゅうこうたん》がやったように、王が成長したところで、国政を返上してもよし、自らが王になられるもよし、これが願ってもない福です。李園は労せずして王の親族となり、閣下の存在を邪魔に思っております。最近では、命を捨てて危険なことをやる連中を集めておりますので、もし王が亡くなられましたら、まっさきに閣下を始末して権力を独占しようとするはずです。これが思ってもみない禍いであります。そういうまさかの時に備えて、わたくしを宮中の警護兵に任命してください。李園を殺してしまいますから」

しかし、春申君は、「あんな小物は放っておけばよいのだ。気も弱く、私を慕っている。そのような大それたことはするまい」と言うのみであった。朱英は自分の身が危ういので、さっさと逃亡してしまった。

その十七日後、孝烈王は亡くなり、李園は春申君を殺し、さらにその一族も皆殺しにした。春申君の子はこうして即位した。これが楚の幽王《ゆうおう》である。司馬遷は、「この年、秦では嬴政《えいせい》（のちの始皇帝《しこうてい》）が即位して九年、スキャンダルが露見し、呂不韋が免職された」

と付け加えたあと、春申君は「まさに決断すべきときに決断しないと、かえって禍害を受ける」という諺の通りになってしまったと結んでいる。

＊1『史記』の楚世家では「元《げん》」とある。のちの武烈王《ぶれつおう》（在位前二六二～前二三八）。

＊2　『荀子』の中には、春申君について「春申君が殺されて、楚の道がふさがれてしまった」とあるのみ（成相篇）。

＊3　このパターンは、呂不韋と秦の始皇帝のパターンに似ている。

九　遊説の士――舌先三寸で人を動かす

乱世には、それまではそれなりに機能してきた規準や規範が、モラルごと失われる。そうなると、天下の諸侯たちは、互いに競い合いながら、「どうやったら、相手より上にいけるか」「どうすれば一番になれるか」と模索せざるを得なくなる。もし、自分の国がとびぬけて強く、天下中を敵にまわしたとしても、力ですべてを制圧できるのであれば、悩む必要はない。その力で天下を制圧してしまえばいい。

だが、歴史上のほとんどすべての場合、そこまでとびぬけて強いことはない。たとえ強くても、他国が連合して対抗したりすれば、勝ちきれない。そこで、遊説《ゆうぜい》の士の登場となる。彼らは各地を渡り歩き、「このようにすれば、国は強くなります」などと諸侯に説いてまわった。彼らを評して「政治コンサルタント」と呼んだりするが、まさに彼らの金のかせぎどころが、そういう場にあった。

諸侯の政策決定に影響を与え、それが金になり、地位が得られる。本章に採りあげた人々は司馬遷が活躍を記した、つまり成功例ばかりである。実際の世の中には、無数の同業者がいて、それぞれ懸命の熱弁をふるって、諸侯に訴えていたはずである。その生きかたは、武将の場合と同様、ギャンブル性を持っていた。ほとんどの場合は失敗し、彼らは歴史に名を残すことはなく消えた。

平和な時代に策略を売って歩くことは皆無ではないが、乱世にこそチャンスの多い人々である。だが、司馬遷が記す内容を見ると、成功したあとの処世のむずかしさ、むなしさが強くにじんでいる。彼らは最終的に時の流れに翻弄《ほんろう》されてしまっている。結局のところ、乱世が彼らのような人々を必要としたのではなく、彼らのほうが乱世を必要としていたにすぎないということであろう。

51 蘇秦

遊説はギャンブル

戦国時代に限ったことではないが、遊説《ゆうぜい》の士と呼ばれる人々がいて、自分の説を各地の王侯に売り歩いていた。社会がかかえる課題に、うまい解決を与えることができるような説であれば、莫大な謝礼金をせしめることができ、いきなり高位高官として採用される。こうした人々の中には、昨日まで隠者《いんじゃ》であったのが、一夜あければ大臣というものまである。日本的な感覚だと、

「お前は隠者ではなかったのか？」

と疑問を生じようが、こういう場合は、

「私は今まで自分を正しく評価してくれる人にめぐりあえなかったから隠れていたのだが、今はもう違う。いよいよ私の力を発揮すべき時が来たのだ」

と言う。そして、周囲の者もこの発言を全く疑わない。つまり、昨日までは貧乏で、あちこちに借金をして旅費をつくり、各地を遊説していたとする。それが、どこかで自分の買い手があらわれれば、一躍、有力者となり、それまでの借金などは、王侯か

らの莫大な謝礼金から一括払いで返済してしまえる。こうなると一種のギャンブルで、遊説の士にしてみれば、自分の説が売れなければ借金を返せず火ダルマ状態だが、ひとたび当たれば大成功。一方、彼に金を貸す立場からすると、

「こいつは大物だぞ。かなりの金を貸しても大丈夫だろう。すごい利子がついて返ってくる」

と思えば金を貸す。この予測が当たることもあればハズレることもある。これまたギャンブルである。彼らと彼らをとりまく人々の人生は、「投機」の二字である。戦国乱世には、ますますこれに拍車がかかる。

蘇秦《そしん》（?～前三一七）は、遊説の士の代表的人物で、洛陽《らくよう》の人である。彼の兄弟関係や事績には謎が多く、異説も多いのだが、司馬遷自身からして、

「蘇秦の事績には異説が多すぎて、蘇秦とは違う時代の話まで蘇秦の話として伝わっている」

と記しているので、とりあえずは『史記』の言うことをそのまま受けとめなくてはなるまい。蘇秦は鬼谷《きこく》先生[*1]に学問を教わったあと、数年にわたって各地をめぐったが、買い手がつかず、残ったものは借金の山というかっこうで洛陽に帰って来た。兄弟やその妻たち、そして自分の妻までもが彼を愚か者と言った。

「ここ洛陽は周王朝のお膝元である。農工業にはげみ、商業ならばもうけは売り値の

二割という堅実な生き方が一番だ。それをお前は、イチかバチかのギャンブルに一攫《いっかく》千金《せんきん》を夢みて、ベラベラしゃべりまくっているのだから、貧乏になって当然だ」

絶頂の時は短く

蘇秦はそう言われても、他人の心を見抜く術を学び、秦の恵文王《けいぶんおう》に、みずからの天下構想を語ったが、恵文王は商君《しょうくん》（商子）を死刑に処したばかりで、弁舌の士は不要だった。次に趙《ちょう》に行ったが嫌われ、燕《えん》の文侯《ぶんこう》に、

「まず趙と結び、秦に対抗する姿勢をとるべきだ」

と説き、ようやく評価される。一ヵ所で成功すれば調子が出てくるもので、蘇秦は趙へ行き粛侯《しゅくこう》の説得にも成功する。[*2] このあと韓《かん》の宣恵王《せんけいおう》、魏《ぎ》の襄王《じょうおう》、斉《せい》の宣王《せんおう》、楚《そ》の威王《いおう》と順に説得し、秦一国に対し、燕・趙・韓・魏・斉・楚の六ヵ国が同盟して張り合う構想の実現に成功した。六ヵ国がほぼ縦並びで西の秦に対することから「合従《がっしょう》（縦）策」と呼ばれる。

合従の最後と蘇秦の最期

六ヵ国の宰相《さいしょう》に任ぜられ、突然の大出世をした蘇秦は故郷の洛陽に帰った。周《しゅう》の顕《けん》王《おう》は、わざわざ道路を掃《は》き清《きよ》め、出迎えの使者まで出した。蘇秦は王者のような行列

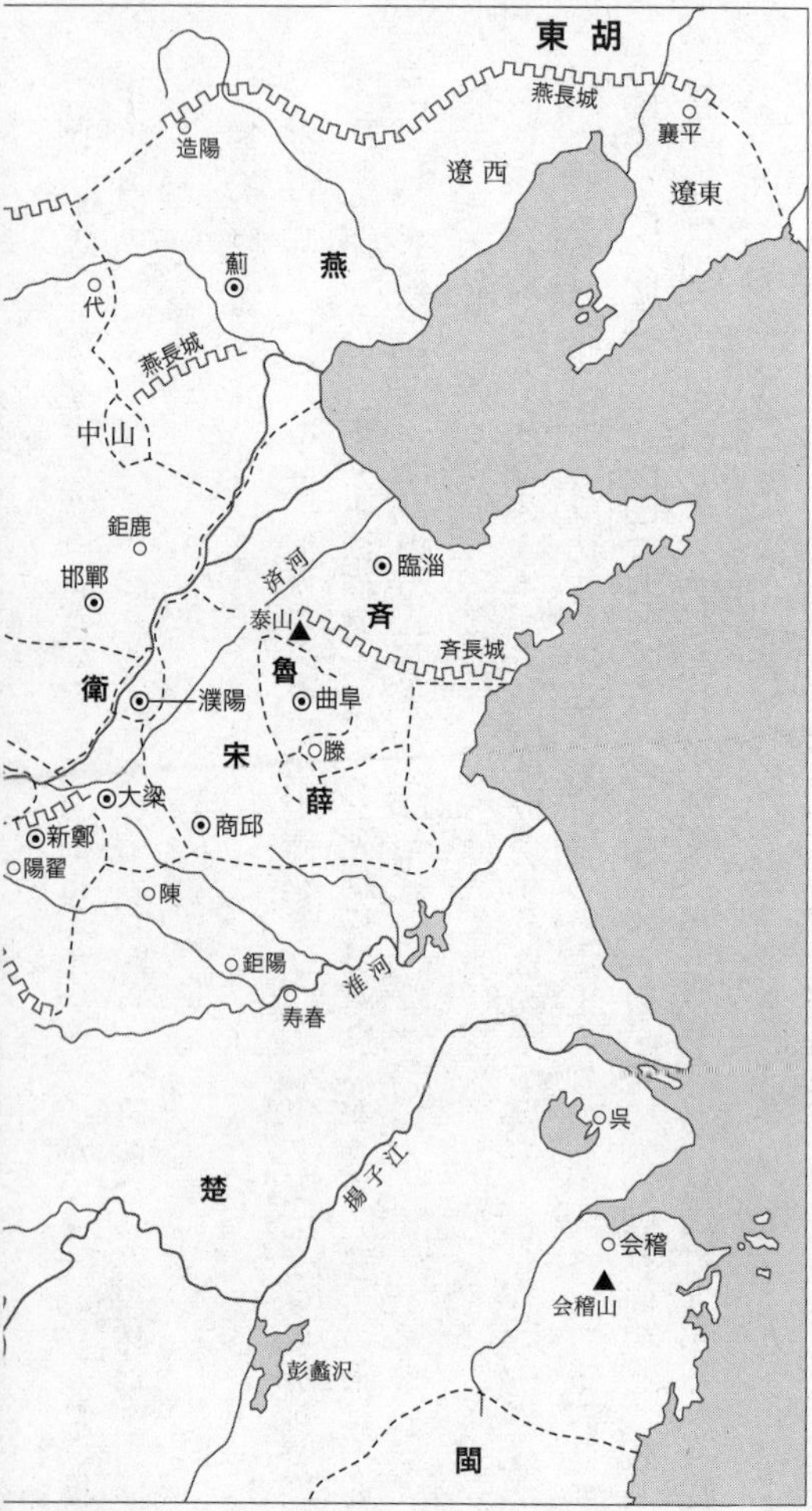
東胡
燕長城
造陽
襄平
遼西
遼東
燕
薊
代
燕長城
中山
鉅鹿
邯鄲
済河
臨淄
泰山
斉
斉長城
魯
曲阜
衛
濮陽
宋
滕
薛
大梁
商丘
新鄭
陽翟
陳
鉅陽
淮河
寿春
呉
楚
揚子江
会稽
会稽山
彭蠡沢
閩

戦国時代の形勢図

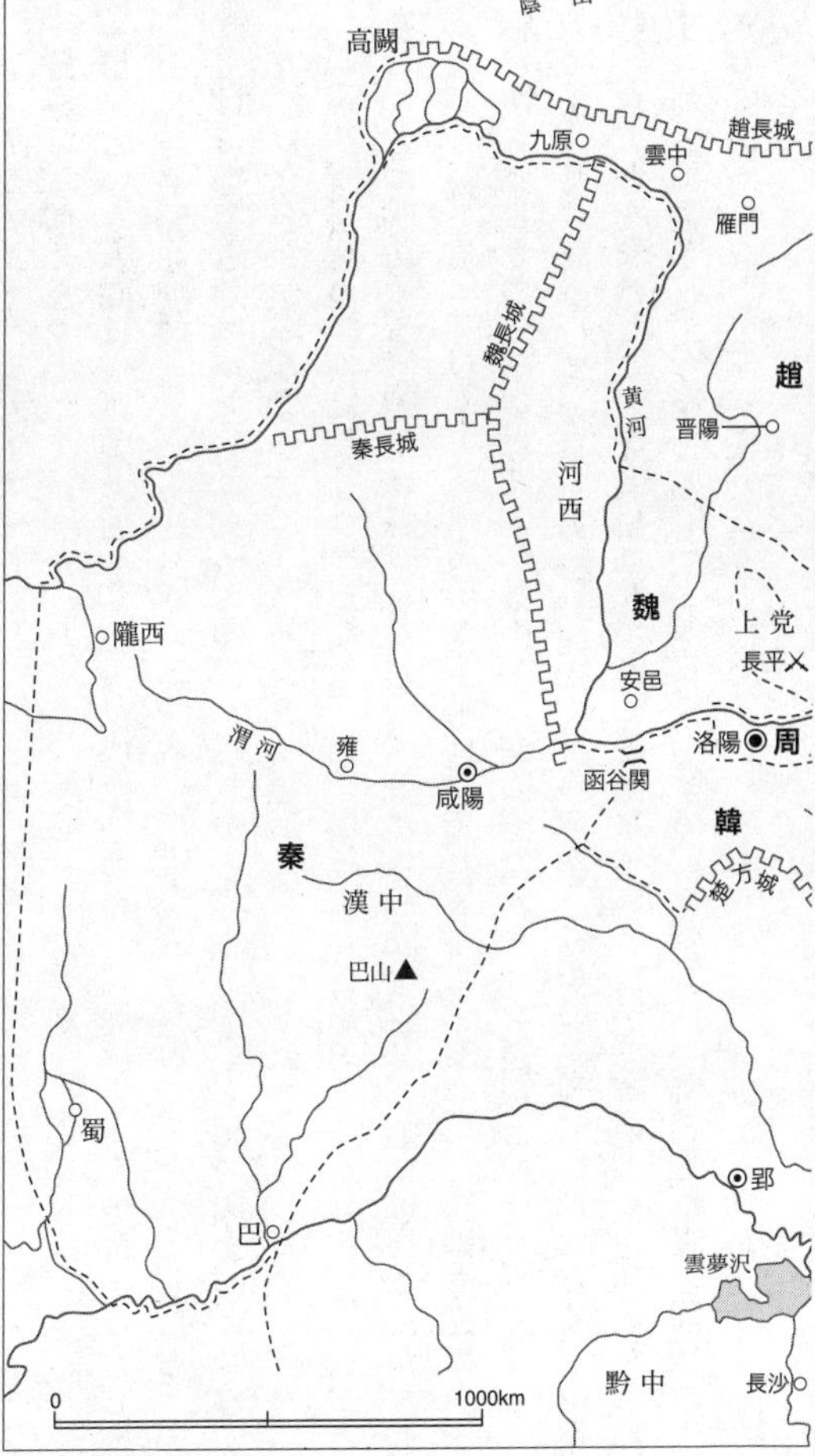

匈奴
陰山
高闕
趙長城
九原
雲中
雁門
魏長城
趙
黄河
晋陽
秦長城
河西
魏
上党
長平
安邑
隴西
渭河
雍
咸陽
函谷関
洛陽
周
韓
秦
漢中
楚方城
巴山
蜀
郢
巴
雲夢沢
黔中
長沙
0
1000km

を仕立てて帰って来た。前に蘇秦をばかにした兄弟が、ひたすら腰を低くして蘇秦に給仕する。

「ずいぶん以前と扱いが違うね」

「あなた様が高貴で富豪なためです」

蘇秦は、溜め息をついて言った。

「自分という人間は、以前と何も変わっていないのに、結局はカネと地位か。もし、この私が洛陽の近郊に二頃《けい》（約二ヘクタール）ほどの農地を持っていたとしたら、それだけで都市近郊農家として食ってゆけたろうから、六ヵ国の宰相の印を腰につけるようにはならなかったろう」

しかし、得意の絶頂は長くつづかなかった。秦は斉と魏をそそのかし、趙を攻撃させることに成功する。趙王は蘇秦をなじり、蘇秦は危険を感じ、燕に逃げこんだ。しかし、「合従（縦）」はこれで、もろくも解体してしまった。そして、このあとは坂を転げ落ちるように、蘇秦に非難が集中し、個人的なスキャンダルも彼を危うくする一方であった。蘇秦は燕の易王《いおう》の母（先代文侯の夫人）と密通していたのである。蘇秦は、燕で罪を受けたことを名目にして斉に脱出していったが、斉の大夫《たいふ》と利害が合わず、刺客に殺されてしまった。『史記』は、蘇秦の兄弟蘇代《そだい》・蘇厲《それい》も蘇秦と同様の生き方であったことを伝えている。

＊1　今日、『鬼谷子』という書がのこっているが、後世の偽作とされる。
＊2　以前、蘇秦を嫌っていた奉陽君《ほうようくん》（粛侯《しゅくこう》の弟）がこの時には世を去っていたのである。

52 張儀

蘇秦の助力で世に出る

張儀《ちょうぎ》（?～前三〇九）は、魏《ぎ》の人で、蘇秦《そしん》とは鬼谷《きこく》先生の門でともに学んだ間柄であった。蘇秦は、自分は張儀におよばないと思っていたが、出世したのは蘇秦のほうが早かった。

学問を修めて諸国を遊説《ゆうぜい》しはじめた張儀は、ある時、楚《そ》の宰相《さいしょう》（誰なのか史料がない）の宴会に出席した。そのさなかに、宰相の璧《へき》（宝玉）が紛失し、出席者たちは、「盗んだのは張儀に決まっている。貧乏なうえに品行がよくないから」と彼をつかまえて笞《むち》で数百回も叩いた。しかし、やっていないものは白状のしようがない。張儀はようやく釈放された。帰宅すると、彼の姿を見た妻が、

「書物を読んだり、遊説したりしても、こんな恥辱を受けるとは。もう、おやめなさいよ」

と言った。張儀はこう言った。

「おれの口の中を見てくれ。舌はあるか」

「ありますよ」

妻が笑うと、

「じゃあ大丈夫だ」

やがて張儀にチャンスが巡って来た。合従策《がっしょうさく》によって六ヵ国同盟を成立させた蘇秦が、「秦がもしどこかの国を攻めでもしたら、『六ヵ国同盟などムダだったではないか』と言われよう。そうなってはまずい」と、秦に誰かを派遣して、六ヵ国に手を出さぬよう話を通じさせようと考え、張儀にやらせようとした。その際、張儀をわざと粗末にあつかって発奮させ、秦に送りこみ、近侍の者を通じて、かげながら資金を与え、おかげで張儀は秦の恵文王《けいぶんおう》の客卿《きゃくけい》となった。張儀はあとで蘇秦が糸を引いていたことを聞き、愕然とする。そして、

「蘇秦が生きているうちは合従策を破ったりすることはいっさいしない」

と言うのであった。

張儀は前三二八年、秦の宰相となったが、そののち蜀《しょく》攻撃をめぐって司馬錯《しばさく》との論戦に敗れ、司馬錯は前三一六年、蜀を平定する。この司馬錯は司馬遷の先祖である。

合従策を破る

前三一七年に蘇秦が殺され、いよいよ張儀には遠慮すべき相手がいなくなった。[*1] 張

儀は自分の生国の魏の哀王《あいおう》を説得し、六ヵ国同盟から切り離し、秦との同盟を結ばせることに成功する。

張儀の構想は、連衡《れんこう》策と呼ばれるもので、合従の「縦並び同盟」を解消し、一国一国がそれぞれ西に位置する秦と同盟を結ぶことで、あたかも衡《こう》（てんびん秤《ばかり》）のような横のバランスの連盟を形成するものである。むろん、秦のために都合のよい策で、ひいては秦に仕える自分にとって都合のよい策である。張儀はつづいて楚の懐王《かいおう》をあざむき、同盟の約束の土地を割譲しない。次に韓《かん》の王（宣恵王《せんけいおう》なのか、襄王《じょうおう》なのか、今ひとつ不明確であるが後者だろう）、斉《せい》の湣王《びんおう》、趙《ちょう》の武霊王《ぶれいおう》、燕《えん》の昭王《しょうおう》と順に口説き落として連衡策を完成させた。このときは、秦との連盟のほうが六ヵ国同盟より利があるということを、地形の問題や軍の強さなどによって総合的に語りかけている。これは脅しと好誼《こうぎ》の両面によって、押したり引いたりの弁舌をふるい、相手を動かしたものである。

これで蘇秦の合従策は崩壊したわけだが、もともと蘇秦その人が謎の人物であるうえに、六ヵ国同盟ができあがっているはずなのに、その六ヵ国間で戦争が繰り返されていたりするので、本当のところはどうであったのかは、実はよくわかっていない。だから、「合従策を破って連衡策を完成した」とは言うものの、それはあくまでも文章上のことで、やはりそのへんの実体となると、明確にはなりがたい。

孟子、荀子には評判悪く

張儀も、自分が頂点をきわめたところで、秦の恵文王の死にあう。次の武王《ぶおう》は、太子時代から張儀を嫌っていたので、武王の意におもねって張儀を引きずりおろし、自分がその地位にとネラう連中（武王を王位にのぼらせた政治勢力）の標的となった。危険を感じた張儀は、

「わたくしを魏に送りこんでください。そこで騒動を起こしますから、それにつけこんで攻めこみ、領土の拡大を」

と巧みに武王（および、武王をかつぐ一派）を説得して魏に行く。すると予定通り、舌先三寸で自分をだました張儀を嫌う斉の湣王が軍を出して来た。張儀は腹心の馮喜《ふうき》を湣王のもとへ派遣して、こう言わせた。

「大王が張儀を憎悪され、彼をほふるために軍を出されるお気持ちはわかりますが、魏と斉が戦えば秦はすかさず軍を出して韓を攻め、近くまで来たついでに周王朝を滅ぼしましょう。秦はこれをねらって張儀を魏に送りこんだのです」

湣王はこれで軍を退《ひ》き、張儀は魏の宰相として一年余り、前三〇九年に世を去った。

孟子は張儀を評して、「へつらいながら美辞を弄《もてあそ》ぶ、つまらぬ奴」と言い、「彼らが天下を動かしているのでしょう」という問いに対し、まっこうから否定している。この

点は荀子《じゅんし》も全く同様であった。だが、彼らに張儀らの動きを封じることは不可能であった。

＊1『史記』はこのように書いて両者の活躍の時期を区分しているが、蘇秦の年代と事績はまことによくわからない。とりあえずは『史記』の記述を信用しておくほかはない。張儀とて、それまで本当に遠慮して何もしていなかったわけでもあるまい。何らかの準備工作(各国へのわたりをつける)をしておかなければ、行動は起こせないだろうから。

53
范雎

屈辱をバネに

　范雎《はんしょ》を范雎《はんすい》とする版本があるが、『韓非子《かんぴし》』難言篇などに「范且《はんしょ》」とあるので、范雎を正しいとすべきであろう。彼は魏《ぎ》の人で、字《あざな》は叔《しゅく》。年代的には秦《しん》の昭王《しょうおう》（在位前三〇六～前二五一）の時代を生きた。各地の諸侯に売りこみをしたあげく、生国魏に仕えようと思ったが、家は貧しく、遊説《ゆうぜい》したことで、さらに金銭的に苦しくなっていたので、[*1]とりあえず魏の須賈《しゅか》に仕えた。

　魏の昭王（在位前二九五～前二七七）の命を受け、須賈は斉《せい》の襄王《じょうおう》（在位前二八三～前二六五）のもとに、使者として行くことになり、范雎も一緒に斉に行った。襄王は范雎の才能を噂に聞いていたので、須賈の頭越しに黄金・牛肉・酒を范雎に賜与した。范雎は受け取ろうとしなかったが、須賈は怒り、「さては貴様、我が国の機密を斉に売ったのだな」と、帰国してから魏の宰相魏斉《ぎせい》（魏の公子の一人）に話した。魏斉はひどく怒り、范雎を杖刑《じょうけい》に処し、肋骨《ろっこつ》も歯も叩き折られた范雎は死んだふりをした。范雎はムシロで巻かれ、便所に投げ落とされた。魏斉の賓客たちは酒を飲み、酔

っては便所に行って范睢に小便をかけた。范睢は便所の番に、

「助けてくれたら莫大な礼をするぞ」

と話しかけた。番は、魏斉に、

「便所の死体は捨てて来てもよいでしょうか」とたずねた。酔った魏斉は許可したが、しばらくして後悔し、死体を確認すると言い出した。この時には范睢は脱出して鄭安《ていあん》平《ぺい》なる者にかくまわれていた。

穰侯を失脚させる

「張禄《ちょうろく》」と名を変えて潜伏していた范睢は、魏に来た秦の使者王稽《おうけい》を通じて、秦の昭王に会う。この時すでに昭王の三十六年（前二七一）。昭王は五十六年間、王位にあった。こういう長い在位期間を持つ王は、幼少時に王位に登った人物である。当然、彼を王位に登らせた背後の勢力がある。秦の昭王の場合は、魏冄《ぎぜん》（穰侯《じょうこう》と呼ばれる）の一党がいた。当初は政治のことなど何もわからぬ昭王だが、何年も王をやっているうちにいろいろとわかってくる。自我にも目覚める。魏冄の言いなりにしか行動できないことに不満も湧いてくる。

范睢はちょうどそうしたタイミングで秦の昭王に上書（手紙をたてまつること）した。そして離宮で直接昭王に面会し、魏冄の一党を排除せんことを訴える。この実現

に五年の歳月を要し、昭王の四十一年（前二六六）、ようやく魏冄の一党を全員、中央政界から追放した。昭王に独裁権力があったのではなく、五年間かけて魏冄の側にいる政治家たちを切りくずし、今風に言えば、秘密のうちに多数派工作を完了し、魏冄とその一党のみを孤立させ、追放したのである。昭王が、あるいは王たる者が、「独裁者」であるなら、彼がある存在をうっとうしいと思った瞬間、「気にいらぬ。魏冄一党は追放だ」とひと声はりあげれば、とっくの昔にすべて解決していたはずである。戦国時代の王たちを独裁者と思うのは誤解であり、幻想である。

復讐に成功したが

宰相として中央政界の新しいリーダーとなった范雎は、応《おう》の地に封ぜられ（応侯）、そこへ魏から使者として須賈が来て、范雎を見て「生きていたのか」と驚く。その時范雎はわざと破れた服を着ていて、

「その日暮らしで何とか生きています」

と言った。同情した須賈は、厚い綿入れを与えた。范雎は秦では張禄、応侯と呼ばれていたから、須賈は全く事情がわからず、范雎の案内で張禄の屋敷をたずね、バリッと正装して現れた范雎を見て、ようやく張禄とは范雎のことであったのかと仰天する。范雎はあわててひれ伏す須賈に、「魏斉に事実でないことを告げ、杖刑になるの

を止めず、便所で辱《はずかし》めを受けた際も放置した。以上で罪は三つ。だが綿入れをめぐんでくれたから死刑にはしない」

と言うと、大宴会の席上で須賈に、豆と刻みワラを混ぜたものを跪《ひざまず》いたまま桶に首を突っこんで食わせ、「魏斉の首を持って来い」と言いわたして帰した。怖《おそ》れた魏斉は、趙の平原君のもとへ身を寄せた。しかし、范雎の追及はきびしく、趙《ちょう》の孝成王《こうせいおう》に圧力をかけ、魏斉は一度はそこから逃げたものの、魏の信陵君《しんりょうくん》も受け入れてくれそうにないことを知り、自殺した。

范雎も権力の頂点に立ったところから、綻《ほころ》びが始まる。名将白起《はくき》（55）と合わず、白起を処刑して、昔自分をかくまってくれた鄭安平を将軍として趙を攻撃させたが、鄭安平は大敗を喫し、趙の捕虜となってしまった。法律上は、こうした場合、推薦者の范雎も連座して三族皆殺しとなるはずであったが、昭王は特別に不問に付した。これが昭王の四十三年（前二六四）のことで、その二年後には、自分を昭王に引き会わせてくれた王稽が他国の諸侯と内通したかどで処刑され、いよいよ范雎は精神的に苦しくなっていった。昭王はあい変わらず范雎を頼っていたが、范雎は蔡沢《さいたく》（54）に、「大王ももうお年で、いつまでもあなたが頼られるとは限りませんよ」と言われ、重病を理由に、後任に蔡沢を推薦して官を辞して去った。その後の范雎のことは、わからない[*2]。

＊1　遊説の費用として、借金をかなりしていたはずである。

＊2　こういう場合、何もわからないほうが無事であるのだろう。張良(75)のように、政界からの距離をおいてしまうほうが、あとあと無事にすむ。范蠡《はんれい》(37)は無事だったが、呂不韋《りよふい》(65)はそうはいかなかった。いろいろな例を見るほどに出処進退のむずかしさを思い知らされる。

54 蔡沢

范睢を暴言で挑発

蔡沢《さいたく》は燕《えん》の人で、遊学したあと、諸侯に自説を説いてまわったが、全く採用されなかった。そこで人相見として名高い唐挙《とうきょ》に観てもらったところ、

「あなたの鼻はそっくりかえり、肩幅は広く、顔が大きく、膝は曲がっている。聖人には、いかにも聖人らしい相はないと言うが、あなたのことであろうか」

とのことであった。蔡沢は唐挙が自分をからかっているのだと思い、あらためて自分の寿命をたずねた。

「あと四十三年生きられましょう」

蔡沢は、外へ出てから、

「自分がこのあと一発当てて身分を得、うまい飯を食い、四十三年あれば十分そんな暮らしを楽しめるだろう」

と語った。そして、范雎《はんしょ》（応侯《おうこう》）が任じた鄭安平《ていあんぺい》や王稽《おうけい》がしくじり、范雎がふさいでいることを知るや、ただちに秦《しん》の国に向かい、昭王《しょうおう》に面会しようとして、まず手は

じめに范雎をわざと怒らせようとした。これは、范雎を怒らせることで、その本心に直接訴えかけ、そこから信用を得て昭王に面会するきっかけをつくろうとしたのである。蔡沢は人にたのんで、

「燕の国から来た客人蔡沢は、天下の雄俊にして智謀あふれる弁士である。蔡沢が王(昭王)に会おうものなら、応侯の地位など簡単に奪ってしまうであろう」

と言わせた。これを聞いた范雎は、

「この私よりも弁舌がすぐれているだと。しゃらくさい奴だ」

と、蔡沢に面会してみることにした。蔡沢は、

「身分は高く、家は富み、寿命も長く、その名も実績もともに末長く維持され、天地が滅びる時まで評判が伝わり、影響力を残していられたら、最高でございましょうね」

と切り出した。

「いかにも」

「では、秦の国においては孝公《こうこう》の時の商君《しょうくん》(45)、楚《そ》の国の呉起《ごき》、越《えつ》の大夫種《たいふしょう》らの生きかたは、見ならうべきものであるとお考えですか。彼らはそれぞれ自分の節義をつらぬき、理想を実現し、権力を手に入れた人々ですが、最期はいずれもひどい死に方をしました。ところで、今、名を挙げた商君、呉起、大夫種が富国強兵の実績をあげ、

万里のはてまでもその主君の威名を伝えているという点において、あなたはこの三人より上だとお考えですか」

「私は彼らほどではない」

「では、現在仕えていらっしゃる王（昭王）は、商君の仕えた秦の孝公、呉起の仕えた楚の悼王《とうおう》、大夫種の仕えた越王勾践《こうせん》と比べていかがでしょうか。商君、呉起、大夫種の三人より劣る才能であるとするならば、彼ら三人よりも厚遇されていて、彼らがやがて迎えなければならなかった悲劇を避けられるでありましょうか。今のうちに身を退かれませんと、危険ではないでしょうか。おそらく彼ら三人以上の悲劇になるのではありますまいか。太陽も南中すればあとは下がってゆき、月も満ちれば欠け、物が盛んになれば衰える、これが天地の定めであります。あるときは進み、あるときは退き、伸びればまた縮み、時の流れとともに変化してこそ、聖人なのではありますまいか。あなたはもはや、すべての怨《うら》みには報い、すべての恩にも返礼をすませておられます。もう十分、思い通りになさったのではありませんか。このあたりで方針を変えられるべきでしょうに、いつまでも権力の座にしがみついておられる。わたくしは同意いたしかねます。『易《えき》』の乾卦《けんか》にも、亢竜悔有り《こうりゅうくいあり》（登りつめた竜は後悔する）と見えています。上った者は下がらねばならず、伸びた者は縮まねばなりません。それを、往《い》ったまま自分で自分を還《かえ》れなくしてよろしいのでしょうか。よくお考えください」

蔡沢は一気にまくしたてた。范雎は、

「その通りだ。欲望にのみ動かされていては結局ものを逃がしてしまい、充足を知らなければ、すでに所有しているものさえ失うことになる。先生のお教えに感謝し、つつしんで今後の方針をお示しください」

と言って、蔡沢を上等の客人として待遇することにした。そして、昭王に、

「山東《さんとう》の方面からやってまいりました弁士の蔡沢は、天下の覇者《はしゃ》のことばかりでなく、世俗の事にまで通じておりますので、この秦国の政治を任せることができます」

と推薦し、重病を理由に政界から身を引いた。

秦の宰相となるが

しかし、蔡沢がいきなり范雎の地位に代わってしまうようなことを快く思わぬ勢力も存在する。一夜にして秦の宰相となった蔡沢だが、就任数ヵ月で讒言《ざんげん》にあい[*1]、病気を理由に宰相の位を返上した。しかし、秦には十余年いつづけ、昭王、孝文王、荘襄王、そして秦王政《せい》（のちの始皇帝）の四代に仕えた。前二三二年に、燕《えん》の太子丹《たん》を人質として秦に来させたのは、燕の国出身の彼の力であった。司馬遷は、范雎や蔡沢のような人物は多くいたのに……と歴史のめぐり合わせの不思議を伝末に書きつけている。[*2]

＊1　このとき、具体的にどんな讖言が行われたのか、その内容について『史記』は記していない。

＊2　司馬遷は、彼らが不遇の時期を自らのエネルギーとしたからこそ出世できたのだ、とも記している。

十　武将の運命——常勝将軍も最期は悲惨

戦国乱世という言葉を耳にしただけで、武将の存在を思い浮かべる。富国強兵とくれば、もう疑いもなく武将たちの世界である。むろん、平和な時代にも武将は存在する。治安の維持、反乱の鎮圧、異民族の侵略に対する防備と反撃、彼らの果たす役割は大きい。しかし、乱世こそが彼ら本来の活躍の場であった。A国とB国が戦争をする。そのどちらにも武将は存在し、力量を競い、勝負をつける。勝った国は領土の割《かつ》譲《じょう》そのほかの条件で手を打つ。そして、勝った側の武将には、かなりの褒賞が与えられる。同時に、大きな名誉も得られる。だから、乱世において、大出世することが可能である。負ければ金も名誉も地位も、ひいては自分の命も失われるから、言わば人生の大バクチの様相を呈することになる。だめでモトモト、一発勝負に賭ける人間は、あとを断たない。

しかし、勝負に勝ち、天下が統一されたりすると、彼らの居場所は急に窮屈になる。なぜなら、軍隊は大変な金食い虫であるからだ。平和で戦争がない時でも、いざという時に備えて軍隊を養っておかねばならない。その食糧費だけでも、国家の負担は大きい。だから、『史記』よりも後の時代になると、たとえば三国魏《ぎ》の曹操《そうそう》は、屯田策《とんでんさく》を積極的に行い、兵員を平和時に農民として働かせた。だが、『史記』に描かれた世界においては、そこまで徹底した合理化は行われなかったようである。また、三国呉《ご》の陸遜《りくそん》のように、文官が戦争時に総大将として活躍する方式も、はっきり採用されていたわけでもないようである。これなら、戦時は武将、平時は文官と、国家の支払う給与は一人分ですむ。が、このようではなかったので、武将の生きかたもむずかしい。利用されるだけ利用され、いらなくなったら陥れられて始末される。だが、どうすればその運命から逃れられるのだろうか。

55 白起

戦えば勝つ

白起《はくき》(?〜前二五七)は、秦《しん》の都の咸陽《かんよう》に近い郿《び》の出身で、秦の昭王《しょうおう》に仕え、赫々《かくかく》たる戦功をあげた名将軍である。しかし、司馬遷が記す彼の伝記は、「何年にどこそこで勝った」というような記事の羅列ばかりで、しかも『史記』のほかの部分と年代や地名、人名も食いちがいがあったりで、古来、疑問視されている。その一方、人間白起が、いかなる性格の人であったのかといった記述はほとんどない。もしかすると、司馬遷にはそうした側面への興味があまりなく、「軍人なんて、そんなものさ」と、「殺人機械」の側面を重視する傾向があったのかもしれない。

白起は用兵の名手として、昭王の十三年(前二九四)、左庶長《さしょちょう》の資格で軍を率い、韓《かん》の新城《しんじょう》を攻めた。翌年、左更《さこう》に昇進して韓《かん》・魏《ぎ》を攻め、首級をあげること二十四万、五つの城を陥《お》とした。そのまた翌年には魏を攻めて六十一の城を陥とし、昭王の二十八年(前二七九)には楚《そ》を攻めて五つの城を取り、その翌年には、ついに楚の都郢《えい》を陥とした。敗れた楚の頃襄王《けいじょうおう》は、かろうじて逃れ、都を陳《ちん》に遷《うつ》すことを余儀なくされた。この功により、武安君《ぶあんくん》に封ぜられた白起は、昭王の三十四年（前二七三）、魏を攻め、魏・韓・趙の将を生け捕りにして、斬首十三万を数えた。そのほか、趙の将賈《か》偃《えん》と戦った際には、趙の兵卒二万人を黄河《こうが》に溺死《できし》させている。

さらに昭王の四十三年（前二六四）、韓を攻めて五つの城を陥とし、斬首五万。翌年は韓の南陽《なんよう》を攻めて、太行山《たいこうざん》につづく重要な道路を遮断した。この結果、韓の領地は一部が分断され、秦に捥《も》ぎとられるかっこうとなった。

秦の昭王の四十七年（前二六〇）、秦は左庶長の王齕《おうこつ》に韓を攻撃させ、そのまま攻めつづけて趙の長平《ちょうへい》の地に到ったところで、趙の名将廉頗《れんぱ》（57）との戦いとなった。廉頗は秦軍の猛攻を受けながらも、しぶとく態勢をつくり、土城《どじょう》によって守備をかためると、秦軍の挑発にはのらず、つけいる隙を与えない作戦に出た。持久戦・長期戦をめざしたのだが、いっこうに戦おうとしない廉頗に対し、趙の孝成王は、廉頗への不審をおこした。そこをすかさず、秦の応侯《おうこう》（范雎《はんしょ》）が流言をバラまき廉頗は交代させられた。

この時、秦は王齕の影の司令官として白起を起用し、白起は趙の食糧補給路を断ち切り、大勝利を得た。趙軍の降伏者は総員四十万であった。白起は、

「これだけの人数を自分の傘下に吸収して、全員を食わせつづけてやれるほどの食糧はない。さりとて、解散して帰らせたら、いつどこでこの者たちがゲリラ活動をはじ

めないともかぎらぬ。始末する以外にない」

と考え、彼ら全員を生き埋めにして殺した。赦《ゆる》されたのは少年兵二百四十人のみという凶行であった。このほか、斬首された者五万、すべてで四十五万の兵を失った趙は、はげしく動揺した。

范雎とそりが合わず失脚

このへんが白起の頂点であった。趙と韓は、蘇秦《そしん》の弟蘇代《そだい》*1を秦に送りこみ、范雎に会って、

「白起は今まで連戦連勝し、たいへんな勢いです。このまま彼にまかせておけば、趙を滅ぼしてしまうでしょう。そして秦が天下を統一する。そうなると、勲功第一は白起であることにまちがいはありますまい。あなたは彼の下に置かれるわけです。よろしいのですか」

と言わせた。范雎はそう言われ、秦の昭王に、

「趙に領土を割譲させ、ここは和睦して我が軍を休ませるべきです」

と進言した。范雎は白起の功に嫉妬《しっと》したのではなく、自分が下位に置かれるということは、いつでも自分が不用品として切り捨てられる危険性を大きく背負うことになる、それを嫌ったのである。しかし、軍の引き揚げを命じられた白起は不愉快で、こ

の時以来、范雎と仲が悪くなった[*2]。

秦の昭王の四十八年（前二五九）、秦軍はまたも趙を攻め、都の邯鄲《かんたん》を包囲した。白起は病気が治っているのに、病気を理由に、邯鄲包囲戦の指揮をとろうとせず、昭王が何度命じても腰をあげず、もちろん范雎が何を言っても受けつけない。

結局、邯鄲は陥とせず、各諸侯からの援軍も到着し、秦軍も損害を受けた。白起は、「だから包囲戦などやってもだめだと言ったのに」と言いだした。怒った昭王は、白起を一兵卒に格下げする。しかし、秦軍が各諸侯の軍に叩《たた》かれて散々な目にあっているとの報告がつづく。白起をこのまま都の咸陽に置いてはまずい、と昭王は范雎らに相談し、白起に自殺を命じた。白起は、勲功第一の自分が、どうして死なねばならないのか、納得がいかない。しばらく考えて、一応の答えを得た。

「これは天罰だ。長平の戦いの際、趙軍の兵卒四十万を生き埋めにしてしまったのだ。私は当然、死なねばならんのだ」

白起は自殺したが、やはりこれは非業《ひごう》の死。秦の人々は哀れんで、白起の魂祭《たままつり》を行った。

＊1　『史記』では弟としているが、古来異説がある（51の注参照）。

＊2　魏冄《ぎぜん》の伝記（穰侯《じょうこう》列伝）によると、白起は魏冄の一派の人間である。魏冄を追い落としたのが范雎だから、もっと前から范雎と白起の仲は悪かったろう。

56
王翦

秦の全国統一に貢献

秦《しん》の名将王翦《おうせん》は頻陽《ひんよう》の人である。若いころから軍事が好きで、秦の始皇帝《しこうてい》に仕えた。とは言え、「始皇帝」になる前の秦王時代の臣下である。年代は、秦王時代を通算して記される。*1

始皇の十一年（前二三六）、王翦は趙《ちょう》を攻め、九つの城を陥《お》とした。十八年（前二二九）に再び趙を攻め、一年以上の攻撃の末、趙を降伏させ、趙は滅びて秦の郡のひとつとなった。いよいよ秦が各地の諸侯を順番に滅ぼす流れが顕著になってきた。魏はこの二年前（前二三〇）に事実上、秦に滅ぼされ、秦の郡になっている。

始皇の二十年（前二二七）、燕《えん》の太子丹《たいしたん》が送りこんだ刺客荊軻《けいか》（66）による秦王の暗殺未遂事件が起こり、王翦は燕の攻撃を命ぜられ、燕の都薊《けい》を陥とした。燕王の喜《き》は遼東《りょうとう》の地にのがれ、太子丹の首級を秦に送り、何とか許してくれと請うた。

活躍をしたのは王翦だけではなく、子の王賁《おうほん》も楚《そ》を攻めて戦果をあげ、そのまま軍を転回して、何とか魏《ぎ》の命脈をつなごうとしていた魏王の仮《か》を捕らえ、魏の息の根を止めている（前二二五）。

秦王（始皇帝）は、若くて元気のよい将李信《りしん》をたのもしく思い、楚の攻略にはどれほどの軍勢が必要かをたずねた。李信は、

「二十万人もいりません」

と豪語した。同じ問いを王翦にしてみると、王翦は、

「六十万人いなくては、だめです」

と答えた。秦王は、

「王翦よ、なんじは老いたり。そのように弱気でどうするのだ」

と言うと、李信と蒙恬《もうてん》（69。実は父の蒙武《もうぶ》がこの作戦にあたった）に二十万人を率いて楚を征伐するよう命じた。王翦は自分の言うことが聴かれなかったので、病気を理由に、郷里に帰った。

李信と蒙恬（正しくは蒙武）は、楚に二方面から攻めこみ、猛威をふるった、ところが、しだいに楚軍が巻きかえし、李信は結局、七人の部将を失い、大敗してしまった。

始皇は、郷里の頻陽に引っこんでしまった王翦をみずから訪ね、謝罪した。

「私は君の計を用いず、大失敗してしまった。病気だと言われるが、どうか私のために、楚を征伐してもらえないだろうか」

「もう老齢でございますので、ほかに誰か賢将をお選びくださいますよう」

「私はこの前、君を老いたと言ったけれども、もう詫《わ》びたではないか。その話はやめよ」

「どうしても、やむを得ずわたくしをお用いいただくとあらば、六十万人の兵をいただかねばなりません」

「君の言う通りにする」

名将といえども金をねだるふり

かくて王翦は六十万の兵を率いて出発したのだが、見送りに出た始皇に対し、美麗な住宅と肥えた畑、そして池のある庭園……と数多く褒賞をねだった。始皇は、

「将軍よ、行きたまえ。勝てば何でも思いのままではないか。貧乏になることを心配することはあるまい」

と言った。

「大王のもとで将軍となり、功績をあげながら封地を与えられなかった者もおりますので、念のため、この際にいささかのおねだりを申し上げたしだいです。それで何とか子孫も食っていけるでしょうから」

始皇は大笑いした。王翦は出発し、関所まで来て、いよいよ外へ出るという時に、

「どうか良い土地をお与えくださいますように」

と願い上げる使者を五回派遣した。ある人が、

「いくら何でも要求がしつこすぎませんか」

と注意した。すると王翦は、

「いや、そうではないのだ。王は性質が粗野で、なかなか人を信用しない。今、六十万人というような、国内の兵を総動員して私にあずけている状態だから、ひょっとして私がこの六十万人をもって王に襲いかかりはせぬかと心配しているはずだ。そこで私は、あれをくれ、これもほしい、とねだってみせることで、王翦の奴がほしいのは金だ、土地だ、だから心配はない、そう王に思ってもらおうとしているのだ」

と答えた。

いよいよ楚軍と対峙《たいじ》すると、守りを固めて全く戦わず、兵士たちが暇をもてあまして遊びはじめた時、

「そろそろだな」

と言い、楚軍が東に移動しはじめた一瞬の隙をついて大攻勢をかけ、そのまま攻めつづけること一年余り、ついに楚王負芻《ふすう》を捕らえて楚を滅ぼした。

秦の二世胡亥《こがい》（在位前二〇九～前二〇七）の時には王翦も王賁もこの世になく、孫の王離《おうり》が秦の将として奮戦していた。しかし、ある客人が、

「名将も三代で終わり。代々で人を殺しすぎているから」

と語った言葉のとおり、前二〇七年、王離は項羽《こうう》に捕らわれた。

＊1　天下統一は前二二一年。これは始皇帝の二十六年――こういうあらわし方をする。

57

廉頗

趙奢におよばず

廉頗《れんぱ》は趙《ちょう》の名将で、趙の恵文王《けいぶんおう》（在位前二九八～前二六六）の十六年（前二八三）、斉《せい》を征伐して戦功をたて、その勇気にあふれた戦いぶりは天下の諸侯に知られた。しかし、彼の戦功についての記事は、そのあと前二七九年に斉の軍団ひとつを破り、前二七六年にまたも斉の幾《き》の土地を取り、前二七三年に魏の防陵《ぼうりょう》・安陽《あんよう》を取ったとされるものの、『史記』のほかの部分と年代や地名が食い違っている。

さらに前二七〇年、秦軍が韓《かん》の閼与《あつよ》を攻めた際には、趙王が廉頗を呼んで、救援すべきかを問うたのに対し、

「ここから距離が遠く、地形は険しく、道路も狭いですから、救援はむずかしいと思われます」

と答えた。この時、趙奢《ちょうしゃ》は、

「たしかに遠く、険しく、道も狭いですが、こういう戦いは、二匹の鼠が穴の中で戦っているようなものです。上に立つ将軍に勇気のあるほうが勝つものです」

と答えた。「勇気をもって天下の諸侯に名を馳《は》せた」廉頗も、かたなしといったところだが、趙奢はこのあと実戦においてみごとな作戦をとった。趙の都邯鄲《かんたん》を出ること三十里（約十二キロメートル）で軍を駐《とど》め、

「軍の運営についてあれこれ言う者があれば斬る」

と宣告した。そして、

「早く救援に行きませんと、間に合わなくなります」

と諫《いさ》めた者を斬りすて、二十八日間、動かなかった。秦軍のスパイが潜入したことをつかむと、わざと捕らえずにおいて、良い食事を与え、秦に、「趙奢は守ることしか頭にないほど我が軍を怖れています」と伝えさせた。

ころ合いを見はからった趙奢は急進して閼与から五十里の地点に砦《とりで》を築き、兵士許歴《きょれき》の進言を得て、閼与の北にある山上に拠点を確保した。遅れて現場に到着した秦軍を、山上から攻撃して大勝した趙奢は、その功により馬服君《ばふくくん》に封ぜられた。

戦争は理論ではない

しかし、このことが後に尾を引くことになる。趙王の代が変わって孝成王《こうせいおう》の七年（前二五九）、秦軍が攻め寄せ、長平《ちょうへい》の地で趙軍と対峙《たいじ》した。この時点で趙奢はすでにこの世を去っており、廉頗が大将に任ぜられたのだが、廉頗は負けがつづき、土城を

築いて守りを固め、持久戦に切り替えた。趙軍は自国内にいるのに対し、遠方から襲来した秦軍は、趙国内に侵入すればするほど、物資の補給線が長くのびてゆくわけで、一度や二度負けたとて、趙軍はがっちりと守備を固めて秦軍につけいる隙を与えなければ、チャンスも当然めぐってくるはずである。

ところが、趙の孝成王にしてみれば、持久戦がつづけばつづくほど、いくら自国内だとは言え、軍の食糧そのほかの負担はある。だから、以前に、韓の閼与の地で趙奢が秦軍を撃破したような「早い決着」を望んでいた。そこにつけこんだのが秦からまぎれこんだ間者で、

「秦軍が困っているのは、馬服君趙奢の子の趙括《ちょうかつ》が、廉頗に代わって出て来るのではないかということです」

と孝成王に吹きこんだ。これを信じた孝成王は、趙括を派遣して、廉頗と交代させた。廉頗は拒否しようとしたが、孝成王の意志は固かった。趙括は父の趙奢のもとで幼少のころから兵法を学び、理論家としては、時々父親を言いまかすほどであったが、趙奢は、この息子が将軍となったら趙の国は滅びると危惧《きぐ》していた。趙奢の妻（趙括の母）は、孝成王に、息子が失敗しても、自分にまで責任を負わせないでくれと求めた。

趙括は秦の名将白起《はくき》の策にかかり、勝ったつもりで追撃に出たところを、後方から

糧食を断たれ、壊滅した。趙の兵四十万が白起に生き埋めにされたのは、この時のことである。

帰国の願いもかなわず

その後、廉頗は、燕《えん》や魏と戦って勝ち、威勢を盛り返したが、楽乗《がくじょう》と交代させられたことを怒り、楽乗と内戦を演じ、魏に逃げこむ。魏は廉頗を用いず、やがて趙の使者が廉頗の様子をうかがいに来た。廉頗は健在ぶりをアピールしようと、米一斗(一・九四リットル)、肉一斤(二五六グラム)をたいらげてみせた。しかし、廉頗を嫌う郭開《かくかい》が金でその使者を抱きこみ、

「廉将軍は元気ですが、私と話をするわずかの間に、三回も便所に行かれました」

と言わせたので、もう廉頗が起用されることはなくなった。廉頗はその後、楚《そ》に迎えられたが、何の手柄もなく、

「趙の兵を指揮したい(国に帰りたい)」

と言いつづけ、そのまま寿春で亡くなった。

廉頗のことで特筆されるのは、藺相如《りんしょうじょ》との「刎頸《ふんけい》の交《まじ》わり」である。藺相如は秦の昭王がほしがる名宝「和氏《かし》の璧《へき》」を持って秦に行きながら、自分を殺せば名宝も粉々《こなごな》だ、と度胸満点でついに秦に璧を渡さず帰国し[*1]、のちの「澠池《べんち》の会《かい》」においても秦に

一歩も引かずに、恵文王を無事帰国せしめた人物である。*2

＊1　完璧《かんぺき》（璧を完《まっと》うす）の故事。

＊2　廉頗は自分のほうが上だと不快感をあらわにするが、藺相如は「我々二人がいるからこの国は安泰。仲間割れをすれば他国につけこまれるだけ」と言って、廉頗の心を解いた。

58 楽毅

小国を率いて大国を伐つ

楽毅《がくき》の名は、三国時代の諸葛亮《しょかつりょう》（字《あざな》は孔明《こうめい》。一八一～二三四）が、「私の才能は、管《かん》仲《ちゅう》（32）や楽毅に比肩《ひけん》する」と自負していたことでよく知られている。管仲が補佐の名臣であるのに対し、楽毅は武将で、しかも、どちらかと言えば弱小国の燕《えん》に仕えて、強国の斉《せい》に対して軍事的勝利をかさねたことが特筆される。しかし、『史記』の描く楽毅の姿は、さほど単純な「名将」ではない。

楽毅の先祖の楽羊《がくよう》は、魏《ぎ》の文侯《ぶんこう》に仕え、前四〇八年に中山国《ちゅうざんこく》を平定した人物であった。楽毅は頭が良く、兵法が好きで、趙《ちょう》で推挙されたのだが、前二九五年、沙丘《さきゅう》の乱が起こった。趙の武霊王《ぶれいおう》は、前二九九年に位を恵文王《けいぶんおう》に譲り、自分は主父《しゅほ》（国の主〈王〉の父君）として、言わば院政のような形をとって自分の影響力を残そうと考えたのだが、結局、武霊王の息子たちが内戦を始めてしまったのである。

楽毅はこれに嫌気がさし、趙から魏にいったが、魏で重く用いられたのではなく、燕の昭王が彼を採用した。燕の昭王は、燕国の内乱につけこんで攻めてきた斉を怨《うら》み、何とかして仕返しをしてやろうと考えており、たまたま魏の使者として燕に来た楽毅の才能にほれこんだのであった。

楽毅は、燕の昭王が斉征伐についてたずねると、

「斉は領土も広く、人口も多いので、いきなり単独で攻めかかっても倒せるものではありません。趙《ちょう》・楚《そ》・魏《ぎ》と手をむすんで攻めるべきです」

と答え、みずから趙へ行き、恵文王に協力を約束させることに成功した。実は当時、斉の湣王《びんおう》は、軍事強国路線を歩み、秦の昭王と張り合うほどの戦争好きで、他の諸侯たちの脅威となっていた。だから、楚や魏だけでなく、韓も参加して斉を叩き、勝利を得たのだが、楽毅は、諸侯たちが「このへんで良し」と軍を引き揚げたあとも、なぜか暴れつづけた。次々に転戦して斉国内の都市を降伏させてゆき、ついに斉の都の臨菑《りんし》を陥とし、斉の宝物の類を根こそぎ奪い取って燕の昭王のもとに送り届け、昭王が楽毅の軍をねぎらって帰国してからも、なお暴れつづけた。

王が替われば地位も危うし

楽毅は斉国内にとどまること五年、陥とした城の数は七十余り。これだけの戦功をあげながら、昭王が世を去り、恵王《けいおう》が後を継ぐと様相が一変する。具体的な事がらの史料はないのだが、恵王は自分が太子の時から、楽毅と合わなかった。そこにつけこ

んだのが斉の田単《でんたん》で、間者をはなって燕の恵王に、こう吹きこんだ。

「今や斉の国内で降伏せずに残っているのは、莒《きょ》と即墨《そくぼく》の二ヵ所のみ。しかし、楽毅がその二ヵ所をさっさと陥とさないのは、燕の新しい王（恵王）と仲が悪いので、とりあえず斉の国内に軍をとどめ、状況を見はからいながら、斉で自分が王として立ってしまおうと考えているからであります。ですから、楽毅が斉にいるうちは、莒と即墨が陥落する確率はないにひとしいわけで、斉が心配しておりますことは、誰か別の将軍が楽毅と交代することです。そうなれば莒と即墨も危ういからであります」

前々から楽毅に対して含むところのある恵王は、楽毅を疑って召還し、騎劫《ききょう》という将軍と交代させた。『史記』の楽毅伝のみを読むかぎりにおいては、楽毅にはやましい所がないかのようであるが、田敬仲完《でんけいちゅうかん》世家を読むと、斉の湣王は、楽毅に敗れて都の臨菑を追われ、各地を点々としたあげくに莒にはいった。そこへ楚の淖歯《とうし》が救援に来たのだが、淖歯は湣王を殺し、燕の将（すなわち楽毅）と宝物を山分けした、とある。この記事にはもちろん、いろいろな読み方ができるが、少なくとも楽毅は、完全無欠、清潔無比なる将軍ではない表情も持っていたらしい。だから、燕の恵王が楽毅の態度を疑ったとしてもいたしかたのない面はある。

帰還を命ぜられた楽毅は、燕に帰らず、趙の恵文王に身を寄せた。王は楽毅に、封地を与えて望諸君《ぼうしょくん》と呼んで尊重した。成り行き上のこととは言え、楽毅を取られたかっこうの燕も、そして斉も怖れおののいた。

一方、楽毅に代わった燕の将騎刧は、斉の田単の火牛の計に敗れ、領土をすべて奪いかえされた。燕の恵王は楽毅を交代させたことを悔《く》やむとともに、楽毅が趙の軍を率いて燕に攻めこみはせぬかと怖れ、楽毅に手紙を送ってその心に訴えかけようとした。楽毅は、

「君子は交際をやめても、相手の悪口を言わず、忠臣は国を去っても、ひと言の弁明もしないものと聞いています」

と遠回しの表現で、燕に攻めかかる意思のないことを伝えて来た。*1 恵王は楽毅の子楽間《がくかん》を重く用いるが、三十余年のちに楽間もまた燕王の喜《き》（在位前二五四～前二二二）と対立し、趙に逃亡してしまう。楽間の親戚の楽乗《がくじょう》も趙で廉頗《れんぱ》と内戦をおこしてしまう。優秀な将軍と言えども、自分自身の去就となると、それがいかに困難であるかを教えてくれる巻である。

＊1　楽毅はそのまま趙で亡くなる。年齢は不明。のち、前漢の高祖劉邦《こうそりゅうほう》が楽毅の子孫の楽叔《がくしゅく》を封じている。

十一　忠臣の末路——屈原と賈誼

たとえ世の中からモラルが失われ、すべての人が自分の欲望だけを中心として生きていたかのように見えても、実は、まじめに黙々とおのれの仕事に取り組み、気高《けだか》い生きかたを貫く人が多くいるのである。そうした人々は、声を大きくして自分を売りこんだりせず、ひたすら働いている。戦国乱世の時代だからといって、たとえばすべての農民が耕作をやめてしまったら、戦争どころではない。戦争をする前に、その国は滅びてしまう。戦乱の世にも、額《ひたい》に汗をうかべつつ、黙々と鍬《くわ》をふるいつづける人々の存在があり、そしてそれゆえにこそ、戦争をつづけられる国がある。

司馬遷は、そうした下層の農民の姿を『史記』に採り上げているわけではないが、それでも、上層部の忠臣にスポットライトを当てて、彼らの悲劇性を浮かびあがらせている。乱世にあって、職務に忠実に働く人間がいる。しかし、彼らよりも、ギャンブル性の高い生きかたをし、一発当てた者のほうが注目を浴び、金にも地位にも恵まれる。ひたすらまじめに働く者の存在なしには、彼らに金を与えることはできないのに、である。だが、賞賛を浴び、多くの者があこがれるのは、一発当てた者のほうである。これは、今日の社会でも同様かもしれない。

司馬遷自身も上層部の人間ではあるが、そうした人々の姿を『史記』に書いた。まじめに働く者の正論が通らず、讒言《ざんげん》のほうがまかり通る。もう、やめてしまおうかと思いはするが、やめればまともな人間の数が減るだけ。これでは国が滅びはしないかと危機感をつのらせるが、どうすることもできない。こういう思いは、社会の上層にいても、同じであったろう。歴史は、がまんにがまんを重ね、耐えに耐えている人のおかげで存続しているのに、と司馬遷はひどく文学的な詠嘆をしている。

59 屈原

はたして実在したか

屈原《くつげん》は、『史記』に登場する人物の中で、老子と一、二を争うような謎の人物である。個人の伝記として一応まとまったかたちの「屈原伝」があり、楚世家《そせいか》にも一度登場するので、その実在への疑問は提示されないままに長い年月がたち、民国時代に廖《りょう》平《へい》、胡《こ》適《せき》らによって屈原否定論（ないしは非実在論）が唱えられた。そして現在もなお、実在論と否定論は何年かおきにそれぞれの立場の論が提出されては学界をにぎわしている。

では、なぜ屈原の存在が疑われるのか、簡単に記しておくと、『史記』の楚世家に屈原が登場するといっても、屈原賈生列伝と同じ内容の記事であるにすぎず、先秦《せんしん》の古い文献に屈原の姿が見えないということ、これが疑問の根本のところである。つまり、否定論の立場からすると、『史記』の屈原伝は、屈原の伝記と言うよりは「伝説」にすぎないのではないか、となる。一方、実在論の立場からすると、前漢の賈誼《かぎ》（前二〇〇～前一六八か、前一九九～前一六七。彼は『史記』で屈原賈生《くつげんかせい》列伝として、屈原と抱き合わせで一巻を形成している）の「弔屈原賦《ちようくつげんのふ》（屈原を弔《とぶら》うの賦）」の中に、屈原の名をうたいこんでいる。屈原は楚の懐王《かいおう》（在位前三二八～前二九九）と頃襄王《けいじょうおう》（在位前二九八～前二六三）の二代に仕えていることが『史記』屈原伝に記されている。仮にこれが伝説にすぎぬとしても、賈誼と屈原の間は百年程度である。その間に「屈原伝説」を創作し、屈原の作品とされる「離騒《りそう》」、「天問《てんもん》」などの作品も偽作し、世間にその実在を信じこませ、定着させるのは難しいはずだ、というぐあいになる。

両説の決着はさておき、『史記』によれば、屈原の原は字《あざな》で、名は平《へい》。楚の王族の血をひいていて、懐王の補佐役として活躍した人物である。博学で天下の治乱をよく察知し、外交官としても有能であったから、懐王は信任を寄せていた。しかし、斬《きん》尚《しょう》なる者が屈原の才能をねたみ、屈原が法律の草案を書いているのを見て、「これを私によこせ」と要求した。斬尚は自分の手柄にしようとしたのである。屈原は拒絶した。斬尚は、懐王に、

「屈原のやつ、法令を作れるのは自分だけだ、誰のおかげで法令ができたと思っているのだ、とすべて自分の功績だとうそぶいております」

と讒言《ざんげん》を吹きこんだ。懐王は怒り、屈原を遠ざけるようになった。屈原は憂悶《ゆうもん》した。

懐王は讒言のほうを信じ、正しいものの見分けがつかなくなってしまった。今まで自分に厚い信頼を寄せてくれていたはずの王はどこへいってしまったのか。しかし、自

分は王族の血を引く人間である。勝手によその国へ逃げ出すわけにはいかない、こういう思いを「離騒」という作品に表現した。この作品は、現実の屈原と同じように、自分の正しさを評価してもらえぬ人物を主人公にし、主人公は天下をさまよい、ついに地上に安住の地を見いだせずに天上界へと昇って行く。しかし天上界の門の手前まで来たところで、ふと地上を振りかえると、故郷が見える。自分が生きていける場所ではないはずの故郷なのに、なぜか動けなくなってしまう主人公であった、という一種の大がかりな演歌（はなれたい、はなれられない。帰りたい、帰れない）のような内容である。

憂悶のすえ死を決意

その後、懐王は、秦から遣《つか》わされた張儀《ちょうぎ》にまどわされ、さらに秦の誘いに乗って、のこのこと秦にゆこうとする。屈原は懐王に一度うとんぜられて補佐役からはずされ、外交能力を生かして斉《せい》への使者となったりしていたが、帰国して張儀を殺すべきだと進言しても、すでに張儀は去ったあと。秦はあくどい国だから、安易に誘いに乗ってはいけないと諫《いさ》めても、懐王は聴かず、かえって屈原は嫌われ、さらに正論を主張しつづけたので、次の頃襄王《けいじょうおう》によってついに放逐《ほうちく》（流刑）され、絶望して川べりをさすらう。そういう設定で作られたのが、「漁父辞《ぎょほのじ》」であると『史記』は記し、その引用をする。苦悩する「作中人物の屈原」に対し、世をすねた隠者のような漁師が、「世の中の流れにさからうのではなく、世の中が濁ったなら、同調して一緒にバシャバシャ波でも立てればよいのじゃありませんか。世の中の人間がすべて酔っぱらったように判断力を失っているのなら、一緒に酒糟《さけかす》でも食ったらいかがです？　自分一人美しい宝石のようにしていては、結局、孤立をまねいて、放逐されるのがオチです。自分にとっても損ですが、社会のために役立つ道をさえ、みずから塞《ふさ》ぐことになりましょうぞ」

と言う。しかし、「屈原」は、自分にはどうしても汚れた行為はできない、と言い張る。そして次に、「懐沙賦《かいさのふ》」をつくり、汨羅《べきら》の淵《ふち》に身を投じて死んだ。

司馬遷は、「私は屈原の離騒、天問、招魂《しょうこん》、哀郢《あいえい》を読んでは、その悲劇的な志を痛ましく思う。以前、長沙《ちょうさ》に出かけ、汨羅の淵に立った時、彼の人柄を想い、涙があふれて止まらなかったことを思い出す」

と書きつけている。

60 賈誼

正論は敵をつくる

司馬遷は前の屈原《くつげん》と賈誼《かぎ》（前二〇〇～前一六八か、前一九九～前一六七）を一つの巻に抱き合わせにしている。両者に共通点があることを見いだしたためであろう。しかし、屈原は楚《そ》の人で、南方の人。賈誼は、雒《らく》（洛陽《らくよう》）の人で、北方の人である。土地柄が違えば、住む人の気風も変化するので、両者にこの面での共通点はない。

賈誼は早熟の人で、数え十八歳のとき、すでに『詩経《しきょう》』を暗誦し、文章もうまかった。呉《ご》という姓の知事が河南《かなん》を治めた時、雒（洛陽）もその一帯に含まれることから、賈誼の秀才ぶりを聞いて「門下（私的にかかえるスタッフ）」に招かれることになった。

文帝《ぶんてい》（在位前一八〇～前一五七）が即位直後、河南の呉知事の政治が、天下第一といってよいほどにみごとであると聞き、その手腕を中央政界において発揮してもらいたいと廷尉《ていい》に任じた。このとき呉知事は、

「賈誼と申す若者は、諸子百家の書に精通しております」

と推薦をおこない、文帝は賈誼を博士の官に任じた。まだ二十歳をすぎたばかりの

賈誼は、詔勅《しょうちょく》についての議案がくだされるたびに、ほかの老先生たちが言えないようなことを、ズケズケと言った。これは、好き勝手なことを言ったのではなく、言いにくい正論を堂々と押し出したということで、居並ぶ先輩たちは、内心で、

「よくぞ言ってくれた」

と評価するとともに、

「あいつにはかなわんな」

と思うのであった。

こういう賈誼をたのもしく思った文帝は、賈誼を大抜擢して太中大夫《たいちゅうたいふ》に昇進させ、直接、暦《こよみ》の改定から始まり、礼楽《れいがく》の制度、官職の位階などを細かいところまで刷新すべく、全体の草案を書きあげた。ところが、その先がうまくいかなかった。賈誼は、政治に参画させることとした。文帝は賈誼をさらに昇進させ、公《こう》・卿《けい》にしようと考えたのだが、これが周勃《しゅうぼつ》(89)や灌嬰《かんえい》といった古株の大臣たちの憎悪を買った。

その昔の屈原も、法令の起草から問題が起きていたが、その時は靳尚《きんしょう》の個人的な嫉《ねた》みから起こったと説明ができた。しかし、賈誼の場合は、いささか状況が違うのである。『史記』文帝紀を読むと、そもそも文帝を帝位につかしめたのは周勃や陳平《ちんぺい》(80)なのである。後の章に述べるが、高祖劉邦《こうそりゅうほう》の死後、呂后《りょこう》を筆頭とする呂氏一族が専横する。それを大臣たちが実力で排除し、文帝を立てた。その大臣たちのリーダ

ーが周勃・陳平らで、当時二十二歳の代王《だいおう》（代の地の王）にして劉邦の第四子の劉恒《りゅうこう》を文帝とした、こういう事情があったのである。この背景を知ると、賈誼をたのもしく思う文帝の心情もわかるし、ズケズケとものが言える賈誼と、正論でさえ口に出すのがはばかられる賈誼の先輩たちの精神状態が何に起因するものであるのか、想像がついてくる。

屈原に自身をなぞらえる

つまり、文帝の時代といっても、実際の政治権力はすべて、背後の周勃らの手中にあったのである。文帝が賈誼をかわいがり、昇進をさせられるとしても、それはあくまでも背後の実力集団が、「まあ、そのくらいならいいよ」と許せる範囲にとどまる。そして今回、その許容範囲を超えてしまったのである。周勃らは、

「あのような世間知らずの若僧に、強力な権力をふるうことができる地位をお与えになってはいけません」

と警告を発した。この警告に従わざるを得ない文帝は、しだいに賈誼を遠ざけ、賈誼を長沙王《ちょうさおう》の太傅《たいふ》（お守り役）とした[*1]。賈誼は落胆し、「弔屈原賦《ちょうくつげんのふ》（屈原を弔《とぶら》うの賦）」「服鳥賦《ふくちょうのふ》（服はフクロウ）」を作った。前者は王の取りまきの権臣たちに対し、正論のほうが通らぬ悲しさを屈原の姿に見いだし、後者は、賈誼の官舎にフクロウが飛来し

た。長沙の地は湿度が高く、とても長生きできそうにない、とがっかりしていた時だったので、思わずフクロウを題にして作品ができた。「天はともに慮《おもんぱか》るべからず、道はともに謀《はか》るべからず（天は人に同調して考えてくれたりしない）」と絶望しつつも、後半では、「すべては天命のままにしかならないのだから、自分も達観することで心を安らかに生きよう」と自分自身に言いきかせるような調子でフクロウに語りかける。

やがて、周勃も次世代の政治集団に追いおとされるのを危惧して中央政界から領国に出向し、賈誼にも希望の光がさしてくる。文帝の子の梁《りょう》の懐王《かいおう》（劉揖《りゅうゆう》）の傅《ふ》に任ぜられた。しかし、懐王は落馬して死んでしまう。賈誼は、

「傅として何もできず、懐王には子がない」

と悲観哭泣《ひかんこくきゅう》して、一年あまりののちに世を去った。三十三歳であった。もし賈誼には何のとがめもなかったとしても、実は賈誼にはもう居場所はなかった。文帝は、周勃らの呪縛《じゅばく》から脱しはじめると、勝手に親類の七、八歳の幼児を列侯に封じ、すでに賈誼の諫《いさ》めも受けつけなくなっていた。賈誼は文帝の変質にも絶望しなければならなかったのである。

＊1　文帝は賈誼を中央政界から遠ざけることで、賈誼が殺されたりしないように配慮してやったとも読める。賈誼にとっては不本意なことを承知のうえで。

Ⅲ——統一王朝の成立

十二　天下統一――中央集権国家の成立

天下を統一することには、いかなるメリットがあるか。まず、全国を支配下に置けるので、各地から税を徴収できる。秦《しん》が戦国乱世に終止符を打ち、天下統一したわけだが、秦は、それまで諸侯のひとつとして自分の国を治め、そこからの税を基本にして国の運営をしてきた。これが天下を統一し、各地からの税が上納されることになれば、大変に大きな額になる。そこから、いろいろな経費（軍事費、公共事業費などど）を引いて、皇帝が個人で使える費用、これも莫大なものである。天下を統一して皇帝になれたら、もう何でも自由にできるという理想の極致に思われる。

さらに、全国を支配下に置いているのだから、何かにつけて新しい税の名目で、金を集めることもできる。が、これは結局のところ、周《しゅう》王朝なら周王朝が各地の諸侯に対してしていたことと同じことである。つまり、殷《いん》や周が秦に、王が皇帝に、と呼び名を変えただけのものである。

殷や周の王朝時代、各地の諸侯が反抗、あるいは反乱を起こしたというのが、秦においては郡・県が反抗、反乱を起こしたとなるだけである。要は、支配力の強さが国家の安定に直結するということで、支配力が強ければ全体は安定、弱まれば殷や周の末期のようにバラバラになる。

司馬遷は、秦の歴史を追い、始皇帝《しこうてい》による天下統一、その後の瓦解《がかい》のさまを冷静に記している。彼が常に見つめているのは、実権の有りどころである。表に立つものを背後から操るのは誰なのか。周王朝の衰弱とともに出現したのは覇者《はしゃ》（仕切り屋）だった。その覇者を秦は内部にかかえこむようにして成立した統一国家である。が、今度はその統一の求心力の中心に、臣下の顔をしながら平然と拝礼をささげる仕切り屋がいる。

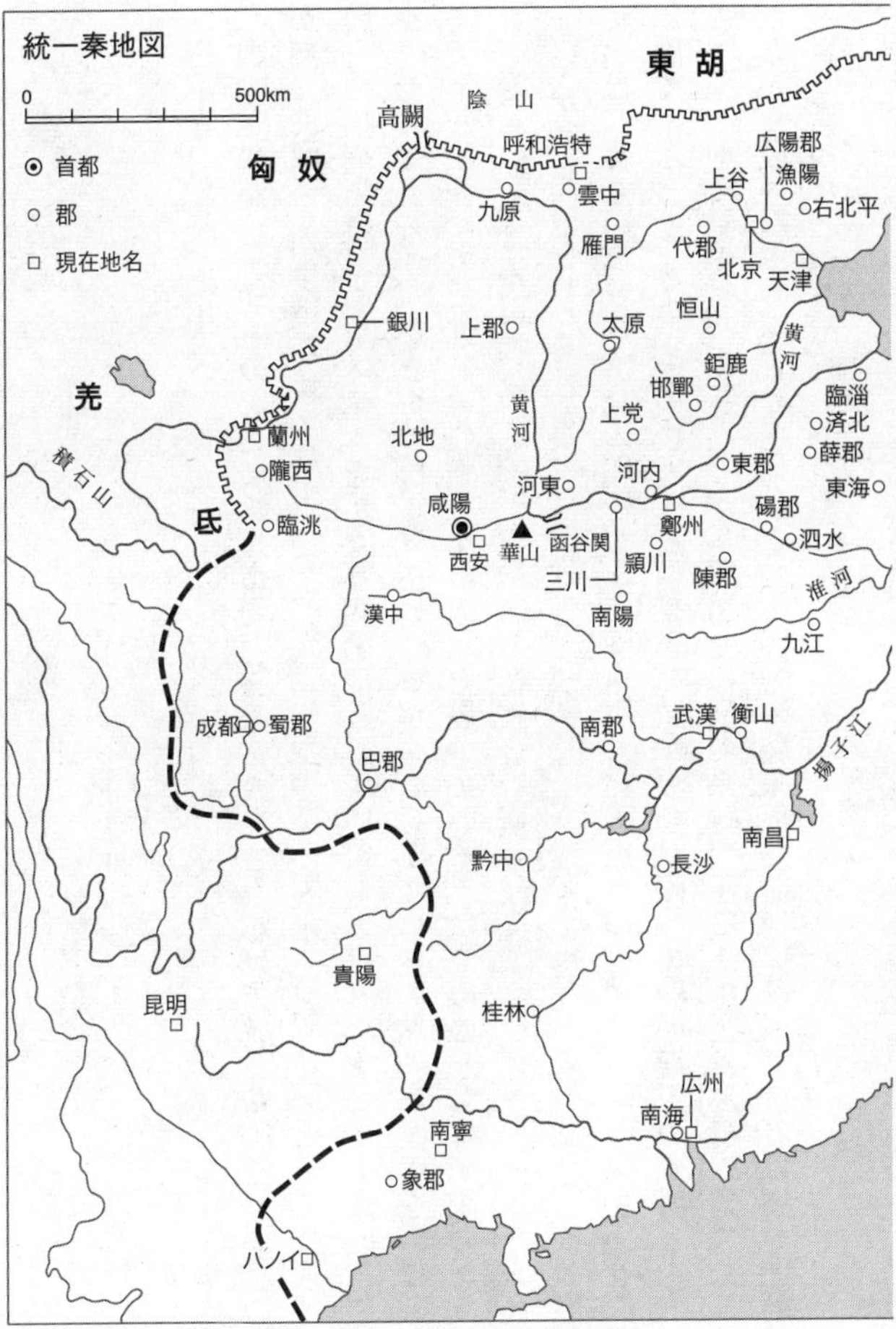
統一秦地図
0
500km
首都
郡
現在地名
匈奴
東胡
陰山
高闕
呼和浩特
雲中
九原
広陽郡
上谷
漁陽
右北平
雁門
代郡
北京
天津
銀川
上郡
太原
恒山
黄河
羌
黄河
鉅鹿
邯鄲
臨淄
上党
済北
蘭州
北地
薛郡
積石山
隴西
東郡
河内
東海
河東
咸陽
碭郡
氐
臨洮
鄭州
華山
函谷関
泗水
西安
潁川
陳郡
淮河
三川
漢中
南陽
九江
成都
蜀郡
南郡
武漢
衡山
揚子江
巴郡
南昌
黔中
長沙
貴陽
昆明
桂林
広州
南海
南寧
象郡
ハノイ

61 秦の歴史

辺境から中央へ進出

戦国時代を統一するのが秦《しん》の始皇帝《しこうてい》で、その秦のあとを承《う》けて統一帝国を築いたのが漢《かん》(前漢)、司馬遷が仕えた王朝である。司馬遷は『史記』の記述を通じて、天下統一の道筋と継承のシステムをかなり明確に示していたことは、今までにも述べてきたとおりであるが、秦という国の歴史についても、やがては他の諸侯の国々を滅ぼして天下を統一するに到るその強大化の道筋を描いている。はじめのうちは伝説のようで、秦のいちばん最初は、顓頊《せんぎょく》の後裔の女脩《じょしゅう》で、彼女が機《はた》を織っていると、玄鳥《げんちょう》(燕《つばめ》)が卵を落とし、それを拾って呑んで妊娠し、大業《たいぎょう》を生んだ。この話は、殷《いん》の歴史のはじまりの簡狄《かんてき》が玄鳥の卵を呑んで契《せつ》を生んだというのと同じパターンであり、伝説である。そして、その後も、夏《か》の桀王《けつおう》の時に夏を見限って殷の湯王《とうおう》の御者《ぎょしゃ》となって鳴条《めいじょう》の地に桀を破った費昌《ひしょう》とか、費昌とは別の系統の孟戲《もうき》・中衍《ちゅうえん》は鳥身人言《ちょうしんじんげん》であったとか、殷の紂王《ちゅうおう》の臣として知らされる怪力の悪来《あくらい》と足の速い蜚廉《ひれん》、後者は秦の血筋の者であったとかの伝説がつづく。

おおよその年代がわかってくるのは、秦仲《しんちゅう》（在位前八四四～前八二二）あたりからで、彼は周《しゅう》の宣王《せんおう》（在位前八二七～前七八二）の時代に大夫《たいふ》に任ぜられ、西戎《せいじゅう》（西方の異民族）を征伐したものの、敗れて殺され、秦仲の子の荘公《そうこう》（在位前八二一～前七七八）が弔《とむら》い合戦をして勝利した。のち、襄公《じょうこう》（在位前七七七～前七六六）、文公《ぶんこう》（在位前七六五～前七一六）、寧公《ねいこう》（文公の子竫公《そうこう》が太子時代に亡くなり、文公の孫が後を継いだ。在位前七一五～前七〇四）、出子《しゅつし》（在位前七〇三～前六九八）。権臣弗忌《ふつき》らが太子（のちの武公《ぶこう》）を廃して立てた。しかし、彼は六年目に弗忌らに殺された、[*1]武公（在位前六九七～前六七八）、以下は系譜にゆずるとして、秦の歴史上、まず特筆すべき存在が穆公《ぼくこう》（在位前六五九～前六二一）である。

覇とよばれてもよい穆公

彼は先代成公《せいこう》の弟で、晋の太子申生《しんせい》の姉を妻とし、百里奚《ひゃくりけい》（傒とも）・蹇叔《けんしゅく》ら賢者を迎えて顧問とした。百里奚はすでに七十余歳であったが、政治の知恵者で、当時、天下の諸侯を仕切っていた斉《せい》の桓公《かんこう》（31）の実力を支えた管仲《かんちゅう》が死に（前六四八）、晋が旱《ひでり》に悩んで食糧支援を求めて来た際にも、百里奚の進言で、晋を攻めることなく支援を与えた。前六四六年、今度は秦が不作で食糧支援を求めたところ、晋は、秦の苦しみに乗じ進攻してきた。前六四四年、穆公はみずから迎撃し、負傷したものの晋の

帝顓頊 — ○ — 女脩 — 大業 — 大費（柏翳）

大費（柏翳）— 大廉 …… 孟戯

大費（柏翳）— 若木 …… 費昌

…… 中衍 — 中潏 — 蜚廉

蜚廉 — 季勝

蜚廉 — 悪来 — 女防 — 旁皋 — 太几 — 大駱 — 非子 …… 秦仲（前八四四～前八二二）— 荘公（前八二一～前七七八）— ①襄公（前七七七～前七六六）— ②文公（前七六五～前七一六）— ③寧公（前七一五～前七〇四）

③寧公 — ⑤武公（前六九七～前六七八）

③寧公 — ⑥徳公（前六七七～前六七六）

③寧公 — ④出子（前七〇三～前六九八）

⑥徳公 — ⑦宣公（前六七五～前六六四）

⑥徳公 — ⑧成公（前六六三～前六六〇）

⑥徳公 — ⑨穆公（前六五九～前六二一）— ⑩康公（前六二〇～前六〇九）— ⑪共公（前六〇八～前六〇四）— ⑫桓公（前六〇三～前五七七）— ⑬景公（前五七六～前五三七）— ⑭哀公（前五三六～前五〇一）

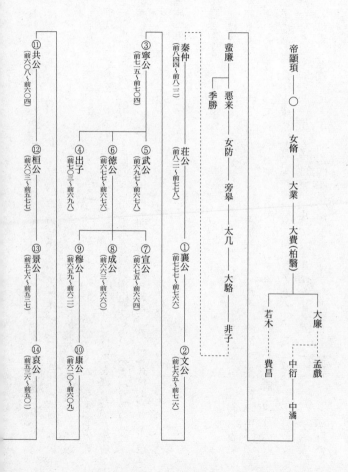

秦系図

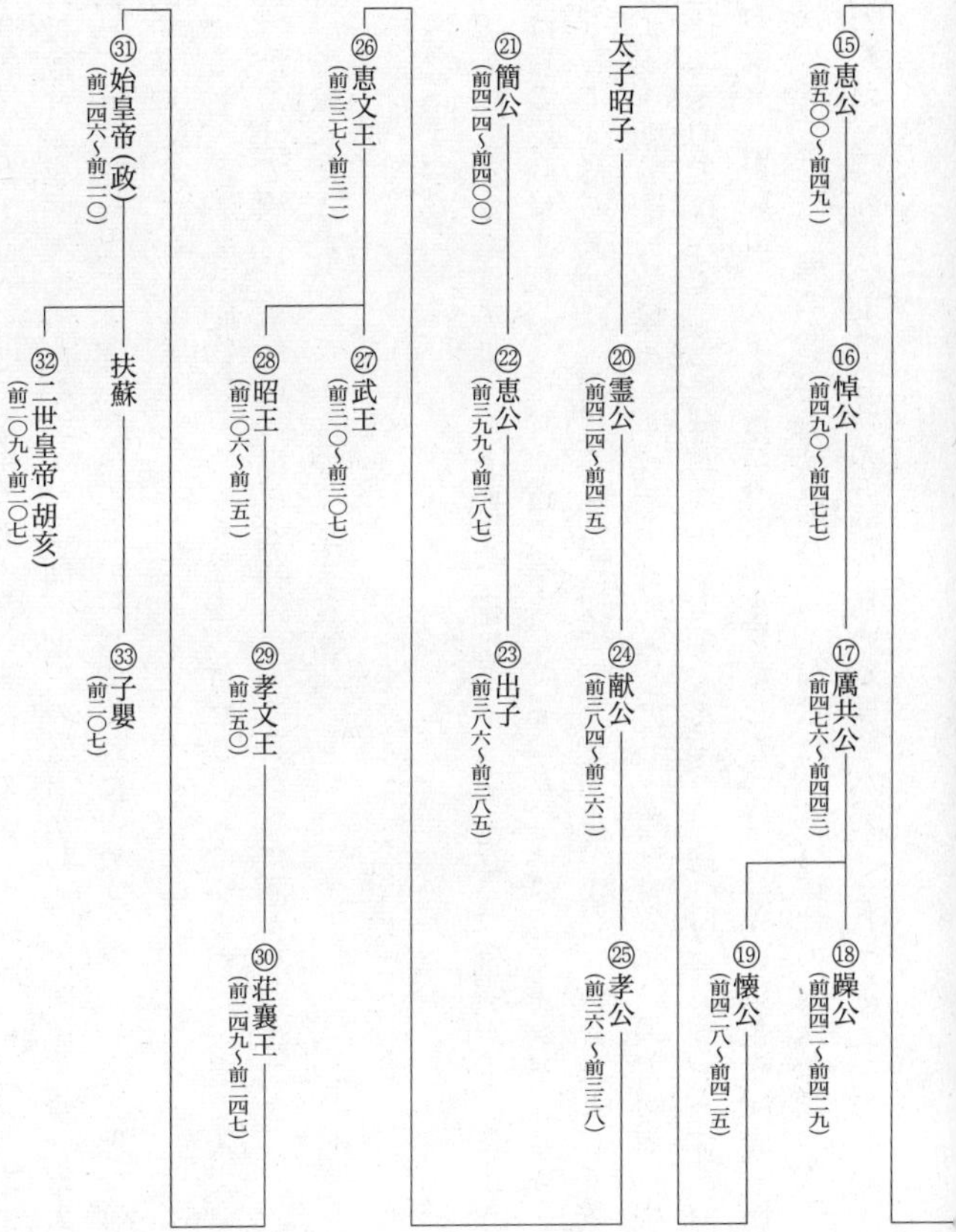
⑮恵公（前五〇〇～前四九二）
⑯悼公（前四九〇～前四七七）
⑰厲共公（前四七六～前四四三）
⑱躁公（前四四二～前四二九）
⑲懐公（前四二八～前四二五）
太子昭子
⑳霊公（前四二四～前四一五）
㉔献公（前三八四～前三六二）
㉕孝公（前三六一～前三三八）
㉑簡公（前四一四～前四〇〇）
㉒恵公（前三九九～前三八七）
㉓出子（前三八六～前三八五）
㉖恵文王（前三三七～前三一一）
㉗武王（前三一〇～前三〇七）
㉘昭王（前三〇六～前二五一）
㉙孝文王（前二五〇）
㉚荘襄王（前二四九～前二四七）
㉛始皇帝（政）（前二四六～前二一〇）
扶蘇
㉝子嬰（前二〇七）
㉜二世皇帝（胡亥）（前二〇九～前二〇七）

恵公《けいこう》（在位前六五〇〜前六三七）を生け捕った。実はこの戦いの中で、穆公は晋軍に包囲されて危うい場面もあったのだが、以前、穆公のもとから逃げた駿馬《しゅんめ》を食べた人々が奮戦して穆公を救出し、逆転勝利をもたらしてくれたのである。かつて、穆公は彼らを罰することなく、

「君子《くんし》たる者、畜養する動物のために人を傷つけたりはしないものだ。ところで、駿馬を食っただけで酒を飲まないと毒だと聞く。この者たちに酒を与えよ」

と言って赦《ゆる》したことが、こんな形で生きた。

商子をえて国力充実

晋の恵公は、黄河《こうが》の西の地と引き換えに帰国し、この七年後（前六三七）に世を去る。秦は晋の内政に干渉し、重耳を晋の君として立てた。まさしくキングメーカーである。そして、晋の文公は、『荀子《じゅんし》』王霸《おうは》篇に「春秋の五霸《ごは》（伯）」の一人として数えられる、周王朝公認の諸侯のリーダーとなった(33)。秦の穆公は、自分が表に出て天下を仕切るのではなく、陰《かげ》に隠れながら力をふるった。穆公は晋の文公の死（前六二八）の後も、事実上、天下の警察の機能を果たしつづけ、前六二三年、西戎（西方の異民族）を平定し、周の襄王（在位前六五一〜前六一九）は黄金の太鼓を贈ってその功を祝賀した。秦の穆公も「春秋の五霸」ないしは「六霸」として数えてもよいよう

なでき事であるが、穆公があくまでも表に出ないような方針を貫いたのは、百里奚らの進言によったものであろう。[2]

このあとの秦の代々は、戦争国家というか、何かにつけて武力に訴える風が見えるけれども、天下に諸侯が分立して争う流れの中において、決定的な主導権を得たとは言いがたかった。『史記』の記述も、年表的に事を追っているのみである。

やがて孝公《こうこう》（在位前三六一～前三三八）の時代になると、商子《しょうし》（商君。45）を採用し、厳格な法律主義で富国強兵路線を歩みはじめ、ようやく天下の諸侯の中でその強さがきわだってきはじめる。これはつまり、ただ厳しい統制を布《し》いただけではダメで、そこに「理論（この場合は法律。法治）」による裏づけ、あるいは肉づけがなされた時に、その体制が強固になるということである。前漢は秦と違って、その肉づけに儒教理論を用いたわけである。そして、秦の歴史は、孝公以降、「背後の権臣」と「表に立つ王」という構図が順に入れ替わりながら始皇帝の天下統一を迎えることになる。これはつまり、司馬遷がそのように秦の歴史をとらえ、浮かびあがらせているのである。

＊1　彼は魯《ろ》の国出身の夫人が生んだ子で、妾腹の子であった。数え五歳で立てられ、十歳で殺された。

＊2　後漢時代の『白虎通《びゃっこつう》』は、越王勾践《えつおうこうせん》に代えて秦の穆公を「五霸」の一人に数えている。

62 樗里子

張儀を追放して権力を奪取

樗里子《ちょりし》（？～前三〇〇）の姓は嬴《えい》、名は疾《しつ》。秦《しん》の恵文王《けいぶんおう》（在位前三三七～前三一一）の異母弟である。時代的には、秦の孝公《こうこう》が商子《しょうし》（商君）を採用して富国強兵の道を突き進んだ後を継いだのが恵文王で、商君は処刑された。そのため、代替わりとともに、孝公の時代の路線は少し停滞する感じになる。

そのいささかの停滞期に、政権中枢部の裏側で権力を確立したのが樗里子である。彼は弁説が巧みな知恵者で、秦の人々は「智嚢《ちのう》（知恵袋）」と呼んで親しんだ。しかし、『史記』の記述は、そうした側面について記すことはなく、将軍として活躍したという履歴に偏《かたよ》る。秦の恵文王の八年（前三三〇）、樗里子は右更《うこう》の位を持つ将軍として魏《ぎ》の曲沃《きょくよく》を攻め、住民をすべて追い出し、城のみを取るという不思議なことをやっている。この時、「智嚢」にふさわしい策略でもあれば納得しやすいけれども、『史記』にはそうした記述は一切ないので、今の話が一体どういうことを意味しているのか、よくわからない。

それからいきなり一七年後の記事がつづき、恵文王の二十五年（前三一三）、趙《ちょう》攻めを命ぜられた樗里子は、趙の将軍荘豹《そうひょう》を捕らえ、藺《りん》の城を取った。が、ここでも事実の記事しかなく、どこが「智囊」だかわからない。翌年には楚《そ》の将屈丐《くっかい》を破り、漢《かん》中《ちゅう》の地を取り、厳君《げんくん》に封ぜられた。

前三一一年、恵文王が世を去り、武王《ぶおう》（在位前三一〇～前三〇七）が後を継いだ。樗里子は、当時、秦の国の中枢で力を持っていた張儀《ちょうぎ》（52）や魏章《ぎしょう》を放逐《ほうちく》し、甘茂《かんも》とともに左右の丞相《じょうしょう》となった。以前、孝公の死とともに、秦の政界の再編成が行われたのと同様に、恵文王の死にあたっても、かなり大きな再編成が行われ、勢力図が塗り変えられたのである。樗里子や甘茂がその勝組で、張儀らが負組である。

樗里子が車百台をつらねて周《しゅう》（西周）の赧王《たんおう》（在位前三一四～前二五六）に挨拶に行くと、赧王は護衛の兵を大動員してこれを迎えた。この話を聞いた楚《そ》の懐王《かいおう》（在位前三二八～前二九九）は、「秦にばかり配慮しているとは不愉快だ」と言い出した。この発言によって、天下の諸侯たちがいかに周王朝をナメていたかが知られるが、懐王をなだめた游騰《ゆうとう》が、

「あれを護衛していると御覧になってはいけません。樗里子が何もできないように取り囲んでいるのですから」

と説明する。この話でも游騰の知恵者ぶりと弁舌のうまさはわかるが、肝心の樗里

子の話ではない。

王の廃立に暗躍

そして、次に『史記』は見逃すことのできない言葉を記している。

「秦の武王が世を去り、昭王（在位前三〇六～前二五一）が立った。樗里子はますます尊重されるようになった」

武王は前三〇七年に世を去った。四年の在位期間は短いものである。次の昭王は武王の異母弟。年齢の離れた異母弟だってあるけれども、昭王の四十六年にわたる在位期間と比べれば、実に短い。そこへもってきて、「昭王が立ち、樗里子はますます尊重された」とくれば、誰が見ても樗里子がキングメーカーであったように感じるであろう。むろん、武王をキングたらしめたのは樗里子を筆頭とする勢力に違いはないのだが、武王の死因が異常なのである。

秦本紀によると、武王は力自慢で、力士の任鄙《じんぴ》・烏獲《うかく》・孟説《もうえつ》らが大官に昇進するという人事が行われていた。ある日、武王は孟説と力比べをし、鼎《かなえ》を持ち上げた時、膝の骨を折ってしまい、死んでしまう。孟説は一族皆殺しに処せられた。武王が勝手に負傷し、死んだのに、孟説は一族皆殺し。何となく、何者かが孟説に武王を殺させ、そのあとで口封じ、といった感がある。しかし、これは確証のある話ではない。確実だと考えてよいのは、王の交代のかげに、樗里子らの権臣集団ありということである。在位期間の長さから見て、昭王は幼少の年で王に立てられたはずで、当然、即位ののちしばらくは政治をみずから動かしてはゆけない。だから「補佐」の名目で権臣集団が政治を、という例の構図である。

さてこのあとの樗里子だが、昭王の元年（前三〇六）に衛《えい》の国の蒲城《ほじょう》を攻めるが、胡衍《こえん》なる弁説の士に、「あまり攻めると蒲城は衛の国ごと魏《ぎ》に領土を譲ってしまいましょうぞ」と言われて攻撃を断念する。ここでもどちらが「知嚢」だかわからない。このような書きぶりを見ると、現代中国語の「皮包」を思う。大口をあけた皮製のカバンということで、中身がないという意味。樗里子の知恵袋も袋だけの寓意かもしれない。

樗里子は昭王の七年（前三〇〇）に世を去る。遺言で、「百年後に私の墓をはさむように帝王の宮殿ができるだろう」と言った。前漢の世に、長楽宮《ちょうらくきゅう》（墓の東）と未央《びおう》宮《きゅう》（墓の西）が造られ、予言は的中し、ようやくこれで「知嚢」らしさが現れた。樗里子のあと、背後の権臣のボスは次節の穰侯魏冄《じょうこうぎぜん》、その勢力を排除してのしあがるのが范雎《はんしょ》（53）である。

63 穰侯魏冄

白起を利用して勢力を拡大

穰侯魏冄《じょうこうぎぜん》は、秦《しん》の昭王《しょうおう》（在位前三〇六〜前二五一）の母宣太后《せんたいごう》の異父弟である。武王《ぶおう》（在位前三一〇〜前三〇七）には子がなかったので、武王の死後、武王の異母弟の昭王が立った。武王には、昭王のほかに弟たちがおり、武王の死と同時に跡目争いが起こったのだが、昭王がその勝利者となれたのは、ひとえに魏冄の力であった。*1 昭王の即位とともに、魏冄は将軍として咸陽《かんよう》の都を守護し、季君《きくん》の乱を平定した。この季君は史料がないので名前もわからないが、「季」は末っ子を示すと考えてよさそうなので、武王の一番下の弟のことであろう。魏冄は武王の正妃（魏の公女）を追放し、権力基盤を固めた。

昭王の七年（前三〇〇）、樗里子《ちょりし》が亡くなり、いよいよ魏冄が名実ともに権臣集団のトップに立つようになり、前二七三年、魏冄は白起《はくき》(55)を登用して、各地の諸侯に対する軍事行動を始めた。白起は連戦連勝して猛威をふるい、天下の諸侯を震えあがらせた。前二九二年に一度宰相《さいしょう》を辞し、寿燭《じゅしょく》が代わったことがあるが、その翌年にまた宰相に復帰する。この間にいかなる事情があったかは不明である。この復帰の際に、穰の地に封ぜられ、穰侯となった。

その後の魏冄は、みずから将軍となって魏を攻め、魏は黄河《こうが》の東側の四百里四方の土地を献上した。そして、また宰相を辞し、またまた復帰という不可解なことをやるが、この事情についても不明である。魏冄と不敗将軍の白起とは非常に仲が良く、白起が次々に戦功をあげると、魏冄にも次々に白起推薦者としての割前がくるので、魏冄の富は秦の王室より大きなものになった。

穰侯、相国となる

昭王の三十二年(前二七五)、魏冄は相国《しょうこく》となり、魏をせめて魏の都大梁《たいりょう》を包囲するが、魏からの使者須賈《しゅか》(53参照)に、

「あまり魏にばかり目がいきますと、背後から楚《そ》、あるいは北から趙《ちょう》などの軍が来た場合にどうなさいますか。案外な痛手をこうむらぬともかぎりますまい。ここは、魏からの領土の割譲で手を打っておかれたほうが得策ではないでしょうか。領土は手にはいり、秦の兵は傷つかず、都合がよいとは思われませんか。わざわざ危険を冒さずとも、領土の奪取とあなたの威名の保持の両方が成り立つのです」

と説かれると、その条件を受けいれて包囲を解く。魏冄は登りつめるだけ登りつめ

たので、おのれの身の保全を考えるようになっていたらしい。彼も齢をとったということか。が、翌年（前二七四）、魏は秦と絶交して斉《せい》と手を結んだ。怒った魏冄は魏を攻めて城三つを取り、さらに知行の加増を得た。そしてその翌年、白起らとの共同作戦で魏・趙に襲いかかって戦果をあげ、さらに吸収した趙軍に秦軍を増派して斉に迫ろうとした。怖れた斉の襄王《じょうおう》（在位前二八三〜前二六五）は蘇代《そだい》に、魏冄にあてた手紙を書かせる。その内容は前の須賈の言葉と同工異曲で、趙軍と合同して勝てば、趙軍にも褒賞が必要となる。でも趙は基本的に秦を敵視しているから褒賞はムダ。斉も相当の抵抗をするから秦軍は無傷ではすまない。斉と戦う隙を衝《つ》いて、楚や魏が動き出して秦に向かってくるだろうから、秦軍も苦しくなるであろう。だから、今回秦が取った魏の安邑《あんゆう》のみで満足しておくほうが賢明というもの。斉を討っては、かえって損をいたしましょうぞ、というようなものであった。魏冄はここでも斉襲撃作戦を中止し、引き揚げている。

范雎に追い落とされる

やがて昭王の三十六年（前二七一）、魏冄は自分の所領の陶《とう》（定陶《ていとう》）を拡張しようと、あらためて斉への攻撃を構想した。しかし、この作戦は、韓・魏・趙を通りこしての軍事行動であることを非難されることになったと『史記』は記している。この作戦を非難した急先鋒は范睢《はんしょ》で、要するに、范睢が中心になって、「もういつまでも魏冄の時代ではないだろう。いつまでも魏冄にだけ甘い汁を吸わせておいてよいものか。そろそろ世代交代の時期だ」という新しい勢力をまとめあげ、魏冄一派を孤立化させたのであろう。昭王の即位に力を発揮した魏冄も、昭王の三十六年には何歳になっていただろう。いつしか、「もうあの爺《じじい》の時代じゃないぜ」と陰口をたたかれる年齢になっているはずである。そして昭王自身も、仮りに十歳で即位したとしても、はや四十六歳である。魏冄に対して、「もう、いいかげんにしろよな」という本音《ほんね》を懐《いだ》いてから何年たっているだろうか。かくして、一瞬の権力者交代劇で、魏冄は政界から退場することになった。魏冄が中央政界を追われて関所を出たとき、荷物を載せた車は千台以上であった。彼が在任中に貯えた富の大きさが知られる。秦を強くし、地位も富も極点に達しながら、はかないものだ、と司馬遷は権力のはかなさと人生のはかなさの両方を重ねあわせて嘆じている。しかし、富だけは残ったのだから魏冄は幸せだったと読む読者もいただろう。

＊1　『史記』穰侯列伝には、「魏冄の力のみが昭王を立て得た」と記している。

64　始皇帝の生い立ち

真の父親は呂不韋

始皇帝《しこうてい》（前二五九～前二一〇。王と皇帝を通じた在位は前二四六～前二一〇）は、姓は嬴《えい》、名は政《せい》。秦《しん》の昭王《しょうおう》（在位前三〇六～前二五一）の四十八年（前二五九）に、趙《ちょう》の都邯鄲《かんたん》で生まれた。秦の姓は嬴だけれども、趙で生まれたので、その地にちなみ、はじめは趙であったが、のちに王位を継承するにあたって嬴にあらためた。

『史記』は秦本紀《しんほんぎ》とは別に、秦始皇本紀を立てている。それだけ、史上初めて「始皇帝」を称したことに対する重視の姿勢が見られるわけだが、この秦始皇本紀には、彼の出生について、

「秦の始皇帝は、秦の荘襄王《そうじょうおう》（在位前二四九～前二四七）の子である。荘襄王は秦の国策により、趙の国に人質となっていた時期がある。その時期に、呂不韋《りょふい》（65）のおかかえの美姫《びき》を気に入り、彼女を娶《めと》った。そして生まれたのが始皇帝である」

と記されるだけである。しかし、これは有名な話で、このことが『史記』呂不韋伝に書かれていると知らなくても、始皇帝の出生には重大な秘密があったということは、

耳にしたことのある人が多いはずである。『史記』は、始皇帝の本当の父親は呂不韋であると記しているのだ。その事情については、呂不韋の項で触れることとして、本項においては、彼が王位を継承し、やがて「始皇帝」となってゆく道筋を中心に見ていくことが必要である。

孝文王と荘襄王

始皇帝の表向きの父荘襄王の在位期間は三年間と短い。昭王は五十六年間も在位していたので、後継者も実際に後を継ぐまでに齢をとっていようから、普通の場合、長命の王のあとに、同じような在位期間を持つ王はつづかないことが多い。ところが、秦の場合、このへんがひじょうにあやしいのである。昭王の後を継いだのは荘襄王ではなくて、あいだにもう一人、孝文王《こうぶんおう》がいる。この孝文王の在位期間は前二五〇年のみ。一年間ならば、何か急病とか事故で世を去ることも有りそうだが、孝文王の場合は、前の年の秋に昭王が亡くなり、翌年早々に孝文王の元年が始まる。そして何と孝文王は即位三日目に死去するのである。つまり、孝文王は昭王の死後、喪《も》に服し、翌前二五〇年早々に喪を除いて即位し、三日目に死んでいるわけで、最大限に見ても、「数ヵ月と三日」なのである。

『史記』秦本紀は、荘襄王が即位の元年（前二四九）に、国内に恩赦を行い、先王

（孝文王）の功臣に褒美を与えている。言わば「三日天下」の孝文王に表彰されるべき功臣がいたと記している。わざわざそういうことを記すからには、司馬遷は読者に「見当をつけてくれよ」と言っているわけで、昭王の後継をめぐる争いがあったらしいこと、それに勝利したのは荘襄王の側で、この時、呂不韋が相国《しょうこく》の地位にあること、そして秦本紀には、呂不韋が反乱した東周の君《きみ》の平定に責任者としてあたったことが記されているから、秦軍は呂不韋によって把握されていたことが知られる。もっとも呂不韋があくどかったと想定をするなら、一応、孝文王を立てる。しかし、早々に退場してもらう。いきなり荘襄王を立てては、いかにも怪しいから。そして荘襄王にも適当なところで退場してもらい、自らの子である始皇帝を、というコースがありえようが、確定的な証拠があるわけではない。

それでも確かなことは、始皇帝が数え十三歳の時、荘襄王が亡くなり、秦王の位を継いだ元年が十四歳。これでは「独裁者」どころか、何もできまい。『史記』秦始皇本紀には、

「王となった時点の始皇帝は、年齢が若く、即位したばかりで何もわからぬから、国政を重臣に委ねた」

と、はっきり書いてある。背後の呂不韋らの籠《かご》の鳥《とり》、もしくは操り人形である。だから、秦王時代の彼が、『韓非子《かんぴし》』五蠹篇《ごとへん》・孤憤篇《こふんへん》（46）を読んで、君主が実権を与

えられず、政治はすべて取りまきグループによって行われる韓の国の現状を怒る韓非子の言葉に、身につまされ、魂を揺さぶられるような感動を受けたのである。呂不韋が排除されれば、今度は呂不韋を排除した李斯《りし》の掣肘《せいちゅう》を受け、宮中に仕える宦官趙高《かんがんちょうこう》を利用して意志を通そうとしても、趙高は李斯らと間合いをはかりながら、いずれ李斯に取って代わらんとする野望を持つ点で、国家をむしばむ蠹《と》（きくいむし）であることに変わりはない。

こういう生い立ちを持つ始皇帝は、やがて不老不死の仙人にあこがれるようになる。「どこそこの国を攻めよ」と、皇帝の座から声を張りあげて命令しても、それは事前の打ち合わせどおりの「御発声」にすぎないから、用意された原稿を読みあげるような国会答弁より、もっと空《むな》しかったであろう。しかも、国民は、始皇帝の名のもとに発布される命令を受けとめて、始皇帝その人を憎悪するという仕組みである。だから、ひょっとすると、始皇帝は自分が不老不死になれば、いつか自由に暮らせるようになる日が来るのではないかと楽しみにしていたのかもしれない。政治に口を出さず、神仙にあこがれている分には、取りまきグループにも害がないはずだから。

65 呂不韋

奇貨、居くべし

呂不韋《りょふい》（?〜前二三五）は、河南《かなん》の陽翟《ようてき》の大商人で、天下各地を往来しては売りさばき、巨万の富を得た人物である。そんな彼がどのようにして秦《しん》の政界に食いこんでいったか、『史記』は簡潔に記している。

秦の昭王《しょうおう》の四十年（前二六七）、太子が死に、四十二年（前二六五）に、次子の安国《あんこく》君《くん》（名は柱《ちゅう》）が太子に立てられた。ここに二年の空白がある。安国君以外の太子候補者もいたはずだから、そのへんの後継者争いがあったのであろう。死亡した太子は、普通は長子であろうから、次子がそのあとというのは順当なところであろう。

新太子の安国君には男の子が二十余人あり、ところが最も寵愛した正夫人（華陽《かよう》夫人）には子が無い、という状況であった。その二十余人の子の中ほどに位置した子楚《しそ》は、母が安国君に愛されていないものだから、趙《ちょう》の国への人質として送りこまれ、しかも秦はしばしば趙に進攻するので、子楚に対する扱いはひどいものであった。この子楚のことを、各地を渡り歩いては、品物を安く仕入れて高く売る呂不韋が知った。

そして気の毒に思ったが、同時に、

「これ、奇貨《きか》なり。居《お》くべし（これは珍しいものだ。仕入れておこう）」

と言って、子楚に近づいた。バラまく金ならいくらでもある呂不韋は、子楚に惜しげもなく金を施し、子楚が安国君の太子として指名されるように運動した。安国君の寵愛を独り占めしながら子がない華陽夫人に、

「子楚を御指名いただけるよう、お口添えをいただければ、ほかの子が太子に指名されるより、あなたにとってははるかに幸いでしょう」

と取りいって、指名を獲得させた。

呂不韋と、株があがった子楚とはますます親密になり、子楚は呂不韋の愛妾の趙《ちょう》出身の美姫《びき》をほしがった。呂不韋は彼女が自分の子を妊娠しているのを知りながら、子楚に嫁《とつ》がせた。昭王が前二五一年に亡くなり、後を継いだのがさきほどの安国君で、彼こそが即位三日目に死去する孝文王《こうぶんおう》である。そして、孝文王に代わって早々と子楚が王位に即《つ》いた。これが在位三年で死去する荘襄王《そうじょうおう》（在位前二四九～前二四七）である。

『史記』はこのようにして、呂不韋こそ始皇帝の父親であると言いつつ、趙の美姫の腹から生まれた始皇帝の背後で不気味な笑みを浮かべる呂不韋を強く印象づけている。

在位三年で死去した荘襄王の後を継いだのが、呂不韋の子始皇帝である。前節（64）に記したように、始皇帝が秦の王位を継いだのは十四歳。何もできはしないから、呂

不韋が政治をとりしきった。呂不韋は荘襄王の不遇時代からの後見人であり、金で人を抱きこむことなど朝飯前である。

わが子に追われる

かくて秦の政治は呂不韋と、彼を支持するグループによって、私的に運ばれた。とは言え、呂不韋は文化事業をも行い、自分のもとに集まった食客《しょっかく》のうちの知識人たちに『呂氏春秋《りょししゅんじゅう》』を編纂させて、「この書物の一字でも増やしたり減らしたりできる者がいたら、千金の褒美を与えよう」と、都咸陽《かんよう》の門に布告したりもしている。これは、のちの「焚書坑儒《ふんしょこうじゅ》」(67参照)のような、乱暴なやりかたではない方法で知識人たちを手なずけ、反抗させせない方策であったと言えよう。

こうして呂不韋は、始皇帝(当時はまだ秦王)の背後の権臣として力を誇示したわけだが、その綻《ほころ》びは思わぬ所からはじまった。始皇帝も年齢をかさね、自覚も出てくる。呂不韋の立場に取って代わろうとねらう次の世代の政治家(李斯《りし》)らが、「いつまでもあの爺《じじい》の時代じゃないぜ」

と動き出す。その標的となったのが、もと趙の美姫で、もう荘襄王が亡くなっていることから「太后」となっている女性で、彼女は淫乱であった。呂不韋は嫪毒《ろうあい》なる男を宦官《かんがん》であると偽《いつわ》って宮中へ入れ、相手をさせたのだが、このスキャンダルが糾弾《きゅうだん》を受けたのである。

始皇帝の十年（前二三七）、呂不韋は相国《しようこく》の地位を逐《お》われ、河南《かなん》の地（おそらく彼の故郷の陽翟）に放たれた。ところが、呂不韋のもとへは、諸侯からの使者や賓客《ひんかく》がひっきりなしに訪れる。始皇帝は、このままでは呂不韋が何か変事を企てでもしたら大変だと考え、さらに蜀《しよく》の地への移住を命じた。呂不韋は、自分を追及する勢力の魔手を怖れ、毒をあおいで死んだ。*1

呂不韋は、趙で子楚（荘襄王）を「仕入れる」という投機感覚でとらえ、たしかに大きな利潤・利息がついて返ってきた。だが、投機にはリスクもつきもので、一度乗ってしまったレールからは、なかなか降りるのがむずかしい。

司馬遷は、呂不韋の人生をまとめて、「孔子の言う『聞《ぶん》』だろうか」と言っている。家に在《あ》っても国に在っても有名なら「達成」したと言えるのではないかという子張《しちよう》の質問に対し、孔子は内実のともなわぬ名声は、ただ「聞」、聞こえているだけのことで、達成感のある人生とは違う、と答えた。*2 司馬遷は呂不韋は投機が当たっただけであり、そんなものは達成感のない空しい人生だと評しているのだ。

＊1　呂不韋を排除し、代わって権力を握ろうとする者の代表は李斯（67）である。彼は

後述するように、呂不韋の食客となることから秦の官界へのスタートを切った。この点からすると、呂不韋は自分が優秀だと認めて出世させてやった手下に裏切られたことになる。さすがの大商人呂不韋も、この計算には狂いがあった。

＊2　『論語』顔淵《がんえん》篇に見える。

66 荊軻

太子丹、報復を誓う

荊軻《けいか》（?〜前二二七）[*1]は刺客である。秦王《しんおう》時代の始皇帝《しこうてい》を殺害しようとして果たさず、死んだ。依頼主は燕《えん》の国の太子の丹《たん》であった。燕の太子丹は、趙《ちょう》の国に人質として置かれていた時、趙の国で生まれ育った嬴政《えいせい》（秦王政、のち始皇帝）と親しかった。やがて嬴政が秦王の位を継ぐと（前二四六年）、今度は秦の国への人質ということで、趙から秦へ移動した。ところが、以前は親しかった丹に対し、秦王となった嬴政は、ひどい待遇しか与えなかったので、丹は怒り、脱出して燕に帰国した。そして、何とか仕返しをしてやろうと考えた。

一方秦は天下の諸侯への侵略をつづけ、燕にも進攻してくる情勢である。そんな中、秦将樊於期《はんおき》が亡命して来た。『史記』はそう書いているけれども、この樊於期がいかなる人物で、どのような活躍があり、それがどのような事情で、よりによって燕に亡命してきたのか、全く記さない。丹はこれを受けいれたが、「こんなことをしたら、秦が我が燕国を攻撃する名分を与えるようなものだ」と諫《いさ》められ、憮然としてしまう。

何か手はないのかと言う丹に、田光《でんこう》先生なる人物の存在が知らされる。田光は、自分の老齢を理由に、荊軻を推薦したが、丹から、「このことは、くれぐれも内密に」と念を押されたことを不快とし（自分を信じていないのだな、と）、荊軻に話を伝えると、「こうすれば秘密を知る者はいない」と自ら首を刎《は》ねて死ぬ。

もともと荊軻は刺客になるために生きていたのではなく、剣術は好きであったが、書物もよく読み、生まれ故郷の衛《えい》の国では、元君《げんくん》（在位前二五二〜前二三〇）に国家運営の術策を説いたことがある。採用はされなかったが、荊軻は無駄な闘争はしない。だから、剣術の議論をして熱くなり、相手がキッとした目をすると、荊軻はそのまま立ち去り、賭博をして相手が怒るとやはり黙って去った。

燕の太子丹の依頼を受けた荊軻は、上舎《じょうしゃ》（食客として最上級の待遇をされる）に置かれ、毎日、牛肉・羊肉・豚肉をふるまわれ、美女も思いのまま、専用の車馬も与えられた。やがて前二二九年、秦の将王翦《おうせん》が趙に攻めこみ、翌前二二八年、趙は滅亡する。趙が滅びれば次は燕だ、と太子丹は焦《あせ》った。荊軻が亡命してきた樊於期に首をもとめると、樊於期は、秦に対する恨みを晴らしてもらえるなら、と自ら首を刎ねた。太子丹は、「徐夫人《じょふじん》の匕首《ひしゅ》」なる短剣に毒を焼きこみ、荊軻に与える。毛一本ほどの傷でも付ければ即死という恐ろしい武器である。さらに、秦王政を信用させるために、燕の穀倉地帯である督亢《とくこう》の地図、十三歳で人殺しをした秦舞陽《しんぶよう》なる無頼漢をそえ、出発をうながした。しかし、荊軻には待ち人があり、その人物の到着を待っていた。太子丹は、荊軻が心変わりしたのではないかと疑い、催促をかさねた。荊軻は怒り、

「じゃあ、お別れです」

と言って出発した。[*2] 易水《えきすい》という川のほとりで、荊軻が歌う。

風　蕭々《しょうしょう》として易水寒く
壮士　一たび去らば復《また》と還《かえ》らず

と。いやがうえにも悲劇性は高まる。秦に着くと、蒙嘉《もうか》なる寵臣に賄賂《わいろ》をおくり、秦王政との面会を設定してもらい、いよいよ咸陽宮《かんようきゅう》へと乗りこむ。

荊軻、暗殺に失敗

荊軻は樊於期の首をもち、秦舞陽は地図の箱をもってしたがう。階段の手前で、秦舞陽の顔色が変わり、ガタガタと震えはじめる。秦の群臣が怪しむと、荊軻は、

「田舎者《いなかもの》ですので、緊張してしまいまして」と笑ってごまかす。そして、荊軻は秦王政に巻物になっている督亢の地図（おそらく絹布に画かれたもの）をたてまつり、秦王政がひらきはじめる。地図の全容があらわれた瞬間、巻物の中にまきこんであった徐夫人の匕首が出現した。荊軻は左手で秦王政の袖をつかみ、右手で匕首をとり、ヤッと突き出した。秦王政は驚いて身をひき、立ちあがる。袖はビリッとやぶけた。秦王

政は佩剣《はいけん》を抜こうとする。剣は長い。鞘《さや》を持ちなおす。急には抜けない。荆軻は迫る。秦王政は柱をまわりながら逃げる。群臣一同、突然のできごとに驚き、どうしてよいかわからない。秦の法律では、殿中にある者は武器を持てない。警備兵はすべて宮殿にあがる階段の下に置かれている。殿中の臣下たちは、素手で荆軻に向かうしかない。侍医の夏無且《かむしょ》は漢方薬のはいった袋を投げつけた。一瞬の余裕が生じ、秦王政は剣を背中にまわして抜き、荆軻の左の腿《もも》を切った。荆軻はへたりこみ、匕首を投げつけたが当たらず、切り刻まれて果てた。荆軻の最期の言葉は、

「生かしておいて話をつけてやろうと思ったので、失敗した」

という負け惜しみだった。

激怒した秦は、大攻勢をかけ、燕は、太子丹の首を届けて謝罪しようとしたが秦の追及はやまず、五年後の前二二二年、滅亡する。燕にしてみれば、強暴な秦に対する「せめてひと太刀」の思いであったろうが、もし暗殺が成功していたら、五年も持ちこたえられはしないほどの攻撃にさらされたことだろう。

＊1　燕召公世家では前二二八年。こうした一年のズレについて、各国で使用していた暦のズレとしてとらえることも可能だが、荆軻によるこの事件は、事実というより、演劇の

台本のような「お話」と割り切って考えることもできそうである。なお本書の「史記の登場人物名の不思議」参照。

＊2　実際問題としては、出発したあとで、どこかで待ち人と合流して秦に向かえばよいはずである。要するに、暗殺が失敗する予告としてのお話である。

67

李斯

富と権力しか信じられなかった男

李斯《りし》（?～前二〇八）は、楚《そ》の上蔡《じょうさい》の生まれで、若いころ郡の小役人として働いていた。ある日のこと、便所でふと鼠の姿を見た。人や犬が近づくのを怖れながら、汚物を食っている。一方、倉庫に棲む鼠は、エサに不自由せず、身を隠す所にも困らないので、でっぷりと肥えている。李斯は、「人間もこれと同じだ。生きる環境に左右されるのだ」と言った。これは、このまま小役人として、ビクビクしながら一生を送るなどとんでもないという彼の考えを明瞭に示した逸話である。彼は小役人の職を辞し、荀子《じゅんし》に学問を習った。韓非子《かんぴし》（46）と同門であるが、才能ではかなわぬと自己評価していた。[*1] やがて所定の課程を修了すると、荀子に対し、

「今や乱世ですが、秦《しん》が最も強く、自分の説を売りこむ相手として一番よいと思われます」

と挨拶し、秦に向かった。この際、李斯は、「貧乏くらい恥かしいことはありません。理念だけにすがって生活を考えないのは、一人前の人間のすることではありませ

ん」

と言ってのけた。肥えた鼠のような世渡りを第一と考える彼は、さっそくその本領を発揮した。ちょうど秦の荘襄王《そうじようおう》（在位前二四九〜前二四七）の死の年で、李斯はまず「肥えた鼠の棲む倉庫」を探した。秦王嬴政《えいせい》（のちの始皇帝《しこうてい》）の背後の権力者呂不韋《りよふい》のもとに身を寄せ、舎人《しやじん》（食客）となり、呂不韋と話をして評価され、郎《ろう》として採用された。そして、王の近くにいることを利して、秦王政に献策をした。その策とは、各地の諸侯のもとにいる有力な人々に使者を発し、金品で手なずけられればよし、あくまでも忠義をつらぬいて秦に抵抗するという姿勢を示すなら殺してしまう、という実にぶっそうな計であった。なりふりかまわず出世していこうとする彼らしいやりかたである。李斯は客卿《きやくけい》となる。

李斯の急な出世を警戒し、ねたむ勢力は「逐客令《ちくかくれい》」の発布を秦王政に求めた。李斯は、「ただひたすら国内の者だけで政治を運んでは、ゆきづまってしまう。才能のある者を国籍によらず用いてこそ、秦の国益となる」と堂々の主張を行い、反対勢力を黙らせた。この問題の発生は、前二三七年のことで、この年に呂不韋が失脚している。つまり、この「逐客令」の問題は、呂不韋の後がまをめぐっての争いがあり、李斯が多数派工作によって勝利したことを象徴するものである。

以後、李斯は政界のリーダーとして、秦王政を背後から支え、ついに前二二一年、天下を統一し、秦王政を始皇帝とした。この功により李斯は丞相《じょうしょう》となり、各都県の城壁をこわして、言わば都市を裸にし、刀狩り（武器没収）を行い、文字の統一（小篆《しょうてん》）、度量衡の統一、法の整備などによって強力な支配体制を築いた。前二一三年には焚書《ふんしょ》（法律と医学の書を除いて、あとは焼かせる）、前二一二年には坑儒《こうじゅ》（始皇帝の悪口を言ったとして四六〇人を超える者たちを穴うめにして殺した）と、ひたすら体制の徹底をはかったが、一面これは、李斯自身がいつまでも権力を保持しつづけられるようにと考えての行動であった。彼の息子の李由《りゆう》は、始皇帝の娘を娶《めと》る。李斯が自分の次の代まで繁栄がつづくように謀《はか》っていたことは明らかである。

始皇帝の死で暗転

しかし、彼の構想には思わぬところに綻《ほころび》があった。前二一〇年、始皇帝は巡行中に沙丘《さきゅう》の地で急死した。付きしたがっていたのは始皇帝の末子の胡亥《こがい》のみ。本来、始皇帝の後を継ぐべき長子の扶蘇《ふそ》は、正論を主張して父にさからうので、随行を許されず、北辺の警備を命じられ、上郡《じょうぐん》にいた。[*2] 李斯は形式通りに、葬儀の手続きにはいろうとして、宦官《かんがん》の趙高《ちょうこう》に止められ、「胡亥を立ててしまおう」と言われ、怒る。しかし趙高は柔らかい言葉で何度も李斯を誘う。李斯は、バカなことを言うなと繰り返す。柔らかい言葉で話していてはわからぬようだと思った趙高は、「わたくしが志を得たのですよ」と言い、「君、何《なん》ぞ見ることの晩《おそ》きや（あなたはまだおわかりにならないのですか）」と言葉を重ねた。李斯は愕然とした。趙高はすでに李斯をのぞくすべての人間に対する工作を終えていたのだ。この巡行の現場で、李斯こそが孤立していたのである。

このあとの李斯は脱《ぬ》け殻《がら》のようなもので、すべて趙高の指示のままに、末子の胡亥の即位に同意し、長子の扶蘇と彼に従う猛将蒙恬《もうてん》には自殺を命じる使者を出す。そして始皇帝の死を隠すために、温度を調節できる轀輬車《おんりょうしゃ》に遺体を載せ、かたわらに魚の干物《ひもの》を積んだ車を走らせて死臭をごまかした。

脱け殻となった李斯は、あとは趙高によって始末される時を待つのみ。始皇帝の死後、前二〇九年陳渉《ちんしょう》・呉《ご》広《こう》の乱が起き、李斯は息子の李由とともに乱軍に通じているとして獄に下され、処刑された。李斯は処刑前、李由に向かい、

「もう一度、お前と一緒に故郷の上蔡の東門を出て、狩りがしたかった」

と言いのこした。昔の小役人のままの姿で、ではないところに、彼の人生の悲しさと空《むな》しさがある――司馬遷はそう言いたいらしい。

＊1　そのために韓非子を殺し、自分の立場を守ろうとした。

＊2 そもそもこの巡行に胡亥しか随行していないということからして、趙高の構想であったのだと読むことも可能であるだろう。実は始皇帝は自然死ではなく、趙高の手にかかって殺されたのだ、とまで読むと少し行きすぎるかもしれないが。

68

趙高

政治を裏で動かす

趙高《ちようこう》（?〜前二〇七）の伝記は、『史記』の中にとくに立てられていない。李斯《りし》や蒙《もう》恬《てん》の伝の中に、その記事があるのを、読者は自分で統合しつつ、彼の人間像を思い描かなくてはならない。歴史書の中で、このような扱いを受ける人物は、歴史上たいした役割をはたしていない人物であるか、わざわざ書き載せるのも汚らわしい人物であるか、人間の生きかたの手本としてとても書き残しようがない人物である。そのいずれにしても、書き載せるか否《いな》かの判断は、歴史家が行うわけである。

趙高とは、いったいどこの出身で、どのようにして秦の国家権力の中枢に巣食うようになったのか。蒙恬伝にこう見えている。

「趙高は趙の国の王族の血筋に生まれたが、その縁は遠いものであった。また彼には数人の兄弟があり、全員が宦官《かんがん》であった。彼の母は刑罰を受けて殺され、先祖代々、卑賤な身分であった。秦王《しんおう》時代の始皇帝《しこうてい》が、趙高が有能で実務に長《た》けており、獄法（刑罰に関する法律）に精通しているのを見て、中車府《ちゆうしやふ》の令《れい》に抜擢《ばつてき》した」

帝王の宮殿は直接に政治の場（朝廷）ではなく、政治の場へは、宮殿からお出ましになるという形をとる。宮殿には、多くの婦人がいるので、まちがいがあってはならないから、宦官がメッセンジャーボーイとして、政治の場と王宮をつなぐ。宦官なる存在が本当に男性の機能を失っているかどうかには疑問もあり、趙高には娘婿の閻楽《えんらく》がいる。それはさておき、朝廷にお出ましになった帝王は、いきなり数多くの案件を浴びせられ、「御裁可を」と求められても処理しきれない。そこで、朝廷の大臣たちが専権している場合には、帝王はすべての案件の処理に同意し（するしかない）、「良きにはからえ」となる。しかし、通常の場合には、メッセンジャーボーイとしての宦官が間にはいり、「これこれの重要案件が提出される運びです」と帝王に伝える。帝王が、「どう対応しようか」と言えば、すかさずそこで、「しかじかのごとくになさいませ」と吹きこむ。かくして宦官をたよることなしには、帝王の裁可が得られず、宦官の力が増す。

始皇帝の後継を演出

趙高も折りを見て少しずつ秦王政《せい》の信任を得ていったわけだが、趙高はひそかに末子の胡亥《こがい》とつながりを持ち、刑法の勉強を教えていた。早くも「次」をねらっていたのである。

前二二一年、秦王政は天下を統一し、始皇帝が誕生した。それから十一年、前二一〇年に始皇帝は巡行中に沙丘《さきゅう》の地で死去した。趙高は玉璽《ぎょくじ》をあずかっているので、李斯に、胡亥を立てることに同意するよう求めた。すでに現場での多数派工作は終えている。李斯の同意を取りつけ、上郡《じょうぐん》にいる始皇帝の長子の扶蘇《ふそ》と猛将蒙恬に自殺を命じ、扶蘇と胡亥のほかの公子たちも順に始末して趙高の体制を固めてゆき、ついに李斯も処刑した。次に残っているのは、胡亥を消して、自分が皇帝になることである。

李斯を処刑したあとの「丞相《じょうしょう》」の位は、趙高が「中丞相」となって役目を引きつぎ、政権はすべて趙高の手におさまった。趙高は自分の権力の強大さを確認しようと、鹿を献上して、

「馬でございます」

と言った。胡亥は、近臣たちに、

「これは鹿であろうが」

と言ったが、近臣は口をそろえて、

「馬でございます」*1

と。自分にすっかり自信を失った胡亥は、上林《じょうりん》の御苑《ぎょえん》で斎戒沐浴《さいかいもくよく》した。そしてある日、狩りをしていて、御苑にたまたま踏みこんで来た通行人を誤って射殺した。趙高はこれをとらえて娘婿で咸陽《かんよう》の令《れい》であった閻楽に、「何者かが人を殺し、上林の御苑

に遺棄した大事件」として公《おおやけ》にさせ、胡亥を脅した。

「罪なき者を殺すのは不祥事ですぞ。望夷宮《ぼういきゅう》へ行って禳《はら》いを受けなされ」

胡亥は言われるままに望夷宮に行ったが、三日後、陳渉《ちんしょう》・呉広《ごこう》の乱軍が望夷宮になだれこんでくるのを見せられた。これは実は望夷宮の警備兵が変装したものであったが、胡亥は、「お前がダメな皇帝だから、このようになったのだ」と脅され、責任を取って自殺するよう迫られた。

胡亥の自殺後、趙高は皇帝の玉璽を自分の身につけてみせたが、さすがに支持は得られず、子嬰《しえい》に玉璽を渡して即位させた[*2]。子嬰は宦官の韓談《かんだん》とその子と謀《はか》り、仮病《けびょう》をつかい、趙高が見舞いに参上したところを、韓談に刺殺させた。子嬰が胡亥の兄扶蘇《ふそ》の子であるとすれば、罪もないのに胡亥の即位によって邪魔者として殺された父の仇を討ったことになる。そして、この時、趙高によって葬られた多くの人々の仇も討たれたことになる。さらに、趙高のがわからすると、秦の国を乗っ取り、権力を得て国家をむしばみ、やがては秦の滅亡を決定づけたその生きかたは、結果的に言うと、前二二八年に自分の国(血筋は遠いが)趙を滅ぼした秦を滅亡にみちびくことで、間接的な仇討ちをしたことになっている。この惨状は、何らかの気の利《き》いた言葉で言いおさめることを拒否するようである。

＊1 『韓非子』外儲説《がいちょせつ》・右上に、「鹿に似ている馬には千金の値がつくのに、鹿そのものには高値はつかない」という言葉がある。古代の感覚は、今日と少し違うのだろう。

＊2 秦始皇本紀では、天下が乱れているので、「王」の位に即いている。

69

扶蘇と蒙恬

趙高の策にはまる

扶蘇《ふそ》（?〜前二一〇）は始皇帝《しこうてい》の長子で、事実上始皇帝の後継者（皇太子）の地位にあった。しかし、『史記』李斯《りし》伝に記されるように、始皇帝の過失について、しばしば諫《いさ》め、その表現も遠慮がなかったので、始皇帝は自分の身辺から遠ざけ、上郡《じょうぐん》の地で異民族の侵入をおさえるよう命じた。むろん、扶蘇だけでは軍事面が弱いので、名将蒙恬《もうてん》が現地に同行した。

始皇帝にしてみれば、あまりズバズバと自分の過失を諫められるのは、気分が良くないばかりでなく、周囲の者たちに対しても、威厳が保たれない。その一方で、堂々たる正論を吐く扶蘇に対して、たのもしく感じる面もあったはずだから、自分の身辺から遠ざけたものの、「自分の次は扶蘇」というコースへの疑いは持っていなかったに違いない。

だから、前二一〇年、天下を巡行中の始皇帝は、自分が病気にかかり、重篤であると意識した際に、扶蘇にあてて「私の葬儀のために、咸陽《かんよう》の都にもどっているように」という遺書を記し、正式の書面であることを示す璽《じ》（印判）も押して封印したのである。ところが、この遺言の書は、趙高《ちょうこう》に握りつぶされ、始皇帝の巡行に付きしたがっていた末子胡亥《こがい》が二代目の皇帝として立てられてしまった。扶蘇は、遠く上郡にいたので、そして趙高らによって始皇帝の死が隠されていたので、何の知らせも得られず、行動の起こしようもなかった。扶蘇がもう少し用心深く、あるいはもう少しあくどい人物であったら、父始皇帝の巡行に、自分のスパイをまぎれこませ、逐一《ちくいち》情報を得ることもできたはずだが、彼はそういう人物ではなかった。

偽書を信じた扶蘇、疑った蒙恬

始皇帝の死を隠し、胡亥を立てた趙高は、扶蘇への遺言の書面を、生きている始皇帝の命令の書面に作りかえてこう記した。

「朕《ちん》は天下を巡行し、名山の諸々の神に祈りをささげ、寿命をのばさんとしている。ところが、なにゆえにか扶蘇は蒙恬とともに数十万の軍を辺境に駐屯させながら、この十余年間、進撃して敵を討つこともせず、士卒はただ疲労するばかりで、わずかの功も立てておらぬ。それどころか、しばしば遠慮のない事を言っては、朕の仕事に対し、誹謗《ひぼう》を行っている。これは、都に帰って正式に皇太子に指名される希望がないために、日夜怨《うら》みつづけているからに違いない。扶蘇よ、お前は人の子としての不孝者である。ここに剣を賜与するので、自殺せよ」

この命令書を持った使者が上郡に来た。扶蘇は性格がおだやかな人間であったので、
蒙恬がとめるのも聴かず、

「父が子に死ねと命ぜられたのだから」

と言って、自殺してしまった。蒙恬は納得がゆかず、自殺しないで陽周《ようしゅう》の地の獄に下された。趙高らが、長子の扶蘇を始末する必要があったのは当然だが、蒙恬もまた生きていられては困る人間であった。蒙恬は、祖父蒙驁《もうごう》、父蒙武《もうぶ》、そして蒙恬と三代にわたって秦に仕える将軍の家柄の人物である。*1 もっとも彼らは将軍としての能力しかなかったのではなく、蒙恬は若いころ、裁判所の書記官であった。つまり、文武両道に通じていた、と言える。そして、蒙恬は始皇帝の二十六年（前二二一）、はじめて将軍に任ぜられた。代々の将軍の家柄に恥じず、斉《せい》の国を攻めて大戦果をあげ、ますます信任されるようになった。

以上のようなわけで、蒙恬のような人物に生きていられては、趙高らにとって都合が悪い。まして、上郡に数十万の兵力をかかえているのだから、その兵力によって反乱でも起こされては、たまらない。上郡は辺境であるから、異民族と手を結んで攻撃してくる可能性もある。そうなったら、事態はさらに深刻である。何としても扶蘇とともに消えてもらいたいわけである。が、『史記』蒙恬伝には、もう一つ、趙高が蒙

恬を殺したい事情のあったことを記している。はなはだ抽象的な記述なのだが、「趙高が大罪を犯し、秦王嬴政《えいせい》（のちの始皇帝）は、蒙恬の弟の蒙毅《もうき》にその裁判を命じた。蒙毅は法を曲げず、趙高の罪は死刑に当たると判じ、官員名簿から、除いた。秦王は趙高の実務能力を惜しみ、罪をゆるし、現職にもどした」

このことから、趙高には、蒙毅そして蒙恬への怨《うら》みがあったことが知られる。趙高の「大罪」なるものが何なのか、全く史料はないので、取ってつけたような話に感じられるが、これ以上はわからない。

蒙恬は赫々《かくかく》たる戦功のほかに、始皇帝の三十五年（前二一二）、九原郡《きゅうげんぐん》への直道の工事にあたった。千八百里の道を造る大工事である。この道が完成しないうちに、前二一〇年、始皇帝が死去するわけだが、陽周の獄中で、もう一度、自殺を迫る使者を迎えた蒙恬は、なぜ自分が死なねばならないのか、しばらく考え込み、

「そうだ。私は工事中に地脈（大地の脈）を断ち切っていた。これが私の罪だ」

という言葉で自分を納得させ、毒をあおいで自殺した。司馬遷は、「地脈のせいではない。彼は工事に使役された人々の苦しみをわかっていないのだ」と批判している。

＊1　蒙驁は秦の昭王の時代に斉《せい》から来て将軍となり、韓《かん》・魏《ぎ》を攻めて手柄をたてた。蒙

武は前二二四年、秦の将王翦《おうせん》の副将軍として楚《そ》を攻め、楚将項燕《こうえん》を破り、自殺させた。翌前二二三年、蒙武は再び楚を攻め、楚の最後の王（負芻《ふすう》）を捕らえている。

70 胡亥と子嬰

擁立されて殺された胡亥

胡亥《こがい》（在位前二〇九〜前二〇七）は始皇帝《しこうてい》の末子である。『史記』蒙恬《もうてん》列伝の記事によれば、始皇帝に信任を得た趙高は、ひそかに胡亥を手なずけにかかっていて、早くも始皇帝の「次」の時代をねらっていた。だから、ほかの人間はいざ知らず、趙高にとっては、胡亥擁立は予定のコースであった。今、「ほかの人間」と記したが、胡亥自身もその中に含まれているであろう。「胡亥」という名は、「胡な《ばか》孩児《おさなご》」を匂わせるし、彼は始皇帝の末子だから、当然年少であったろう。趙高が背後にいて操るための人形として、まことにふさわしい存在であった。

しかし、ひとたび皇帝となれば、国権の頂点に君臨する快感と、趙高が認めてくれる範囲内での贅沢や遊興も、ほしいままにできる。そうなると、自分の地位をおびやかされたくないのが人情というものであろう。胡亥は、長兄扶蘇《ふそ》を含む自分の兄たちを始末することに、少しのためらいも示さない。『史記』秦始皇本紀には、有力な大臣や公子（胡亥の兄たち）を次々に処刑し、まず六人の公子を殺し、次に将閭《しょうりょ》ら三人を自殺させたことが記されている（将閭ら三人は、同じ母親なのだろう）。これが李斯伝では、公子十二人を殺し、さらに公子高《こう》が自殺しているので、少なくとも十三人の公子の命が失われている。

こうして自らの意志もいくらかは持っている操り人形としての胡亥が確立されていったのだが、もともと胡亥には、こういう世の中を作ろうといった政治的理念はまるで無い。始皇帝の死によって中断していた阿房宮《あぼうきゅう》を造営したり、弓の達人五万人を咸《かん》陽《よう》の都に集めたりしたので、大変な費用がかかった。その食糧や阿房宮の動物園で畜養する犬、馬、禽獣《きんじゅう》のエサを負担させられた咸陽周辺三百里の地には、人間が食べるべき穀物が無くなった。以上は二世皇帝胡亥の元年（前二〇九）のことであるが、この年の七月に起こった陳渉《ちんしょう》・呉広《ごこう》の乱の勢力が拡大し、陳渉が荊州《けいしゅう》の地で自立し、国号を張楚《ちょうそ》とし、楚王を称した。しかし、胡亥への報告は、

「群盗が起こり、郡の長官は現在、追撃して逮捕せんとしているところです。何の心配もいりません」

というものであった。実態はと言えば、陳渉ばかりでなく、武臣《ぶしん》が趙王として自立し、魏咎《ぎきゅう》が魏王、田儋《でんたん》が斉王《せいおう》、劉邦《りゅうほう》が沛《はい》の地に立ち、項梁《こうりょう》が会稽《かいけい》で挙兵し、いずれも秦の打倒を掲げていた。

翌前二〇八年、陳渉の将 周章《しゅうしょう》 率いる数十万の軍が咸陽に近い戯《ぎ》に襲来して、胡亥

も実態を知り、驚いて章邯《しょうかん》、司馬《しば》欣《きん》、董翳《とうえい》らが反乱鎮圧にあたるが、あとからあとから反乱が起こる。この年に李斯を始末した趙高は、翌前二〇七年、馬と鹿のテスト(68)を行い、娘婿の閻楽《えんらく》に命じ、胡亥を自殺に追いこむ。胡亥は、「どこかの郡でいい。王に格下げすることで許してくれ」「領邑一万戸の侯でいい」「妻子とともに黔首《けんしゅ》になってもいいのだ」と必死に命乞いをしたが、許されず、自殺した。閻楽が言いわたした言葉は、「天下のために足下《おまえ》を誅《ちゅう》す」だった。

秦の滅亡に立ち合った子嬰

次に立てられた子嬰《しえい》(?~前二〇七)は、秦始皇本紀では「胡亥の兄の子」とあり、李斯伝では「始皇の弟」とあり、食い違っている。始皇の弟なら、だいぶ年齢がいっているだろうが、「子嬰」は嬰児(赤ん坊)を匂わせるような名だから、「胡亥の兄の子」でそれほどの齢でないと考えるのがよさそうである。子嬰を扶蘇の子とするものがあるが、これは、「胡亥の兄」を扶蘇と決めつけたもの。さきほども記したように、扶蘇と胡亥の間には少なくとも十三人の公子が存在しているので、そのうちの誰かの子と考えておくほうが自然であろう。『史記』の中に、子嬰は扶蘇の子であると記すことは全くない。

子嬰は王として立てられたが、自分を立てた趙高がいかなる人間であるかを知って

いた。子嬰は、自分の二人の息子（彼らもそれほどの年齢ではなかろう）に、

「趙高は胡亥を殺し、義をいつわって私を立てた。聞くところによると、趙高は楚（項羽《こうう》）と密約を定め、秦国を滅ぼすかわりに、自分を関中《かんちゅう》の地で王としてもらおうとしているそうだ。私に斎戒沐浴《さいかいもくよく》をさせ、廟《びょう》のなかで祖先の霊に対し、新たに王に立ったことを報告するようにしむけているが、これは廟中で私を殺そうとしているのだ。病気だと言って趙高をおびき寄せて殺してしまおうと思う」

と語っている。そして、宦官《かんがん》の韓談《かんだん》が趙高を刺殺したことは、前に記した通りである。

その後の子嬰は、王位に即《つ》いて四十六日、劉邦の軍が迫って来たのでこれに降伏し、ここに秦国は滅びた。さらにその一ヵ月あまり後、項羽が咸陽になだれこんで来て、子嬰ばかりでなく、生き残っていた秦の血筋をひく者全員を殺し、秦は完全に息の根を止められた。子嬰は趙高を殺し、悪の元凶を滅ぼしたが、結局、時代の流れの中にあっては、無力な一人の人間でしかなかった。彼が自分の人生を幸せだと思ったことは、はたしてあったのだろうか。

71 徐福

老と死をおそれる独裁者

始皇帝《しこうてい》の二十八年（前二一九）、東方に巡行して泰山《たいざん》に封禅《ほうぜん》の儀《ぎ》を行った始皇帝に対し、斉《せい》の国の人徐福《じょふく》（福は芾《ふつ》、あるいは市《ふつ》とも表記される）らが、こんな上書を行った。

「東の海の中に、三つの神山がありまして、蓬萊《ほうらい》、方丈《ほうじょう》、瀛洲《えいしゅう》と申します。そこには不老不死の仙人が住んでおりますので、わたくしは斎戒沐浴《さいかいもくよく》いたしまして、汚れない童児・童女とともに出むき、仙人をつれてまいりたいと存じます」

始皇帝は前二五九年の生まれであるから、この年には数え四十一歳である。天下統一は二年前（前二二一）に成しとげた。そして巡行して天下にその威を見せつけ、封禅の儀式もすませた。あと、始皇帝には何が残っているだろう。現実的な政治は、李《り》斯《し》がすべてを取りしきっている。天下を統一して「始皇帝」と称したにふさわしい威厳を示す役割以外、何をするのか。そういう「達成者の虚無感」に占領されたような始皇帝の心に、不老不死の仙人がはいりこんできた。三つの神山のうちの瀛洲山には、彼の姓「嬴《えい》」が含まれている。仙人にあこがれるだけであれば、かなり自由にあこがれられるはずである。政治に関してうるさく嘴《くちばし》をはさむわけではないのだから。国家財政がどうなるというほどの話でもない。十分に帝室の予算内であこがれ、楽しむことができる。始皇帝は、徐福に、童児・童女数千人とともに海に乗り出し、仙人をつれてくるよう命じた。

そのあとの始皇帝は、あいかわらず何をしたらいいのかがわからぬままで、泗水《しすい》から周《しゅう》王朝の鼎《かなえ》を引きあげさせようと、千人の者を水中にもぐらせて鼎を探させた。鼎は発見されなかった。これはほとんど埋蔵金探しのような感覚である。つづいて湘山《しょうざん》で暴風にあい、怒って刑徒三千人に命じ、湘山の樹木をすべて切って丸坊主の禿山《はげやま》にした。*1

その後、公石生《こうせきせい》なる者に仙人の不死の薬を探すよう命じている。徐福の帰還を待ちきれなかったらしい。さらに録図書《ろくとしょ》に、「秦を亡ぼす者は胡《こ》なり」とあるのに動かされ、蒙恬《もうてん》に北の胡（異民族）を征伐させた。この予言の言葉の「胡」は胡亥《こがい》を指すとの読みかたがあるが、自分のかわいがっている息子の名前を思いつかぬほど愚かな人物であったはずはない。

とにかく天下統一達成ののちに、やることを見いだせなくなった始皇帝は、神仙の説をなす盧生《ろせい》なる者にそそのかされ、朕《ちん》と言わずに「真人《しんじん》」と自称し、自分は真人なのだから、他者には姿が見えるはずはない、と自分がどこにいるかわからぬようにしようとした。がその実態はというと、自分の居所を言う者があれば殺してしまったので、誰も始皇帝の居所を言う者がいなくなり、その意味で、始皇帝がどこにいるか、わからなくなった。ここまでくると哀れな感じもただよいはじめる。いや、司馬遷がそう描いてみせたのである。そそのかした盧生さえ、「始皇のやつは一人でいい気になっていて、さからえば殺される。本当のことが言えぬ世の中だ。ああいう人間を不老不死にするために仙薬を探して上《たてまつ》るなど、とんでもない話だ」と言って、逃亡してしまった。怒った始皇帝は、学者たち四百六十人を穴うめにして殺した（坑儒《こうじゅ》）。

徐福伝説

始皇帝の三十七年（前二一〇）、彼は人生最後の巡行をした。その一行が近づいてくることを知った徐福らは、困った。海に乗り出して仙人をつれてくるなどと言っておきながら、仙人はおろか、仙薬さえも上《たてまつ》っていない。おそらくは金だけをもらって出かけなかったのだろうが、数えてみれば、はや九年の歳月を経ている。費用だけは、たっぷりともらってしまった。そこで、こういうふうにごまかした。

「蓬萊山の仙薬は手にはいるめどがたちました。しかしながら、毎回、大きな鮫《さめ》に苦しめられ、今一歩のところで蓬萊山にたどりつけないのであります。なにとぞ射術にすぐれた者を同行させていただきとう存じます」

と。

これが口先でのごまかしだと見ぬけない始皇帝は、自分が夢で見た海神こそ、仙薬を得ることをさまたげている大鮫にちがいない、とみずから連弩《れんど》（連発式の弩《いしゆみ》）を持ち、船の上から射た。その結果、巨大魚一匹は仕とめたものの、港から上陸したとたん、病を発し、そのまま沙丘《さきゆう》の地で死去したのである。

発病した始皇帝は、「死」という言葉を禁句としたといった神秘的・迷信的な記事が『史記』秦始皇本紀にある。巨大魚一匹を仕とめたという記事も、それが何らかの神の使いか、あるいは神そのものであり、始皇帝はその祟《たた》りを受けて発病したのだという神秘的な説明であるのかもしれない。

徐福のその後だが、『史記』淮南衡山《わいなんこうざん》列伝には、徐福は出発して、ある「平原広沢（大きな沢があり、小高い所に平地がある場所）」を見つけ、そこに居ついて王となり、帰って来なかった、という伝説が見えている。この伝説からさらに、徐福は日本の紀《き》伊《い》の国の熊野《くまの》浦《うら》に着いたのであるという伝えが生まれた。まさに始皇帝の見果てぬ夢を象徴するような事件であった。

＊1　山の樹木と風の関係は、今日の感覚ではわかりにくいが、唐《とう》の杜牧《とぼく》の「楽遊原《らくゆうげん》に登《のぼ》る」という詩に、木がはえていない前漢時代の五つの皇帝陵を、「五陵　樹の秋風を起こす無し」とある。樹木が風を起こすという感覚が昔はあったのだろう。

72 陳渉と呉広

鴻鵠の志

陳渉《ちんしょう》の伝記は、『史記』陳渉世家《せいか》である。「世家」とは、王侯の伝記のことである。しかし、陳渉は王侯に封ぜられたこともなければ、諸侯の家として代々続いた名家に生まれたわけでもない。勝手に自立して王を称したにすぎない人物である。さらに陳渉とは彼を字《あざな》で呼んだもので、彼の名は勝《しょう》。だから『漢書《かんじょ》』は「陳勝伝」と位置づけている。司馬遷はなぜこういう体裁をとったのであろうか。陳勝を陳渉と字で表記するのは、たとえば屈原《くつげん》（名は平《へい》）がおり、項羽《こうう》も実は字で呼んだもので、名は籍《せき》である（『漢書』は項籍伝）。『史記』の中でほかに例のないことではなく、また司馬遷が仕えた漢の武帝《ぶてい》の弟に、中山靖王《ちゅうざんせいおう》の劉勝《りゅうしょう》がいるので、その名をはばかったものであろう。そして、自分勝手に王を称しただけなのに「世家」に入れているのは、秦《しん》の崩壊を決定づけることになったという、彼の歴史上に果たした役割の大きさを評価してのことであろう。

陳渉は陽城《ようじょう》の人である。相棒となる呉広《ごこう》は陽夏《ようか》の人である。陳渉は志は大きかったが、貧しくて、人に傭《やと》われて耕作をする人間であった。日本でいう小作人とは違い、ただ労働力を提供し、土地は借りない。ある日、彼は仲間に、

「たとえ富貴な身分になっても、おまえらのことは忘れないぜ」

と言った。一同が「本気かよ」と言うと、

「燕雀《えんじゃく》、安《いず》くんぞ鴻鵠《こうこく》の志を知らんや（燕《つばめ》や雀《すずめ》のように低空を飛ぶ鳥には、大空を高く飛ぶ鴻鵠の志はわかるまいよ）」

と言うのだった。

秦の二世皇帝胡亥《こがい》の元年（前二〇九）七月、陳渉は小隊（五十人）の長として徴発され、漁陽《ぎょよう》の地で北方警備の任にあたるよう命ぜられた。呉広もこの時、別の小隊の長として、この一行九百人の中にあった。ところが、大雨に行く手をはばまれ、道路も使えなくなってしまった。目の前ににわかに大湿地帯が出現してしまったのである。遠回りをすれば、期日に間にあわない。間にあわなければ、秦の法律によって死刑である。陳渉と呉広は、

「どうせ死ぬなら、反乱を起して暴れてやろう」

と相談し、占師に相談した。占師は二人の意図を見ぬき、「鬼神にうかがいをたてられてはいかが」と言った。陳渉は、絹に「陳渉、王たらん」と朱で書き、漁師のとった魚の腹の中にいれた。この魚を煮て食べた兵卒たちは驚き、怪しんだ。さらに、

近くにあった祠《ほこら》を利用し、呉広が中に隠れ、夜、かがり火をたいて野営する時に、狐神のおつげを演じさせた。

「大楚《だいそ》が復興し、陳渉が王となるであろう」

一同の者は驚いた。一行九百人には、尉と呼ばれる引率の武官二人がいた。陳渉・呉広は二人を殺し、

「どのみち我々は期限に間にあわぬから死刑だ。仮りに死刑にならずにすんだとしても、辺境警備の任期内には、十人のうち六、七人は死ぬ。何かでかいことをしてやろうじゃないか。王侯将相《おうこうしょうしょう》、寧《なん》ぞ種《しゅ》あらんや（王侯、将軍、宰相、生まれつきそうなると決まった人種があるわけじゃない）」

と一同に呼びかけた。そのあとは、「我こそは秦の公子扶蘇《ふそ》である」とか、「楚の名将項燕《こうえん》である。以前、秦将王翦《おうせん》に殺されたと言われていたが、こうして生きていたぞ」と称し、またたく間に各地を攻略していった。これは、陳渉らが強かったからではなく、秦の厳しい政治に反発を感じていた人々が、この乱をキッカケにいっせいに立ちあがったことによる。各地の郡県で、長官を殺して陳渉に呼応する者が続出した。拡大した勢力は、自然の流れで陳渉を王に推戴《すいたい》し、国号を張楚《ちょうそ》とした。これは、大楚と同じ意味だと解釈されている。

呉広と陳渉の死

しかし、ただ単に人数が集まっただけでは秦は倒せない。組織を確立し、天下全体を考えにいれた構想で動くのでなければ、ただの烏合《うごう》の衆《しゅう》にすぎない。陳渉は、以前、本物の項燕のもとで暦《こよみ》の吉凶を占う者として働き、みずから「兵法に精通している」として売りこんできた周文《しゅうぶん》を採用するが、秦将章邯《しょうかん》に大敗を喫してしまう。周文も途中までは、兵力数十万の規模で強そうだったが、見かけだけだった。兵を統率し、全体として勝利に導くことが名将の条件である。周文はこの点で遠く章邯におよばなかった。さらに周文の敗戦で、配下に動揺が走る。滎陽《けいよう》を攻めていた田臧《でんぞう》らは、「周文が敗れれば、次に秦軍はここに来る。呉広は威張るだけで戦略がない。あいつを殺して、おれたちのやりかたで戦おう」と相談して呉広を殺し、秦軍と戦ったが、これも章邯に敗れ、殺された。

各地で群雄が暴れまわる時代を招き寄せたのは陳渉であったが、しだいに彼の傘下にいた者たちが各地で自立しはじめる。しかし秦将章邯の攻撃目標は、あいかわらずことの元凶である陳渉であった。結局、陳渉はこの年の十二月、王を称して六ヵ月にして章邯に敗れ、逃げはしたものの、御者の荘賈《そうか》に殺されてしまった。彼は、反乱を革命に変えるだけのビジョンと統率力を持っていなかったのである。

十三　項羽と劉邦——二大勢力の激突

秦《しん》の始皇帝《しこうてい》の天下統一（前二二一）からわずか十一年、始皇帝の死とともに秦は崩壊してしまう。戦国乱世に終止符を打ち、安定した社会を実現したつもりであったはずだが、趙高《ちょうこう》の陰謀で胡亥《こがい》が二世皇帝となり、始皇帝の長子の扶蘇《ふそ》とともに名将蒙恬《もうてん》が闇に葬られてしまったので、各地の反乱を鎮圧できるだけの力量を持つ将軍がいなくなったことも、崩壊への拍車をかけることとなった。政権の中枢部の権力闘争によって、国家全体を見わたす大きな視野が失われたためである。

世の中が再び戦乱の世となると、そういう時代こそチャンスと躍り出る人々がいる。はじめは、小規模な組織が多数であばれる。それが、しだいに吸収され、統合され、有力な者の数がしぼられてゆくにつれ、それぞれの組織（軍団と言ってもいいだろう）は大きくなってゆく。そしていよいよ最終勝利者の座をかけて争いが行われ、決着がつく。項羽《こうう》と劉邦《りゅうほう》の戦いは、ちょうどその最後の場面、どちらが最終勝利者となるかの戦いである。

同じような路線で争うのではなく、それぞれの個性が火花を散らすような戦いである。司馬遷は、『史記』の中のあちらこちらに、この時期に活躍した人々の姿を描いている。勝利者劉邦の伝記「高祖本紀《こうそほんぎ》」、敗者項羽の「項羽本紀」そのほか、個人の伝記が立てられている人々については、本章に採りあげたとおりである。これらの人物が複雑にからみあいながら、「歴史」を形成してゆく。しかし、司馬遷の筆は、時としてドラマチックを通りこして、創作そのもののようである。その波乱万丈のストーリーに目を奪われ、胸を躍らせる読みかたも楽しいけれども、司馬遷は、勝利のポイントとして、その根本に人間のあくどさがあることを、しっかりと見すえている。

73 項羽の登場

皇帝になれなかった男

項羽《こうう》（前二三二～前二〇二）は、名は籍《せき》。下相《かしょう》の人である。『史記』は項羽本紀に彼の伝記を記しているが、『漢書《かんじょ》』は項籍伝としている。項羽は帝位に即《つ》かなかったから、帝王の伝記である「本紀」に含めるのはおかしいという判断であろう。しかし、項羽は前二〇五年、義帝《ぎてい》を長沙《ちょうさ》に移し、その途中で殺している。『史記』が五帝本紀以来繰り返し書いてきた王朝交代の手続きによるなら、こうなるだろう。わたくし項羽は秦《しん》を滅ぼし、義帝の命によって（という形式で）他の群雄を各地の王に封じた。ところが義帝は殷《いん》の太甲《たいこう》（18）よりも荒淫なふるまいがあったので、長沙に一時追放し、反省を求めようとした。が、その途中で暴れだしたので、やむなく誅殺《ちゅうさつ》した。ところで天下の王侯諸君よ、君らを王侯にしたのは、名目上は義帝だが、実際上はこのわたくしである。わたくしは新たに皇帝となって、天下の安定と平和のために奉仕しようと思うのだが、認めるかね、と。もし、諸君が支持してくれるなら、歴史記録には、こう書いておこうと思うのだ。

「項羽はあくまでも義帝に天下を治めてもらおうとしたが、天下の諸侯は全く義帝を支持しようとせず、項羽を君として戴きたいとばかり言った。そこで項羽は、やむなく天下の諸侯の要請を受けいれ、義帝に代わって、皇帝として天下を治めるようになった」

と。これはちょうど舜《しゅん》(10)は堯《ぎょう》から天下を譲られたが、辞退して堯の子丹朱《たんしゅ》を立てた。しかし天下の諸侯は丹朱のもとに参朝しないで舜のもとにばかり参朝したので、舜はやむなく天子の位に即《つ》いたという話や、禹《う》(11)が舜から天下を譲られたとき、禹は辞退して舜の子商均《しょうきん》を立てた。しかし天下の諸侯は商均のもとに参朝せず、禹のもとにばかり参朝したので、禹はやむなく天子の位に即いたという話と同じ。

おそらく項羽は、以上のようにして一度は帝位にのぼったことを宣言したのだろう。だからこそ司馬遷は項羽を本紀に入れているのだ。だが、天下の諸王侯の支持が得られなかった。そして再び天下は騒乱状態となり、やがて劉邦《りゅうほう》の天下となり、漢の建国となった。その漢に仕え、歴史書をまとめあげる立場の司馬遷は、劉邦の過去に「皇帝項羽によって漢王に封ぜられた」ことがあるとは書きにくい。なぜなら、そう書いてしまうと、劉邦は「皇帝たる主君項羽」に対する反乱を起こして国を奪い、漢を建国したことになる。たとえ実際はそうであったとしても、歴史上は、「王の一人である項羽によって、劉邦は漢王に封ぜられた」としておかねばならない。そうした歴史的事実の抹殺行為の代償として、司馬遷は項羽を形式上だけは本紀にとどめてみせた。こう考えると、『史記』の中のギクシャクとしておさまりのつきにくい書きぶりもある程度理解できるだろう。

本能と天性で生きる

さて、項羽の叔父の項梁《こうりょう》は、楚《そ》の名将項燕《こうえん》の息子であった。項羽は数え二十四歳で世に躍り出た。しかし没年は三十一歳。七、八年間荒れ狂った大型台風のような人生であった。若いころ、文字を習ったがつづかず、やめて剣術を習いはじめたが、これもつづかず、怒る項梁に、

「文字などは姓名が書ければ十分。剣術も一対一でつまらない。万人を相手にできるようなものが学びたい」

と願った。そこで項梁は兵法を教えたが、これも喜んで学んだのは最初のうちだけで、大略をのみこんでしまうと、興味を失った。

項羽の身長は八尺余りとある。一八〇センチ以上である。鼎《かなえ》を持ちあげる怪力で、並みはずれた才気の持ち主であった。以上の記事からイメージされる項羽の人物像は勉学によって得られる教養の厚さを感じさせる人物というよりは、一種のオーラを発して人を魅了するタイプであったということらしい。

秦の始皇帝が天下を巡行して会稽《かいけい》まで来た時、項羽は項梁とともにこれを見物し、

「あいつに取って代わってやる」

と言った。項梁は項羽の口をおさえ、

「うっかりしたことを言うんじゃない。一族皆殺しにされるぞ」

と言いながらも、内心ではなかなか大したやつだと評価した。

だが、項羽が始皇帝に取って代わることはできなかった。始皇帝が会稽に来たのは前二一〇年のことで、これは始皇帝の没年である。会稽を通ったあと、沙丘《さきゆう》の地で始皇帝は死んでしまう。そして始皇帝の後を継いだ二世皇帝胡亥《こがい》の元年（前二〇九）七月、陳渉《ちんしょう》・呉広《ごこう》の乱が起こり、天下は戦場となる。項梁も会稽郡の長官殷通《いんとう》を殺し（項羽が手を下した）て印綬《いんじゅ》を奪い、立ちあがった。

その後、項梁は秦将章邯《しょうかん》に敗れて殺されるが、項梁のあとを継いだ項羽は、猛威をふるい、前二〇六年、群雄を各地に王として封ずるまでになる。これは一本調子の戦いではなく、劉邦と手を結んだり、各地で離反が生じたりしながらの複雑な流れである。この前二〇六年までが項羽の時代の前期と考えられる。

74 劉邦の登場

竜の化身伝説

項羽《こうう》と劉邦《りゅうほう》——と並べて呼ばれるのが習慣になっていて、長與《ながよ》善郎《よしろう》に戯曲「項羽と劉邦」、司馬遼太郎に小説『項羽と劉邦』があるので、我々は何の疑いもなくこの並称を口にしている。しかし、劉邦の伝記である『史記』高祖《こうそ》本紀《ほんぎ》には、彼の名が「邦」であったとは書かれていない。古くから指摘されているように、彼の名を邦であったと初めて記しているのは、後漢《ごかん》の荀悦《じゅんえつ》の『漢紀《かんき》』である。司馬遷から約三百年、劉邦からは四百年近くも後の荀悦にいたって初めてその名が明らかになるのは、いささか異常な感じがある。その一方で、出身地に関しては、沛県《はいけん》の豊邑《ほうゆう》の中陽里《ちゅうようり》の人と、実に細かい所まで記されている。だがしかし、彼の父の名を太公《たいこう》（おじいさん、あるいはおとっつぁんの意）、母の名を媼《おう》（おばあさん、あるいはおっかさんの意）と記しているところからみて、やはり結論としては、劉邦は名も無き庶民の中から躍り出て、ついに天下を取った人物ということになるだろう。

そうかと思うと、高祖本紀には、殷《いん》や周《しゅう》などの場合に見られた始祖伝説が記されている。劉邦の母劉媼は、大きな沼沢の堤で休み、うたたねをして神と遇《あ》った夢を見た。その時、現実の世界では一天にわかにかき曇り、稲妻が走り、雷鳴がとどろいた。妻のことを心配した太公が彼女を見つけたとき、竜が彼女のからだの上におおいかぶさっていた。劉媼は妊娠し、生まれたのが劉邦である、と。

それにとどまらず、『史記』は、劉邦の人相を鼻筋がスーッと通って高く、竜に似た顔だちで、竜のように美しい頬ひげであった、と記している。そして、左の腿《もも》に七十二のほくろがあった、とも。性格はあけっぴろげで、人を愛する心に富み、困っている者があれば、惜しみなく施しをした。一方、家の仕事には無関心で、酒好き女好き。王媼《おうおう》（王という名の老婦人）、武負《ぶふ》（武という名の老婦人）がそれぞれ経営する酒屋で、ツケで飲みつづけた。不思議なことに、王・武どちらの店でも、劉邦が酒を飲んで酔い、ゴロリと横になると、劉邦の上に竜がいるのが見える。そして、劉邦が飲みに来た日には、酒の売りあげが通常の数倍になる。そこで、この二軒の酒屋では、年末（大晦日《おおみそか》）には一年分のツケを破棄してやるのが常であった。

劉邦は繇《よう》（税金としての労働奉仕）で秦《しん》の都咸陽《かんよう》に行き、始皇帝のパレードを観たことがある。劉邦は深く溜め息をつき、

「ああ、一人前の男としては、あのようにならなくてはな」

と言った。このセリフは項羽の場合とよく比較され、両者の性格の違いをあらわし

ているとと読まれるのが普通である。「あいつに取って代わってやる」と露骨に乱暴なことを言った項羽にせよ、「ああならなくてはな」とあこがれのみを語ったセリフととれる劉邦にせよ、天下取りをねらっていることに変わりはない。直情径行的に本心をポロリと言ってしまう項羽と、どこかに逃げ道を用意しながら表面は闊達《かったつ》にふるまう劉邦という構図である。

ハッタリで世に出る

劉邦に道がひらけはじめたのは、泗水亭《しすいてい》の亭長をしていた時、呂公《りよこう》なる名士が沛県に来て、劉邦の人相を見るなり、「これは大物だ」と自分の娘を嫁《とつ》がせてからである。

この時、劉邦は、「賀銭《がせん》、万（御祝儀一万銭）」と名刺に書いて差し出し、実は一銭もないのに堂々と上座に座った。最高額だから、いいだろうという態度である。このふてぶてしい態度と、竜に似た顔が見こまれたのである。当時沛県の書記官で、このあと劉邦と行動をともにすることになる蕭何《しようか》が、

「彼は大ボラ吹きで、実際に物事を成しとげることは少ないのです」

と警告しているが、呂公は取りあわなかった。この呂公の娘こそ、呂后《りよこう》その人である。

劉邦が立ちあがることになったのは、以下のようないきさつからである。劉邦は、沛県から徴発した労役奉仕の徒を驪山《りざん》まで送り届ける途中、次々に逃亡されてしまっ

た。この分ではあらかたいなくなってしまう。そうなれば極刑はまぬかれない。劉邦は豊《ほう》の西で酒を酌《く》みかわし、

「どこへでも行け。自分も逃げるから」

と宣言した。そして、道の行く手をはばむ大蛇を斬り、進んだ。あとで、その蛇が白帝《はくてい》の子であり、斬った人物こそ赤帝《せきてい》の子と聞いて自信を深めた劉邦は、妻の呂氏（のちの呂后）が、「あなたの居る所の上にはいつも不思議な雲気《うんき》がある」と言ったこと[*1]にも力を得、その自信満々なようすが従う者をふやし、前二〇九年七月の陳渉《ちんしょう》・呉広《ごこう》の乱に呼応して沛県を乗っ取り、蕭何、曹参《そうさん》、樊噲《はんかい》らと行動を開始した。そして項羽とも共同で事にあたったりしながら着々と力をのばし、前二〇六年には函谷関《かんこくかん》を破って咸陽を制圧した。これは諸侯の中での一番乗りであったが、項羽は強力で、項羽を倒して天下を取るのは急にはできない。しばらくは項羽の言いなりになって、チャンスをうかがう。このやりかたは、韓信《かんしん》、彭越《ほうえつ》、黥布《げいふ》らの思惑との間で、複雑な駆けひきとして持続されることになる。項羽の没落が劉邦の隆盛という関係である。

＊1　遅れて劉邦に従った者が、大蛇を斬ったあたりで泣いている老婆から、以上の話を聞き劉邦に伝えた。老婆はそれだけ言って姿を消した（高祖本紀）。

75
張良

秦の覆滅に賭ける

張良《ちょうりょう》は、字《あざな》は子房《しぼう》。祖父の開地《かいち》は韓《かん》の昭侯《しょうこう》・宣恵王《せんけいおう》・襄哀王《じょうあいおう》の三代に宰相《さいしょう》として仕え、父の平《へい》は釐王《きおう》・悼恵王《とうけいおう》の宰相であった。実に五代にわたる王の宰相をつとめたわけで、張良は名家の出身と言える。

しかし、いささかの異説もあり、張良のもともとの姓は韓であったのだが、あとで述べるように、秦《しん》の始皇帝《しこうてい》を暗殺しようとして失敗し、姓名を変えて逃れたので「張良」になったとする説が古くからある（後漢《ごかん》の王符《おうふ》の『潜夫論《せんぷろん》』志氏姓篇《ししせいへん》）。なるほど「張良」の二字には、始皇帝を襲った博浪沙《はくろうさ》の「浪」の字が匂うし、「良謀を張る」の寓意が感じられる。

一方、はじめから「張」を姓としていたのだと考える説もある（唐《とう》の張守節《ちょうしゅせつ》の『史記正義』）。しかし、後者が引用する張氏の系図は唐代のものであるわけだし、『潜夫論』と比べれば、著述の年代も大幅に遅れる。通常なら、姓名を変え、姿をくらまそうとしたと考えるほうが自然であるはずである。

張良がまだ年少のころ、前二三〇年に韓が秦に滅ぼされた。その時点で張良の家には家僮《かどう》（召使い）が三百人もいた。張良は弟が死んだ時にも葬式を出さず、すべての財産を投げ出し、刺客を探し求め、秦王嬴政《えいせい》（のちに始皇帝）を暗殺して、韓の国のために仇討ちをしようとした。同じく秦王暗殺を行わんとした荊軻《けいか》（66）は前二二八年、待ち人があったのに、燕《えん》の太子《たいし》丹《たん》にせかされ、怒って出発していた。ひょっとすると、その待ち人とは、張良かその関係者であったかもしれない。

張良は怪力の男を見出し、重さ百二十斤（三十キログラムを超える）の鉄槌をつくり、博浪沙巡行中の秦王を襲った。高い所から鉄槌を投げつけたのである。しかし、鉄槌は副車のほうに当たった。怒った秦王は天下中に犯人を追及した。

下邳《かひ》の地にひそんでいた張良は橋の上で、一人の老人に逢った。*1 老人はわざと橋の上から履《くつ》を落とし、張良に、

「そこの小僧、履を取って来い」

と言う。張良はムッとしたが、橋の下へおりて履を取ってやった。すると老人は、

「はかせろ」

と言う。張良はうやうやしくひざまずき、履をはかせた。老人は、

「見所のあるやつだ。五日後の早朝、もう一度ここに来い」

と。張良はひざまずいたまま、

「かしこまりました」

と応じたが、五日後には遅刻し、老人に怒られ、さらに五日後出なおす。ところが老人は先に来ていてまた怒る。次の五日後、張良は夜ふけに出かけ、待った。老人はやって来て、

「これでいいのだ」

と言い、一篇の書物（紙ではなく、おそらく絹布などに書かれたもの）を与え、

「これを読めば王者の軍師となれる。十年後には、その時が来よう。十三年後に穀城《こくじょう》山《ざん》のふもとの黄色い石を見るであろう。それが私だ」

と言って去った。

つねに劉邦に良策を献ず

前二〇九年七月、陳渉《ちんしょう》・呉広《ごこう》の乱が起こり、任侠の徒として立ちあがった張良は、沛公《はいこう》（劉邦《りゅうほう》）に会う。下邳の老人に授けられた兵法を話すと、劉邦だけが耳を傾けたので、張良は、これこそ天が与えてくださった出会いだと考え、劉邦に従う。

その後は、武関《ぶかん》からはいって秦の都咸陽《かんよう》を陥《お》とし、あとから襲来した項羽《こうう》へのとりなしを、以前にかくまったことのある項羽の叔父のひとり項伯《こうはく》に頼み、前二〇六年、項羽によって劉邦が漢王に封ぜられた際には、「桟道《さんどう》を焼いて、東の方面には帰らぬ

つもりだ、と演出すべきだ」と進言した。

やがて、劉邦と項羽が全面対決の時を迎える。張良の策はあい変わらず冴《さ》えわたり、彭越《ほうえつ》、黥布《げいふ》・韓信《かんしん》を味方につけることで、劉邦を最終勝利者とする（前二〇二年、項羽死す）。

前二〇一年、功臣たちの封侯にあたって、張良は留《りゅう》という小さな土地しかほしがらず（張良の伝記が留侯世家というのは、これに由来する）、劉邦が最も嫌っている雍歯《ようし》をまっさきに封じるようすすめて、諸将の不満を巧みにおさめ、劉邦が太子の盈《えい》（呂后《りよこう》の腹。のちの恵帝《けいてい》）を廃して戚夫人《せきふじん》の生んだ如意《じょい》を太子にしようとしたときには、商山《しょうざん》の四皓《しこう》（四人の老人。東園公《とうえんこう》、甪里《ろくり》先生、綺里季《きりき》、夏黄公《かこうこう》）を演出して、盈の支持がいかに厚いかを語らせて劉邦をおさえた。

生来からだが弱かった張良は、赤松子《せきしょうし》なる仙人に従って、人間世界から離れたいと願った。そのおかげで、劉邦が死に（前一九五年）、呂后が政権を握ったあとまで生きのびた（前一六八年に死去）。穀城山のふもとの黄色い石も張良の墓に合葬された。

司馬遷は、張良の絵姿を見て、「秦王政の暗殺をくわだてたくらいだから、大柄でごつい人物かと思っていたのに、美しい婦人のような人だった」との驚きを記して、彼の伝記をしめくくっている。

＊1　この老人のことを黄石公《こうせきこう》と呼び、『三略』をこの時に張良に与えたのだという話が、あとになってできる。

76 樊噲

劉邦、関中に入る

樊噲《はんかい》は、劉邦《りゅうほう》の旗あげの時から従っていた勇者である。取った首は一八〇。捕虜二六八。降伏させた兵卒二九〇〇。

しかし、通常我々が樊噲の歴史上の役割として思い出すのは、鴻門《こうもん》の会《かい》における活躍である。前二〇六年十月、劉邦は他の諸侯の軍よりも早く秦《しん》の都咸陽《かんよう》に到着した。咸陽入りの前に灞水《はすい》のほとりにおいて秦王子嬰《しえい》の投降を受けていたので、事実上、「秦を滅ぼしたのは劉邦である」ということになった。前二〇七年の時点で、「楚《そ》の懐《かい》王《おう》」として立てられた懐王の孫（義帝《ぎてい》）が、

「秦の都咸陽を一番先に平定した者を、その地の王とする」

と宣言していたので、これに従うならば、劉邦こそが「関中王《かんちゅうおう》」となってしかるべきであった。劉邦は、軍に一切の掠奪を禁じ、人を殺した者は死刑、盗みと傷害はその程度に応じて罰するという「法三章（法律は三条のみ。秦の細かく苛酷な法律は廃止）」を民衆に約束し、歓呼をもって迎えられていた。

鴻門の会

劉邦に先んじられたと知って激怒した項羽《こうう》は、劉邦を攻めつぶそうと考えた。この時、項羽の軍は百万と称していたが実数四十万。劉邦の軍は二十万と称していたが実数十万。これでは劉邦はとても勝てない。が、この時、救いの神がいた。項羽の叔父のひとり項伯《こうはく》である。項伯は昔、劉邦の軍師 張良《ちょうりょう》にかくまってもらった恩があり、何とか張良を助けたいと思って、夜中に劉邦の陣をたずね、張良に面会した。張良は、

「私どもの軍が函谷関《かんこくかん》を固めていたのは、盗賊を許さぬため。項羽どのが来るまでしっかり守っておこうとしたためであります」

とうまく説明をし、項伯にとりなしをたのむ。項伯は、劉邦自身が詫《わ》びに来てくれと求めた。そこで翌日、劉邦は百余騎を従えて鴻門にある項羽の陣へ行った。項羽のブレーン范増《はんぞう》は、この機に劉邦を殺してしまおうと考えたが、夜中に項伯から説明を受けた項羽は応じない。そこで范増は項荘《こうそう》に、「剣舞にかこつけて劉邦を殺せ」と指令した。すると、項伯も剣を抜いて舞い、劉邦をかばう。*1 危険を感じた張良が、軍門の外にいた樊噲を呼び入れる。樊噲は門の守備兵を盾で突きたおし、幕中にはいった。樊噲の迫力に、項羽も思わず剣に手をかけ、

「何者だ」

と問う。

「沛公《はいこう》（劉邦）の馬車に同乗する樊噲である」

樊噲は項羽が与えた一斗（約一・九リットル）の酒を立ったまま飲みほし、豚の肩肉を与えられると、盾を地上にふせ、その上で剣で切って食った。*2 項羽がもっと酒を飲めるかと問うと、

「死ぬことだって怖れてはいません。酒ぐらい何ですか」

と言い、つづけて、

「沛公ほどの功ある人物を何者かのつまらぬ言葉によって誅殺《ちゅうさつ》しようとは、理解できませんぞ」

と言って項羽をだまらせた。やがて樊噲は、厠《かわや》に立った劉邦と一緒に出て行ってしまった。劉邦が、きちんと挨拶しないで出てしまったことを気にすると、樊噲は、

「大行《たいこう》は細謹《さいきん》を顧みず、大礼《たいれい》は小譲《しょうじょう》を辞せず（大きな問題の前には、小さいことを気にかけてはならない）」

と言って先をうながした。

このような活躍が印象的な樊噲であるが、彼の字《あざな》などの記事は『史記』にない。ひょっとすると、「樊」は鳥などを中にいれおくという意味だから、鴻門の会は、「劉邦が籠《かご》の鳥《とり》のようであった、捕らわれの会（會＝噲）」という意味の名かもしれない。

あるいは「鴻門の会（會＝噲）に樊（攀《ねじこ》）んだ」という名かもしれない。

劉邦に命を狙われるが

その後の樊噲の伝記は再び、取った首級と爵禄の加増の記事となってゆく。司馬遷の合計によれば、首級一七六。捕虜二八八。敵軍撃破七回。陥《お》とした城五。平定した郡六。平定した県五十二。丞相《じようしよう》一人、将軍十二人、高官十一人を生け捕った。

樊噲は劉邦の妻呂后《りよこう》の妹の呂須《りよしゅ》を妻としていたので、呂后の派閥に属する人物であった。前一九五年劉邦は臨終が近くなり、自分が愛する戚夫人《せきふじん》と彼女の腹の如意《じょい》を呂后一党が殺すのではないかと思い、最も勢力のある樊噲を殺すよう、陳平《ちんぺい》（80）・周勃《しゅうぼっ》（89）に命じた。周勃と陳平は迷った。先に樊噲を殺してしまったら、劉邦が死んだとたん、自分たちは呂后一派によって殺されてしまうであろう。さりとて、劉邦の命令をたがえるわけにはいかない。切れ者の陳平は冷静に計算し、樊噲を殺さず、逮捕して長安《ちょうあん》に連行して来た。陳平らが長安に到着した時には、劉邦は世を去っていた。陳平の絶妙の計算のおかげで、樊噲は呂后によって釈《と》き放《はな》たれ、爵位・領土も元のままとなった。

樊噲は恵帝《けいてい》の六年（前一八九）に死去し、息子の樊伉《はんこう》が後を継いだが、前一八〇年、呂后が死ぬと、樊伉は呂氏一族とともに殺され、樊噲の血筋は絶えた。

＊1　このへんの記述は明らかに芝居がかっている。本当に劉邦を殺す気なら、多数の兵士にいっせいに襲いかかるよう命じればいいだけのことである。実話というより、当時の演劇史料と考えたほうがいいのかもしれない。荊軻《けいか》（66）の場合もそうだが、『史記』の中にはこういうタイプの記述がいくつもある。
＊2　樊噲は肉屋を営んでいたことが記されている（同伝の冒頭）ので、つまりこの手さばきは彼にとってはお手のものである。

77 韓信の登場

韓信の股くぐり

韓信《かんしん》（?～前一九六）は淮陰《わいいん》の人である。のちに、項羽《こうう》と劉邦《りゅうほう》の争いに決着をつけるような重要な働きをする彼だが、若いころは貧乏で、素行も悪かった。そのために役人として採用されない。法律がやかましい秦《しん》の世であるから、ちょっとしたことも許されなかったのであろう。『史記』の書きぶりからすると、わざわざ「役人として採用されなかった」と言うのだから、韓信は一応の教養人で、読み書きができたはずである。この点で、のちに「国士無双《こくしむそう》」と賞賛される彼は、決して武一辺倒の人ではない。

しかし、貧乏なるがゆえに、商売をしようにも、資本金がない。素行がよくないから誰も保証人になってくれず、金も借りられない。

そこで彼は、他人に寄食することで、ようやく暮らしをたてていた。だが、寄食するといっても、あとで触れるように彼は大柄な人間である。肉体の大きさに比例するように食われては、寄食される側もたまらない。食事どきに行っても、早々と食事を終えてしまっている。韓信は腹を立てたけれども、しかたない。川で釣り糸を垂れたが、簡単には釣れない。川で絮《じょ》（不完全な繭《まゆ》）を水にさらしながら、絹糸の原料を得ようとしているおばさんたちがいた。そのうちの一人が韓信をあわれみ、飯をめぐんでくれた。それも、作業を終えるまで数十日間。韓信は、

「おばさん、おれは必ず御礼をさせてもらうよ」

と言った。すると彼女は、

「礼がほしいわけじゃない。一人前の男でありながら、自分で食うことができないのを見て、気の毒になったからだよ。しっかりしなさい」

と言うのだった。

ある時、荒っぽい若者が、韓信をバカにして言った。

「やいお前、からだが大きくて、いつも剣を腰にさげているが、本当は心底臆病なのだろう。お前が死を怖れないのなら、おれを刺してみろ。死ぬのがこわかったら、おれの股をくぐれ」

韓信は、ジーッと相手を見ていたが、地面に腹ばいになり、股をくぐった。市場中の人間が韓信をバカにして笑い、臆病者とはやしたてた。

項羽から劉邦に乗りかえる

前二〇九年、転機が訪れた。陳渉《ちんしょう》・呉広《ごこう》の乱が起こり、各地で豪傑たちが旗あげした。韓信は剣をひっさげて、項梁《こうりょう》の配下に身を寄せた。軍隊の一員となることで、食事にありつける。あとは、おのれの才覚によって頭角をあらわし、出世してゆくのが通常のコースである。しかし、事はうまく運ばず、項梁は翌前二〇八年、秦将章邯《しょうかん》に敗れて戦死し、項梁のあとを継いだ項羽の配下となる。郎中《ろうちゅう》に任じられ、項羽の身辺に位置することを利して、しばしば献策を行ったが、全く採用されない。

前二〇六年、劉邦が項羽の差配を受けて蜀《しょく》にはいったとき、韓信は項羽のもとから逃げ、劉邦のもとに身を寄せた。ところが、いかなる事情があったのかは一切記されていないので詳細は不明だが、韓信は法を犯して、同輩十三人とともに死刑に処せられることになる。最後に引き出された韓信は、夏侯嬰《かこうえい》に向かい、

「天下を取りたいなら、私を処刑するのはやめたほうがいい」

と言って、気にいられる。夏侯嬰は劉邦と親しく、韓信を赦《ゆる》して劉邦に推薦し、韓信は食糧係の長官に任ぜられたが、劉邦は項羽を裏切った経歴のある韓信を十分に評価したわけではなかった。韓信を評価したのは、劉邦の旗あげの時から行動をともにしてきた蕭何《しょうか》であった。劉邦が蜀へ引っこむと知った諸将は、「それでは戦って恩賞を得るチャンスがなくなる」と、次々に逃亡した。韓信も、今まで何度も献策したの

に採用されなかったので、逃亡した。蕭何が追いかけ、引きとめたのは韓信だけであった。

劉邦は、蕭何まで逃げたかと思って怒り、嘆《なげ》いたが、蕭何が連れてもどったのが韓信だと知ると、不思議がった。蕭何は、韓信こそ国士無双の者であると述べ、韓信をただの将軍ではなく、将軍の将である大将に任ずべきであると主張した。劉邦は蕭何の言葉に従う。

韓信は、

「項羽の人事で、もと秦の将であった章邯らが王となったが、秦の民衆は怨《うら》んでいます。秦の兵を何十万と死なせながら、ぬけぬけと王として生きのびたからです。項羽の残虐なやり方の対極に立ち、項羽をとがめようと起ちあがれば、必ず項羽を倒せるはずです」

と言った。劉邦はこれを採用し、韓信の案によって各方面に軍を配置して、項羽に戦いを挑んだ。項羽との戦いは四年間にわたり、戦況も一進一退であったが、韓信は「背水《はいすい》の陣《じん》」を布いて陳余《ちんよ》を破ったりして大活躍をした。韓信という人材の生かし方が勝敗を分けたのである。

韓信はのちに、「多多《たた》ますます善《よ》し」の言葉を吐く。配下の兵士の数が多ければ多いほど、自分はみごとにあやつって勝利を得られるのだ、というのである。そのスケールの大きさが本当であったとしても、現実問題として、彼にそれだけの軍を与えられるかとなると、むずかしそうである。

78 彭越

日和見が信条

彭越《ほうえつ》（?～前一九六）は、昌邑《しょうゆう》の人である。字《あざな》は仲《ちゅう》。鋸野《きよや》の地で川魚の漁師をしつつ、時には盗賊として暮らしをたてていた。彼が乱世に躍り出て、やがては項羽《こうう》と劉《りゅう》邦《ほう》の戦いに終止符をうつ役割をはたすようになるとは、彼自身も思っていなかったのかもしれない。

前二〇九年、陳渉《ちんしょう》・呉広《ごこう》の乱が起こり、つづいて項梁《こうりょう》も起ちあがった。「半盗半漁」の暮らしをする仲間のうちの若い者が、

「天下の豪傑たちがいっせいに行動を起こし、秦《しん》に反旗をひるがえしました。彭さん、あなたも起ちあがられてはいかがですか」

と言った。彭越は、

「秦と陳渉らと、二匹の竜が今戦いはじめたところだ。しばらくようすを見て、勝ちそうなほうに付くのがいい」

と応じた。高みの見物といったところだが、乱世には当然ありうる生き方で、司馬

遷はこの会話を彭越伝のはじめの部分に書くことで、その後の彼の生き方を暗示しようとしているらしい。それから一年あまりたったところで、若者たち百余名が集結し、彭越に、

「どうか我々の頭《かしら》になってください」

と求めた。彭越は拒否したが、若者たちは、何としてでも頭になってくれるよう頼んだ。彭越は、ようやく承知し、

「明朝、日の出の時刻に集合せよ。遅れた者は斬る」

と言った。

翌朝、十人余りが遅れた。ひどい者は正午に来た。彭越は、

「私は年をとっている。それなのに、無理やり頭に立てられた。立てたのはお前たちだ。なぜ約束した時刻に来ない。遅刻者会員を斬るわけにもいかないから、最も遅かった者を斬る」

と言った。若者たちは笑いだして、

「そこまでしなくても。今後は遅刻いたしませんから」

と言ったが、彭越は処刑を強行し、祭壇の前に犠牲としてささげた。一同の者はふるえあがった。*1

劉邦につく

劉邦が昌邑の地を攻撃に来たとき、彭越は助勢した。しかし、劉邦は昌邑に見切りをつけて移動した。彭越は敗残兵などを吸収し、兵力一万人余りに膨張したが、誰にも属することなく、ようすを見るという方針をとりつづけた。

前二〇六年、斉王《せいおう》の田栄《でんえい》が項羽に反したとき、彭越は田栄によって将軍に任ぜられ、楚《そ》の蕭公角《しょうこうかく》の軍を撃破した。翌前二〇五年、彭越は劉邦と合流し、魏《ぎ》の相《しょう》に任ぜられたが、劉邦が項羽と戦って敗れると、魏の地にはいられなくなり、遊軍となる。

前二〇三年、彭越は劉邦に食糧を提供するが、「劉邦の側について、項羽との関係を完全に断て」と呼びかけられると、

「私のいる魏の地は、まだまだ楚の項羽からの逆襲が心配ですから」

と言って、断る。こういう状況では項羽に勝つことはできない。劉邦は張良《ちょうりょう》に、どうすればよいかを諮《はか》った。張良は、「彭越に（そして韓信《かんしん》にも）広い領土と王位を与える約束をすれば、彭越は喜んでこちらに来るでしょう」と答えた。彭越は前二〇二年、張良の読み通りに垓下《がいか》の地に参集し、ついに項羽は敗れ去った。

どっちつかずが死を招く

彭越は約束通り、梁王《りょうおう》に封ぜられたが、前一九七年、陳豨《ちんき》の反乱が起きたとき、妙

な行動に出る。病気であると称し、協力の軍は配下の将に率いさせ、おもむかせた。

劉邦は怒った。彭越は自ら出向いて詫《わ》びようとするが、将軍の扈輒《こちょう》に、

「のこのこ出向いたら、捕らわれて殺されるのがオチです。いっそ反乱を」

と言われる。決心もつかぬままに、「病気だから」だけで押し通そうとした。しかし、この会話を聞いた太僕《たいぼく》が、劉邦に密告し、彭越は、秘密のうちに派遣された使者に捕らわれてしまう。判決は、彭越を平民に落とし、蜀《しょく》の地に移住させることになった。

蜀へ向かう途中、彭越は洛陽《らくよう》に向かう呂后《りょこう》（劉邦の妻）と出会った。彭越は涙を流しながら無実を訴え、故郷の昌邑に住めるように取りなしてほしいと願った。呂后は承知して、彭越と一緒に洛陽に行き、劉邦にこう言った。

「彭越は勇者だから、遠い蜀へなど行かせたら、現地でめんどうなことが起きるでしょう。殺してしまうのが一番です。私はちょうど彼と出会ったので、この洛陽まで連れて来ました」

呂后は、再び彭越が謀反《むほん》しようとしたような証拠をつくり、裁判を行って、彭越を一族皆殺しにした。彭越のからだは塩漬けにされ、その一部は、各地の諸侯のもとへ届けられることになった。諸侯はふるえあがり、精神的に追いつめられた。

司馬遷は、彭越が自殺の道を選ばなかったのは、「期待する心」があったからだと

言う。なまじ人生の当たりクジを引いてしまったために、もう一本当たるような気がしていたのだ、と。

＊1　本書においては、紙数の関係で本文に採りあげることはできなかったが、『史記』司馬穰苴《しばじようしよ》伝によると、兵法家司馬穰苴は集合の時刻に遅れた重臣荘賈《そうか》を処刑して軍をふるえあがらせている。遅刻の問題は張良(75)にも見えている。

79
黥布

刑余者から王へ

黥布《げいふ》（？～前一九五）は、六《りく》の人で、本当の姓は英《えい》。英布が黥布と呼ばれるについては、次のような話が『史記』黥布列伝に見えている。秦《しん》の時代には一介の庶民にすぎなかった彼だが、少年の日の彼の人相を観たある旅人が、

「刑罰を受けたあとで王となるであろう」

と言った。そして、三十歳になった時、法に連座して「黥」をされた。黥とは、顔面に入れ墨をされることである。しかし、英布はうれしそうに笑って言った。

「以前、私の人相を観て、刑罰を受けたあとで王となると言った人がいるが、どうやら本物らしいぜ」

と。この話を耳にした人は、そんなことがあるものかとみな嘲笑《ちようしよう》するのであった。

顔に入れ墨された黥布は、刑徒として驪山《りざん》での始皇帝《しこうてい》の御陵建設に従事させられた。そこで刑徒仲間の豪傑や顔役と知り合い、やがて仲間とともに脱走し、群盗として長江《ちようこう》（揚子江《ようすこう》）沿岸を荒らしまわった。

前二〇九年、陳渉《ちんしょう》・呉広《ごこう》の乱が起こると、黥布は鄱陽《はよう》の呉芮《ごぜい》に気にいられ、娘を嫁にもらい、衆徒数千人を集めて秦に対する反乱を起こした。やがて黥布は、韓信《かんしん》(77)や彭越《ほうえつ》(78)らとともに、劉邦を最終勝利者とする重要な役割をはたすことになるのだが、この時点では、そのような未来が待っているとは思ってもいなかったろう。

黥布はまず項梁《こうりょう》の配下に参じた。ついで項羽《こうう》に属し、常に先鋒として快進撃をはじめる。小数の軍で多数の軍を撃破して連戦連勝の勢いである。いつどうして、黥布がかくもみごとな兵法・戦術を身につけられたのか、まったく記事がないので、これは謎である。

黥布はいつも項羽の行う作戦の先頭に位置し、新安《しんあん》の地で秦の兵卒二十余万人を穴うめにして殺したのも、黥布である。そして前二〇六年、黥布は項羽によって九江王《きゅうこうおう》に封ぜられ、故郷の六の地を都とすることを許された。黥布はついに、「刑罰を受けたあとで王となる」の予言を実現したのであった。

予言を成しとげてしまったとき、黥布のようすが変わる。始皇帝の場合に見られたような「達成後の虚脱感」(71)によるものでもあるまいが、王という、殺戮《さつりく》集団の先鋒に立つのとは明らかに異質の地位を得たことで、守りの姿勢が生じたのかもしれない。前二〇六年、斉王《せいおう》の田栄《でんえい》が反乱した時、黥布は項羽に求められた加勢の軍を、彭越の場合と同じように、病気と称して、まともに出さず、配下の将に数千人を率いて駆けつけさせただけであった。

そして前二〇四年、劉邦は黥布のもとに使者を発し、自分の側についてくれるよう説得をさせた。その使者の名まえが随何《ずいか》（何《いずれ》に随《したが》うや。どっちに付きますかという意味）である。事実を書いているというよりは、芝居の一場面のようである。随何は黥布の説得中に現れた項羽からの使者を殺し、黥布とともに劉邦のもとへ帰る。黥布は、劉邦が足を洗わせながら面会したことに落胆するが、王宮《おうきゅう》で劉邦と同じような待遇を与えられて喜び、前二〇一年、ついに項羽を垓下《がいか》に破る。そして、淮南王《わいなんおう》の位を授けられ、六を都とした。

次はおれの番か

劉邦は、人間凶器ともいうべき猛将たちを順に滅ぼしはじめ、前一九六年、淮陰侯《わいいんこう》韓信《かんしん》が処刑され、その二ヵ月後、梁王《りょうおう》彭越が殺された。彭越の塩漬けの一部を届けられた黥布は、動揺した。「次はおれか」と。

ところが、万一の場合に備えて軍に警戒を命じたのが裏目に出てしまう。愛姫と通じたかと疑って、処刑しようとした賁赫《ひかく》（賁《いか》《憤》ること赫《かく》たり。ものすごく怒ったぞ、と読める名前）に逃げられ、「黥布が反乱を準備中」と劉邦に訴えられてしまう。黥布はそれでも自信があった。まず、劉邦は齢をとったので（実際にこの前一九五年のうちに死去する。黥布の死後六ヵ月しか劉邦は生きていない）、自身が征伐に乗り出してくることはあるまい。劉邦の配下の将軍のうち、てごわい相手がいるとすれば、韓信か彭越だが、今や二人ともいない。

かくて、黥布は堂々と反乱を起こした。[*1] しかし、彼の思惑に反して、劉邦自身が征伐に来た。黥布は、項羽さながらの布陣で劉邦と対峙《たいじ》し、劉邦に、

「どうして反乱を起こしたのか」

と問われ、

「皇帝になりたいからよ」

と応じた。劉邦にじきじきに来られては、黥布一人が息まいても、配下の軍がなかなか言うことをきかない。「向こうに付いたほうが良さそうだぞ」という気分が生じるからである。実際、黥布は敗れ、わずか百余人の手勢と逃げたものの、鄱陽の呉芮の子呉臣《ごしん》にあざむかれ、民家で殺された。つねに殺戮行為の先頭に立ち、愛姫への嫉《しっ》妬《と》で滅亡に向かったのが黥布の人生と司馬遷はまとめているが、無理もない。黥布は劉邦のもとへ走ったために、妻子を項伯に皆殺しにされている。黥布は愛に飢えていたのだ。

＊1　『史記』黥布伝によると、昔、楚《そ》の国で令尹《れいいん》（宰相）をつとめた人物（姓は薛《せつ》、名の史料はなし）が、黥布が北上して中国の東半分をおさえる上策に出れば大変にやっかいだが、中央部制圧をねらう中策にさえ出られず、南部一帯をまず固める下策に出るであろうと分析していた。黥布は成り上がりの人間にすぎないから、全体を大きく、そして長い物差しでとらえることができないからだ、というのである。黥布のとったのは果たしてこの下策であった。

80
陳平

天下のきりもりをわたしに

陳平《ちんぺい》（?～前一七八）は、陽武《ようぶ》の戸牖郷《こゆうきょう》の人。姓が陳で、名が平であったかのようだが、『史記』の中で、彼の字《あざな》は見つけられない。出身が卑賤であったからである。さらに、彼の兄は陳伯《ちんはく》とされている。「伯」は、兄弟順の伯《はく》・仲《ちゅう》・叔《しゅく》・季《き》の一番上ということである。つまり、彼の兄の名も、わからないのである。ということは、陳平の「平」も、ひょっとすると彼の名ではなくて、ニックネームであったかもしれない。そう思って彼の伝記（『史記』陳丞相世家）を見てゆくと、次のような逸話がある。

　祭りのリーダー役をつとめた陳平は、祭礼に使用した肉や食べ物の分配がとても公平で、誰にも納得のいくものであった。[*1] 長老たちは、

「今度のリーダーは、若いのになかなかやるな」

　と高く評価した。すると陳平は、

「ああ、この私に天下のきりもりをやらせてもらえたら、この肉と同じようにうまくやってみせるのだが」

と言った。この話からすると、「陳平」とは、「公平の陳」がそのまま彼の名になってしまったものかもしれない。

貧しい家に生まれた彼は、兄の陳伯に見守られながら、学問をしていた。農作業は陳伯が行い、陳平は全く手伝わない。ある時、陳平に、

「お前さん、ずいぶんと体格がよいが、貧しいのに何を食べてそんなに肥っているのだね」

と言った人があった。兄嫁（陳伯の妻）が、

「糠《ぬか》とクズ米だけですよ。仕事もしないこんな弟はいりません」

と答えた。陳伯はこの話を聞くと、妻を離縁した。それだけ陳伯は、弟の陳平に期待を寄せていたのである。

項羽から劉邦へ

背が高く、美男であったが、陳平の縁談はなかなかまとまらなかった。貧乏な陳平に、金持ちは娘を嫁《とつ》がせようとはしないし、陳平は陳平で志が高いから、貧乏人の娘を娶《めと》ろうとしない。陳平は金持ちの老婦人張氏《ちょうし》の孫娘を娶ることになる。驚くべきことに、その孫娘は、五回結婚をしたが、そのたびごとに相手の男が急死し、さすがに誰ももらおうという者はいなくなっていた。老婦人張氏は、陳平に孫娘を嫁がせよう

と考えた。ようすをうかがうと、陳平（そして陳伯）の家は、路地の奥にあり、やぶれたむしろをひっかけて、それが門のかわりというありさまであったが、路地には高貴な者が乗る馬車の轍《わだち》（車輪の跡）がいくつも残っていた。張氏は、あれだけの男がずっと貧乏なままでいるはずがない、と孫娘を嫁がせることに決めた。持参金があるので、りっぱな婚礼を行い、このあと陳平は一直線に出世してゆくことになる。

前二〇九年、陳渉《ちんしょう》・呉広《ごこう》の乱が起こり、陳平も若者たちとともに起ちあがった。やがて項羽《こうう》に従い、前二〇六年、秦《しん》の都咸陽《かんよう》入りをはたし、爵位を与えられた。項羽と劉邦の「鴻門《こうもん》の会《かい》」にあたっては、厠《かわや》に立ったあとそのまま帰ってしまおうとする劉邦を呼びに行く役を与えられている。[*2]ところが、陳平が一度平定した殷《いん》の地を劉邦に取られたため、項羽は怒った。殷の地に劉邦がわに通じる者が多数残っていたためと解釈したのである。陳平は殺されるのをおそれて劉邦に身を寄せ、ひじょうに気に入られる。周勃《しゅうぼつ》(89)らは、「なぜあんな男を重く用いるのか」と不満たらたらだが、劉邦の信頼はゆるがず、やがて項羽との対決のなかで、項羽のブレーン范増《はんぞう》と項羽の仲を裂く奇策を成功させる。項羽からの使者にまず豪華な食事を運び、「何だ、范増さまからの御使者ではないのか」と言って、一転して粗末な食事に変え、項羽に、「范増は劉邦に通じている」と思わせたのである。

呂氏一族打倒に貢献

劉邦が天下を取ってからも、陳平は権力の中枢に身を置きつづけ、呂后《りょこう》を筆頭とする一党と巧みにバランスをとりながら生きのびた。樊噲《はんかい》(76)誅殺《ちゅうさつ》命令が発せられた時も、捕らえて長安《ちょうあん》に護送するという、冷静沈着かつ巧みな手法で難をのがれた。樊噲が到着した時には、劉邦はすでに死去していた(前一九五年)。

劉邦の死後、呂后一党の天下となり、前一八八年に恵帝《けいてい》が死んでからは、完全に「呂后の政権」の様相を呈した。じっとチャンスをうかがっていた陳平は、周勃とともに、前一八〇年の呂后の死後、呂氏一族を滅ぼし、劉恒《りゅうこう》を帝位にのぼらせた(文帝《ぶんてい》。在位前一八〇〜前一五七)。

陳平は前一七八年、文帝の治世が軌道に乗ったのを見とどけて世を去った。彼の子孫は、彼の七光りを受け、ずっと「侯」の位にありつづけたが、曾孫の陳何《ちんか》の代になって、人妻強奪事件に連座して市場で公開処刑され、領国も没収されている。生前、陳平は、

「私は陰謀をめぐらして、人を陥れすぎた。子孫が領国を失ったら、そこで終わりだ」

と語っていた。目に見えぬ所で、他人を陥れ、傷つけ、殺す、これはあくどい行為だから、いずれ子孫が報いを受けるだろうというのである。そしてこの予言も的中し

た。司馬遷は、とことん当たりつづけ、しかも我が身を全うした陳平を、窮極の智謀の持ち主とたたえている。

＊1　『史記』陳丞相世家の原文は、「分肉食甚均（肉食を分《わか》つこと甚《はなは》だ均《たいらか》なり。均は平均、公平）」とある。

＊2　劉邦は陳平が来る前に去ってしまっているので、重要な役ではない。陳平が項羽のがわにいたなら、劉邦を殺す策などたやすく考え出したように思えるが、このとき項羽の参謀のトップは范増であるので、陳平は勝手なことはできなかったはずである。

81
蕭何

金銀よりも治国の書類のほうが大事

蕭何《しょうか》（？～前一九三）は、沛県豊邑《はいけんほうゆう》の人で、劉邦《りゅうほう》の同郷人である。秦《しん》の時代、彼は法律に詳しかったので、沛県の功曹掾《こうそうえん》となった。彼は教養人で、読み書きもよくできたということであるが、彼も字《あざな》がわからない。やはり、名家の出身ではなかったのだろう。蕭何は平民時代の劉邦と親しく、しばしば劉邦に便宜をはかってやり、劉邦が起ちあがるきっかけとなった労役者引率の折にも、他の役人たちが三百銭を餞別としたのに対し、蕭何だけは五百銭を贈った。

また、蕭何は役人としての実務が抜群で、都の咸陽《かんよう》での勤務への異動の話があったが、彼は固辞して受けなかった。その理由は『史記』蕭相国世家《しょうしょうこくせいか》に書かれていないが、その時点で未来をある程度予想していたのであろう。

旗あげした劉邦に従った蕭何は、その実務能力によって常に事務を担当し、前二〇六年、劉邦が諸侯にさきがけて咸陽入りを果たした際には、諸将が争って金銀財宝や絹を収めた倉庫に走ったのに対し、彼だけは秦の丞相《じょうしょう》らの役所に行って、法律文書や地図・戸籍を手に入れた。項羽《こうう》はあとから咸陽に来て、諸侯らを王侯に封じたが、咸陽に火をかけて去ったので、蕭何が文書を保護しなければ、その後の劉邦の天下取りに与えた影響は大きかったろう。

蕭何のおかげで、地形・人口・各地の政治課題の情報を得た劉邦は、最終的に項羽を破って天下の主となり、蕭何はまた韓信《かんしん》を推薦するという功績もあった。しかし、劉邦は手ばなしの信頼を寄せていたわけではなく、何度も使者をよこして蕭何をねぎらった。能吏であり、劉邦とは旗あげ前から親しかった蕭何には、劉邦の底意がわからない。鮑生《ほうせい》から、

「あなたのようすが気がかりなので、何度も使者をよこすのですよ。あなたの子でも孫でも兄弟でも、とにかく血を分けた者を全員、前線に送ってごらんなさい」

と言われ、蕭何はこれに従い、ようやく劉邦の信頼を得たが、「ここまでしなくては、自分は疑われるのか」との思いが、蕭何の心に影響を与えないはずがなかった。

疑心暗鬼の主から身を守るには

この事件は前二〇五年のことで、その三年後の前二〇二年、項羽を滅ぼし、劉邦が天下を取った。次の問題は論功行賞である。みな自分の功の大きさをとなえ、一年余りたっても、正式決定ができない。それは当たり前のことで、彼らの誰もが初めて天

下を取ったのであるから、混乱するわけである。

劉邦は蕭何を勲功第一に認定した。戦陣に命をかけた武将たちは、不満である。劉邦は、

「お前たちは猟犬のようなもので、人間が猟犬をあやつって総合的な判断をしなくては、獲物は得られぬ。お前たちは命を賭けて戦場で働いたというが、蕭何は子、孫、兄弟数十人が従軍し、私を支えてくれていた。お前たちは一人か、多くてもせいぜい二、三人ではなかったか」

と言って、彼らの不満をおさえた。蕭何にしてみれば、鮑生の助言のありがたさが身にしみたことであろう。しかし、蕭何は、劉邦の疑いのほかに他の功臣たちの嫉《ねた》みもしょいこむことになったわけである。

前一九六年、蕭何は、以前に自分が推薦した韓信が反乱を起こしたとき、計略によって韓信を処刑した[*1](85)。かつての能吏蕭何は、みずからを守るためにのみ生きるような人間となってしまった。項羽が滅びたことで、戦う相手は外側にいなくなっている。政権の内側には、蕭何を快く思わぬ人間ばかりがいて、いつか彼を引きずりおろして、自分がその立場に取って代わろうとねらっている。

もちろん劉邦は蕭何を完全に信じきっていない。だから、韓信の処刑後、劉邦は蕭何に、相国《しょうこく》の地位を与え、領邑五千戸の加増と、都尉《とい》一名、兵士五百名を護衛として

与えた。今度は、昔、秦の東陵侯《とうりょうこう》であった召平《しょうへい》が、鮑生に代わって警告した。

「劉邦どのは、陳豨《ちんき》の征伐に出て、いまだ帰還されません。あなたに加増があったのはあなたを疑っているため。よい待遇をすることで、あなたが妙な気を起こさぬようにと考えたのです。そして、護衛の兵の真意は、何かあれば即座にあなたを殺そうというものです」

蕭何は召平の言葉に従い、領邑の加増ほかを一切辞退し、さらに私財をなげうって軍資を助けた。劉邦は喜び、またも蕭何は命拾いをしたが、翌前一九五年、黥布《げいふ》が反乱した。劉邦からの使者が、繰り返し蕭何のもとに来る。「またか」というわけで、今度は高利貸しをしたり、土地を買い占めたりしてごまかす。金の亡者となりはてているので野心はないと見せようとしたのである。劉邦は、上林《じょうりん》の御苑の空地を買いたいとまで言い出した蕭何を怒り、投獄するが、裁判官の王生《おうせい》に言われてみれば当然のこと。もし蕭何に異心があれば、叛《そむ》く機会は今までにいくらでもあった。劉邦は蕭何を赦《ゆる》した。

やがて重病に陥った蕭何は、ずっと不仲だった曹参《そうさん》を後任に推薦した。美談のようだが、曹参に自分の苦しみを味わわせようとしたのかもしれない。

＊1　韓信の言葉として名高い「狡兎《こうと》死《し》して良狗《りょうく》亨《に》られ、高鳥《こうちょう》尽《つ》きて良弓《りょうきゅう》蔵《おさ》められ、敵国《てきこく》破《やぶ》れて謀臣《ぼうしん》亡《ほろ》ぶ」（この意味は85注参照）は、実は項羽が滅び去ったあとの蕭何《しょうか》にもあてはまるものであった。

82 張蒼

派手ではないが存在感

劉邦《りゅうほう》と項羽《こうう》とが天下を争い、劉邦の勝利におわる。今までに記してきたように、張《ちょう》良《りょう》(75)や陳平《ちんぺい》(80)の計、軍事的なバランスを一気に劉邦の側にかたむけた韓信《かんしん》(77・85)、彭越《ほうえつ》(78)、黥布《げいふ》(79)。そして、劉邦とは旗あげの前からのつきあいであり、勲功第一とされた蕭何《しょうか》(81)。

たしかにこうした人々の動きは派手で大きい。ところが、『史記』の中にもう一人、比較的早いうちから劉邦に従っていながらその活躍はほとんど目立たず、劉邦の死後、呂后《りょこう》一族の専権の時期を越え、文帝《ぶんてい》(在位前一八〇~前一五七)の代になってから丞《じょう》相《しょう》となり、引退後も長生きして百歳以上で世を去ったという不思議な人物がいる。通常は『史記』の重要人物としてあつかわれず、もし触れられたとしても、逸話が断片的に引用される程度なのだが、ここでその人物張蒼《ちょうそう》(?~前一五三)に登場していただくことにしよう。彼は世家の中に登場するような、いわゆる大物ではなく、列伝中にとりあつかわれている(『史記』張丞相伝)。

張蒼は、陽武《ようぶ》の人で、陳平と同郷人である。「名は蒼」と明記されているので、『史記』に名を記されることのない劉邦(74)に比べて、悪くはない家の出身と考えられる。そして、彼は書物が好きで、音律や暦に関することに通じていたと記されている点からも、秦代に知識人の家柄であったことも確かであろう。

張蒼は、秦の時代に、柱下御史《ちゅうかぎょし》をつとめていた。この柱下御史というのは、御殿の柱の下にいて、四角い板に記録をとり、それを管理保管する役割の官である。読み書きも相当達者な教養人でなければ、つとまらぬ役である。

ある時、罪を犯し、故郷の陽武に逃げ帰った。陽武に手配書などは回ってこなかったらしい。回って来たとしても、時代の流れはそれどころではなかった。前二〇九年に陳渉《ちんしょう》・呉広《ごこう》の乱がおこり、張蒼は、ちょうど陽武に来た劉邦の軍に同行し、そのまま劉邦に従って行動した。

同じ陽武出身の陳平は、起ちあがってから一時魏咎《ぎきゅう》に身を寄せ、そして項羽、そのあとで劉邦というコースをたどるので、張蒼とは接点がまだない。

劉邦に迎えられたのは、張蒼が秦の記録係であったので、情報の面で役立つと考えられたためであろうが、張蒼は軍律を犯し、斬首《ざんしゅ》されることになった。衣服をぬいで、断頭台に首をさしのべた張蒼は、背が高く、肥っていて色が白く、首を台にのばした姿は、ひょうたんのようにも見える美丈夫であった。これをみた王陵《おうりょう》が処刑をやめさせ、劉邦に推薦した。王陵が沛《はい》の出身で劉邦の兄貴分であったので、こういうことができたのである。*1

地味で目立たず天寿を全う

その後はたいした活躍もないまま劉邦に従い、前二〇六年、咸陽《かんよう》入りをはたす。ついで漢王に封ぜられた劉邦のもとに、張耳《ちょうじ》が逃げこんでくる。張耳は、無名時代の劉邦がたずねていったほどの名士であるが、この時は、以前に生死をともにせんと誓った陳余《ちんよ》と仲たがいをし、敗れて逃げてきたのであった。劉邦は、韓信と張蒼を派遣して陳余を破り、張蒼が陳余を捕らえた。この結果、陳余がおさえていた趙の一帯は、劉邦の手に落ち、張蒼は代《だい》の国（趙の領域の一部）の相に任ぜられ、周辺の警備を命じられた。やがて張耳が趙王となると、張耳を補佐し、張耳が死んで子の張敖《ちょうごう》がその後を継ぐと、今度は張敖を補佐した。こういうわけで、張蒼はずっと趙の地に居つづけたため、各地の諸王侯の反乱や中央政界での事件に無関係でいられたのである。無関係でいられたということは、反面、派手な活躍のしようがないわけで、しかしまた安全でいられる意味もある。このへんは、張蒼の処世術というよりは、その時代の流れがそうだったということである。天然の処世術と言おうか、運と呼ぶべきか。張蒼のような人にスポットライトを当ててみることで、はじめて浮かびあがる『史記』の一面である。つまり、『史記』はこういう人の、こういう人生も書き忘れていないということである。

前二〇二年、燕王臧荼《ぞうと》の反乱平定に手柄をたてた張蒼は、翌前二〇一年、北平侯《ほくへいこう》となり、領邑千二百戸を与えられ、計相《けいしょう》を四年間つとめる。相国《しょうこく》の蕭何を補佐し、税金そのほかの統括をし、暦の改定にもあたった。前一九五年、淮南王《わいなんおう》黥布が反乱して滅びると、劉邦の末子の劉長《りゅうちょう》が淮南王となり、張蒼は相として補佐に当たった。百歳以上の寿命を保ったとされる張蒼だから、その没年（前一五三年）から計算すると、のちに彼が丞相《じょうしょう》に任ぜられた年（前一七六）には、七十歳をだいぶ越えていたはずで、通常なら引退している年齢である。このへんの史料は少し変かもしれない。

『史記』は、張蒼の父は小柄で、張蒼とその子張康《ちょうこう》は大男、孫の張類《ちょうるい》は小柄であったと伝えている。また、晩年の張蒼は歯を失い、物が嚙《か》めなくなったので、婦人を自分の乳母として、乳を飲んで暮らした、とも。彼の人生を、彼自身がどう感じていたかはわからないが、ドロドロとした政争も、中心点から少し遠ざかると、こういう人生もあるのだった。

＊1　王陵の伝記は陳丞相（陳平）世家の伝中に見える。王陵の母は身柄を項羽に拘束されながら、「息子に劉邦につけ、と伝えてくれ」と言い、自ら剣に身を伏せて死んだ。

83 垓下の戦い

孤立する項羽

前二〇六年、項羽《こうう》は諸侯を各地の王に封じ、彼らが領地におもむいたあと、義帝《ぎてい》を殺した。太古からの歴史の流れに従えば、天下の諸王侯はここで項羽への支持を表明し、項羽が正式の皇帝となるという順序がありえた。

ところが、実際には、項羽の人事への不満から、斉《せい》で田栄《でんえい》が反乱を起こし、項羽はこの平定のために、黥布《げいふ》(79)に応援を求めた。しかし、黥布は本気で加勢しようとしなかった。義帝を殺したことが、反項羽の大義名分を与えることになるのは、当時の人間には明白すぎるくらいに明白なことである。

翌前二〇五年、項羽はみずから田栄の征伐をし、平定したが、田栄の弟田横《でんおう》が斉の敗残兵を集めて、城陽《じょうよう》の地で反乱を続行した。項羽はこれに手を焼き、簡単に平定できなかった。

ここで劉邦《りゅうほう》が動いた。兵五十六万を従え、楚《そ》討伐に起ちあがったのである。[*1] 項羽は、配下の諸将に田横攻撃を続行させ、みずからは劉邦平定に向かった。『史記』項羽本紀の記事で、注意すべき点がある。今、「配下の諸将に」と書いたが、原文も「諸将」の二字のみで、将軍は誰であったのか、具体的な記事がなくなっている点である。言うまでもなく、韓信《かんしん》、彭越《ほうえつ》、黥布《げいふ》は劉邦の側に抱きこまれてゆく。項羽のもとにも有力な武将は残っていたはずだが、そうした武将の姓名があまり記されなくなっていくことで、いつしか項羽が孤立しているような印象を受ける。意図的にかどうかは、にわかに決められないが、司馬遷の筆さばきによって、読者は、何だか項羽が一人で戦っているかのような感をいだく。そして読者は、竜且《りゅうしょ》が韓信の軍と戦って敗れ、漢の騎兵隊の将灌嬰《かんえい》に殺されたことを知らされ、曹咎《そうきゅう》が成皋《せいこう》の地で敗れて自殺したことを知らされ、と項羽の配下の将軍が姓名を記されて登場しては散っていく姿を見せつけられる。項羽自身はひじょうに強いので、そうなってもなお猛威をふるう。だが、猛威をふるうほど、悲愴な孤立感が深まってゆくばかりである。古来、『史記』が名文とたたえられるのも、このへんに由来するところが大きいのだろう。

猛威をふるいながらも、しだいに将軍を失い、食糧も少なくなってきた項羽は、劉邦と天下を東西に二分することで手を打とうとした。

一度はそれに乗った劉邦だが、張良《ちょうりょう》と陳平《ちんぺい》が、「今こそ項羽を滅ぼすとき。彼に態勢をととのえる余裕を与えてはいけない」と進言し、劉邦は追撃することにした。前二〇二年、陽夏《ようか》の地まで進んだ劉邦の軍だが、韓信と彭越が来ない。張良の策で二人に広大な領地を約束し、二人を招き寄せることに成功すると、天下は勝ち馬に乗ろうと、みな劉邦のもとに参集した。

四面楚歌

かくて、垓下《がいか》（安徽省《あんきしょう》）の地で項羽は完全に孤立し、食糧も尽き、軍勢も少なく、漢軍とこれに味方する諸侯の軍が幾重にも包囲した。漢軍の側では、項羽に精神的動揺を与えようと、まわりで楚の国の歌をうたった（四面楚歌《しめんそか》）。漢の歌を聴いたら、「おのれ」と力がはいる面があろうが、故郷である楚の歌をうたわれてはたまらない。まわりじゅうが敵で、しかも楚の人間が敵として自分を囲んでいる。配下の軍は、同時に望郷の念にもかられ、士気がにぶる。項羽は、「何ということだ」と嘆き、歌った。*2

力は山を抜き　気は世を蓋《おお》う
時　利あらず　騅《すい》　逝《ゆ》かず
騅の逝かざる　奈何《いかん》すべき
虞《ぐ》や　虞《ぐ》や　若《なんじ》を奈何せん

ひじょうに劇的かつ文学的な場面であるが、ここを読む者は、誰でも気づくであろう。項羽は、「自分がいけなかったのだ」とは言わず、「時運が自分にとって不利には

たらいたのだ」と言っている。負け惜しみともとれる。誰だって自分をいい子にしたいから。しかし、項羽は、心の底から、

「自分は全く悪くない」

と信じきっていた、とも読める。たとえば秦の名将蒙恬《もうてん》の場合(69)と同様に、

「こういうわけだから、自分はこのようになったのだ」

と、自分を納得させることができないのである。なまじ猛威をふるって勝ちつづけ、他人に対して、「こいつらは自分に従って当然だ」という意識を持ってしまうと、こういう末路になるのかもしれない。

「お前たちみんなに対して、おれは良くしてやったではないか。なぜおれに敵対するのだ」

というぐあいに。

垓下を斬りぬけ、烏江《うこう》の渡し場に来たとき、烏江の亭長が船を与え、

「ほかには船はない。向こうに渡って捲土重来《けんどちょうらい》を」

と、川を渡って逃げるよう勧めたが、項羽は、

「江東《こうとう》の地から連れてきた八千人の若者を死なせてしまった。どの面《つら》をさげて彼らの父兄に会えようか」

と言って逃げようとせず、その場での死を選んだ。項羽は、ここにいたってようや

く納得できる答えを見つけたのである。

＊1　項羽は楚王だから、こう言えば項羽討伐にほかならない。

＊2　私の力は山を引き抜くほどで、気力は世の中全体をおおうほどである。しかし、時運に見はなされ、愛馬の騅も思うように走れない。騅が走れないのをどうしよう。それよりも、愛する虞美人《ぐびじん》よ、お前をどうすればよいのか。

84 項羽の敗因

陳平の項羽評

項羽《こうう》は敗れ、劉邦《りゅうほう》が勝った。この両者を比較し、『史記』の中の記事をあちこちから拾い集めて総合すれば、「これだから項羽は敗れ、劉邦が勝ったのだ」と、何らかの結論が得られるような気がする。実際こうした試みは古くから行われ、そして今も行われているのだが、どうも単純な気がする。『史記』の中には項羽を評し、劉邦を評した言葉が、いくつもある。ところが、それらの言葉が、すべて本音《ほんね》で、あたかも絶対の真実を語っているかのように鵜《う》呑《の》みにされてはいないか。たとえば、陳平《ちんぺい》はこのように言っている（『史記』陳丞相世家）。

「項羽は、すぐれた人物を愛し、恭《うやうや》しくあつかい、廉潔で節義があり、礼節を好む者は、多く彼に帰順いたします。が彼は、論功行賞を行い、褒美を与える段になると、しぶります。ですから、すぐれた人物は離れてしまうのです」

一方で項羽をほめているようだが、結論としては、項羽はダメで劉邦がいいと言いたいのである。それなら、項羽をけなすだけけなして劉邦をほめればよさそうに思えるかもしれない。しかし、陳平はそんな言いまわしはできないのだ。なぜなら彼は、項羽を見限って劉邦に身を寄せてきた人間である。そういう立場の人間が、項羽をけなしてばかりいたら、

「じゃあ、お前は、どうしてそんなひどい奴のところに、今日まで長い間従っていたのだ」

と言われてしまうだろう。[*1] そう言われないためにも、ある程度項羽を誉め、その誉め言葉とセットにして、目の前にいる劉邦に気にいられるようにつとめなくてはならない。このへんの呼吸を全く読まずに、「項羽はケチだった」と陳平は証言しているなどと言っても、あまり意味はない。幸いにして陳平は、劉邦に対して本音をのぞかせてくれている。曰《いわ》く、

「項羽は人を信用できず、彼が信任してかわいがる者は項氏の一族か妻の兄弟です。すぐれた人物がいても用いません。[*2] だから、わたくしは項羽のもとを去り、あなたさま（劉邦）が十分に人をお用いになると聞きまして、身を寄せてまいりました。裸同然で来ましたので、金がないことには、やっていけません」

と。本音は、項羽のところにいても、金は得られないし、地位も与えられないので、こっちに身を寄せてきたのです。あなたなら、十分に、金も地位も与えてくれるという評判ですから。

韓信の項羽評

こうした金と地位に関する不満は、相対的なもので、「おれはこのくらいの価値がある」という、うぬぼれ込みの自己評価と実際の待遇との比較である。たいていの場合、前者のほうが過大であるから、問題が生じる。韓信《かんしん》も、こう言っている（『史記』淮陰侯《わいいんこう》列伝）。

「項羽が気合いをいれて声を荒くすると、千人ぐらいが震えあがりますが、彼はすぐれた将を任用することができません。自分だけが、一人の勇者として戦っているだけです。人に対し、うやうやしい態度で慈愛にみち、言葉づかいも丁寧で、病人が出ると涙を流して食べ物を分けてやりますが、功績のある者に褒賞を行うとなると、印のカドがなくなるほどに、手の中でためらいながらいじくりまわし、結局与えません」

韓信も項羽のもとから劉邦のもとに身を寄せて来た人間だから、陳平と同じようなレトリックで物を言っている。要するに本音は陳平と同じで、私を重く用いていただけますよね、金も十分にいただけるんですよね、である。

こうして、項羽を見限った者がねらうのは「富貴（金と地位）」の二文字。これによる寝返り式人事異動のために、劉邦が項羽よりも人づかいが上手で、これが項羽の敗因であり劉邦の勝因である、と結論づけられてしまうのである。

指揮官にはやさしさは不要

しかし、項羽は韓信、彭越《ほうえつ》、黥布《げいふ》らを使いこなす能力に欠け、一人で戦った自己過信の愚《おろ》か者であったのだろうか。答えは否《いな》である。彼が、韓信らが求める額の金と地位を与えきれなくなったのは、彼が勝ちつづけたためである。なまじ勝ちつづけたために、配下の者たちは「今度はこのくらいはいただきだ」*3と考える。そのために、現実の戦果とのバランスがくずれてしまうのだ。ただでさえ、武将ならずとも、人間は自己評価のほうが高いからである。

そして、心やさしい面をもつ項羽は、劉邦のような陰険さがなかった。劉邦は韓信、彭越、黥布を確かに使いこなしたかもしれない。だが、それはあくまでも「利用した」のであり、天下平定のあとは、邪魔者である彼らを冷酷にも全員殺した。項羽には、彼らを金と地位でつなぎとめ、利用するだけ利用し、「あとで全員始末してしまえばいいのさ」、という人づかいができなかったのである。

項羽は結局、敗れ去ったために、歴史家によって「敗因あれこれ」を設定されることになった。歴史家が歴史を記す時点では、勝者と敗者は決まりがついている。「これが敗因」と、敗者の言動から拾いあげていけばよい。もし勝っていたら項羽のほうが「仁愛にみちた新皇帝」とたたえられたはずである。

＊1　さらに別な角度から言うと、すぐれた人物を愛し、恭しくあつかう項羽に、お前は愛されず、恭しくあつかわれなかったわけだから、お前はすぐれた人物ではないことになるな、ともなるはずである。

＊2　微妙なところであるが、この発言がさきほどの「すぐれた人物を愛し、恭しくあつかう」というのと、どういう関係にあるのかについて、説明は一切されていない。一瞬の印象を心に残して消え去ってゆく言葉（音声表現）の特性である。

＊3　この裏側には、「おれにやらせてくれれば、もっとうまく勝ってみせるのに」というぬぼれ意識や、「何でおれにやらせてくれないんだ。どうしておれに手柄を立てさせてくれないんだ」という不遇意識がまとわりついている。そしてこれらは心の問題であるので、項羽の立場からして、どれほどさし迫っている問題なのかが測定しにくい。

十四　前漢建国——建国の功臣を粛清して成立

項羽《こうう》と劉邦《りゅうほう》の戦いの最終勝利者は、劉邦であった。そして、ここに漢帝国が成立した。この漢帝国こそ、司馬遷が生まれ、育ち、仕えた王朝であった。司馬遷は『史記』のあちこちに、劉邦という人物の飾らぬ姿を描いている。「飾らぬ姿」というのは、いくぶん表現をやわらげたもので、「非難」「悪口」、そして場合によっては「軽《けい》蔑《べつ》」とも受けとれる記事が見うけられる。劉邦は、決して「深い教養によって練りあげられた人格者」ではなく、むしろ人間の情念が、欲望ごとむきだしにされたような人物であった。

天下統一後の劉邦は、過去の歴史が示すのと同様に、功績のあった武将たちを始末していった。武将たちは、天下統一後には金食い虫であり、生きている凶器である。実は、始末される可能性があるのは、有能な文官たちとて似たようなものである。そういう人々が劉邦より人気を得てはまずいし、高い給与によって、ぶっそうな（食客という名の）私兵集団を養われても危険であるからだ。

司馬遷は、民間に対しては、「秦《しん》のひどい政治を解消し、豊かな新統一国家」の看板が掲げられた裏側で、いかなる思惑が交錯し、何が行われていたかを明確に描いている。これらは、噂話として以外、民間に流れることのないものであったはずである。また、司馬遷は、侠客の世界が漢代になっても続いていて、重要な歴史的役割を果たしていたことや、経済すなわち金が、歴史に対してどう働いていたかについても活写している。金は、人間が考えだした社会の潤滑油、あるいは血液にたとえられるが、自分で考えだしたはずの道具にみずからが振りまわされる姿を描いてみせることで、人間の愚かさを苦笑とともに表現する。

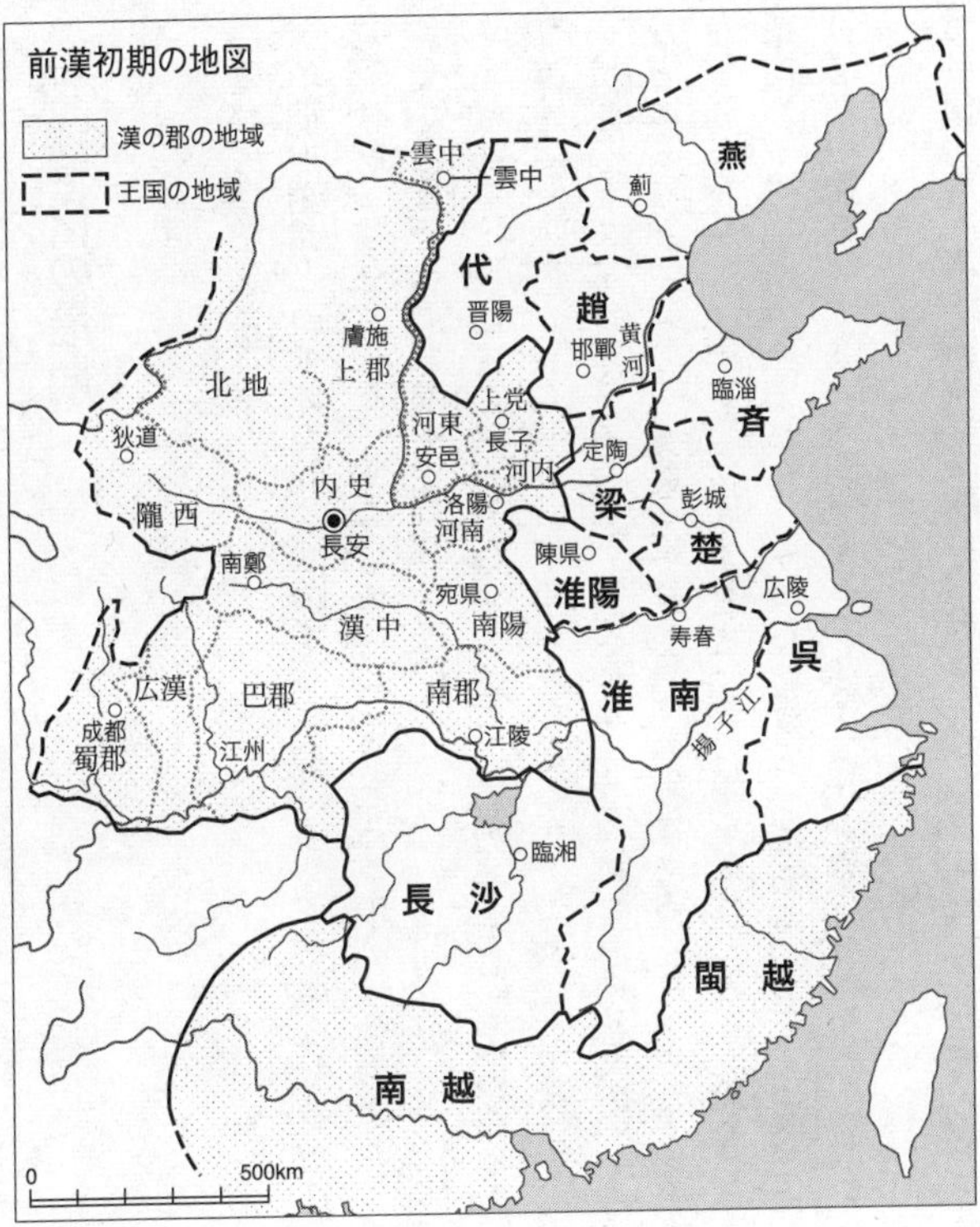
漢の郡の地域
王国の地域
雲中
雲中
燕
薊
代
晋陽
趙
邯鄲
黄河
膚施
上郡
北地
臨淄
斉
上党
河東
長子
安邑
河内
定陶
狄道
内史
洛陽
河南
梁
彭城
隴西
長安
陳県
楚
南鄭
宛県
淮陽
広陵
漢中
南陽
寿春
呉
広漢
巴郡
南郡
淮南
成都
蜀郡
江州
江陵
揚子江
臨湘
長沙
閩越
南越
0
500km
前漢初期の地図

85 韓信の最期

劉邦の性格を見抜けず

項羽《こうう》と劉邦《りゅうほう》との戦いの間に活躍する人物は多く、そのうちのかなりの部分が劉邦の漢建国後まで生きのび、そののちに始末される。項羽は強力なリーダーシップで、ぐいぐいと配下の者たちを引っぱってゆくタイプの人間だが、心根はやさしい人だった。ともすると、戦場での凶暴なほどの強さと心のやさしさについて、「項羽は感情の振幅が大きい人間だった」と評するむきがあるが、これは「勝負」というものを知らないで暮らしてゆける学者の言い分である。我々はプロの格闘家、あるいはプロの棋士などの姿を知っている。彼らは「勝負」の場にある時は、異常なほどの集中力と緊張を示し、容赦なく相手を粉砕するが、その場を離れると、心やさしく、礼儀ただしく、余裕ある微笑につつまれた、すばらしき人々である。そんな彼らに向かって、「彼らは感情の振幅が大きい人間である」などと評するつもりなのであろうか。

一方、劉邦は、多くの人々を自分の手駒《てごま》として働かせる。金と地位を与え、使えるだけ使って、事が済めば冷酷に始末してしまう。彼は勝つためには、とことん我慢することができる人間で、「自分が勝つために役立つ」と思えば、いかなる状況下でも、その進言に従う嗅覚《きゅうかく》を持っている。「懐《ふところ》が深い」のではなく、「勝ちたいという執念のかたまり」なのだ。だから、赤字などは覚悟の上で、金も地位も平気で与える。とにかく勝てばいい。あとでゆっくりと、順に始末をつけていけばよいのだ。当面の赤字など、あとで利息がついてかえってくる。これが劉邦のやりかたである。後世、劉邦のことを理想的な帝王だと評する人々がいるのは、劉邦が進言を、諫言《かんげん》を受け入れて勝利するというコースについてのみ言うものである。誰だって、自分の進言に耳を傾け、金と地位を与えてくれる主君がほしいに決まっている。『史記』は漢（前漢）に仕える司馬遷の手になるものである。前漢建国の主をほめて書かぬわけがない。その建前的賛辞の部分を、建前的に引用し、その裏側に「私の進言を聴き、私に金と地位を与えてくださいよ」を響かせながら劉邦を礼賛する発言にごまかされるわけにはいかない。

天下三分の計に従わず

さて、韓信も、金と地位を与えられたために、劉邦を助けて劉邦を勝利に導いた一人であるが、彼には、別の選択もあった。そのことが、項羽からの使者武渉《ぶしょう》の言葉に明らかである。

「劉邦は、軍を動かして、項王（項羽）の征伐に出ましたが、天下をすべて呑みこまねば、やめますまい。飽《あ》くなき執念はすごいものです。しかし、劉邦は信じることのできぬ人間です。今までに何度も項王の掌中に置かれましたが、項王はかわいそうに思って生かしてやったのです。ところが、劉邦は、自分が脱出したとたん、約束にそむいて項王に戦いをしかけます。信用できぬ恩知らずであります。あなたは、こういう人に、力を尽くし、忠節を尽くそうとしておられますが、いずれ捕らわれて始末されるのがオチですぞ。本来は危なっかしい境遇のあなたが、生きていられるのは、項王という存在があるからです。あなたが項王に従えば、項王が勝ち、劉邦に従えば劉邦が勝つ。いかがです。自立して王となり、天下を三分なさいませ」

　韓信はつづいて、蒯通《かいとう》にも、自立して天下を三分するよう勧められるが、迷いはするものの、

「漢王（劉邦）は自分を厚遇してくれている。そむくわけにはいかない」

　と言って断わる。[*1] 蒯通は、勝利を得たあとの劉邦が韓信をどのようにあつかうかに触れ、「野獣すでに尽きなば、猟狗《りょうく》亨《に》らる（野に獣がいなくなったら、猟犬は煮て食われるのがオチです）」とも言ったのだが、韓信には、「まさか劉邦はそこまでするまい」と思われたようだ。

韓信、処刑さる

前一九六年、韓信は反乱謀議のかどで捕らわれ、処刑された。その五年前（前二〇二）、韓信は一度捕らわれ、楚王《そおう》から淮陰侯《わいいんこう》に格下げされていた。その時点で、蒯通の言葉をふくらませ、

「狡兎死《こうとし》して良狗亨《りょうくに》られ、高鳥尽《こうちょうつ》きて良弓蔵《りょうきゅうおさ》められ、敵国破れて謀臣亡《ほろ》ぶ」*2

と言い、自分も亨殺《に》されるのだ、と覚悟した瞬間があった。幸いにしてその時は格下げだけですんだが、二度目にはそうはいかず、韓信は自分を評価し、推薦してくれた恩人蕭何《しょうか》（81）の言葉にあざむかれ、のこのこと参上したところを捕らわれ、処刑されたのであった。韓信は、

「私は蒯通の計を用いずに、こんなことになったのが惜しい。これも運命か」

と言いのこした。運命のせいにしようとしているのではなくて、自分は人間として熟慮し、最高の結論だと思っていたのだが、人間には考えおよばぬことがあるものだなあ、という詠嘆である。

劉邦は同様のやりかたで彭越《ほうえつ》も黥布《げいふ》も始末した。追いつめて反乱するようにしむけ、そこをつぶすのである。だが、『史記』を読めば、この手のやりかたは、古来の王朝の創業期にはつきものであることが明らかである。

＊1　韓信は若い頃、とても貧乏であった。だから彼は、自分に与えられる地位と金の大きさを、そのまま自分への信頼の大きさに置きかえてしまうのである。彼にはほかに信じられる目盛りがないのである。

＊2　かしこくてすばしっこいウサギが死ねば、良い猟犬は煮て食われ、上空高く飛ぶ鳥がいなくなれば、良質の弓はしまわれてしまい、敵国を滅ぼせば謀臣は殺される。

86
季布と朱家

表社会と裏社会

司馬遷は、『史記』の中に「游侠列伝《ゆうきょう》」を著し、歴史の裏側に、あたかも音楽の世界での通奏低音のごとくに在《あ》りつづけた人々のことを記している。最初に『韓非子《かんぴし》』五蠹篇《ごとへん》の言葉を引用し、「儒者は文化の名のもとに法律を乱し、任侠の徒は武力で禁令を犯すものである」

と切り出した司馬遷は、

「ここで両者とも非難されていることに変わりはないはずだが、儒学の徒のほうは、世の中において誉めたたえられることが多く、彼らが儒学を武器として宰相《さいしょう》・卿《けい》・大《たい》夫《ふ》に取りたてられ、歴史に書きのこされるような働きをするのはよい」

と言う。そして、言葉をつづけ、

「孔子の弟子の季次《きじ》や原憲《げんけん》らについては、独立独行して世の中とまるで合わぬ生き方をしたのに、その死後四百年たっているのに、弟子たちは飽《あ》きもせずに彼らを伝録しつづけてきた」

　と言う。では、任侠（游侠）のほうはいかがだろう。司馬遷は、こう記す。

「游侠の徒は、その行為がいわゆる正義とは違っているけれども、自分が言ったことには絶対にそむかず、一度承知したことは、あくまでも守り通す。場合によっては、自分の命さえも惜しまずに、人の困難を救うために駆けつけ、死ぬか生きるかの境《さかい》を越えて努力するが、決して『おれのおかげで……』などとは言わない。むしろ、『あなたのおかげで……』などと言われることを恥じるのである。彼らのことも誉めたたえていいと思うのだ。……表世界の、儒学的標準からは鄙人《ひじん》（文化的に劣る者）とされる人物が、こう言っている。

『仁だの義だのはわからない。自分に利益を与えてくれる人が、徳のある人なのだ』と。だから伯夷《はくい》（27）は、周《しゅう》の武王《ぶおう》による殷《いん》の征伐を醜悪だとして、首陽山《しゅようざん》で餓死したが、周の文王・武王（24）は、伯夷が死んだからとて、王位から引きずりおろされたわけではなかった（周の世こそ、自分たちにとって徳の有る、利益のある世の中だとする人々が、周を支えたからである）。一方、盗賊の代名詞のような盗跖《とうせき》や荘蹻《そうきょう》も、暴虐で社会通念にもとる行いをしたが、その配下の者たちは、盗跖や荘蹻こそ仁義の持ち主だとたたえることしきりであった。以上のことから考えるに、世間において、

『帯鉤《たいこう》（帯のとめ金具）一個を盗めば処刑されるが、国を盗めば諸侯になれる。諸侯になりさえすれば、人々から仁義を称賛される』

と言うのは、まんざら嘘ではない。

昔の世にいた任俠の徒については、史料がない。孟嘗君《もうしょうくん》(47)、春申君《しゅんしんくん》(50)、平原君《へいげんくん》(48)、信陵君《しんりょうくん》(49)らの史料はあるが、いずれも王者の親族であり、領土を持ち、大臣としての給料も得ていたので、天下の賢者を招き、諸侯の間に評判を高めた人たちである。たとえて言うなら風上から風下に向かって大声を出したようなもので、風に助けられたにすぎず、自分の力が急に増したわけではない。世間の巷《ちまた》にいる任俠の徒は、行いを修め、自分で自分の評判にみがきをかけ、自分の力で世の中に名声を得、賢者であると誉めたたえられるようになっていった者ばかりである。これは簡単にできることではない。だが、儒学者も墨子《ぼくし》(43)の一派も、任俠の徒を道徳にそむいていて人間の標準とすることはできないゆえに排斥してしまい、記録に載せない。だから秦以前の巷の仁俠の徒の事績は、埋もれてしまい、消滅してしまった。私(司馬遷)はこれをひじょうに残念に思う」

こう前置きして司馬遷は、項羽と劉邦が天下を争っていた時代に生きた朱家《しゅか》らの姿を描く。

季布、命をかけて朱家を守る

魯《ろ》の朱家は、高祖《こうそ》(劉邦)と同時代の人である。魯の国は孔子のお膝元で儒学のさかんな所だが、朱家は任侠で聞こえていた。養う豪傑の士は何百人もおり、それほどでもない者たちを合わせると、何人いたかわからない。それなのに、自分の能力や徳をほこることはせず、かつて施しをした者と出会って礼を言われるのをおそれていた。彼が人助けをする時には、一番貧乏な者から始め、家には余分に蓄えた財産はなく、着る物も傷《いた》んでいて、食事もおかずは一品、乗り物は粗末な牛車だけだった。それでいて、困っている者を助けに行くときは、自分をかえりみることがなかった。以前、項羽の配下の将季布《きふ》を危ないところから助けてやったことがあるのだが、季布が高貴な身分になってからは、朱家は死ぬまで季布に会わなかった。函谷関《かんこくかん》から東の地に住む人々は、誰もが朱家と交わりを結びたいと思うのだった。

『史記』季布伝によると、季布は項羽の将だったので、項羽の死後、賞金首となり、季布を匿《かくま》う者は、三族皆殺しと布告された。朱家は季布を奴隷の姿にして匿い、劉邦の信頼あつい夏侯嬰《かこうえい》に話をして季布を赦《ゆる》さしめた。「項羽の臣下だった者全員を死刑にはできないでしょう。季布のような有能な人間を追いつめると、匈奴《きょうど》に逃げこんで漢に仇をなしましょうぞ」と。

司馬遷の筆には、少し理想化しすぎた面があるかもしれないが、やはり目のつけどころはたいしたものである。[*1]

＊1　游俠列伝には、のちの呉楚《ごそ》七国の乱のとき、周亜夫《しゅうあふ》が劇孟《げきもう》という任俠の徒を得て、乱を平定しえたことを記している。歴史の裏を流れる彼らの役割を表舞台に引き出したのが司馬遷である。

87 欒布

彭越の功績を劉邦に説く

劉邦《りゅうほう》は、項羽《こうう》に勝利したあと、有能な将軍たちを次々に始末していった。前に述べたように、韓信《かんしん》、彭越《ほうえつ》、黥布《げいふ》らがその代表例である。『史記』は、そうした将軍たちのカゲにいた人々のことも書き落としていない。今回登場する欒布《らんぷ》(?〜前一四五)も、その一人である。

『史記』は、前項(季布《きふ》と朱家《しゅか》)に名の見えた季布と、欒布とを一巻にまとめている。両者に任俠的色彩が共通するからである。欒布は梁《りょう》(魏《ぎ》)の人で、無位無官時代の彭越と親しかったが、二人とも貧しかったので、いっしょに斉《せい》へ出稼ぎに行き、酒屋の下男として働いた。数年して彭越は斉の国を去り、鉅野《きょや》の地で半盗半漁の生活にはいった。欒布は生活がうまくゆかず、奴隷として売りとばされ、燕《えん》へ行った。これが彼の転機となり、家の主人のために仇討ちをし、将軍の臧荼《ぞうと》に抜擢され、都尉《とい》となった。臧荼は、のちに燕王《えんおう》となり、欒布も将軍に出世するが、臧荼が劉邦に反乱したために、漢の政府から討伐を受け、欒布は捕虜となってしまう。その時、欒布を助けてくれたのが、梁王となっていた彭越で、彭越は金を支払って欒布の身柄をもらい受けると、梁の国の大夫《たいふ》として迎えた。

浮き沈みのはげしい欒布の人生は、このあと波乱に見舞われる。斉の国へ使者として出向いている間に、彭越が謀反《むほん》のかどで逮捕処刑されてしまう。彭越の首級は洛陽《らくよう》の城下に晒《さら》され、

「この首を持ち去る者は、ただちに捕《つか》まえる」

と布告された。*1 斉から帰国した欒布は、晒されている彭越の首級に対して報告を申し上げ、首級をおさめて葬儀を行い、大きな声で哭礼《こくれい》をささげた。当然、欒布は役人に捕らわれ、劉邦の前に引き出された。劉邦は、

「お前は彭越の仲間だな。彭越の首級をかたづけるようなことをしてはならぬと、はっきり布告したのに、お前は霊祭を行った。彭越と組んで謀反をしようとしたことは明白だ。さっさとこいつを煮殺せ」

とどなった。欒布は煮えたぎる湯釜のほうへ引っ立てられながら、劉邦のほうを振り向き、

「ひと言申し上げてから死なせていただきたい」

と言った。*2

「何を言いたいのだ」

「昔、陛下が彭城《ほうじょう》、滎陽《けいよう》、成皐《せいこう》で敗れ、苦しめられておられた時、項王（項羽）がさらに西進の圧力をかけて陛下をほふることができなかったのは、彭越が梁の地にいて、陛下の味方として働き、項王を困らせたからではありませんか。もしあの時、彭越が項王の味方をすれば、漢は滅亡していたはずです。彭越が漢に味方してくれたからこそ、楚（項羽）を滅ぼすことができたのです。それに、垓下《がいか》の戦いの時も、彭越が味方として駆けつけてこなかったら、項羽は滅びなかったでありましょう。これだけ漢に尽くして梁王となった彭越は、子孫に位を伝えようと思っておりました。それなのに、陛下は彭越が病気を理由に駆けつけてこなかったとして(78)、彭越に謀反の意ありと決めつけ、処刑してしまわれました、わたくしは、これでは功臣たちがたまらないと思います。次は自分が始末されるのではないかと、びくびくするばかりですから。もう、彭越は死んでしまいました。わたくしは生きていてもしょうがありません。煮殺されようと存じます」

こう言われた劉邦は、欒布の罪を赦《ゆる》し、あらためて都尉に任じた。

恩にも怨みにも報いる

欒布は文帝《ぶんてい》（在位前一八〇～前一五七）の時代に、燕の相《しょう》に任ぜられ、やがて将軍となった。すると欒布は、

「貧乏で苦しい時に、人にバカにされてもじっと耐え、自分の志を胸の奥にしまいこんで時節の到来を待つことができないようでは、一人前の人間ではない。その反対に富貴（金と地位）を手に入れながら、自分の思い通りにできぬようでは、これまた賢人とは言えぬ」

と言い、今ぞ我が世の春だと言わんばかりに、それまで自分に恵みを与えてくれた者に対しては、厚く恩返しをし、怨みある者には法律を厳格に適用して滅ぼすのだった。[*3] 劉邦は、法三章という簡略な概念を持ち込んで、秦の細かく厳しい法律に苦しめられていた人々の支持を得たのだが、さりとて前漢時代は法律がゆるやかだったわけではない。理念としては「法三章」だが、実際は「法律は運用しだいで、ゆるくも厳しくもできる」ということである。事実、彭越も「反乱準備罪」で死刑にされた。「法三章」の理念はどこへやら、である。支持を得るための売り文句と、実際の政治・法律との乖離《かいり》は、こうして前漢時代にはっきりと表れていた。彭越のカゲにいた欒布の人生が、このへんの事情を雄弁に語ってくれている。だから皆、何でもできる富貴をほしがるのだ、ということも。

その後の欒布は、前一五四年に起きた呉楚《ごそ》七国の乱の際に、乱平定の手柄を立て、兪侯《ゆこう》に封ぜられた。さらにのち燕の大臣となり、前一四五年に世を去った。彼に対する民衆の支持は強く、生前から燕・斉のいたる所に社《やしろ》が立てられ、欒公社と呼ばれた。

＊1　彭越は三族（父・母・妻の血筋）皆殺しにされたので、普通ならその首級をとりおさめる人間は残っていないだろう。わざわざ布告する必要はあるまい。布告がなくても誰も手を出すまいから。ここも、今までにいくつかあった例と同様、欒布の男気を演劇的に表現しているのであろう。

＊2　ここの釜ゆでの処刑を目の前にしながらの弁論という設定をみて、『三国志演義』第八十六回で蜀《しょく》の使者鄧芝《とうし》が、煮えた油をたたえた鼎《かなえ》を用意して会見にのぞむ孫権を、度胸満点の弁で説得する場面を思い出される向きもあるだろう。こちら欒布のほうが原型である。また、蒯通《かいとう》も劉邦に釜ゆでの刑を宣告された段階で、弁舌をふるってきりぬけている（淮陰侯列伝）。

＊3　前一八〇年に呂后《りょこう》が死去し、呂氏一族も周勃《しゅうぼつ》（89）らによって滅ぼされた。そのあとになって欒布がこのようなことを言い、行動している点が注目される。呂后の時代は欒布にとって、がまんの時代であったということである。

88 呂后と呂氏の乱

母の残酷さに息子は早世

呂后《りょこう》（?〜前一八〇）は、劉邦《りゅうほう》の妃《きさき》である。そして、恵帝《けいてい》（孝恵帝。劉盈《りゅうえい》。在位前一九五〜前一八八）の母である。劉邦が世を去り、恵帝が後を継ぐにあたっては、権力の中枢部でいろいろなことがあった。まず、劉邦であるが、彼はまだ卑賤の時代に呂后と結婚した。そして漢王となったのち（前二〇六）、新たに戚夫人《せきふじん》を得て深く寵愛《ちょうあい》し、如意《じょい》が生まれた。呂后に対する愛情はとっくに冷《さ》めていたので、劉邦は太子の劉盈を廃し、如意を太子に立てようと考えた。呂后にとって幸いだったのは、重臣たちが早々と「ポスト劉邦」を考えていて、太子の変更はまずいと思っていたことである。

まず、張良《ちょうりょう》（75）は、商山《しょうざん》に隠れていた四人の長老を演出して、つまりひと芝居うって劉邦をなだめ、また、本書には今まで触れなかったが硬骨の政治家 周昌《しゅうしょう》も必死に劉邦を諫め、太子の変更（廃立）の不可なることを認めさせた。劉邦もおそらく、これほどの抵抗が示されるとは思っていなかっただろう。

かくして、劉邦の死後、漢の二代目の皇帝として、呂后の生んだ劉盈が立ったのだが、呂后は、『史記』呂后本紀に、「人となり剛毅」と記されており、実際に彭越《ほうえつ》(78)の処刑にあたって重要な役割を果たした人物であった。戚夫人と如意を放置しておくはずがない。『史記』を詳しく読んだことがなくても、以下の話は知る人が多いだろう。

呂氏一族の専権

呂后は戚夫人の手足を切断し、眼球をえぐり、耳をつぶし、薬を飲ませて口がきけなくして廁《かわや》(便所)に置いて、人彘《じんてい》(ひとブタ)と呼んだ。古代の廁には豚がいて、人の糞便を餌としていたので、そう名づけたのである。恵帝にも、これを見せた。恵帝は、この少し前に、如意が殺されてはかわいそうだと思い、寝起きをともにしながら、呂后の魔の手から守ってやっていたのだが、起床時間のわずかな差によって、如意を毒殺されていたので、ひどいショックを受け、一年以上、寝こんでしまった。そして、呂后のもとに使者を送り、自分の気持ちを伝えさせた。

「これは人間のやることではありません。私は、あなたのような人間の子として、天下を治めることはできません」

恵帝は、床をはなれたあとはひたすら淫楽にふけって政治を行わなくなった。恵帝が若くして病死する背景には、このようなことがあったのである。

呂后はこれにとどまらず、恵帝の腹違いの兄で、劉邦の子の中では一番年長の劉肥《りゅうひ》も殺そうと謀《はか》った。怖れた劉肥は、自分の領国斉《せい》の郡を割いてたてまつることで、ようやく難をのがれた。

こういう状況下で、重臣たちはどう動いたのか。まず樊噲《はんかい》は、呂后の妹を妻としているので呂后の一派に含まれる。張良、陳平《ちんぺい》(80)、周勃《しゅうぼつ》(89)らは、張良の子で当時十五歳の張辟彊《ちょうへききょう》と同じ考え方であった。呂后一派は重臣の動向を気にしている。現段階では、とりあえずの安定を得るために、呂后一派の呂産《りょさん》・呂禄《りょろく》らを将軍に任じ、宮中で政務をとらせることで呂后一派を安心させ、有力な大臣たちの身の安全をはかるべきである、と。

呂氏一族の滅亡

このために呂后一派の専政が保証されることになってしまったのだが、陳平らは殺されたりせずにすんだのである。呂后は、前一八八年に恵帝が世を去ると、劉恭《りゅうきょう》(在位前一八八～前一八四)、劉弘《りゅうこう》(在位前一八四～前一八〇)を順に立て、意のままにふるまうが、ついに呂后自身も病み、やがて重篤となる。彼女は呂産、呂禄に、こう言いのこした。

「昔、劉邦が天下を取ったとき、『劉氏以外の王はすべて滅ぼせ』と言っていた。今、呂氏が各地の王位を独占している。私が死んだら、反乱が起こるであろう。葬儀などどうでもいい。宮廷を守りぬけ。他人に制せられてはいけない」

と。しかし、彼女の死をきっかけとして、朱虚侯《しゅきょこう》劉章《りゅうしょう》（劉肥の子）らが動き出した。劉章の妻は呂禄の娘であったので、呂氏の動きを知り、先んじて動いたのである。

　各地で反呂氏の火の手があがれば、中央政界の陳平らも、いよいよ出番だと動き出す。周勃については、次項で触れることにするが、呂后という中心を失った呂氏一族は案外もろく崩れ、劉章が呂産を廁の中で殺した。戚夫人の間接的仇討ちのような展開である。つづいて、呂氏一派の者をすべて斬殺せよと命令が出、呂禄、呂須《りょしゅ》（呂后の妹で樊噲の妻。樊噲はずっと前に故人）らも全員殺された。

　司馬遷は呂后本紀の末尾にこう記す。

「恵帝・呂后の時代になって、人民は戦乱の苦しみから解放され、休息を与えられんことを欲した。この時代、宮中のみで政治が行われたが、天下は安定し、刑罰もまれで罪人も少なく、農業も盛んで経済は豊かであった」

　中央政界の血みどろの抗争と天下の平和安定が同時に存在していた、という。古今東西、政治とはこうしたものなのだろう。

89 周勃

呂氏一族追放の功労者

周勃《しゅうぼっ》（?〜前一六九）は沛《はい》の人で、劉邦《りゅうほう》の同郷人である。周勃ははじめのうち、養蚕のときに使う簀子《すのこ》を造り、葬式があると簫《しょう》を吹き、ある時には傭兵として強弓を射た。おそらく、生活は豊かではなかったろう。

劉邦の旗あげ当初から従っていた周勃は、樊噲《はんかい》（76）や蕭何《しょうか》（81）と並ぶ古参の部下で、もっぱら将軍として活躍した。周勃の活動は、樊噲の場合と同じように、戦功また戦功という描かれ方で、いかに彼の武勇が劉邦を助けたかが強調されている。周勃は性格が朴訥《ぼくとつ》で剛毅《ごうき》、[*1]しかし誠実で、自分の功を鼻にかけてふんぞりかえるようなことをしなかったので、劉邦は深く信頼を寄せた。『史記』絳侯《こうこう》周勃世家は、次のような話を載せている。

周勃は学問がきらいで、儒学者や遊説《ゆうぜい》の士と面会すると、毎回決まって、

「だから何が言いたいのだ。早く結論を言ってくれ」

と言うのであった。つまり、周勃は、学問・修養によって自分を磨くというのでは

なく、おのれの地金《じがね》で勝負する人間であった。*2『史記』の合計数字では、劉邦に従った軍功においては、相国《しょうこく》一人、丞相《じょうしょう》二人、将軍を含む高官三人を捕虜とし、単独の場合は、撃破した軍二、陥とした城三、平定した郡五、県七十九、丞相と大将各一人を捕虜とした、とある。樊噲とくらべると、いささか小ぶりな印象はあるが、周勃の真骨頂は、劉邦の死後にある。

前一九五年、劉邦が世を去ると、呂后《りょこう》一派の時代となる。これは前項でも触れたように、呂后一人が何かを言うと、誰もさからえないという「呂后独裁」ではなく、陳平・周勃ら重臣が、とりあえず呂后一派にゆずっておくことで騒乱を避け、安定を求めたのであった。だが、おそらく彼らの思惑と違い、呂后はそのあと十五年も生きた。そのため、彼らは呂氏一派を排除するために、十五年間待たねばならなかった。しかし、そのうちの七年間は恵帝《けいてい》の時代で、表面上は調和をたもちやすかったから、その後の正味八年間が、しんぼうの時であった。

呂氏一派の剿滅《そうめつ》は、『史記』を読むかぎり、それほど困難でもなかったような感じである。やはり、核としての呂后がいなくなったあとは、残った呂産《りょさん》や呂禄《りょろく》に明確なビジョンがあるわけではなく、名参謀がついていたわけでもなかった。簡単にあざむかれて、呂産は、軍権を周勃に渡してしまう。周勃の人柄が呂産をあざむいたのかもしれない。周勃はここで有名すぎるほどのパフォーマンスを行った。軍に対し、

「呂氏に味方して働かんという者は右袒《うたん》（右の袖を肩ぬぎに）せよ。劉氏のために働かんという者は左袒《さたん》せよ」

と命令を発した。軍は全員が左の肩をあらわにした。

こうして呂氏一派を一掃した周勃は、陳平らとともに、代王劉恒《だいおうりゅうこう》を呼び寄せ、立てて皇帝とした。これが文帝《ぶんてい》である。周勃は右丞相、陳平は左丞相となった。二人で協力して皇帝を補佐する体制である。*3

謀反を疑われる

政界の中枢部が落ちつくと、今度は互いの利権争いが生じ、謀略・讒言《ざんげん》が飛びかうようになる。共通の敵がいなくなったからである。周勃に対しても、ある者が、

「危ないですよ。いつまでもこんな高位にいつづけては」

と進言し、周勃は丞相の印を返上した。前一七八年十月、陳平が世を去る。丞相の椅子が二つとも空《あ》いてしまったので、周勃は再び丞相に任ぜられた。翌前一七七年十一月、周勃は絳侯に封ぜられて、現地（絳の地）に赴《おもむ》いたが、心配で常に鎧《よろい》を着こみ、家の者にも武器を持たせた。これを「周勃は反乱の準備をしています」と誣告《ぶこく》され、周勃は投獄された。いざ取調べられると、朴訥《ぼくとつ》な周勃はどう応じていいかわからず、獄吏に大金を贈り、そっと「公主を証人としてごらんなされ」と教えられ、ようやく

赦免を得る。公主とは文帝の娘で、周勃の息子勝之《しょうし》の妻である。文帝の周囲の者に取りなしを求めれば助かる、と教えられたのである。周勃は、

「獄吏というものが、これほど偉いとは」

ともらすのであった。

一緒になって呂氏一族を滅ぼした人間の中に、実は呂氏一族と深く利権で結びついていた者がいる。そうした人間は、表面上は周勃の味方であるかのように振舞いながら、実は周勃を陥れ、その地位に取って代わってやろうと、ねらっている。これはつまり、呂氏一族の仇討ちであると同時に、自分の出世をつかむことである。ある者が言った「危ないですよ」とは、こういうことを指しているのである。そして、自分たちが立てた文帝の立場を思いやってみれば、「周勃らに消される前に、彼らを消してしまいませんと……」と囁《ささや》かれた時の文帝の動揺の大きさは、十分推測できるはずである。

誠実で、信頼され、正義を貫いたはずの功臣周勃だが、これほどの好条件を満たしながらも、うまくいかない。順調なだけの人生などない、司馬遷はそう言いたいのかもしれない。

＊1　『史記』は彼の人柄を「鄙樸《ひぼく》」「木彊《ぼくきょう》（強）」「重厚」「凡庸《ぼんよう》」というような文字で表現している。

＊2　この観点からすれば、劉邦も地金むきだしのような人間である。両者の気が合うのは当然かもしれない。そして、策謀や陰険さの面では、はるかに周勃のほうが劣るから、劉邦にしてみれば、あつかいやすかったはずである。

＊3　こういうかたちでガッチリと固められているので、文帝は好き勝手なことはできない。それゆえに賈誼《かぎ》（60）のような人材をたのもしく思い、親しむのである。

90
呉楚七国の乱

孝文帝の治世

周勃《しゅうぼつ》や陳平《ちんぺい》によって、呂氏《りょし》一派が一掃され、文帝《ぶんてい》（在位前一八〇〜前一五七）が立てられた。これで一応、中央政界は落ちついたかっこうになった。

文帝の伝記（『史記』孝文本紀）の末尾に、司馬遷は次のように言う。

「漢が興ってから孝文帝に至るまで四十余年。徳は盛んのきわみで、天下は太平、暦を定め、服の色を決め、天地を祭る封禅《ほうぜん》の儀の挙行に向けて、着々と準備が整えられていった時期である。ところが孝文帝は謙譲して、まだその時期ではないと、儀式を行われなかった。ああ、なんという仁徳の持ち主であらせられたのだろう」

と。ほとんど手ばなしの賛辞であるが、本当に文帝の時代はそこまでの治世であったと言えるのであろうか。

たとえば、南越《なんえつ》の王趙佗《ちょうた》（尉佗《いた》とも）は、みずからを「武帝《ぶてい》」と称し、言うことをきかなかった。漢は、陳平が推薦した陸賈《りくか》を南越に派遣した。『史記』南越伝には、「趙佗はおそれいり、恭順を誓った」と、長々と趙佗の謝罪の言葉を引用している。

ところが孝文本紀には、

「勝手に自立して、皇帝を称した趙佗に対し、我が帝は、趙佗の兄弟を召して高い位を与え、徳をもって報いた」

と記されている。金と地位を与えて、手なずけたということである。これで趙佗は恭順ということになったので、漢としては、対南越の戦争をせずに事態を丸くおさめたことになる。天下の太平は動かない。だが、北方では匈奴《きょうど》がしばしば侵入してきた。これがやがて、武帝の時代の対匈奴戦略につながってゆくのだが、文帝は、

「匈奴と和親した。しかし、匈奴は約束にそむき、盗みを行った。そこで、辺境の守備のために兵を送り、深く侵入できぬようにした」（孝文本紀）

と、やはり弱腰な姿勢であったかのように書かれている。

呉王劉濞、反旗をひるがえす

以上のような流れの中で、呉楚七国《ごそしちこく》の乱《らん》の種が芽を出した。呉王劉濞《りゅうひ》の太子が、文帝の皇太子（のちの景帝《けいてい》）と金を賭けて双六《すごろく》をし、熱くなった皇太子に双六盤で殴打されて死ぬという事件が起きた。呉王劉濞は、これ以来、朝廷の言うことを無視しはじめた。そして、景帝（在位前一五七〜前一四一）の時代となり、景帝が鼂錯《ちょうそ》の策によって各地の諸王の力を弱めようとしはじめた時に、劉濞が反旗をひるがえしたのであ

る。劉濞は、劉邦の兄の劉仲《りゅうちゅう》の子で、前一五四年に乱を起こした時は六十二歳になっていた。各地の王が、何かと理由をつけては領土を削減されはじめ、疑惑と怖《おそ》れがひろまったのを機と見て、起ちあがったのである。大義名分としては、「鼂錯のような君側《くんそく》の患《かん》(主君のそばにいる悪者)を除《い》け」である。呉王としての劉濞は、自分の銅銭を、鋳て流通させてよいとの権限を利し、また呉の地は、海塩にめぐまれているので、他の王国に売って莫大な利益をあげていた。このおかげで呉の国民は課税されなかったというから、国民にしてみれば、「名君さまさま」であった。

そんな彼が反乱に打って出、他の王たちにも同調を呼びかけた。その結果、楚王、劉《りゅう》戊《ぼう》、趙王劉遂《りゅうすい》、膠西《こうせい》王劉卬《りゅうこう》、済南《さいなん》王劉辟光《りゅうへきこう》、菑《し》川《せん》王劉賢《りゅうけん》、膠東王劉雄渠《りゅうゆうきょ》の六人が加わり、劉濞と合わせて七国の乱となった。

周亜夫、反乱を鎮圧

中央政界では、この乱の討伐より、権力抗争が優先し、鼂錯を憎む袁盎《えんおう》が、「鼂錯を殺せば、乱はおさまりましょう」と、景帝に鼂錯を処刑させた。もちろん、袁盎は、劉濞のかかげた名分など反乱するための名分、つまり名分のための名分にすぎぬことは承知のうえである。この際、鼂錯の奴を片づけてしまおう、というわけである。

呉楚七国の乱は、はじめ勢いが強かったが、周亜夫《しゅうあふ》が将軍として鎮圧に乗り出し、乱は三ヵ月で平定された。七人の王は、殺されるか自殺するかのどちらかによって人生を終えた。

周亜夫の勝利のポイントは、必ずしもうまくいっていなかった七国の連係の不備を衝き、食糧輸送を遮断することで、各軍を潰滅《かいめつ》に追いこんだこと。『史記』游侠列伝に記されているように、仁侠《にんきょう》の士劇孟《げきもう》を味方につけたことが挙げられる。劇孟の迫力、信用力、情報力といったものを手に入れることで、戦いを有利にしたのである。逆に言えば、戦乱時には、游侠がいかに重要な役割をはたすかということである。しかしながら、司馬遷は劇孟の活躍のさまについてはまったく触れようとしていない。その役割と意義は認めても、おおっぴらに活躍を書くことははばかられたのだろうか。

呉楚七国の乱が敗亡に終わったことで、各地の諸王の力は弱まり、しばらくたった武帝の時代には、匈奴への対外政策に力を集中することになる。

91
無塩氏

主父偃の諸王勢力削減策

司馬遷は、景帝《けいてい》の伝記（孝景本紀《こうけいほんぎ》）の末尾に、次のように記している。

「漢が興り、文帝が大いなる徳をほどこし、天下の者は、すみずみにいたるまでなつき、安定した世の中を楽しんだ。景帝にいたり、劉氏以外の諸侯については、心配がいらなくなった。だが、鼂錯《ちょうそ》が各地の王に厳しく迫って、領土とその力を削減したために、呉楚七国《ごそしちこく》の乱《らん》が起こり、七国は昔、蘇秦《そしん》（51）が成しとげた合従《がっしょう》のように、東方で団結して、西に向かってくることになった。各地の王がまだ力があったところに、ゆっくりとやるのではなく、いきなり迫ったから、このようなことになったのである。主父偃《しゅほえん》がこの問題の解決策を発言してはじめて、諸王侯の力は弱まり、天下は安定した。安定と危難を分けるのは、計謀のよしあしによるのだ」

と。主父偃は、武帝の時代の人で、司馬遷と同時を生きる「現代人」である。そのみごとな解決策とは、『史記』平津侯《へいしんこう》・主父列伝に載っている。主父偃は、武帝に対し、こう言った。

「現在の諸王は領地を与えられすぎており、締めつければ反抗、ゆるめればつけあがります。さりとて法律でびしびしと痛めつけ、領地を削れば、呉楚七国の乱をひきおこした鼂錯の二の舞になります。諸王は子や兄弟が多く、代が変わっても後を継げるのは一人だけです。あとの者たちは全く領地をもらえません。そこで、陛下にはこうお願いいたしたく存じます。諸王の子弟にも領地を分割して、侯にとりたててくださ い。彼らは大喜びするでしょうし、実態としては、諸王の領地を分割して少しずつ減らしてゆけるわけです。法律で削らずとも、黙っていても諸王の力は弱ってゆきます」

司馬遷は、景帝のところで、主父偃とその策を実行した武帝を誉《ほ》めているのである。が、主父偃は後年、中央政界から淫乱なる斉王《せいおう》(劉次昌《りゅうじしょう》)の監視役として赴任した隙を衝かれ、過去の悪事があばかれ、斉王も主父偃に強く脅され、自殺してしまう。これをとがめられた主父偃は一族皆殺しに処せられた。

妙案を出した名臣とて終わりを全《まっと》うせず、呉楚七国の乱を平定した周亜夫《しゅうあふ》も、最後は景帝に疎《うと》まれ、獄中で五日間の絶食ののち死んだ。武将は用がなくなれば捨てられる。当然、政敵や、「いつまでも周亜夫の時代じゃあないぜ」と考え、上位の者を引きずりおろして自分が取って代わってやろうとしている人間によって、こうした失脚事件は起こされるものである。しかし、司馬遷の筆は、漢代の、そして自分に近い年代の人物に対して甘くなっている。だから、「この失脚事件の黒幕はこいつだ」とひと目でわかるように明記したりはしない。秦以前には書いてあったのに。やはり、同時代に本人もしくは関係者がいるので気をつかっているのであろう。

金がなければ戦争はできぬ

さて、司馬遷は、呉楚七国の乱を最も幸いとした人物のことについて忘れずに書きのこしてくれている。『史記』貨殖《かしょく》列伝の無塩《ぶえん》氏である。貨殖列伝は、富豪の伝記で、誰が、どういうふうにして富を築きあげたかを記すとともに各地の風土、人情、特産品などの記録である。

「前一五四年、呉楚七国の乱が起こった。長安《ちょうあん》の都にいた諸侯たちは、反乱鎮圧のために従軍するにあたり、金を借りなくてはならなかった。*1 ところが、金融業者は、状況を考えて二の足をふんだ。長安から従軍して行く諸侯たちは、長安に住んではいても、領地は函谷関《かんこくかん》から東に持っている。乱が起こった七国は、いずれも函谷関より東か南の王国である。となると、金を貸しても、あとになって、自分の領地は戦場となって荒廃してしまったので、褒賞をもらったけれども金は返しきれない、あるいは返せないとなる惧《おそ》れがある。そもそもからして、呉楚七国の側と政府の側のどちらが勝つかわからない。呉楚七国の側が勝てば、全く返ってこない。かくて、金融業者たちは、金を貸さないことにした。そのとき、たった一人、無塩氏だけが、気前よく金を貸した。ただし、利息は通常の十倍とした。三ヵ月後、呉楚七国の乱は平定され、無塩氏は莫大な利益をあげた。しかも独り勝ちである。これによって無塩氏は長安一帯で一、二を争う富豪となった」

無塩氏は戦争をも投機の対象とする金融業者の一人であった。リスクを考えて安全をはかるか、リスクなどは承知で大バクチを打つか。これは、現在の世界でも日常的に起きていることである。もし、無塩氏が金を貸さなかったら、呉楚七国の乱はどうなっていたか。歴史を動かすものは金だと司馬遷は考えているはずだ。

貨殖列伝には、孔子の弟子の子貢《しこう》がかなりの富を蓄えていたことが記されており、この子貢が金の力で全国の有力者とつきあい、孔子の名を天下に広めたのだと記してある。つまり、金の力なくしては、孔子の道も広まらなかったはずだと極論しているわけである。そのほかの富豪は、塩の販売で富を得たり(猗頓《いとん》)、製鉄業でもうけたり(蜀の卓氏)、さまざまである。が、いずれも、「もうかるものに目をつけた者」という観点がそこにある。

＊1　諸侯は自分の手元にある資金だけでは(よっぽど余剰資金にめぐまれていれば別だ

が)、軍の整備(人員・武器・食糧)ができないので、金を借りて軍容を整え、征伐に向かう。そして戦い、勝利を得、やがて国家から褒賞がもらえる。その時、この戦いの決算が出る。赤字になってしまうか、黒字になるかは、軍功の大きさによって評定される——おおよそこのような仕組みであったのだろう。反乱討伐の算術については、李宝嘉《りほうか》の『官場現形記《かんじょうげんけいき》』第十四回~第十五回の記事が参考になる(平凡社、中国古典文学大系50・51に翻訳がある)。

十五　武帝の時代――司馬遷はなぜ罰せられたのか

武帝《ぶてい》（在位前一四一～前八七）は、司馬遷にとっての「今上帝《きんじょうてい》」である。武帝の時代の歴史とは、司馬遷にとって「現代史」以外の何物でもない。李陵《りりょう》を弁護したことで宮刑《きゅうけい》に処せられた司馬遷は、『史記』に武帝の悪口を書きまくった、だから『史記』の「武帝本紀」は抹消され、別人によって補われたのだ、などという説があるが、妄説である。『史記』を読めば、司馬遷がいかに冷静に人間の善悪功罪の両面を見すえていたかがわかるはずだし、司馬遷が、「よくも私を宮刑に処したな。悪口を書いてやるぞ」などという程度の人間でないことは明白であろう。それに、高祖劉邦《こうそりゅうほう》、呂后《りょこう》らに対する悪行の剔抉《てっけつ》は容赦ないほどであるのに、これらに武帝が文句をつけ、訂正させた形跡はない。「朕《ちん》の先祖を侮辱した」と怒ってもよさそうなのに、こちらは、ひどい記事はひどい記事のままである。二十一世紀は『史記』をそのままのかたちで読んでゆくべき時代であろう。

司馬遷は、『史記』を著すにあたって、孔子の『春秋《しゅんじゅう》』を意識していたはずである。

その『春秋』は「獲麟《かくりん》（めでたい獣麒麟《きりん》が捕獲された）」の記事をもって筆がおかれている。司馬遷が『史記』をめでたい記事で終わろうと考えたとしたら、何がふさわしいだろうか。武帝が麟を得た（前一二二年）ところか。それとも武帝による封禅《ほうぜん》の儀《ぎ》であろうか。おそらく当初の予定としては、「今上本紀《きんじょうほんぎ》（武帝本紀）」を麟を得た年で止めておくつもりだったのだろう。だが、封禅の儀には父司馬談《しばたん》の無限の思いがある。『史記』は完成したものなのかどうか、わからない書物である。しかし現実問題として、どこかで筆をとめなくてはならない。司馬遷にとって「現代史ゆえに書きにくい部分」があったことだろう。が、幸いにして『漢書《かんじょ》』でかなり補えるようである。

92 武帝の登場

諡のとおり戦争が好き

景帝《けいてい》が前一四一年に世を去ると、その第九子の劉徹《りゅうてつ》が後を継いで即位した。彼が武帝《ぶてい》（在位前一四一～前八七）である。時に数え十六歳であるから、いきなりすべての政治を統轄するのは無理であろう。となると、誰か背後の権臣とその一党が、彼を皇帝たらしめたはずである。『史記』を読むと、武帝の場合の「背後の権臣」は、魏其《ぎき》侯竇嬰《こうとうえい》、武安侯田蚡《ぶあんこうでんぷん》、衛青《えいせい》一族、霍氏《かくし》一族（霍去病《かくきょへい》・霍光《かくこう》ら）が、順に交代したようである。文帝の時は、周勃《しゅうぼつ》や陳平《ちんぺい》らが文帝を皇帝にしたことが孝文本紀ほかに明記されているのだが、次の景帝あたりから、そのへんが少しぼかされてくるようである。

『史記』の孝武本紀自体が妙な伝記で、武帝が泰山で行った封禅の儀式のことを記す『史記』の封禅書《ほうぜんしょ》をほぼそっくり引用しているにすぎない内容である。だから古来いろいろな臆測を呼び、内容が武帝の悪口であったので、怒った武帝によって削除されたのだという説もある。だが、これはおかしい。一方で、『史記』に書かれた最も新しい記事は前九七年であり、しかし、その記事は後人《こうじん》の加筆で司馬遷のものではない、と言われている。つまり、前八七年に世を去る武帝の伝記を、司馬遷がなぜ書ききれるのであろうか。前九七年より以前で止まっている『史記』である。武帝はそれより以前の記事のみによって（つまり未定稿の状態で）、自分の悪口を書いたとはけしからん、と削除したことになる。では、決定稿を読んで削除できるか。これは不可能である。自分の伝記の決定稿ができるときには、その人は死んでいる。自分の意思で削除することは不可能である。司馬遷が孔子にならって、めでたい記事のところで孝武本紀を切って『史記』全体を完成とし、以降をまったく書かない状態でおくつもりであったのならいざ知らず、さきほどの説は、武帝と司馬遷との関係をおもしろおかしく説明しようとしているにすぎない。

とにかく、武帝を皇帝たらしめた影の人物については、孝武本紀には見えない。さきほどの竇嬰や田蚡の伝記を見ると、そのへんの事情が浮かび上がる。文帝の時代を考えると、その遺詔《いしょう》（遺言としての詔《みことのり》）の中に、張武《ちょうぶ》という人物を「復土《ふくど》将軍たらしめよ」とわざわざ指名している点が注意される。この張武は、前一六六年に匈奴《きょうど》(96)が侵入して暴れた際に、その偵察隊が甘泉《かんせん》までやって来たのを驚いた文帝によって長安《ちょうあん》の近くに布陣して警戒するよう命ぜられている。文帝から、軍事面で期待されるところが大きかったことが知られる。

そして、対匈奴軍事路線が武帝の時代に明確化する。景帝の時代は、はじめ匈奴との和親路線（つまり、文帝時代の基本的政策の延長）であったが、匈奴はその後、しばしば侵入を繰り返した。そして、武帝は匈奴に対して、自分から（と言っても、自ら軍を従えて戦陣に望むわけではないが）征伐を行い、匈奴の根拠地をさえ叩こうとした。

内政から外征へ

むろん、そのような金（軍事費）のかかることを可能にしたのは、豊かな経済である。

また、主父偃《しゅほえん》の策で諸王の力を弱めたことは、前に記したとおりであるが、前一五四年の呉楚《ごそ》七国の乱のあと、各王の領地自体が減らされるようになってもいたので、その効果は重なってあらわれた。そして、各王は直接その王国の政治を自由にするのではなく、中央政府が派遣した官吏が取りたてた租税をあてがわれるようになった。「中央集権」の言葉どおりである。

つまり、国庫に金が余っている。国内は安定しているというときに、何をするかということである。武帝の目は、外に向かい、版図《はんと》拡大《かくだい》を夢みるようになる。その夢にどれほど現実味があるかは、実は二の次である。誰もが将軍として成功し、金と地位を手に入れようという、時代の空気が見させる夢がある。困ったことに、この夢はなかなか醒《さ》めないもので（それは時に勝利することがあるから）、武帝は張騫《ちょうけん》を西域に送って情報を集め、李広利《りこうり》に大宛《だいえん》征伐を命じ、そして匈奴に対しても征伐を、とまさに「武帝」の諡《おくりな》にふさわしい軍事への熱中であった。

将軍として成功すれば、金・地位・名誉が手にはいる。凱旋パレードで万雷の歓呼を受ける快感。自分もああなりたいとあこがれる若者の群れ。無塩氏《ぶえんし》(91)ならずとも、勝利の確率を考えれば、分のいい投資だから金融業者は喜んで金を貸す。武帝の時代とは、たまたまこういう流れに遭遇したのである。戦争国家というべきか、戦争バブルと呼ぶべきか。国内は安定しているので、国民の目も外に向かった。国民の目が外に向いている時に、新銭の鋳造、塩と鉄の専売などの政策が実行された(前一二〇~前一一九)。国家が物流を管理する均輸法《きんゆほう》も施行された(前一一〇)。

対匈奴の外征は、そうした内政から国民の目をそらすためのものではなかった。外へ外へと向かう軍事費捻出のための措置である。それがまた外征に使われ、新たな需要を生む。これでは戦争をやめたとたんに不景気になるおそれがある。武帝はもはや止まれない。

93 衛青

不義密通の子から将軍へ

衛青《えいせい》（?〜前一〇六）は、武帝《ぶてい》の対匈奴《きょうど》戦略を支えた立役者の一人で、その活躍も大きく、言わば「時代の寵児《ちょうじ》」であったが、武帝における影の権臣として伝記が書かれるのではない。その登場・活躍は前一三九年以降である。『史記』は、衛将軍驃騎《ひょうき》列伝として、彼と驃騎将軍霍去病《かくきょへい》を一緒にあつかっている。

衛青は平陽《へいよう》（浙江省《せっこうしょう》）の人で、父は鄭季《ていき》。父の姓を名のらないのは、正式の婚姻の子ではないためで、鄭季は平陽侯曹寿《そうじゅ》の家の走り使いをしていた。身分も高くはなく、しかも名が「季」、これは劉邦《りゅうほう》（劉季《りゅうき》）の場合と同様、本名というよりは、末っ子を意味する文字である。その鄭季が平陽侯の妾衛媼《えいおう》（こちらも劉邦の母の劉媼《りゅうおう》と同様、「衛おばあさん」の意である）と密通し、生まれた子が衛青であった。衛媼には、衛青のほかに、鄭季ではなく平陽侯曹寿を父とする衛長子（衛青の兄）、衛子夫（姉）がいた。この衛子夫が宮中にあがって武帝の寵愛を受けたので、衛青は「衛」を姓とするのである。そして、衛長子という兄がいることから、衛青の字《あざな》は仲卿《ちゅうけい》、「伯、仲、叔、季」の兄弟順の二番目である。

若いころの衛青は、その出生ゆえに鄭季の子たちから兄弟にあつかわれず、奴隷同然に羊の世話をさせられた。衛青は、人相によって、「高位高官になられよう」と言われたことがあるが、言った相手が刑徒であったこともあろう、

「私は奴隷として生まれたのです。笞《むち》で打たれたり、罵声《ばせい》を浴びせられずにすめば、十分幸せです。そんな高官になるなんてことがあるはずないですよ」

と応じた。

前一三九年、衛子夫が武帝の寵愛を受けたため、陳《ちん》皇后が嫉妬《しっと》して衛青を捕らえて殺そうとし、公孫敖《こうそんごう》らに救われた。陳皇后は直接のいじめではなく、衛子夫の弟を殺すことで、意趣がえしをしようとしたのだが、この事件のおかげで、かえって衛青は武帝に目をかけられるようになった。そして、衛子夫が寵愛されたことで、衛青ばかりでなく、衛子夫の姉たちも高官の妻となり、一門が栄えはじめた。

前一三〇年、衛青は車騎《しゃき》将軍として匈奴《きょうど》征伐に出た。しかし、『史記』には、何ゆえに、何の資格があって車騎将軍となりえたのかの記事がない。兵法の修得はどうであったか。またその軍事センス、統率力はどうであったのか。そして、実際の作戦の展開がどうであったのか。全く記されていない。が、この時、他の将軍たちが失敗したのに対し、衛青だけが、斬首《ざんしゅ》・捕虜数百を獲たと書かれている。

連戦連勝でも

前一二八年、衛子夫は男子を生み、皇后に立てられた。そして、この年の秋、車騎将軍衛青は騎兵三万を率いて匈奴を攻撃し、数千の首級をあげた。この時の記事においても、衛青の戦いぶりなどについて書かれていない。

前一二七年、匈奴の逆襲があり、北方の遼西《りょうせい》・漁陽《ぎょよう》に侵入した。衛青は匈奴を攻撃し、首級と捕虜二千三百、家畜数十万を奪い、オルドス地方を平定して、漢領朔方郡《さくほうぐん》とした。この手柄によって、衛青は領邑三千八百戸と長平侯《ちょうへいこう》を与えられた。

前一二四年、前一二三年にも衛青は匈奴を討って大功をあげ、領邑の加増を重ねた[*1]。

ところが、衛青の活躍はこのあたりが頂点で、このあとは霍去病が衛青のかわりに匈奴征伐を仕切るようになる。この主役交代劇も、いかなる理由があったのかは、記されていない。推測をすれば、衛青ばかりの独り勝ちは、ほかの人間にとってチャンスがめぐって来にくいことになろうし、武帝としても、衛青にばかり力が集中してはまずいだろう。そのへんの事情から、霍去病へと主役が代わったとも考えられる。

この主役の交代によって、衛青の旧友や取りまきまでが、霍去病のもとに行って官職・爵位をもらうようになった。ただ、任安《じんあん》だけは、衛青との信義を貫いて、去ろうとしなかった。この任安は、親友の田仁《でんじん》とともに、もともとが衛青の食客であった。

武帝が衛青の食客を取りたててやろうとした時、居並ぶ食客たちの中から、任安と田仁が抜擢《ばってき》されたのであった。また司馬遷と交際があり、『漢書《かんじょ》』司馬遷伝には、司馬遷が任安に送った手紙が載せられていて、そこに宮刑《きゅうけい》に処せられた事情などが書かれているので、『史記』や司馬遷について考える際の重要人物である。ひと口に言ってしまえば、任安は衛青派に属する人である。霍去病のもとに人が集中すれば、任安が苦しい場面を迎えることも当然あるわけである。

一方、武帝にも一種のバランス感覚がはたらいていたのだろう。衛青だけに名誉をあつめるのではなく、いろいろな人間にチャンスを与え、手柄を立てさせよう、そうすることで政治の場を円滑に運営できる、と。それにしても衛青は、別の軍を率いる将軍たちが敗れ、金を代償として死刑をまぬかれ、平民に貶《おと》されたりしているのに対し、よく勝ちつづけたものである。しかし、勝ちつづけることが自分を主役の座から引きずりおろすことになろうとは、おそらく予想していなかったろう。

＊1　『史記』の掲げる数字は、匈奴を攻撃すること七回。斬首《ざんしゅ》・捕虜五万余。所領合計一万一千八百戸。三人の子が侯となり、各領邑千三百戸。

94
霍去病

若き天才将軍

霍去病《かくきょへい》（前一四〇～前一一七）は、衛青《えいせい》と交代するように出現した匈奴《きょうど》征伐の名将である。だが、その出生にはあやしさがつきまとうもので、『史記』だけを読んでは、むしろ不可解でしかない。とりあえず『史記』の衛将軍驃騎《ひょうき》列伝からわかることを記せば、彼は衛青の「姉の子」であるという。しかし、『史記』は、衛青の姉にあたる人物として、

「長女は衛孺《えいじゅ》、次女は少児《しょうじ》、次女は子夫《しふ》」

という妙な書きかたをしている。いちばん最後の子夫は、のちに武帝の衛皇后となり、衛子一門の出世のおおもととなった女性である。「三女」と書いてもよさそうに思われるが、とにかく『史記』は「次女は子夫」と書いてあり、古い注もそのへんに触れてはいない。

以上のことから考えると、『史記』のみを史料とするかぎりにおいては、霍去病は、

衛孺の子

しまう。

衛子夫の子

衛少児の子

のいずれかではあるものの、そのうちのどれであるかは決定できないことになって

しまう。

次に、彼女らが誰と婚姻関係にあったかを見ると、

衛孺——公孫賀《こうそんが》（先祖は匈奴。武帝が皇太子時代の舎人《しやじん》で匈奴征伐の将軍となる）

衛少児——陳掌《ちんしょう》（陳平の曾孫）＊1

衛子夫——武帝劉徹《ぶていりゅうてつ》

のごとくである。一見してわかるように、このいずれにおいても「霍」という姓は出てこない。つまり、霍去病は不倫の子である。では、どの組の不倫の子であるのだろうか。『史記』の記事のみを読むかぎりにおいては、おそるべきことに、武帝の后である衛子夫がもうけた不倫の子であることとさえ匂ってしまう。

霍去病の出生は、司馬遷の当時において「宮中の秘事」あるいは「国家権臣の秘事」に属することであったかもしれないが、司馬遷が何も知らなかったことはあるまい。

このように『史記』が迷路に踏みこんでしまったような場合には、『漢書《かんじょ》』を見るのが普通の手段である。『漢書』には、

「霍去病は衛少児の子である。衛少児と霍仲孺の間の子で、衛少児はのちに陳掌と再婚をした」

と記されている。そして普通は、『漢書』の記事を信じ、これによって「『史記』の記述の不備を補う」ことで話を終わらせる。だが、『漢書』の記事は、信用できるのであろうか。司馬遷がもし霍仲孺なる人物の史料を、たとえその姓名のみであっても、知っていたら、『史記』に書いたとて、何のさしさわりがあろうか。実際、衛青の父が鄭季《ていき》であることは明記していたではないか。それに、霍仲孺とは、「伯、仲、叔、季」の「仲」で二番目。二番目は衛三姉妹の「仲」で衛少児にあたる。「孺」の字は長女衛孺と同じ。ずいぶんな偶然の一致である。だから、むしろ『漢書』の記事のほうが、とってつけたような説明なのである。また、『史記』は、「衛少児は昔から陳掌と関係があった」と記している。こういうことを書けるなら、霍仲孺のことを出すことをためらったりする必要はあるまい。『史記』には、実はこういうケースがけっこうある。歴史書だと思って読んでいくと、真相ははっきりせず闇の中。前から本書が、同時代人のことは書きにくかったのだろうと記してきたのは、こういうことである。

衛青の後を継いで匈奴討伐に

霍去病は、出生は謎だが、活躍の記録は嘘ではあるまい。前一二三年、十八歳でデビューし、衛青に従って匈奴征伐に出た。霍去病が衛三姉妹の誰の子であれ、衛青とは叔父甥の関係である。霍去病は本隊を離れて飛び出し、首級をあげ、捕虜を取りまくった。そしてその功により、衛青との主役交代をはたした。

『史記』の数字を挙げれば、霍去病は匈奴征伐に六回出撃し、主将をつとめたのがそのうち四回。斬首・捕虜十一万余。そのほか、匈奴の渾邪王《こんやおう》および配下数万を降伏させ、河西《かせい》の地を漢の支配下におき、侵略を激減させた。加増四回によって領邑は一万五千百戸。

霍去病は前一一七年に、二十四歳で世を去る。戦いに敗れての死ではないので、若くそしてかっこいいうちに人生を終えたことになろう。その彼の領邑の数は、衛青の場合の、三人の息子の分と合わせた一万五千七百戸と、不思議なバランスを示している。

また、霍去病がなぜ強かったのかについて、『史記』は次のような話を記している。

「人柄は寡黙《かもく》で無駄口をたたくことはなかった。その一方で、戦場では気力を発揮して勇敢であった。天子（武帝）が『孫子《そんし》』や『呉子《ごし》』を学ばせようとしたとき、霍去病は、『その場での最善の戦略をどうするかだけを考えたいと存じます。古い兵法を参考にすることはしなくてよいと存じます』と答えた」

武帝が邸宅を与えようとすると、「匈奴が滅びぬうちは、いただきません」と答えた霍去病の死は、武帝を深く悲しませた。彼は抜群の軍事センスを持ちながら、あっという間に時代を駆けぬけてしまったのである。

＊1　陳平の孫陳何《ちんか》の代で、領国は没収されている（人妻を奪った罪で死刑になった）。曾孫の陳掌は何とか自分の代で領国を与えてほしいと願ったが、ついに許されなかった（陳丞相世家）。陳掌はあらゆるコネを使って運動していた。

95 李広

石に矢を突き立てる

李広《りこう》（?～前一一九）は隴西《ろうせい》の出身で、秦《しん》の将李信《りしん》を先祖とする人物である。李信は燕《えん》の太子丹《たん》（66）を追捕《ついぶ》した将軍である。

李広は弓の名手で、馬上から射放つ弓の正確さには定評があった。文帝時代の前一六六年、匈奴《きょうど》が蕭関《しょうかん》から侵入してきた際に、迎撃して戦果をあげたのを皮切りに、前一五四年の呉楚七国《ごそしちこく》の乱《らん》の際は、周亜夫《しゅうあふ》（90）の配下として働き、その後はおもに北方の郡の太守《たいしゅ》（長官）を歴任するかたちで、匈奴への備えとして働いた。

ある時、李広は百騎だけで匈奴の数千騎と戦ったことがある。李広は全員を馬からおろし、匈奴に、

「あれは我々を誘うために、わざとああやって挑発しているのだ。後方には本隊がかくれているに違いない」

と思わせて、無事に逃げおおせたことがある。

『史記』はまた、程不識《ていふしき》という別の名将と比較することで、李広の姿を浮かびあがら

せている。程不識の軍は、編制、隊列、陣営、記録などすべての面にわたって厳格で、夜間のパトロールや時報もゆるぎなく行った。一方、李広はというと、いろいろな面でゆるやかにし、兵士たちを快適な水場や草地に自由に休ませ、記録も簡略にした。程不識は、

「私のやりかたなら、敵は襲撃をしてくるまい。李広のやりかたでは急に襲われたら防げまいが、兵士たちは喜んで李広のために死ぬであろう」

と評した。匈奴は李広の謀計をおそれ、漢の兵士たちはみな李広の配下になることを求め、程不識は不人気であった。

前一二九年、武帝の時代である。李広は雁門《がんもん》の地で匈奴と戦い、多勢に無勢で傷つき、捕らわれたが、死んだふりをして隙をうかがい、匈奴の馬を奪って逃げ帰った。しかし、敗戦は罪である。李広は金で罪を贖《あがな》い、庶民に貶《おと》された。

数年後、匈奴の侵入があり、李広は武帝に召し出され、北方の警備にあたった。匈奴は李広を「漢の飛将軍《ひしょうぐん》」と呼び、戦いを避けるようになった。

李広の伝記（『史記』李将軍列伝）には、彼の善悪両面の逸話が同居している。まず、善のほうは、李広は清潔な人柄で、恩賞はいつも部下に分け与え、飲食は兵卒と同じもので、水が足りない場所で水を見つけると、まず兵卒に飲ませ、全員が飲みおわってから飲んだ。

李広は大柄で腕が猿のように長く、弓術にすぐれていたのは、この肉体的条件によるものであった。狩りに出かけた時、草の中にあった石を虎だと思って射たところ、矢は石に突き立った。が、石だとわかってからもう一度射てみたが、もう矢は突きささらなかった。

一方、悪に属する話は、庶民として暮らした時期に、夜中に帰ったところ、霸陵《はりよう》の守備隊長にとがめられ、野宿をさせられた。武帝に召し出され、北方に赴任するにあたり、李広は霸陵の守備隊長を軍に加えることを申請し、守備隊長が到着すると、斬り殺した。

なぜ勝てないのか

前一二三年、同一二一年にも、衛青の配下として匈奴征伐に従うが、功績はあげられなかった。奮戦はするものの、部隊は失われ、功罪あい半ばで打ち消されてしまう。

李広は、天空の様子で占う望気術師の王朔《おうさく》と話をしているとき、

「なぜなのだろう。自分はほかの武将に劣るとは思えないのだが」

ともらした。王朔は、

「何か悔《く》やまれることはないか」

と言う。そう言われて改めて考えてみれば、李広は昔、羌族《きようぞく》八百余人を降伏させた

が、その全員をあざむいて、その日のうちに殺したことがあった。このことは、ここで初めて記されるので、いささか唐突に感じられるが、王朔は、

「それが祟《たた》って、あなたが公爵を得られないのであろう」

と言った。

司馬遷は李陵《りりよう》（李広の孫）を弁護して宮刑《きゆうけい》に処せられたが、ともすると、その弁護は、李広のような人物を慕う心が司馬遷にあったので、孫を弁護するかたちでそれが発露したのだととらえる向きがある。しかし、『史記』李将軍列伝には、今あげたような善悪両面がきちんと描かれていることは、忘れてはなるまい。

前一一九年、李広は匈奴征伐への従軍を志願するが、武帝は李広の老齢を考えて許可しない。しばらくたってから、ようやく出陣を許された李広だが、大将軍の衛青は、武帝から「李広は老齢で、[*1]運も強くない。出陣してみても実績はあがるまい」と言われていた。武帝の言葉が当たったか、李広は道に迷って日限に遅れ、配下の者が罪を与えられぬようにと自ら首を刎《は》ねた。[*2]

司馬遷は、李広の伝記の末尾に、次のように記している。

「私は李将軍を見たことがある。口数が少なく、しかも話がへたで、きまじめには見えたが、まるで洗練されていなかった。彼が自殺した日には、彼を直接知らぬ者までが哀悼をささげた。忠実な心は知識人に信頼されていた。『桃李《とうり》、言《ものい》わざれども、下

おのずから蹊《こみち》を成《な》す*3』という諺《ことわざ》は、こういう大きな意味でもあったのだ」

＊1 『史記』李将軍列伝の記事によれば、彼はこの年に六十余歳である。

＊2 李広の子は三人いた。李当戸《りとうこ》・李椒《りしょう》は李広よりも早く若死にし、李敢は匈奴征伐に功を立てたが、父李広への仕打ちを怨《うら》んで衛青をなぐって負傷させた。のち、霍去病が李敢を射殺《いころ》す事件が起こったが、「鹿が李敢を突き殺した」と公式発表された。

＊3 桃や李《すもも》は何も言わないが、その花を賞《め》で、実を味わう人がいっぱいいるので、いつしか道ができる、の意。

96 匈奴

中国の北の脅威

武帝《ぶてい》（在位前一四一～前八七）の時代に、衛青《えいせい》（93）や霍去病《かくきょへい》（94）が戦った匈奴《きょうど》についで、司馬遷は『史記』の中に匈奴列伝を立てて、その歴史を整理している。これによると、匈奴は、堯《ぎょう》（9）や舜《しゅん》（10）より古い時代からいて、夏后氏《かこうし》の子孫の淳維《じゅんい》から出ている、と。いったいいかなる史料・伝説によるものかは明確ではないけれども、とにかく大昔から存在することは認めている。

匈奴には古く「三戎《さんじゅう》」「獫狁《けんいん》」「葷粥《くんいく》」のような種族があり、北方で家畜を放牧しつつ移動生活をおくっていた。家畜の中心は馬・牛・羊で、駱駝《らくだ》・驢《ろ》馬《ば》などを飼う者もあった。水や草を求めて移動し、耕作によって収穫を得ることはせず、すべて口頭で伝達を行い、文書は用いない。匈奴の子は、羊に乗って遊べるようになれば、弓を教えられ、はじめは鳥や鼠、やがて成長すると狐や兎を射て、食事とする。平和時には放牧で生活をし、食糧や水の欠乏時には、侵入と掠奪に出る。礼儀や道徳は理解していない。

『史記』の記述は漢民族の側からのものである。匈奴からみれば、南のほうにいて豊かな経済生活をおくっている漢民族の存在は、一種の食糧貯蔵庫に見えたであろう。司馬遷は、匈奴には礼儀や道徳がないかのように言うが、それは侵入・掠奪時の匈奴のことに限定される。なぜなら、匈奴は平穏に放牧生活が成立している時には襲ってこないと自分で書いているからだ。*1

部族長以下、家畜の肉を食べ、皮を着、上衣は毛織物。若者がうまいものを食べ、老人は残り物を食べる。放牧・狩猟生活においては若さと健康が最も重要で、老衰と病弱はいやしまれる。父親が死ぬと、息子が父親の夫人（複数）を妻とし、兄弟が死ねば、その妻たちもすべて自分のものとする。実名で呼ぶことは失礼とされず、姓と字《あざな》はない。

司馬遷はこう記しているが、本当にこのようであったかについては、検証がいるだろう。司馬遷は次に、匈奴の侵入と漢民族の対応の歴史を記しはじめる。

攻める匈奴、守る漢民族

異民族は、周の古公亶父《ここうたんぽ》のとき、侵入して暴れた。古公亶父は岐山《きざん》のふもとに逃れ、そこで都市を形成した。これが周の国の始まりである。

その後百年あまり、周の文王、武王（24）は殷《いん》とばかりでなく、異民族とも戦い、異民族を駆逐《くちく》した。周が幽王《ゆうおう》（28）の代、褒姒《ほうじ》を寵愛して国が乱れた際、犬戎《けんじゅう》と呼ばれる異民族が、申侯《しんこう》に協力するかたちで暴れている。

　このあと、匈奴は前七〇四年、燕《えん》を通過して斉《せい》を攻撃した。これが『史記』の中で年代のわかる侵入の始めである。そして、匈奴は燕に、さらに周の都雒《らく》（洛）邑《ゆう》にまで侵入し、以後、各国各地で侵入と迎撃討伐が繰り返される。基本的に、漢民族の側は防備をととのえ、各国で長城が築かれた。またある時には、趙《ちょう》の武霊王《ぶれいおう》のように、自国の軍事政策に匈奴の手法を取り入れ、騎射（馬上での弓射）の訓練によって、軍の強化をはかった。また、匈奴列伝には、秦《しん》の昭王（在位前三〇六～前二五一）の母宣《せん》太后《たいこう》が義渠族《ぎきょぞく》の王と密通し、二人の子を生んだことも記されている（彼女はあとで義渠族の王をあざむき、甘泉《かんせん》の地で彼を殺している）。

　以上のことを整理しなおすと、中国が統一されていない状態のときは、匈奴は境を接する各国の問題であり、ある場合には戦い、ある場合には利用し、と各国の対応にゆだねられたかたちである。しかし、天下統一が成ると、匈奴はその統一国家にとっての外交上の重要問題となる。割りきって把握することは単純かつ明快であるが、そのへんにいろいろなアヤがあり、かけひきがあるわけである。

　趙に李牧《りぼく》という名将（廉頗藺相如《れんぱりんしょうじょ》列伝に見える）がいた当時は、李牧が匈奴との対応にあたり、成功をおさめたが、秦の始皇帝（64）が天下を統一すると、蒙恬《もうてん》を派遣して、十万の軍で北方平定を行わせ、長城を築かせ、北方の守護神とした。しかし、強力無比な蒙恬が始皇帝の長子扶蘇《ふそ》と外地にいることは、趙高《ちょうこう》(68)の脅威であるとともに、その距離がつけいる隙になった。巡行中の始皇帝の死をめぐる動きは、すでに本書に記したとおりである(67〜69)。

匈奴は「北方の脅威」という名で、中国の歴史上、かかわりを持たずにはいられなかった「通奏低音」である。司馬遷は、歴史の裏側あるいは奥底に、ずっと持続して在《あ》りつづける問題について、見落とすことがなかった。異民族をやっかいな存在と思い、忌《い》み嫌《きら》うだけではない眼でとらえている点はさすがである。

司馬遷は、漢の天下統一のころ、父頭曼単于《とうまんぜんう》を殺して匈奴の王となった冒頓単于《ぼくとつぜんう》にかなりの分量の記事をさいている。冒頓単于は部下の者に、自分が鏑矢《かぶらや》で射たものに矢を射るよう命じ、やがて自分の妻、そして父頭曼単于を順に殺していった。冒頓単于が項羽と劉邦の戦いのかげで、北方全体の覇者となっていたことを指摘している。北方を留守にして戦っているうちに、こんなぐあいに強大化されてしまったという口ぶりには、国内で戦うだけでなく、広く世界に目を向けよという響きがあるのだろう。

＊1　この当時、匈奴に対する差別意識にはひどいものがあった。『史記』韓長孺《かんちょうじゅ》列伝に、

韓長孺が「匈奴は人間のうちにはいらない」と言ったことが記されている。匈奴に対して、和親するか征伐するかという朝廷での会議中の発言であるから、必要以上に匈奴を悪く言っている点を割り引いても、驚くべき差別意識である。その一方で、陳豨《ちんき》など多数の人間が匈奴と手を結んで反乱したりしているわけである。

97 李陵

李広の孫ゆえの高評価

司馬遷は、李陵《りりよう》（?～前七四）を弁護したために武帝《ぶてい》の怒りを買い、宮刑《きゆうけい》に処せられた。

ところが、『史記』の中に李陵の姿はほとんど見えないのである。たとえば匈奴《きようど》列伝の中に、李陵が匈奴に降《くだ》った記事がある。しかしこれは、後の人の加筆と考えられている部分であるので、にわかに依拠できない。つまり、『史記』だけによるかぎり、李陵を弁護したとは、どういう状況であったのかが、わからないのである。この点で、どうしても『漢書《かんじよ》』の力を借りなくてはならない。『漢書』は、後漢の班固《はんこ》が著したもので、前漢の武帝時代（在位前一四一～前八七）の司馬遷とは、二百年ほどのひらきがある。『史記』と同じ人物の伝記も多いが、単なる丸写しではなく、一字一字に神経を使い、史料を補う所もある。

『漢書』[*1]李広《りこう》・蘇建《そけん》伝によると、李陵は、李広の子李当子《りとうこ》の子、つまり、李広の孫である。若いころから、騎射（馬上での弓射）にすぐれ、人にへりくだったので評価が高かった。武帝は、李陵には李広のおもかげがある、と八百騎の部隊の長とした。対匈奴の戦争の際に、匈奴の領域に二千里も踏みこんで敵情を探ったが、敵には会わなかった。李陵は実戦で敵の首級をあげることはなく、むしろ兵の教育係として、弓術を指導した。

将としては無能

武帝の天漢《てんかん》二年（前九九年）、李陵は、李広利の匈奴征伐に、輜重《しちょう》部隊の長として従うよう命じられた。しかし、李陵は、武帝に対し、

「輜重ではなく、戦闘隊を率い、匈奴を引きつけて、弐師《じし》将軍（李広利）に匈奴の軍が集中しないようにしたく存じます」

と願いあげた。『漢書』には、「叩頭《こうとう》」の礼をとったとしるされている。ひじょうに激しい、いのち賭けのようなニュアンスである。しかし、武帝は、朕《ちん》は今回多くの軍を発動するので、

「人の下に所属したくないということか。しかし、朕は今回多くの軍を発動するので、お前に与えてやれる騎兵はいない」

と言った。すると李陵は、

「騎兵は別にいりません。わたくしは、少ない兵力で多数の敵を攻撃いたしたく存じます。歩兵五千人を率いて単于《ぜんう》（匈奴の王）の領地を跋渉《ばっしょう》してごらんにいれます」

と言った。武帝はその心意気を壮として許可した。そして、路博徳《ろはくとく》に、李陵の軍を迎えて合流し、自分の歩兵隊五千とともに李陵の指揮下にはいるよう命じた。路博徳はそれまでかなりの実績を有していた人物なので、李陵なんかの指揮は受けたくないと思い、武帝に、

「季節は秋。匈奴の馬も肥えて強いので、李陵を留めて来春出陣といたしたほうが……」

と上書した。武帝はこの時、李陵が大口をたたいたことを後悔し、路博徳にたのんで引きのばしを図ったのだなと考え、ただちに出撃するよう命じた。

李陵はこのあと、多数の匈奴の騎兵に対し、歩兵だけで奮戦したが、負傷者が続出した。日が落ちると、李陵は一人で陣を出て行こうとし、

「誰もついてきてはならぬ。私は一人で単于の首を取ってやるのだ」

と言った。だが、外へ出てしばらくすると帰って来て、

「兵敗れたうえは、死なねばならぬ」

と言った。周囲の者は、

「早まられてはいけません。浞野侯《さくやこう》（趙破奴《ちょうはど》）は、匈奴に降り、のち帰還しましたが許されました」

と止めた。李陵は、

「よせ、そんな話は。ここで死ねないようでは壮士とは言えぬ」

とは言ったものの、自殺はせず、旗を切りきざみ、宝物を地面に埋めた。そして、

「あと数十本の矢さえあれば、ここを脱出できるのだが……。夜が明ければ捕らわれ、縄を受ける。みながちりぢりに逃げれば、誰かしらは逃げおおせて、天子（武帝）に報告できるであろう」

と言った。翌朝、李陵は、

「陛下に会わせる顔がない」

と言って降った。

以上が『漢書』の記事である。ここに描かれた李陵は、それまで実戦での褒賞はなく、敵情視察や教育でしか働けなかったので、焦りがあり、武帝の前で大言壮語をして出撃した。路博徳の問題については考慮にいれなくていいだろう。とにかく李陵は命令に従わず、大口をたたいて願いを許されたが、実戦で敗れた。死なねばならぬ、止めるな、死んでやる、と言いながら、切ったのは旗で、「陛下に会わせる顔がない」と言ったけれども、そこで自ら首を刎《は》ねたりせず、敵に降った。これでは、李広(95)などと同様、敗軍の将には死、この罪を金で贖《あがな》って庶民となる、のコースは避けえまい。司馬遷はなぜ李陵を弁護したのだろうか。

匈奴に降ったあとの李陵は、現地で妻をもらい、子をもうけている。漢に残った家

族は皆殺しにされてしまったので、本当に気の毒なのは家族のほうであろう。

＊1　このことは『史記』李将軍伝にも見える。

98 司馬遷、宮刑に処せらる

李陵を罰するのは当然

前項の『漢書《かんじょ》』の記事によるなら、大言壮語して命令に従わず、実績をあげるどころか、負傷者続出のうえ惨敗を喫し、敵に降った李陵《りりょう》を弁護する余地はなさそうに見える。ほかの例に照らしても、こういう将軍は自殺するか死刑、金で贖《あがな》って身分剝奪（庶民）のはずである。事実、『史記』の中にも、こうした将軍たちの例はいくつもある。[*1]

司馬遷が、そうした判例というか前例を知らないはずはない。

武帝《ぶてい》の立場からみても、李陵を救ってやれる要素がどこにあるだろうか。自分の命令には従わないで特例を願いあげたこと自体、武帝の面子《メンツ》がたつまい。ほかの者たちへの示しがつかなくなるからだ。「じゃあ、わたくしにも特例をお願いしたいのですが」と言い出す者が続出したら、どうするのだ。

それはおくとしても、せっかくの特例を生かすどころか惨敗・投降では、話にならない。これを処分しなかったら、それこそ大変であろう。「李陵は赦《ゆる》されたのに、私は処刑ですか」と居直られたら、困ってしまう。もし仮りに、李陵が衛青《えいせい》（93）や霍《かく》

去病《きょへい》(94)のような、赫々《かくかく》たる実績を有する人間であったら、

「今回のはいたしかたない。次回はこの分を取りかえして余りがあるくらいに働けよ」

として、領邑《りょうゆう》の戸数を減らしたりする措置もできるだろう。しかし、李陵は、教育者としては実績があったかもしれないが、実戦での功績はない人間である。それが、大言壮語だけを置きみやげにして匈奴に降《くだ》ってしまったのだ。どこをどうやれば赦せるのだろうか。仮りに武帝の立場からながめてみても、どうしようもなさそうである。それとも、『漢書』は武帝のほうを正当化し、李陵をとがめようとするあまり、真実を伝えていないのであろうか。

司馬遷の弁護

『漢書』は、司馬遷の弁護を載せている。司馬遷はこう言った。

「李陵は親孝行で、人との交際も信義があり、我が身をかえりみず国家のために働き、日ごろの鍛錬によって国士の風《ふう》があります。たしかに、今回は不幸な結果になりましたが、妻子のために保身をはかる者たちが、いっせいに、有ること無いことひっくるめて彼を悪く言うのは、まことに残念です。李陵は、五千名に満たぬ歩兵を従え、敵中深くはいって数万の敵軍に向かい、敵は負傷者続出で救護にかかりきりになり、全

軍を集中して李陵を包囲し、攻めたてました。李陵はそれでも千里を転戦し、ついに矢尽きてしまいました。それでも配下の士卒は素手をふるい、白刃をおかし、敵と戦いました。そこまで士卒に死力をつくさせた点は、古《いにしえ》の名将とて及びますまい。李陵は敗れましたが、敵にも莫大な損害を与えた点は天下に顕彰するに足りましょう。彼が死なずに降ったのは、いずれ機をみて我が大漢帝国の恩に報いようとねらったからであると存じます」

こういう弁論の場合ばかりでなく、最も言いたいことは末尾にくる。司馬遷の趣旨は、「李陵はわざと匈奴に降って、何らかの機会をうかがうつもりなのだ」である。

しかし、前にも記したように、事態は李陵を赦せるような状態ではない。武帝は次のように受けとったと『漢書』は記す。

「今回、本隊の李広利《りこうり》のほうにではなく、添えもののはずの李陵のほうに匈奴が集中したために敗戦となり、全体の作戦計画もめちゃめちゃになって、李広利の手柄は無いにひとしくなった。それなのに司馬遷め、李陵を弁護するのに名を借りて、李広利こそ戦功なき無能の将であると強調したのだな」

と。そこで武帝は司馬遷を腐刑《ふけい》（宮刑《きゅうけい》）に処した。

なぜ李陵を弁護したか

司馬遷が宮刑に処せられたことは、『漢書』司馬遷伝に、司馬遷が任安《じんあん》に送った手紙（任安に与うるの書。任少卿《じんしょうけい》に与うるの書とも）が引用されており、そこでも今の『漢書』李陵伝での弁護とほぼ同じ内容が記されている。しかし、任安に与えた手紙には、*2

「僕は李陵と一緒に侍中《じちゅう》の官にあったことがありますが、特に親しかったわけではありません」

という記述がある。これに信頼をおけば、司馬遷が李陵を弁護した理由は、個人的に親しかったからではなく、李陵の敗戦は罪にあたらぬと考えたからでもなく、李陵の祖父李広のファンであったからでもなく、李広利が嫌いで貶《おと》しめようとしたのでもなく、他の臣下たちの態度にあることになる。武帝の立場も意図も承知のうえで、確認の諮問をされると、朝臣一同は有ること無いこと李陵の悪口を言い、おそらく李陵と一面識のない者さえ、李陵の悪口を語ってやまない。

司馬遷はついに我慢できずに発言した。冷静な彼が、一瞬だけ見せた感情の爆発である。が、この行為は「確信犯」に近い。そしてこの行為に関しては、あまりにも恥知らずな臣下たちへの正義の怒りのあるかぎり、司馬遷にとって恥ずべき行為であったはずはない。

＊1　李広（95）のところで、道に迷って期日に遅れてしまい、李広が自殺したことを記したが、この時、李広と一緒にいて期日に遅れた将軍趙食其《ちょういき》は裁判にかけられ、死刑の判決がくだされた。趙食其は金を出して罪を贖《あがな》い、庶民におとされることで命が助かっている（『史記』李将軍列伝。李広も過去において同様の経験がある）。「罪」は肉体におよぶ刑を受けることで、「罰」は金で話をつけること。だから漢語の世界に「罰金」はあっても「罪金」はなく、「罪を乞《こ》う」とは言っても「罰を乞う」はない。それでは初めから「金でかんべんしてくれ」と求めていることになる。

＊2　この手紙は、六朝時代の梁《りょう》の昭明《しょうめい》太子蕭統《しょうとう》の『文選《もんぜん》』にも採りあげられていて、『漢書』の司馬遷伝をはなれて作品単独でも、古くから多くの読者をえている。

99 戻太子そして李夫人

武帝の衰弱

武帝《ぶてい》は前一一〇年に、泰山《たいざん》で封禅《ほうぜん》の儀を行った。天地の神に、自分が地上世界の支配者となったことを知らせる儀式である。時に五十歳。当時の平均寿命の統計などはないが、武帝とて人間である。人生の残り時間が気になっていたはずである。彼の作と伝わる「秋風辞《しゅうふうのじ》」には、「歓楽極《きわ》まりて哀情多し。少壮なるは幾時《いくとき》ぞ。老《お》いを奈何《いかん》せん」の句がある。

彼の前に封禅の儀を行った秦《しん》の始皇帝《しこうてい》も、天下統一のあとは、虚脱感にとりつかれたかのように、神仙を求め、不老不死を願ったが、武帝の場合も、彼自身の老いと比例するかのように衰弱と虚脱の色が濃くなってゆく。『史記』孝武本紀によれば、武帝は封禅の儀よりも前から神仙への興味を持っており、少翁《しょうおう》なる者に文成将軍《ぶんせい》なる地位を与え、鬼神と交流する術を得ようとしたが、少翁のインチキが露見し、少翁を殺したりしている。『史記』は竇太后《とうたいこう》がそうした道術的傾向が強かったことを記し、彼女の影響があった可能性をほのめかしている。

武帝は母王太后《おうたいこう》の弟にあたる外戚田蚡《でんぷん》らの勢力によって皇帝になった。皇帝である彼にどのくらいの専権事項があったか。

たとえば経済は、桑弘羊《そうこうよう》の手法を取りいれ、塩・鉄の専売によって国家の収益を支える仕組みになる（前一一九）から、国家の経済体制がととのえばととのうほど、皇帝が口をはさむ問題ではなくなってゆく。

軍事（匈奴《きょうど》征伐）は、衛青《えいせい》・霍去病《かくきょへい》が主役を交代しつつ、現場をとりしきりつづけたわけで、これまた彼らのバランスについて考慮する余地こそあれ、武帝がみずから軍事作戦を立案し、将軍たちの配置から人員配分まで自分で勝手に決められたわけではない。

そうすると、内政も外政も、一応の報告を受け、説明を聞かされ、裁可をあおがれるだけで、多少の修正意見を述べる余地はあったろうが、何から何まで、思いのままに独裁できたなどというのは幻想であることがわかる。そして、この状況は、秦の始皇帝にも共通していた。始皇帝も、呂不韋《りょふい》→李斯《りし》→趙高《ちょうこう》という背後の権臣の操り人形で、不老不死にひじょうな執着を示していた。それは、神仙へのあこがれのようなテーマに集中することなら許されるが、実際の政治に口をはさむわけにいかないという「立場」のかかえる問題であった。

武帝の場合、社会体制がととのい、官僚機構における職務分掌が明確になってくる状況下でもあったから、専権事項というよりは承認することが主であったろう。やがて前七四年になると、司馬遷はこの時にはすでに世を去っているだろうが、劉賀《りゅうが》が即位二十七日で帝位をおろされる事件がおきる（廃帝）。おろしたのは霍光《かくこう》を筆頭とする権臣集団である。

始皇帝と同じく不老不死を追求

武帝が神仙・不老不死にあこがれたということは、呪術《じゅじゅつ》的世界が宮廷を支配していたことを意味する。これが悲劇を生んだ。武帝は年齢をかさねるにつれ、衛《えい》皇后（衛子夫）への愛が冷《さ》めた。そうなると、皇太子（劉拠《りゅうきょ》）の交代があるかもしれぬ、と臣下たちがポスト武帝を考えはじめる。次の皇帝になる人物を盛りたてることで、自分の栄達を、というものの図式である。呪術を気にする武帝は、ちょっと体調をくずすと自分が早く死ぬように願って呪《のろ》いをかけている人間がいると思えてしかたない。衛皇后とて、皇太子を交代させぬうちに武帝が死んでくれたらいいと呪っているかもしれぬ。

これにつけこんで、その摘発役として江充《こうじゅう》が動いた。江充は衛皇后・皇太子らを除いてしまおうと、武帝が甘泉宮《かんせんきゅう》へいっている隙に、皇太子の御殿から桐の木の呪いの人形が出たと発表した。むろん前もって埋めておいたものを掘り出すのである。いち

前漢系図(部分)

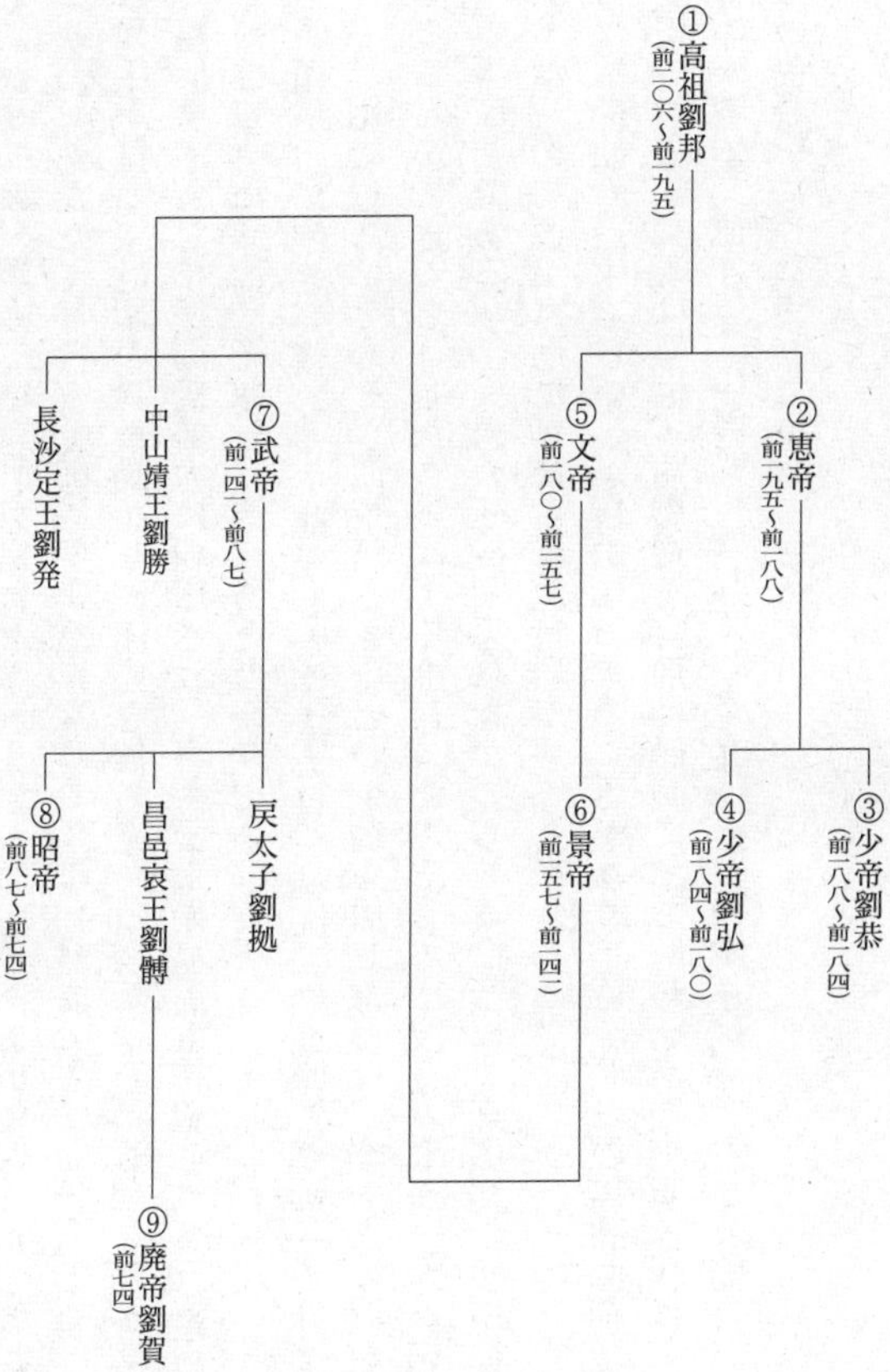
①高祖劉邦（前二〇六～前一九五）
②恵帝（前一九五～前一八八）
③少帝劉恭（前一八八～前一八四）
④少帝劉弘（前一八四～前一八〇）
⑤文帝（前一八〇～前一五七）
⑥景帝（前一五七～前一四一）
⑦武帝（前一四一～前八七）
中山靖王劉勝
長沙定王劉発
戻太子劉拠
昌邑哀王劉髆
⑧昭帝（前八七～前七四）
⑨廃帝劉賀（前七四）

はやく情報を得た皇太子は、師傅《しふ》の石徳《せきとく》に相談した。石徳は、「秦の始皇帝の時と同じかも知れません。現在、帝は甘泉宮におられますが、生きておいでなのかどうかわかりません。あなたも、扶蘇《ふそ》(69)のようになられてはいけません」と警告した。皇太子は先手を打って近衛の兵を動かし、江充を捕らえて斬った。しかし、これが「皇太子、謀反《むほん》す」として反衛氏勢力に利用され、皇太子も衛皇后も皆殺しにされた。あとで真相を知った武帝は後悔したが、あとの祭りであった。

武帝が衛皇后に飽《あ》き、代わって寵愛した李《り》夫人は、楽人（音楽家）李延年《りえんねん》の妹で、しかし、若死にした。そもそも武帝がさきほどの少翁を信じたのは、李夫人の霊を招き寄せることができると称したことによるのだった。そして、彼女のもう一人の兄が、弐師将軍李広利《りこうり》である。李夫人の死後も思慕をつのらせる武帝に、李広利の悪口は禁物であった。司馬遷が宮刑《きゅうけい》に処せられた背景が、ここにもある。

武帝には神仙の追求ぐらいしか自由にできることがなく、臣下たちの思惑に踊らされ、愛情の対象李夫人は早世、司馬遷を宮刑に処してまでかわいがった李広利は、戻《れい》太子《たいし》事件の翌年（前九〇）に匈奴《きょうど》に敗れてしまう。武帝の晩年は、空《うつ》ろな衰弱と濃厚な孤独の色合いにつつまれている。

100

司馬遷の眼

司馬遷、自分を語る

司馬遷の『史記』には、あらゆる階層の人間が登場する。そして、それらの人々の活躍・没落のさまは、読む者の心に深い印象をのこす。ある場合には、一篇の伝記が読者の人生を変えてしまうほどの影響を与えることさえ、ありそうに思われる。

司馬遷がどういう人であったのかについて、同時代の証言は残されていない。どこからか出土して世の中をあっと言わせる日が来るかもしれないが、今のところは、ない。頼みの綱とでも言うべき『漢書《かんじょ》』司馬遷伝は、司馬遷の『史記』の「太史公自序」と、「任安《じんあん》に与うるの書」をそのまま引用しているものの、司馬遷自身の人生に対し、語るところはない。『漢書』の著者班固《はんこ》は、

「司馬遷自身が記した文章を引用しているのだから、読者諸氏は直接そこから司馬遷像を考えればよいでしょう」

と言うつもりなのだろう。[*1]「任安に与うるの書」には、こう書かれている。

「僕は自分でも不遜なことだとはおもいましたが、最近になって自分の表現力のない

文章によって、天下の散逸した古い伝えを網羅し、おおよその出来事（歴史上の事件）を考え、その始めから終わりまでを全体的に把握し、なぜ成功したのか、なぜ失敗したのか、なぜ興隆したのか、なぜ敗亡したのか、その道筋を考え整理したいと思うようになりました。黄帝軒轅氏《こうていけんえんし》から記述をはじめ、現代史まで、十篇の表、十二篇の本紀、八篇の書、三十篇の世家、七十篇の列伝、全部で百三十篇の構成を考えました。これによって、天命に支配される領域と人間が自分たちで行っていける範囲との境目を見きわめ、古今の時の流れの中の変化を通観し、一家言をなそうと思ったのです。しかし、草稿も完成しないうちに、僕は宮刑《きゅうけい》に処せられるという、ひどいめに遭《あ》ってしまいました。でも、この書を完成しないでは死にきれません。すでに重い刑罰を受けましたが、後悔はしていません。この書を完成できましたら、僕は有名な山に埋蔵しようと思います。やがて、しかるべき人によってこの書が発見され、村から町へ、大都会へとひろまっていったなら、たとえどのような誅戮《ちゅうりく》を受けようとも、僕は幸せです。そうなったら、僕は刑罰を受けた人間ということではなく、この書の著者として、人生の埋め合わせができるのですから。刑罰を受けたことを、いつまでも思いわずらわなくてすむというものではありませんか。でも、このようなことは、知識人として文字をあつかう人間だからこその執念で、同じ知識人相手には話をすることができても、世間一般の人には、理解してもらえないことだと思います。それに、ただでさえ、刑罰を受けた人間は暮らしにくく、下位にいる者ほど口やかましいものです。僕は、口は禍いの元というやつで、こんな目に遭い、郷里では毎日、笑い物にされ、父上の名を汚して申しわけない状態です。父母の墳墓にのぼって先祖の御魂《みたま》の祭祀《さいし》を行う面目はとうに失われました。百代ののちまでも、子孫が『お前の先祖の司馬遷はな……』と言われつづけ、さらに言葉に尾ヒレがついて、ひどい言いかたをされることになるでしょう。こんなことを考えると、内臓が一日に何度もねじれ、よじれるような痛みに襲われます。家にいても、何もできずにぼんやりとするだけで、何かを見失ったように、著作をするでもなく、無為《むい》に時間をおくり、外出してみても、どこへ歩いて行けばいいのかわからずに、ただ足を動かしているだけになります。自分のことを考えるたびに、恥かしさに取りつかれ、背中が汗でびっしょりと濡れてしまいます。僕は宮中に仕える一介の臣です。生活のためには、勤めをやめて深い山の岩穴に隠遁《いんとん》することもできません。しかたがありませんから、世間と調子を合わせて浮き沈みをくりかえし、時の流れに身をまかせながら、上を向いたり、下を見たりしながら、善いと思うことでも行わず、悪いことでも改めることなく、ただ流れていきたいと思うものです」

人生を歴史を冷静に見つめる

相手の任安は前項の戻太子《れいたいし》事件に連座してやがて死刑に処せられる人物である。衛《えい》青《せい》(93)の項で触れたが、任安は、霍去病《かくきょへい》の威勢が増すと、みなが霍去病の配下へと移籍して栄達をはかる流れに抵抗し、あくまでも衛青のもとにいた人物だから、衛氏一派が排除されれば、浮沈をともにして没落する運命にある。[*2] 死刑はまぬかれない。任安が武帝への命乞いを頼んだのに対し、司馬遷は、「自分は善いと思うこともせず、悪いことも改めずに生きていきますので」と、実にクールな返事をした。「宮刑の屈辱に耐えて『史記』を……」の面ばかり読むから、彼が冷静きわまりない人物であったことが見失われがちである。宮刑の屈辱があったから、司馬遷の眼がひらかれたなどということはない。彼の眼ははじめからクールに見開かれていたのだ。そうしたクールな眼があったからこそ、あらゆる人生の善悪功罪を正確に見つめることができたのだ。

＊1 こうした手法は、司馬遷が『史記』の中でみずから行っているものである。たとえば屈原《くつげん》(59)の伝記に、屈原の作品とされる「懐沙《かいさ》」「漁父《ぎょほ》」の両賦を(いくらかの変改はあるが)引用し、賈誼《かぎ》(60)の伝記に「服鳥賦《ふくちょうのふ》」を引用している。また、本書には紙数

の関係で採りあげられなかったが、司馬相如《しばしょうじょ》の伝記にも、その「子虚《しきょ》」「上林《じょうりん》」の両賦を引用している。こういう手法で描かれた伝記から、それぞれの作品の引用をのぞいてしまうと、分量が少なくなるだけでなく、伝記の内容の豊かさまで減少するかのようである。

＊2　本書では採りあげられなかったが（まえがきで少し触れた）、『史記』に魏其武安侯《ぎきぶあん》列伝がある。老齢で下《くだ》り坂《ざか》の魏其侯竇嬰《とうえい》と上《のぼ》り坂《ざか》で武帝をあやつる武安侯田蚡《でんぷん》の伝記である。この巻に、みんなが田蚡派に鞍《くら》がえしていく流れの中で、あくまでも竇嬰から離れない灌夫《かんぷ》の姿がある。灌夫は竇嬰と共倒れになって死んでゆく。こうした政権内に起こる派閥の移動現象は、すでに信陵君《しんりょうくん》(49)のところで、平原君《へいげんくん》(48)からの食客の移動という形であった。いずこの世界も同じ、力があり、羽振りのよい人のほうへ支持者が流れてゆくものなのである。

『史記』の登場人物名の不思議

登場人物の名は本名か？

『史記』の登場人物の姓名を見ると、少し不思議な感じがする場合がある。本名というよりは、劇の登場人物の役名、それもいささか洒落《しゃれ》っ気《け》を含んだようなものである。日本で言えば、曾呂利《そろり》新左衛門《しんざえもん》のように、ソロリと進み出て来るような。

たとえば黥布《げいふ》（79）は、刑を受けて黥（入れ墨）をされたので、英布《えいふ》が黥布と呼ばれるようになったというが、もとの「英」は地名に由来するもので、「英」自体彼の姓ではなかったかもしれない。日本でも庶民が名字（姓）を名のることが許されたのは、さほど古い時代のことではない。張良《ちょうりょう》（75）も、良謀を主張することからの変名であろう。そもそも劉邦《りゅうほう》（74）からして、司馬遷の当時には名の史料がない。『史記』の登場人物のうち、かなりの部分は「役名」もしくは「仮名《かめい》（仮りにそう呼ばれたもの）」のように見える。

秦の始皇帝《しんしこうてい》がまだ秦王のころ、暗殺を試みた荊軻《けいか》（66）には、刑罰が苛酷だった秦の様子が匂う。荊軻と剣を論じ、怒ってニラミつけた蓋聶《こうじょう》には、蓋《なん》ぞ慴《おそ》れざる（オレがこわくないのか）の響きがある。荊軻とバクチを打って熱くなった魯句践《ろこうせん》には、魯《おろか》な奴が銭に拘《こだ》わるが隠されてはいまいか。荊軻と心を通じ、易水《えきすい》で見送る筑《ちく》の名手高《こう》漸離《ぜんり》は、高まりて漸《やが》て離《はな》れゆくではないのか。

もっとも典型的なのは、さきほどの黥布を説得して、項羽の側ではなく劉邦の側に付くようにした随何《ずいか》なる人物である。これこそ、何《いずれ》に随《したが》うや（さあ、どっちに付く？）ではないのか。本当は名もなき使者が、重要な働きをしてのけ、歴史の中で名を与えられたのではないのか。

また、本書には採りあげきれなかったが、魏豹《ぎひょう》の説得を命ずる劉邦が、酈食其《れきいき》に対し、「緩頰《かんきょう》、行って来い」と言っている（『史記』魏豹伝）。この「緩頰」には説がいろいろあるが、おそらく「ゆるみ頰《ほ》っぺた」という意味の、酈食其の風貌の形容を含むニックネームであろう。張耳《ちょうじ》・陳余《ちんよ》列伝には、こんな場面がある。張耳が鉅鹿城《きょろくじょう》内にいて、秦軍に包囲され、食糧も尽き、苦しんでいる時、陳余は外で軍を従えていたが、「包囲網を突破しようとしても勝算は全くない」と救援をしようとしない。二人は刎《ふん》頸《けい》の交わりを結んでいたが、ここで決定的な亀裂が生じてしまったのである。張耳は張黶《ちょうえん》・陳沢《ちんたく》の二人を使者として、陳余のもとへ送り出す。彼らが包囲網の外へどうやって出られたかという疑問はとりあえずおき、この二人の姓名は張耳は厭《うんざ》り、陳余は贅沢《ぜいたく》なことを言っているということではないのか。

漢字音の語呂合わせ

こんなふうに考えると、『史記』にはあちらこちらに、このような人物が登場する。この響きの問題は、漢字音が少々違っていてもいいのだ。たとえば、落語の「二人旅」で「豚二《ぶたに》ながらキャン十者《とうもの》」を「二人ながら関東者」のシャレだとわかる、その程度のズレであれば。一方、なぜこのように考えてみたりするのか、というと、次のような事象をどう説明すべきかについて、一応の答えが出されてしかるべきだと思うからである。

呉《ご》の最後の王は夫差《ふさ》、楚《そ》の最後の王は負芻《ふすう》、秦の滅亡時には立ち会っていないが、始皇帝の長子は扶蘇《ふそ》。なぜ、多少の音の幅はあるにせよ、似たような響きの人物が三人も、国の滅亡の時期にいるのだろうか。偶然だ、で片付けてよいのだろうか。それとも、呉、楚、秦で方言の差があるために、少しずつ響きは違っているが、何かを共通して表現していることがあるのではないか。このような可能性を追究してみることも、『史記』というものの表現の性質ないしは特質をつかむうえで大事なことであるように思われる。劉邦は、趙《ちょう》の国の柏人《はくじん》という土地で、「柏人は迫人（人に迫る）に通じる」として危険を感じ、刺客の難をのがれている（張耳・陳余列伝）。洒落《しゃれ》のような言語感覚は、『史記』の登場人物自身が持っているわけである。そして、この時の刺客を仕掛けたのは、貫高《かんこう》（高義を貫く）、趙午《ちょうご》（趙で劉邦に忤《さから》う）であった。名前が読めるように見えるのは、単なる偶然さ、とすますのではなくて、逆の発想で、あえて積極的に『史記』の人名を、「ある意味の表象」として読んでしまうところから始まる研究がなされてもよいのではあるまいか。

楊惲——『史記』を世に広めた男

いつも日和見の父楊敞

『史記』を世に広めたのは、司馬遷の外孫（娘の子）楊惲《ようウん》であった（『漢書《かんじょ》』司馬遷伝）。時代は宣帝《せんてい》（在位前七四～前四九）の世である。それより前、司馬遷の没後、しだいに『史記』は世に知られるようになった、と『漢書』は記している。司馬遷の没年は残念ながらはっきりしていないが、司馬遷が仕えた武帝《ぶてい》（在位前一四一～前八七）と宣帝の間は、わずか十三年でしかない。その十三年の間をつなぐのは昭帝《しょうてい》（在位前八七～前七四）と廃帝劉賀《りゅうが》（昌邑王《しょうゆうおう》。在位は前七四年のうち二十七日間のみ）である。

『漢書』には、楊惲の伝も、彼の父楊敞《ようしょう》の伝もある。ここでは彼らの動きを見ておくことにしよう。まず、父の楊敞（司馬遷の娘の夫）だが、彼は霍光《かくこう》（霍去病《かくきょへい》の異母弟。？～前六八）の幕府に仕え、霍光に気に入られることで出世をかさね、昭帝の元鳳《げんぽう》元年（前八〇）には大司農《だいしのう》になっていた。この時、霍光の政敵上官桀《じょうかんけつ》とその子の上《じょう》官安《かんあん》、そして経済担当の桑弘羊《そうこうよう》らが燕王《えんおう》の劉旦《りゅうたん》をかついで謀反《むほん》をおこそうとしたことを知り、杜延年《とえんねん》を介して、昭帝に知らせた（ということは霍光にも知らせた）。上官桀らは誅《ちゅう》され、事を知らせた杜延年らは褒賞として封地（領地）を与えられたが、楊敞は、知っていながら自ら上聞《じょうぶん》することがなかったので、封侯《ほうこう》の沙汰はなかった。霍光の直属の人間で、霍光に気に入られることで出世をした人間にしては、このへんの行動はおかしい。楊敞は、知らせを聞いたとき、わざわざ書面で自分は病気なので、と称し、杜延年に上聞をまかせている。この態度は、どうひいき目に見ても、上官桀らと霍光との抗争の成り行きを見ていて、勝ちそうになったほうに付こうとしていたようにしか見えない。いや、『漢書』がそう読ませようとしていると言うべきだろうか。上官桀らは敗れてしまったから「謀反あらわれ誅殺」と記されるのであって、もし霍光を破っていたら、「クーデターに成功し、新政権樹立」と書かれるはずである。

楊敞は病気を理由に、成り行きを見る方針をとり、いちはやく霍光支持を打ちださなかったわけだが、こういうやりかたは、この時だけではなかった。前七四年、新しい皇帝劉賀が即位後二十七日で廃された大事件に際しても、楊敞の態度は変であった。

霍光から使者として田延年《でんえんねん》（杜延年とは別人）が来る。田延年は、「今上帝《きんじょうてい》（劉賀）は淫乱なので、廃して別の者を皇帝に立てようと思う。丞相《じょうしょう》である君も同意せよ」との霍光の意向を伝えた。楊敞はびっくりして何を言ってよいかわからぬような状態となり、背中に汗を流し、「はあ、はあ」と合づちをうつばかりであ

った。楊敞の妻（このときは司馬遷の娘ではなく、後妻）が、

「しっかり決断しなさい」

と強くうながし、ようやくのことで霍光支持を表明した。こうして霍光の側の力が、劉賀を廃することになったのだが、楊敞の態度はひどくおかしい。歴史学者も、この事件は霍光の側が一方的に行ったのではなく、劉賀のほうで、霍光を除こうという謀議があって、霍光がいちはやく支持を固め、手を打ったのではないか、と見ているが、おそらく当たっているだろう。楊敞はこの時も、双方の動きを知りながら、知らぬ顔でようすを見ていようとしたのだろう。そして、田延年の来訪をひどく驚いているところを見ると、「劉賀の側が勝利して霍光が除かれるだろう」と思っていたようである。妻にうながされて、霍光支持を正式表明し、功績を評価されたはずだが、楊敞は、宣帝が即位して一ヵ月余り後、死んでいる。それほどの高齢ではあるまい。致仕《ちし》（定年退職）の年七十歳などであったら、生まれたのは前一四三年くらいになる。これでは司馬遷の推定生年と近すぎ、娘を嫁にもらうという関係がいささか不自然となる。しかし、それほど若いはずもない。国家の重臣として霍光支持の連判状に名を署することを要求されるほどなのだから。五十〜六十歳ぐらいだろうか。それが宣帝即位後一ヵ月余りで死んだ。連判状への署名があれば、あとは怪しい奴は不要、と片付けられてしまった可能性もあるだろう。連判状への署名がある以上、事がすんだらいきな

り処刑というような荒っぽいことはできない。片付けはするけれども、そのほかは穏便にすませた、というところだったらしい。楊敞には「敬侯《けいこう》」の諡《おくりな》が与えられ、子の忠《ちゅう》(惲《うん》の兄)が封邑《ほうゆう》三千五百戸を加増され、後を継ぐことになった。

父母の遺産で『史記』を世に広める

楊惲は、兄楊忠の推薦によって官界入りした。楊敞の後妻には子がなかったと『漢書』が伝えるので、兄楊忠と楊惲は、ともに司馬遷の娘を母としていると考えられる。楊惲は父楊敞の遺産として、五百万銭、継母の遺産も数百万銭、総計一千余万銭を得た。これらは、楊惲が侯に封ぜられて領邑を持つようになったあと、一族の者にすべて分与してしまった。「すべて分与」と『漢書』は言うが、そのうちいくらかは、祖父司馬遷の『史記』を世に広める資金として使ったかもしれない。竹簡《ちくかん》を何万枚も用意しなければ、『史記』全体は一回さえ書き写せない。印刷術のない時代のことである。たとえば三部作りたければ、三回書き写さなければならない。人を雇って書き写させるにせよ、今度はその人件費も時間も莫大なものであるはずだ。

さて、楊惲が侯に封ぜられたというのは、どういう話なのかというと、前六八年、霍光が死ぬと、宣帝は霍氏一族の手中から脱して、自分の意思を政治に生かしたいとの思いを少しずつ形にしはじめる。軍権を霍氏一族の手から切り離し、霍氏一族が自分たちに都合のわるい報告などを握りつぶせないよう、上奏の書類は事前の内容確認をしないで直接、宣帝に上らせることとした。もちろん、宣帝がたった一人で力んでも、これらの改革は実現しない。反霍氏派や、「霍光が死んだから、もう霍氏一族は下り坂。次の展開に対応できるよう準備しておかねば」と考えられる政治家たち（さきほどの楊敞もこういうタイプの政治家の一人であったろう）の力で、少しずつ押してゆくのである。

そして前六六年、霍氏一族は謀反《むほん》をおこし、全員が誅殺された。この謀反の計画を、まっさきに上聞したのが楊惲であった。もし、宣帝の即位後一ヵ月余りで急死した父楊敞が、霍光に始末されたのであったとしたら、これは父の仇討ちである。楊惲はこの功績により平通侯《へいつうこう》に封ぜられた。

楊惲はこのあと、政界内部の抗争により、庶民に貶《おと》され、やがて腰斬《ようざん》の刑に処せられてしまうが、これは、旧霍氏派の逆襲ではなくて、宣帝と昔から親しい戴長楽《たいちょうらく》との個人的ないがみあいから起こったことである。

『史記』を世に広めた楊惲とその父楊敞はこのような人々であった。楊敞は金持ちであった。どうして金をかせげたのかについては、『漢書』に特別な記事はない。しかし、前九九年に李陵《りりょう》の事件が起きた時、楊敞はそのだいぶ前に司馬遷の娘と結婚していたはずである（前七四年に彼が五十歳で死んだとしても、前九九年には二十五歳であるから)。そして、楊敞はその時点で、年齢から見てすでに霍光の幕府にいたはずである。義父司馬遷のために、金で罪を贖《あがな》うために、自分の手元の資金を用立てるという気はなかったのだろうか。霍光のような有力者を通じて、何とか取りなしを求め、義父の宮刑《きゅうけい》が執行されないように働きかけることはできなかったのだろうか。そうする気はなかったのだろうか。

我々は『漢書』の描く楊敞の姿をすでに知っている。その描写が正しければ、霍氏の派閥に身を置く楊敞が、任安《じんあん》のような衛青《えいせい》派の人間(93・100)と親しい義父司馬遷のために、積極的に動くはずがないことは容易に想像できる。衛青派の没落が霍氏派(霍去病、霍光ら)の繁栄という敵対関係なのだから。

おそらく司馬遷は、娘婿の楊敞がどういう性格の人間であるか、十分に知りぬいていただろう。司馬遷は、「太史公自序」の中で、宮刑に処せられたことにふれ、

「是《こ》れ余の罪なり、余の罪なり」

と繰り返している。自分が悪いのだ、自分ひとりでこの罪を背負わなくてはならないのだ、と言っているのである。この詠嘆は、資金集めはうまいけれども、こういう時には役に立たない娘婿のことを一瞬、脳裏に浮かべているように思える。そして一度は、

「しょうがないやつだ」

と思いかけたものの、いやいやそうではない、すべての責任は自分にあるのだ、と思いなおす——こんなところに、司馬遷という人の気高さがあらわれていると思うのは、私だけであろうか。

『史記』関連年表

西紀前	年代	事項
一五五〇頃	天乙	天乙（湯王）が伊尹を宰相として殷王朝を開く。亳に都をおく
	太甲	太甲は暴虐なために放逐され、伊尹が政治を代行。のち太甲は悔い改め、伊尹は政権を返す
一四五〇頃	仲丁	隞に遷都。王位継承の争いがおこり、殷は衰退
	河亶甲	相に遷都
	祖乙	邢（耿）に遷都し、ついで庇に遷都
	南庚	奄に遷都
一三〇〇頃	盤庚	西亳に遷都。殷は勢力を盛り返す
	武丁	殷の最盛期
	康丁	周の古公亶父が岐山に移る
	帝辛（紂王）	周の武王ひきいる連合軍に敗れ、殷滅亡
一〇五〇頃	武王	殷を滅ぼし、周王朝を開き、鎬を都とす
	成王	成熟するまで周公旦に補佐される。やがて周王朝を確立。諸侯を封建
	康王	周王朝の力が充実し、安定した時代

	昭王	南征の帰途、漢水で溺死
	共王	官制・儀礼などを整備。しかし周の勢力は衰え、黄河流域に限定される
	厲王	言論を弾圧し、天下の反感をかう
八四一	共和元	厲王は貴族に追放され、彘に亡命
八二七	宣王元	周王朝を復興
七七九	幽王三	褒姒を寵愛し、諸侯は離反
七七一	一一	申后の父申侯が北方の異民族犬戎とともに都を攻め、幽王は殺され、西周王朝滅ぶ
七七〇	平王元	宜臼が即位し、都を成周に遷す（東周の始まり）
七二二	四九	魯の隠公元年、『春秋』はこの年より記載が始まる
六八五	荘王一二	斉の桓公が即位し、管仲を宰相として国力を充実
六七九	恵王一〇	斉の桓公が周王の命をうけ、覇者として認められる
六五一	襄王元	斉の桓公が葵丘に会盟し、覇業を完成
六三二	二〇	晋の文公が城濮で楚を破り、踐土で諸侯と会盟して覇者となる
六〇六	定王元	楚の荘王が陸渾の戎（異民族）を伐ち、洛陽付近で周の九鼎の軽重を問う
五八五	簡王元	呉王寿夢がはじめて周王朝に入朝。晋が新田に遷都

五五二	霊王二〇	孔子が魯に生まれた（一説に五五一）
四九四	二六	呉王夫差が越王勾践を包囲し、降伏させる
四八二	三八	呉王夫差が諸侯と黄池で会し、盟王となる
四八一	三九	『春秋』この年で終わる
四七九	四一	孔子死す（七十三／七十四歳）
四七三	元王三	呉王夫差が越王公践に敗れ、自殺、呉滅亡
四五三	定王一六	晋の三大夫の韓・魏・趙が知伯を滅ぼし、晋国を三分して独立
四〇三	威烈王二三	韓・魏・趙三国が周王により諸侯として認められる
三八六	安王一六	斉の大夫田和が国を奪い、諸侯として認められる
三五九	顕王一〇	秦の孝公が商鞅を任用し、第一回の変法（改革）を行う
三五〇	一九	秦が咸陽に遷都。商鞅が第二回の変法を行う
三四一	二八	斉の孫臏が魏の龐涓を馬陵で破る
二九九	赧王一六	楚の懐王が秦に欺かれ、囚われの身となる
二八八	二七	斉が東帝、秦が西帝と称することを提案
二八四	三一	燕・秦・韓・魏・趙・楚が合従して斉を攻め、燕の将楽毅が臨菑に攻め入る
二七八	三七	秦の将白起が楚の都郢を陥とし、楚は陳に遷都
二六〇	五五	秦が趙を長平で大敗させ、趙兵四十万を坑うめにする

二五六	五九	楚が魯を滅ぼし、秦は周を滅ぼす
二三七	秦王政九	嫪毐の乱、呂不韋失脚。李斯の登場。逐客令の発布とその撤回
二三三	一四	韓非子が秦にゆき、拘留されて自殺
二三〇	一七	秦が韓を滅ぼす
二二八	一九	秦が趙を滅ぼす
二二五	二二	秦が魏を滅ぼす
二二三	二四	秦が楚を滅ぼす
二二二	二五	秦が燕を滅ぼす
二二一	二六	秦が斉を滅ぼし、中国を統一。秦王政は始皇帝となる。全国に郡県制を布き、度量衡、貨幣、文字を統一
二二〇	始皇帝二七	始皇帝第一回巡幸
二一九	二八	始皇帝第二回巡幸、泰山で封禅の儀を行う。徐福、東海上の仙島に不死の仙薬を求めると始皇帝を欺く
二一八	二九	始皇帝第三回巡幸
二一五	三二	始皇帝第四回巡幸
二一四	三三	万里の長城の建設開始
二一三	三四	焚書令を発布
二一二	三五	坑儒おこる。阿房宮・驪山陵の造営はじまる

二一〇	三七	始皇帝第五回巡幸、七月沙丘平台で死去（四十九歳）。胡亥が帝位を継ぐ
二〇九	二世皇帝元	七月陳渉・呉広が挙兵。九月劉邦、項羽らの反乱、各地で勃発
二〇八	二	六月項羽が楚の芈心を懐王に立てる
二〇七	（三世子嬰）二	二月李斯刑死、八月趙高が胡亥を弑殺。九月子嬰が趙高を殺す
二〇六	高祖元	十月劉邦が関中に進撃、子嬰が劉邦に投降（秦の滅亡）。十二月項羽が咸陽に入り、子嬰を殺す。そののち項羽が十八王を封じ、劉邦は漢王となる
二〇五	二	十月項羽が楚の義帝を弑殺、楚漢の抗争はじまる
二〇二	五	十二月項羽が東城（烏江）で戦死。二月漢王劉邦は帝位に即き、長安を都とす
一九六	一一	淮陰侯韓信（一月）・梁王彭越（三月）・淮南王黥布（一九五年正月）らが次々に誅殺される
一九五	一二	五月高祖死去（五十三歳。一説に六十二歳）。恵帝即位。呂后が趙王如意を毒殺、戚夫人を虐殺
一九三	恵帝二	蕭何死す
一九〇	五	曹参死す。長安城が完成
一八七	少帝恭元	呂后の専制始まる

一八〇	少帝弘四	呂后病死、周勃・陳平ら呂氏一族を誅殺。文帝（代王劉恒）即位
一七四	文帝六	淮南王劉長が廃される
一六八	一二	賈誼死す
一五四	景帝三	呉楚七国の乱おこる。鼂錯が処刑される。太尉周亜夫・竇嬰らが反乱を平定
一四〇	武帝建元元	この頃張騫が西域遠征に出発
一二九	元光六	衛青が第一回匈奴征討に出撃
一二八	元朔元	衛子夫が皇后となる。衛青が第二回匈奴征討に出撃
一二七	二	衛青が第三回匈奴征討に出撃し、オルドス地方を制圧
一二六	三	張騫が西域より帰還
一二四	五	衛青が第四回匈奴征討に出撃し、大勝して大将軍となる
一二三	六	衛青が霍去病とともに第五回・第六回匈奴征討に出撃
一二一	元狩二	霍去病が春・夏二回匈奴に出兵。渾邪王が投降し、河西に四郡を設置
一一五	元鼎二	桑弘羊が均輸法を実施
一一三	四	武帝第一回巡幸
一一二	五	武帝第二回巡幸

一一〇	元封元	武帝第三回巡幸。泰山で封禅の儀を行う
一〇四	太初元	暦法の改正、官制の改革を行う。李広利が大宛に出兵し失敗する
九九	天漢二	李広利が匈奴征討に出撃。李陵が匈奴に投降。司馬遷が宮刑に処せられる
九一	征和二	七月巫蠱の乱がおこり、皇太子劉拠が殺される
九〇	三	李広利が匈奴に出撃し、敗れて投降
八七	後元二	二月武帝死去（七十歳）
八〇	昭帝元鳳元	上官桀・桑弘羊ら誅殺され、霍光政権が確立
七四	元平元	四月昭帝死去（二十一歳）。昌邑王劉賀即位するが、霍光に廃され、七月宣帝即位
六八	宣帝地節二	霍光死す
六六	四	霍氏一族誅される

本書は、二〇〇一年十一月に講談社より刊行
された『ビジュアル版 史記物語』に加筆・
修正し、改題のうえ文庫化したものです。

中国古代史《ちゅうごくこだいし》

司馬遷《しばせん》「史記《しき》」の世界《せかい》

渡辺精一《わたなべせいいち》

令和元年 9月25日　初版発行
令和2年 9月30日　再版発行

発行者●青柳昌行

発行●株式会社KADOKAWA
〒102-8177　東京都千代田区富士見2-13-3
電話　0570-002-301（ナビダイヤル）

角川文庫 21826

印刷所●株式会社暁印刷
製本所●株式会社ビルディング・ブックセンター

表紙画●和田三造

●お問い合わせ
https://www.kadokawa.co.jp/（「お問い合わせ」へお進みください）
※内容によっては、お答えできない場合があります。
※サポートは日本国内のみとさせていただきます。
※Japanese text only

ISBN 978-4-04-400529-0　C0122

◇◇◇

角川文庫発刊に際して

角川源義

第二次世界大戦の敗北は、軍事力の敗北であった以上に、私たちの若い文化力の敗退であった。私たちの文化が戦争に対して如何に無力であり、単なるあだ花に過ぎなかったかを、私たちは身を以て体験し痛感した。西洋近代文化の摂取にとって、明治以後八十年の歳月は決して短かすぎたとは言えない。にもかかわらず、近代文化の伝統を確立し、自由な批判と柔軟な良識に富む文化層として自らを形成することに私たちは失敗して来た。そしてこれは、各層への文化の普及滲透を任務とする出版人の責任でもあった。

一九四五年以来、私たちは再び振出しに戻り、第一歩から踏み出すことを余儀なくされた。これは大きな不幸ではあるが、反面、これまでの混沌・未熟・歪曲の中にあった我が国の文化に秩序と確たる基礎を齎らすためには絶好の機会でもある。角川書店は、このような祖国の文化的危機にあたり、微力をも顧みず再建の礎石たるべき抱負と決意とをもって出発したが、ここに創立以来の念願を果すべく角川文庫を発刊する。これまで刊行されたあらゆる全集叢書文庫類の長所と短所とを検討し、古今東西の不朽の典籍を、良心的編集のもとに、廉価に、そして書架にふさわしい美本として、多くのひとびとに提供しようとする。しかし私たちは徒らに百科全書的な知識のジレッタントを作ることを目的とせず、あくまで祖国の文化に秩序と再建への道を示し、この文庫を角川書店の栄ある事業として、今後永久に継続発展せしめ、学芸と教養との殿堂として大成せんことを期したい。多くの読書子の愛情ある忠言と支持とによって、この希望と抱負とを完遂せしめられんことを願う。

一九四九年五月三日